中国经济高质量发展实证研究

费洪平　著

中国大百科全书出版社

图书在版编目（CIP）数据

中国经济高质量发展实证研究 / 费洪平著 .—北京：中国大百科全书出版社，2022. 11

ISBN 978-7-5202-1246-5

I. ①中… II. ①费… Ⅲ. ①中国经济—经济发展—研究 Ⅳ. ① F124

中国版本图书馆 CIP 数据核字（2022）第 219939 号

出 版 人 刘祚臣
策 划 人 刘祚臣 曾 辉
责任编辑 王 廓 鞠慧卿
封面设计 末末美书
责任印制 魏 婷
出版发行 中国大百科全书出版社
地　　址 北京市阜成门北大街 17 号 **邮政编码** 100037
电　　话 010-88390969
网　　址 http: //www.ecph.com.cn
印　　刷 三河市宏达印刷有限公司
开　　本 710 毫米 ×1000 毫米 1/16
印　　张 36
字　　数 517 千字
印　　次 2022 年 11 月第 1 版 2022 年 11 月第 1 次印刷
书　　号 ISBN 978-7-5202-1246-5
定　　价 128.00 元

序言

党的十九大报告明确提出，“我国经济已由高速增长阶段转向高质量发展阶段”①。党的十九届五中全会强调，我国经济社会发展必须以推动高质量发展为主题，坚持质量第一、效益优先，推动质量变革、效率变革、动力变革②。党的十九届六中全会进一步明确要求推动高质量发展。③党的二十大报告再次鲜明指出：“高质量发展是全面建设社会主义现代化国家的首要任务。”“我们要坚持以推动高质量发展为主题。”“未来五年经济高质量发展取得新突破。”④这是以习近平同志为核心的党中央根据我国发展阶段、发展环境、发展条件变化作出的重大决策部署。习近平总书记多次强调，我们必须把发展质量问题摆在更为突出的位置，经济、社会、文化、生态等各领域都要体现高质量发展的要求。高质量发展，就是能够很好满足人民日益增长的美好生活需要的发展，是体现新发展理念的发展，是创新成为第一动力、协调成为内生特点、绿色成为普遍形态、开放成为必由之路、共享成为根本目的

① 本书编写组：《党的十九大报告辅导读本》，2017年，第28—29页。

② 何立峰：《深入学习党的十九届五中全会精神 坚定扎实推动我国经济高质量发展》，《学习时报》，2020年12月5日第1版。

③ 刘鹤：《必须实现高质量发展》，《人民日报》，2021年11月24日第1版。

④ 习近平：《高举中国特色社会主义伟大旗帜 为全面建设社会主义现代化国家而团结奋斗》，人民出版社，2022年，第25—30页。

的发展。[①] 坚持以推动高质量发展为主题，就要坚定不移贯彻新发展理念，以深化供给侧结构性改革为主线，坚持质量第一、效益优先，切实转变发展方式，推动质量变革、效率变革、动力变革，使发展成果更好惠及全体人民，不断实现人民对美好生活的向往。[②] 经济高质量发展意指生产要素投入少、资源环境成本低、经济社会效益好的发展，涉及产业经济、科技创新、城乡区域、社会民生、绿色低碳、改革开放等诸多方面，核心是提升国民经济整体质量和效率，兼顾质量和速度，统筹发展与安全，实现质量、结构、规模、速度、效益、安全等有机统一。加快推动经济高质量发展，意义重大、任务紧迫。这是遵循经济发展规律、保持经济持续健康发展的必然要求，是适应我国社会主要矛盾变化、解决发展不平衡不充分问题的必然要求，是开启全面建设社会主义现代化国家新征程、实现第二个百年奋斗目标的根本路径。

本书坚持以习近平新时代中国特色社会主义思想为指导，深入贯彻落实党的十九大和二十大精神，立足新发展阶段、贯彻新发展理念、构建新发展格局，注重把中央大政方针、国际国内形势与实际相结合，注重把方向性、指导性与针对性、可操作性相结合，注重把立足当前与谋划长远相结合，从综合、产业、区域、专题四大篇就我国经济高质量发展相关热点难点问题进行实证研究，并从宏观、中观和微观的关系上研究提出依据充足、目标明确的政策措施，充分体现科学性、前瞻性和可操作性。

本书是作者多年来在大量实地调研的基础上，以经济高质量发展为主线整理汇集的主要科研成果。作者自 1992 年获得博士学位后，历经南京大学博士后流动站、国家发展改革委产业经济与技术经济研究所、中共中央办公厅调研室、国家发展改革委政策研究室、中共中央办公厅法规局等机构的多个岗位历练，积累了一定的理论基础和政策研究的实践经验。近 30 年来，作者主要从事产业经济与区域发展研究，以及中央领导讲话稿、中央重要文件起草工作，主持和参与完成了中央财办、国家发展改革委、工信部、国家市场监管总局、农业

① 中共中央宣传部、国家发展和改革委员会编：《习近平经济思想学习纲要》，人民出版社、学习出版社，2022 年，第 62—63 页。

② 刘鹤：《必须实现高质量发展》，《人民日报》，2021 年 11 月 24 日第 1 版。

农村部、科技部、原国防科工委、国家自然科学基金委等下达的国家级重大研究课题 50 余项，在《经济研究》《人民日报》等报刊上发表学术论文 130 余篇，出版个人专著 3 部，编写研究报告数十种，其中一些报告获得中央领导和部委领导的批示，一些成果获得科技进步奖和优秀成果奖，一些成果被党中央、国务院及有关部门采纳。从 2016 年 3 月起，我开始着手对这些科研成果进行更新整理，经过艰苦努力，于 2022 年 11 月补充修改完成了《中国经济高质量发展实证研究》一书。我诚挚地将该书奉献给培养、教诲我成长的老师及给予我关心帮助的领导、专家和同事们，并期待能对推动我国经济高质量发展有所裨益。

本书在撰写过程中，有关单位领导和专家给予了大力支持与帮助。银温泉、吴萨、盛磊等同志参与相关内容的修改，王岳平、王云平、涂圣伟、张于喆、洪群联、王君、王成新、石忆邵、吕拉昌、李金峰、杨合湘、盛朝迅、宋金平、赵西君、周清波、贾若祥、郝兆印、张义博、杨威、任继球、王海成、李淑华等同志参加了部分章节内容的研究工作，邱灵、徐建伟、王兴杰、李子文、于会录、金浩然、滕飞、费日明、李继凯、徐汉国、梁栋等同志参加了部分章节内容的研究与校对工作，中国大百科全书出版社的编辑们仔细审阅了书稿，并提出了富有建设性的修改意见，为本书增色不少。在此，对于给予我帮助的所有领导、专家及出版社，我都怀着深深的感激之情，为数甚多，不能一一列名，在此一并表示感谢。同时，也谨向书中涉及诸多观点和看法的国内外有关专家、领导，表示诚挚的谢意。由于本人理论水平和专业水平有限，书中不妥之处，恳请领导、专家学者和读者朋友们批评指正。

费洪平
2022 年 11 月于北京

CONTENTS

目录

综合篇

综合篇

第一章

论我国经济转型发展

当今世界百年未有之大变局加速演进，世界之变、时代之变、历史之变的特征更加明显，国内外形势发生深刻复杂的变化。从国际看，不稳定性、不确定性明显增加，保护主义、单边主义上升，地缘政治冲突加剧，世纪疫情影响广泛深远，逆全球化思潮持续蔓延，国际力量对比深刻调整，世界经济复苏乏力，全球能源供需版图深刻变革，国际经济秩序和经贸规则调整加快，新一轮科技革命和产业变革深入发展，国际产业分工与竞争格局加速改变，全球产业链供应链加速重塑，世界经济格局转型力度前所未有。从国内看，我国经济发展已进入高质量发展阶段，正处在转型发展的关键时期，发展不平衡、不充分、不可持续问题仍然突出，需求收缩、供给冲击、预期转弱三重压力加剧，经济结构性体制性矛盾突出，自主创新能力不强，城乡区域发展和收入分配差距较大，资源环境压力明显加大，重点领域关键环节和深层次改革任务艰巨，民生保障存在短板，传统发展模式难以为继。[1] 无论是从发展方式、经济结构、增长动能特征看，还是从社会事业和民生改善、体制改革情况看，我国经济都难以适应国内外形势的新变化和高质量发展的新要求，迫切需要在“转”字上下功夫，大力推进发展方式转变、经济结构转型、增长动能转换、发展成果转化和经济体制转轨。只有“转得快、转得准、转得好”，才能在高质量发展中赢得主动、赢得先机、赢得优势。

---

① 《党的二十大报告辅导读本》，人民出版社，2022 年，第 232—233 页。

一、发展方式转变

我国人口众多，资源禀赋较差，人均资源占有量远低于世界平均水平，环境容量有限，生态相对脆弱，这是基本国情。根据国家统计局、自然资源部、生态环境部有关数据测算，我国人口占世界总人口的 18% 左右，耕地资源不足世界人均水平的 30%，水资源总量占世界的 7%，为世界人均水量的 25%。我国已查明的矿产资源总量约占世界的 12%，包括不足 9% 的铁矿石、不足 5% 的铜矿和不足 2% 的铝土矿，仅次于美国和俄罗斯，居世界第 3 位，但人均占有量居世界第 53 位，大多数矿产资源人均占有量不到世界平均水平的一半，煤、油、天然气人均资源分别只占世界人均水平的 55%、11% 和 4%。过去 40 多年来，我国经济发展呈现出“高增长、高投入、高消耗、低效益”等显著特征。据初步估算，1979—2020 年，我国经济年均增长 9.2%，增长速度名列世界第一，相比之下，同期世界经济年均增速不到 3%。2021 年，我国国内生产总值（GDP）总量占世界的比重达 18.5%，但多种资源消耗高居世界首位，单位 GDP 能耗大致是世界平均水平的 1.5 倍、美国的 3 倍、日本的 6 倍、德国的 5 倍、印度的 1 倍，单位资源产出率仅为美国的 1/10 左右，是世界上国内生产总值能耗最高的国家之一。同时，生态破坏和环境污染问题也比较突出，一些主要污染物排放量仍居高位，2021 年，我国二氧化碳排放在全球占比为 30% 左右。许多城市空气质量尚未达标，水和土壤污染加剧，水土流失、土地沙化、草原退化等生态问题严重，环境承载力明显下降。这种粗放型发展方式，既过度地消耗了大量的能源资源，也付出了沉重的环境代价，使经济发展同保护资源环境的矛盾日益突出。①

随着工业化和城镇化的快速推进，未来我国能源资源消耗会持续增

① 费洪平：《当前我国产业转型升级的方向及路径》，《宏观经济研究》，2017 年第 2 期，第 3—8 页。

长，水资源、石油和一些矿产资源的供需矛盾将更加尖锐，资源人均占有量将继续降低。近年来，受到全球新冠肺炎疫情蔓延、世界经济衰退、地缘政治冲突加剧、矿山减产停产、进出口管控等因素影响，大宗能源资源原材料价格大幅上升，加之我国能源矿产资源对外依存度不断攀升，能源资源安全问题和供应风险明显增大。根据国家统计局和海关总署数据测算，目前我国许多重要战略资源对外依存度已经超过一半，且供应来源单一和国际运输通道比较集中，成本高、风险大。据商务部测算，2021 年，我国原油对外依存度为 72%，铁矿石对外依存度达 76.2%，且高度依赖澳大利亚必和必拓和巴西淡水河谷等公司；铜矿、锰矿、镍矿对外依存度均超过 80%，铬矿接近 100%，钾盐、铝土矿超过 50%。

总体上看，我们面临的资源和环境约束日趋强化，经济发展与资源环境压力的矛盾更加尖锐，已成为制约经济高质量发展的重大“瓶颈”。原有高投入、高消耗、高污染、低水平数量扩张的粗放型发展方式已难以为继。如果我们不尽快转变发展方式，不仅能源资源供给难以保障、生态环境不堪重负，而且今后发展代价会越来越大，发展空间会越来越小，发展道路会越走越窄，经济安全问题就会越来越突出。加快转变发展方式，已成为关系我国经济高质量发展一项紧迫的重大任务。

我们必须以新发展方式取代传统发展方式，必须在发展理念、发展模式、发展路径等方面加快转变，加速实现由追求速度数量向追求质量效率转变，从规模外延型向效益内涵式发展转变，由粗放经营向集约发展转变，走内涵集约化发展的新路子。① 必须立足新发展阶段，贯彻新发展理念，构建新发展格局，坚定不移走生态优先、绿色低碳高质量发展道路，切实把生态文明建设特别是碳达峰碳中和融入经济社会发展各个环节和全过程，以经济社会发展全面绿色转型为引领，加快推动绿色低碳发展。树立节约、集约、循环利用的资源观，实行最严格的耕地保护、水资

① 白和金：《21 世纪初期中国经济发展的基本战略》，《天津经济》，2000 年第 3 期，第 11—15 页。

源管理制度，强化能源和水资源、建设用地总量和强度双控管理，更加重视资源利用的系统效率，更加重视在资源开发利用过程中减少对生态环境的损害，更加重视资源的再生循环利用，用最小的资源环境代价取得最大的经济社会效益。要强化国土空间规划和用途管控，落实生态保护、基本农田、城镇开发等空间管控边界，减少人类活动对自然空间的占用。要强化绿色发展的法律和政策保障，发展绿色金融，支持绿色技术创新，推进清洁生产，发展环保产业，推进重点行业和重要领域绿色化改造。要全面推动重点领域低碳循环发展，加强高能耗行业能耗管理，强化建筑、交通节能，发展节水型产业，推动各种废弃物和垃圾的集中处理和资源化利用，降低碳排放强度，加快实现碳排放达到峰值和碳中和。扩大绿色低碳产品供给和消费，倡导绿色低碳生活方式。推动产业结构优化升级，坚决遏制高耗能、高排放项目盲目发展，大力发展绿色低碳产业，加快构建清洁低碳安全高效能源体系。完善资源要素的价格形成机制，建立资源环境产权制度、健全资源有偿使用制度，加快形成节约资源和保护环境的产业结构、生产方式、生活方式、空间格局，促进人与自然和谐共生。切实增强能源资源持续稳定供应和风险管控能力，加强战略性矿产资源规划管控，提升储备安全保障能力，实现更高质量、更有效率、更可持续、更安全的发展。①

二、经济结构转型

改革开放40多年以来，我国抓住经济全球化的机遇，积极利用国际国内两种资源、两个市场，形成了规模巨大、门类齐全、独立完整的产业体系，跃居为世界第一制造业大国和第二大经济体，不仅为我国经济社会发展作出重大贡献，而且也已成为支撑带动世界经济增长的巨大引擎。据商务部统计，我国企业（含外商投资企业）贡献了全球工业增加值中的近

① 国家发展和改革委员会编：《〈中华人民共和国国民经济和社会发展第十四个五年规划和2035年远景目标纲要〉辅导读本》，人民出版社，2021年，第43—46页。

三成，以及全球制造业中间产品贸易的20%左右。我国作为30多个国家的最大出口国和60多个国家的最大进口国，既是全球产业链中的重要产品提供者，也是全球最大的市场之一。改革开放以来，我国产业结构经历了比较大的变化。根据国家统计局、工信部、海关总署有关数据测算，1978年我国一二三次产业产值比例为28.1∶48.2∶23.7，2021年这一比例为7.3∶39.4∶53.3。可以看出，第一产业在GDP中的比重呈现持续下降的态势，第二产业的比重经历了不断波动的下降过程，第三产业的比重处于不断上升的过程之中。从制造业来看，我国主要工业品产量大幅攀升，多种产品产量已稳居世界第1。目前，在全球500多种主要工业产品中，我国有220多种产品的产量居世界第1位，是全球最大的工业制成品出口国。在国际标准行业分类的22个行业中，我国各行业的产值均居全球第1或第2。其中，纺织品、电力装备、交通工具等七大类行业规模名列全球第1，钢铁、水泥、原煤、电解铝、造船产量均占全球的45%以上。目前我国具有明显比较优势的产品主要集中在轻工食品、纺织服装、机械电子等领域，这些产品占我国工业制成品出口额比重的70%以上。① 制造业持续健康发展是我国经济高质量发展的关键，也是国际风险挑战下我国能够实现经济相对平稳较快增长的重要支撑。

但也要看到，我国经济发展正处于“三期叠加”的特殊阶段，伴随要素成本上升、资源环境压力加大、产能持续过剩等问题，以及后发国家加快工业化和发达国家再工业化的双重挤压，以往依靠要素驱动和依赖低成本竞争的增长模式越来越难以为继，长期累积的结构性矛盾进一步凸显。城乡区域发展不协调，供需结构不匹配，产业结构不合理、层次不高，战略性新兴产业比重偏低，现代服务业发展滞后，产业“空心化”“低度化”“趋同化”等问题突出，特别是高端产品短缺与产业低水平重复过剩并存的问题十分尖锐，突出表现在以下三个方面。

一是绝大部分产业都处在全球价值链中低端，许多高端产品供给不

---

① 宁吉喆：《建设现代化经济体系 实现新时代高质量发展》，《经济日报》，2017年11月30日。

足，仍长期依赖进口。有数据表明，100% 的光纤制造装备、85% 的集成电路芯片、70% 的轿车制造设备、100% 的高端分析仪器、90% 以上的高端医疗器械、90% 的硫化染料、95% 的高端数控机床、80% 以上的高端传感器、70% 的液晶面板都依赖进口。航空发动机目前基本被美国普惠、通用和英国劳斯莱斯牢牢占据前三甲的位置，国产发动机市场占有率不足 1%。据工信部有关数据测算，我国 32% 的关键材料仍为空白，52% 的关键材料依赖进口，光刻机、刻蚀机、离子注入机、网络测试仪、触觉传感器、真空蒸镀机等高端生产设备、高性能检测设备和关键材料与国外差距较大，基本依赖进口。高端芯片制造工艺落后国际先进水平 2 代以上，70% 以上智能终端处理器以及 95% 的高端专用芯片依赖进口。2021 年我国芯片进口额近 4400 亿美元，是石油进口额的两倍多，占 GDP 比例接近 2.45%。芯片已成为我国进口最大的商品，发达国家一旦“断供”，对我国相关产业链安全的影响和冲击较大。工业软件、设计软件等长期被国外厂商垄断，底层工业数据、实验设备、研发测试工具等产业基础能力不强。工业软件特别是本土电子设计自动化（EDA）企业和国外 EDA 三大巨头之间的技术差距在 20 年以上，80% 的规划软件、50% 的制作软件被外企占据，国内企业占全球市场的份额不到 1%。国家对三维 CAD/CAE 等核心工业软件研发的投入强度偏低，国际顶级 CAE 公司一年研发投入超过我国 10 年政府投入的总和。我国高铁装备所需的轴承、制动系统、高强度螺栓等核心零部件、元器件，自主生产比例仅为 20% 左右。

二是以传统产业为主的结构尚未有根本性改观，中低端产品仍占很大比重，产能过剩问题突出。目前，我国工业企业产能综合利用率大致为 80%，粗钢、电解铝、水泥、平板玻璃等行业产能利用率均低于 75%，明显低于国际通常水平，产能过剩问题十分突出。产能过剩问题不仅出现在传统产业，一些战略性新兴产业也有地区趋同化和产能过剩的苗头和隐忧。近年来，政府将资源和政策倾斜配置到战略性新兴产业中，全国各地发展新兴产业的积极性很高，纷纷出台了新兴产业发展规划和政策，一些新兴产业也出现了无序发展的现象。比如，目前国内集成电路产业投资一片火热，各地争相引进上马半导体建设项目，出现了“一哄而上”、同质化竞争等现象。一些无经验、无技术、无人才的“三无”企业也投身集成电路行业，盲目上项目，低水平重复建设的风险显现，甚至有个别项目建设停滞、厂房空置，造成资源浪费。各地新能源包括锂电池及氢能源项目建设“一哄而上”，在光伏材料、稀土永磁材料、碳纤维、LED 衬底材料、PLA 材料等新材料细分领域，其产能加起来远大于需求。说到底，不少地区不顾产业发展条件，过度依靠税收优惠、财政补贴、低价供地、融资担保等手段，鼓励投资、扩大规模，“遍地开花”，力图在短期内形成很大的生产能力，其结果必然导致一些新兴产业陷入新的重复与产能过剩，对此需要引起高度警惕。

三是产业调整明显滞后于消费结构升级。随着城乡居民消费水平不断提升，消费结构升级加快，品质化、智能化、多元化成为居民消费群体的核心消费诉求，我国已进入消费新时代，现有产品结构不能适应市场需求，居民对高品质商品和服务的需求难以得到满足，出现到境外大量采购日用品的现象，造成国内消费需求外流。2019 年，我国居民出境超过 1.55 亿人次，境外消费达到 8802 亿元人民币，其中至少一半用于购物。[①]

面对国际产业分工格局和贸易环境的变化以及新一轮科技革命和产业变革的加快，面对国内生产要素成本上升和消费结构升级的新趋势，面对我国高质量发展的新要求，我们必须充分发挥制度优势和超大规模市场优势，加快经济结构转型升级，特别要大力推进经济发展从规模扩张为主向质量提升为主的转变，打好产业基础高级化、产业链现代化的攻坚战，推动先进制造业与现代服务业融合发展，促进产业迈向中高端，实现生产型大国向创新型强国转变。[②] 同时，要注重更好实现供给和需求互促互动，以供给创新适应和推动需求升级，以需求升级引导和拉动供给创新，使产业发展从生产驱动向创新和消费驱动转变。有序推进产业布局调整和优

① 王一鸣：《百年大变局、高质量发展与构建新发展格局》，《管理世界》，2020 年第 12 期，第 1—13 页。

② 苗圩：《提升产业链供应链现代化水平》，《经济日报》，2020 年 12 月 9 日第 11 版。

化，加快兼并重组以及淘汰落后产能和“僵尸企业”，促进过剩产能有效化解；加快突破制约产业转型升级的研发、设计、标准制定、营销、供应链、品牌培育等生产性服务环节，以实施“互联网+”行动计划、国家大数据战略等为契机，推动互联网和实体经济深度融合，运用信息网络等现代技术，推动生产、管理和营销模式变革，以互联网思维重构传统产业模式，推动基于网络化、智慧化的多元产业融合，做大做强数字经济，推进数字产业化和产业数字化，推动数字经济和实体经济深度融合，打造具有国际竞争力的数字产业集群。积极推进智能制造，培育壮大战略性新兴产业，重点发展前景好、容量大、效益高的新产业、新技术、新业态、新模式，加快壮大新一代信息技术、生物技术、新能源、新材料、高端装备、新能源汽车、绿色环保以及航空航天、海洋装备等产业。推动互联网、大数据、人工智能等同各产业深度融合，推动先进制造业集群发展，构建一批各具特色、优势互补、结构合理的战略性新兴产业增长引擎。大力发展现代服务业，推动生产性服务业向专业化和价值链高端延伸，加快发展研发设计、现代物流、法律服务等服务业，推动现代服务业同先进制造业、现代农业深度融合，加快推进服务业数字化。推动生活性服务业向高品质和多样化升级，加快发展健康、养老、育幼、文化、旅游、体育、家政、物业等服务业，加强公益性、基础性服务业供给。

三、增长动能转换

从需求侧看，过去我们主要根据凯恩斯理论，将投资、消费、出口“三驾马车”作为经济增长的根本动能，反复在增加出口和扩大内需上做文章。长期以来，我国经济增长的基本特点是需求拉动下的水平扩张，主要是靠投资和出口拉动，特别是政府投资一直是我国经济增长的重要引擎，在经济出现下滑时，基本上是靠政府施加外力进行刺激。

在我国经济进入新常态以后，需求扩张的步伐明显放缓，投资驱动和出口驱动这两个拉动经济增长的传统动能已大大减弱。[①] 从投资来看，依靠扩大投资拉动经济增长的效果开始递减，投资边际产出明显下降。同时，我国投资的三大主要阵地，即基础设施、房地产和制造业对经济的投资支撑作用也在减弱。从外需来看，世界经济正处于深度调整中，发达国家的“再工业化”“制造业回流”和去“虚拟经济化”趋势明显，国际贸易竞争空前激烈，我国出口导向型的经济驱动模式受到严峻挑战。根据国家统计局、中国社会科学院的测算，2012—2021 年，我国最终消费支出对经济增长的贡献率由 55.4% 增长到 65.4%，资本形成总额贡献率由 42.1% 下降到 13.7%，货物和服务净出口贡献率由 2.5% 上升到 20.9%，表明 2012 年以来我国经济增长的需求动力主要源于消费和出口，投资对经济增长的贡献率下降明显。因此，继续过分依赖“三驾马车”拉动经济增长已难以为继。在这种情况下，如果不能及时调整策略，加快重塑增长新动能，就会直接影响我国经济高质量发展。

从要素供给侧看，过去 40 多年经济快速增长，是充分利用劳动力、土地等低成本要素优势，在经济全球化背景下有效发挥后发优势的结果。随着要素成本的不断攀升，支撑我国经济快速发展的传统要素成本优势正逐步减弱，劳动力、土地、资金、资源等生产要素价格持续上升，生产成本大幅提高，资源环境约束日益强化。在传统比较优势弱化的条件下，当前和今后一个时期，依靠传统低成本要素的大规模投入来拉动经济增长已很难奏效，需要加快塑造新要素竞争优势。

总体来看，当前我国正处在新旧动能转换的关键时期，传统动能弱化，新动能尚在孕育之中。传统动能的减弱既有总需求不足的问题，也有需求得不到满足的问题；既有产能过剩的问题，也存在有效需求不足的问题。应该说，在传统要素红利和“三驾马车”动能减弱的新常态下，迫切要求我们加快实现新旧动能的转换。

我们必须从供需两侧推进结构性改革，以创新供给带动需求扩展，以

① 余斌：《需求侧阶段性变革严重冲击实体经济》，《中国经济时报》，2017 年 2 月 20 日。

扩大有效需求倒逼供给升级，实现供给和需求在新条件下的相互促进。不仅要继续挖掘旧动能的潜能，打好稳投资、促消费、扩出口这“三驾马车”协同发力的组合拳，而且要引领和创造消费需求，促进经济增长由主要依靠投资、出口的拉动向依靠消费、投资、出口协调的拉动转变。从供需两端发力，顺应居民消费提质转型升级新趋势，依靠改革创新破除体制机制障碍，实行鼓励和引导居民消费的政策，把扩大消费同改善人民生活品质结合起来，促进消费向绿色、健康、安全发展，稳步提高居民消费水平。积极培育重点领域消费细分市场，全面营造良好的消费环境，不断提升居民消费能力，引导形成合理消费预期，切实增强消费对经济发展的基础性作用，不断满足人民日益增长的美好生活需要。要更加注重培育发展新动能，加大供给侧结构性改革力度，扩大有效供给，特别要充分发挥制度变革、结构升级和创新驱动“三大新动能”的作用，真正使经济发展动能得到转换。

要增强高端要素聚集发展功能和创新发展能力，加快重塑技术、人才、信息、数据、管理、制度等新要素的竞争优势，优化生产要素配置，激活生产要素，提高全要素生产率。要激发创新创业活力，推动大众创业、万众创新，释放新需求，创造新供给，推动新技术、新产业、新业态、新模式蓬勃发展，培育新的增长点。尤其重要的是，要把创新作为引领发展的第一动力，把创新摆在国家发展全局的核心位置，深入实施科教兴国战略、人才强国战略、创新驱动发展战略，抓好以科技创新为核心的全面创新，特别要加快培育创新主体，集聚创新资源，打造创新平台，完善创新体系，优化创新环境，打好关键核心技术攻坚战，提高创新链整体效能。加强基础研究、注重原始创新，优化学科布局和研发布局，强化企业创新主体地位，促进各类创新要素向企业集聚。推进产学研深度融合，支持企业牵头组建创新联合体，承担国家重大科技项目。发挥企业家在技术创新中的重要作用，鼓励企业加大研发投入，对企业投入基础研究实行税收优惠。发挥大企业引领支撑作用，支持创新型专精特新企业成长为创新重要发源地，加强共性技术平台建设，推动产业链上中下游、大中小企业融通创新，激发人才创新活力，加快推动经济发展实现从传统要素驱动、投资规模驱动为主向以创新驱动为主的转换。

四、发展成果转化

满足人民日益增长的美好生活需要是社会主义生产的根本目的，是推动经济高质量发展的根本力量。能否有效增进民生福祉是发展的根本目的，实现全体人民共同富裕、不断推动和实现人的自由而全面发展是其根本追求。改革开放40多年来，我国经济发展取得了举世瞩目的成就。但也要清醒地认识到，经济快速增长而社会事业发展相对滞后，群众生活质量改善与经济增长不相匹配，经济发展成果并没有完全转化为人民共享，这已成为当前我国经济与社会发展不协调的迫切问题。主要表现在：经济发展这条“腿”长，社会发展这条“腿”短，经济社会发展不协调问题突出。[①]在教育、医疗卫生、收入分配、就业、社会保障等关系群众切身利益的领域还存在不少难点问题，基本公共服务供给不足、覆盖面不够，一些地方“看病难”“看病贵”“上学难”“养老难”等问题仍比较突出。我国经济发展到今天，社会事业和民生这块“短板”如不尽快补齐，就会造成一种“有增长无发展”或“增长多发展少”的不健康情形，不仅会影响现代化的进程，而且也会拖经济发展的后腿，甚至会引发或加重一系列的社会矛盾和社会风险。在社会结构和利益格局深刻变动、社会管理环境深刻变化的背景下，社会矛盾和冲突易发多发，加强和创新社会治理、实现共享发展的紧迫性大大增强。对此，必须加快建立健全公平公正、共建共享的包容性发展机制，切实把我国经济发展成果转化为由人民共享，真正使全体人民在共建共享发展中有更多获得感，努力形成经济与社会协调发展的良好局面。

我们必须更加注重统筹经济社会协调发展，妥善处理好经济发展与社

① 中共中央宣传部编：《科学发展观学习读本》，学习出版社，2008年，第30—36页。

会进步的关系，不仅要促进经济增长，而且更要注重民生改善、社会进步。要切实把改善民生和社会事业始终贯穿于发展的各个环节，努力做好就业创业、社会保障、医疗卫生、教育、文化、乡村振兴、食品药品安全等领域民生保障工作，使全体人民共享改革发展成果。要坚持普惠性、保基本、均等化、可持续的方向，从解决关系人民群众切身利益的现实问题入手，健全基本公共服务体系，加快补齐基本公共服务短板，着力增强非基本公共服务弱项，努力提升公共服务质量和水平，完善共建、共治、共享的社会治理制度，扎实推动共同富裕。增加公共服务供给，创新公共服务提供方式，建立基本公共服务财政支出增长长效机制，加大政府购买服务力度，鼓励和引导社会力量参与提供基本公共服务，健全覆盖城乡的基本公共服务体系，提高公共服务共建能力和共享水平。健全有利于更充分、更高质量就业的促进机制，扩大就业容量，提升就业质量，缓解结构性就业矛盾。坚持居民收入增长和经济增长的基本同步、劳动报酬提高和劳动生产率提高的基本同步，持续提高低收入群体收入，扩大中等收入群体，更加积极有为地促进共同富裕。坚持应保尽保原则，按照兜底线、织密网、建机制的要求，加快健全覆盖全民、统筹城乡、公平统一、可持续的多层次社会保障体系。要更加注重维护社会公平正义，保障人民平等参与、平等发展的权利，促进人的全面发展。加强和创新社会治理，激发社会组织活力，及时协调各种利益关系，化解社会矛盾，保障人民安居乐业，不断增强人民群众获得感、幸福感、安全感，促进人的全面发展和社会全面进步。

五、经济体制转轨

20 世纪 80 年代的改革主要是存量改革，1992 年确立发展社会主义市场经济之后，市场化取向改革全面推进，我们面对的不仅仅是过去的存量改革，还要面临不少增量改革，这就是发展市场经济以后出现的一连串新矛盾、新困难、新问题。比如，收入分配问题、户籍制度问题、社会保障问题。尽管经过40多年的改革开放，总体上取得了突破性进展，但市场化改革并没有真正完成，很多方面还很不到位。比如，目前我们商品市场经济发展比较成熟，但在影响经济发展至关重要的土地、劳动力、资本、技术等要素方面，市场化改革还相当不完善，仍存在要素流动不畅、资源配置效率不高、微观经济活力不强等问题。进入新发展阶段，推动实现高质量发展，面临的改革任务更为复杂艰巨。一是改革对象更加复杂。不仅要继续改革尚未改革完的旧体制的弊端，还要改革过去改革中形成的“过渡型扭曲体制”；不仅要进行经济改革，还要协调推进“五位一体”的全面改革。二是改革难度增加。经过40多年的改革，容易改的问题都已经改了，留下来的都是比较难啃的“硬骨头”，需要改革的内容不少涉及深层次社会矛盾。三是改革阻力加大。在改革起步阶段，由于改革带有“普惠性”，改革普遍受益，改革的深层次矛盾往往不会凸显出来，改革阻力较小，改革共识较为容易达成。改革越深入，就越会触及既得利益集团，协调各种利益关系会遇到很大障碍，改革已进入攻坚期和“深水区”。这就要求我们必须加快创新体制机制，正确处理好政府与市场的关系，把政府和市场这“两只手”的作用都运用好，加快由发挥市场配置资源“基础性作用”向“决定性作用”的转轨。①

实现经济高质量发展，我们必须高度重视改革的顶层设计和总体规划，着力从更高层次、更大范围增强改革的系统性、整体性、协同性。按照完善和发展中国特色社会主义制度、推进国家治理体系和治理能力现代化的总目标，以经济体制改革为重点，推动各方面制度更加成熟更加定型，着力构建充满活力、富有效率、更加开放、有利于高质量发展的体制机制，最大限度地获取改革发展的红利。坚持和完善社会主义基本经济制度，必须毫不动摇地巩固和发展公有制经济，毫不动摇地鼓励、支持、引导非公有制经济发展。支持国有资本和国有企业做强、做优、做大，增强国有经济竞争力、创新力、控制力、影响力、抗风险能力。充分发挥市场

① 本书编写组：《党的十九大报告辅导读本》，人民出版社，2017年，第230页。

在资源配置中的决定性作用，更好发挥政府作用，更好解决“有效市场”与“有为政府”的有机结合、优势互补，构建高水平社会主义市场经济体制。政府要坚持“有所为、有所不为”，减少对微观经济的直接干预，努力做到“不越位、不缺位、不错位”。在一般竞争领域和非自然垄断行业，确保“市场机制有效”，把能由市场决定的事项交给市场，彻底改变由政府主导资源配置的做法。以完善产权制度和要素市场化配置为重点，建设高标准市场体系，健全市场体系基础制度，实现产权有效激励、要素自由流动、价格反应灵活、竞争公平有序、企业优胜劣汰。要建立公平竞争保障机制，完善公开透明开放的市场规则，实行统一的市场准入制度，破除阻碍要素自由流动的体制机制障碍，打破地域分割和行业垄断，加快土地、劳动力等生产要素市场化改革，扩大要素市场化配置范围，健全要素市场体系，推进要素市场制度建设，实现要素价格市场决定、流动自主有序、配置高效公平，完善要素交易平台，发展各类要素市场，促进生产要素在城乡、地区、企业、行业间自由流动与优化组合，加快形成统一开放、竞争有序的市场体系。加快建立全国统一的市场制度和规则，打破地方保护和市场分割，打通制约经济循环的关键堵点，促进商品要素资源在更大范围内畅通流动，加快建设高效规范、公平竞争、充分开放的全国统一大市场。坚持以开放促改革，推动我国对外开放由商品和要素流动型开放向规则、规制、管理、标准等制度型开放转变，加快构建与国际通行规则相衔接的制度体系和监管模式，建设更高水平开放型经济新体制，推动形成更加紧密稳定的全球经济体系。推动贸易和投资自由化、便利化，推进贸易创新发展，增强对外贸易综合竞争力。完善外商投资准入前国民待遇加负面清单管理制度，有序扩大服务业对外开放，实现高质量引进来和高水平走出去。完善自由贸易试验区布局，稳步推进自由贸易港建设，建设对外开放新高地。[①]

① 刘鹤：《必须实现高质量发展》，《人民日报》，2021 年 11 月 24 日第 1 版。

第二章

关于振兴实体经济的思考

党的十八大以来，习近平总书记多次强调不论经济发展到什么时候，实体经济都是我国经济发展在国际经济竞争中赢得主动的根基，明确指出像我们这样一个大国要强大，必须靠实体经济；要大力发展实体经济，筑牢现代化经济体系的坚实基础。[①]党的十九大报告鲜明提出，建设现代化经济体系，必须把发展经济的着力点放在实体经济上，把提高供给体系质量作为主攻方向，显著增强我国经济质量优势。党的二十大报告再次强调指出，“坚持把发展经济的着力点放在实体经济上，推进新型工业化，加快建设制造强国、质量强国、航天强国、交通强国、网络强国、数字中国”[②]。因此，新时代如何破解实体经济发展困境，加快振兴实体经济，打牢发展根基，对推动我国经济高质量发展具有重大意义。

一、实体经济内涵及“虚”“实”关系辨析

近年来，受内外多重因素的共同影响，我国实体经济发展比较困难，

---

① 金碚：《夯实发展基础 赢得竞争主动——做好振兴实体经济的事》，《经济日报》，2019年8月13日。

② 习近平：《高举中国特色社会主义伟大旗帜 为全面建设社会主义现代化国家而团结奋斗》，人民出版社，2022年，第30页。

特别是“脱实向虚”问题十分突出，一场关于“虚”“实”之争的大讨论已成为当今企业界和社会关注的热门话题。

（一）关于实体经济与虚拟经济的内涵

从学理上讲，实体经济是与价值实体的生产、流通、交换、分配、消费相关的经济活动，即为经济社会发展和民生改善提供物质产品和服务的经济活动，包括农业、工业和大部分服务业。虚拟经济则是与价值符号的生产、流通、分配、交换相关的经济活动，简单地说，就是直接以钱生钱的活动。实体经济再生产过程的终点和新起点是实实在在的消费，包括生产性消费和生活性消费；虚拟经济再生产过程的终点和新起点则止于交换，即虚拟经济产品的消费就是用于交换，其使用价值就是交换价值。正因为如此，虚拟经济必须与实体经济紧密结合并服务于实体经济的再生产过程，才能有助于更多更好地创造实实在在的社会财富，反之则只能创造一大堆不能用于实际消费、只能催生资产泡沫的价值符号。①

（二）关于实体经济与虚拟经济关系的认识

近年来，关于振兴实体经济的话题备受关注，但也存在不少认识上的误区。

一是对于“实”“虚”内涵存在很大争议。①虚拟经济本身并非全都是不合理的，也并非虚拟经济打击了实体经济，两者并不是此消彼长的关系。②“实”和“虚”之间的划分并不是简单的行业划分，同一行业里有“实”也有“虚”。比如房地产业，开发商建房子的过程就是“实”。如果购房是为满足居住需求和工商业生产经营活动需要，那就是“实”；如果为投机获利去炒土地和楼市，那就是“虚”。再比如金融业，银行为居民

---

① 费洪平等：《振兴实体经济与制造业发展对策》，中国计划出版社，2019年，第2—3页。

提供汇款服务，为企业生产提供贷款，这些都是具体的服务，满足其实际需求，都应属于“实”。但如果金融市场出现过度投机，或者企业拿贷款去炒房炒股，那就不属于“实”。因此，不能简单地把金融业、房地产业全部划入虚拟经济领域。③同一项业务，“实”与“虚”的划分也很模糊。比如，银行自身也不能精确统计放出去的贷款中，有多少是用于自住购房，有多少是用于炒房。

二是振兴实体经济绝不是意味着要排斥虚拟经济。虚拟经济依赖于实体经济，实体经济可借助于虚拟经济，两者具有极其密切的相互依存、相互促进、共生共荣的关系。一方面，虚拟经济以服务于实体经济为最终目的，没有虚拟经济，实体经济发展会受到很大影响。另一方面，实体经济是虚拟经济发展的基础，没有实体经济，虚拟经济便是“空中楼阁”，虚拟经济不能脱离实体经济而独立存在。

三是不能把实体经济狭隘地理解为实物经济，把新经济当作虚拟经济。当前一个误区是，把互联网等新经济视作虚拟经济，把实业不振的原因归罪为互联网经济的兴起。划分“虚”“实”的标准，不是看是否生产有形的产品，而是看是否满足消费性需求和生产性需求。并非看得见摸得着的才叫实体经济，实体经济不等于实物经济。实体经济不是只局限于生产和制造，服务和流通也是实体经济的重要部分。服务业也有满足最终需求的，比如医疗服务和金融服务。比如网店就属于新实体经济，直接带动了实体工厂的销售。快递业也属于新实体经济，同样既拉动了消费也促进了生产。这些典型的新实体经济行业，实际上都是生产性服务业，都是在为实体经济服务，也是实体经济重要的一部分。

（三）关于制造业服务化问题

在工业化后期和后工业化阶段，制造业为了获取竞争优势必将价值链由以制造为中心向以服务为中心转变，服务业占比必然超过制造业和整个工业，这是经济发展的客观规律，是产业结构升级的趋势。发展服务经济不是要“去制造业”“去工业化”。其实，许多服务业原本是制造业内生或分化出来的，两者之间具有密切的关系，而不是简单的彼此替代关系。制造业既是服务业的主要支撑力量，也是服务业特别是生产性服务业的主要服务对象。服务业与制造业只有良性互动、深度融合，才能使两者相得益彰、持续协调健康发展。①

二、当前实体经济正处于发展的关口期

2008 年国际金融危机在很大程度上可归结为虚拟经济对实体经济的过度背离，许多国家纷纷汲取教训，重新聚焦实体经济，重视实体经济发展已成为当前世界各国的普遍共识。一方面，欧美发达国家大力实施“再工业化”战略和促进制造业回归，呈现加速向实体经济回归的新趋势；另一方面，新兴发展中国家加快以制造业为主体的实体经济发展，制造业已成为新兴发展中国家参与经济全球化、促进经济增长的关键部门。可以说，发展实体经济再次成为世界潮流和全球经济再平衡的核心内容。

改革开放以来，我国实体经济取得了长足发展。根据国家统计局、工信部有关数据测算，就制造业来看，制造业增加值连续 12 年位居全球首位，220 多种工业品产量居世界第一，拥有 31 个工业大类、179 个中类、609 个小类，是全世界唯一拥有联合国产业分类中全部工业门类的国家。1978—2021 年，我国工业增加值从 1607 亿元上升到 37.3 万亿元，2007 年我国制造业规模超过日本，2010 年超过美国，跃居为世界第一制造业大国。着力振兴实体经济、壮大制造业，仍然是新时代我国社会主义现代化进程中重要而艰巨的历史任务。

经验和教训两方面都表明，实体经济是一国经济的立身之本，是财富创造的根本源泉，是国家强盛的重要支柱。回归实体经济本位才是经济

① 费洪平：《新时代如何振兴实体经济切实筑牢发展根基》，《北京交通大学学报》（社科版），2019 年第 3 期，第 1—8 页。

高质量发展的正途。改革开放 40 多年来，我国经济发展取得了巨大成就，从根本上说是得益于实体经济这块“基石”，不仅支撑着百姓衣食住行，更关系到国家长治久安，任何时候都不能忽视、不能懈怠、不能动摇。

三、实体经济发展面临的困境

2008 年国际金融危机以来，特别是当前在百年变局和世纪疫情交织的复杂形势下，我国实体经济发展面临需求收缩、供给冲击、预期转弱三重压力，经营环境趋紧、下行压力加大，出现“弱化、边缘化、虚化”的迹象，面临诸多问题和困难，突出表现在以下几个方面。①

（一）增长速度与盈利水平同步下降

国际金融危机后，我国实体经济增速明显放缓。2012 年以后，我国实体经济增加值年增长率均在 10% 以下，2015 年甚至低于 5%。若以农业、工业、建筑业和部分服务业（批发和零售业、交通运输仓储和邮政业、住宿和餐饮业）的生产总值作为实体经济口径计算，实体经济占比从 2011 年 71.5% 下降到 2016 年的 64.7%。第二产业增加值在 GDP 中所占比重一直呈现下降趋势，从 2006 年的最高点 47.6%，持续下降到 2020 年的 37.8%，下降趋势十分明显。其中，工业作为实体经济的主体，下行态势更为明显。从工业占比来看，工业占全国 GDP 比重从 2006 年的 42% 下降到 2020 年的 30.8%，制造业增加值占比从 2012 年的 31.4% 下降到 2021 年的 27.4%，下降了 4 个百分点。我国工业增加值自 2010 年 1 季度同比增长达到 19.7% 高峰后，一直持续回落，到 2019 年降至 5.7%。不难看出，整个“十二五”及“十三五”期间工业经济运行整体处于加速下滑的“L”

---

① 费洪平：《实体经济发展困境解析及对策》，《经济日报》，2017 年 2 月 27 日第 5 版。

型“竖线”过程。①

实体经济在增速下滑的同时，盈利水平也大幅下降。数据显示，2000 年以来我国企业销售毛利率从 26.5% 下降到 2015 年的 18% 左右，非金融上市公司净利润率从 2000 年的 8% 以上下降到 2015 年的 6% 以下。工业企业盈利下降更为明显。2011—2014 年规模以上工业企业利润同比增速分别为 25.35%、5.27%、12.15%、3.30%，2015 年首次出现负增长，同比增速为 -2.3%。不仅如此，而且一些制造企业的利润多半来自金融、房地产投资等非主营业务收入。2016 年下半年以来，实体经济增速逐步回升，2016 年、2017 年规模以上工业企业主营业务收入利润率同比分别增长 8.5%、21%。2021 年规模以上企业利润同比增长 34.3%，但这种态势能否持续有待于进一步观察。

（二）要素成本过快上涨导致传统发展模式难以为继

随着工业化迅速推进，支撑我国实体经济 40 多年快速发展的低成本要素优势逐步消失，要素价格持续上涨，加之企业税负较高，进一步压缩了企业利润空间。原有以低加工度、低层次技术、低附加价值的产业结构难以消化成本不断上涨的压力，国际比较优势日渐弱化，传统发展模式越来越难以为继。②

2005—2010 年，我国规模以上制造业企业主营业务成本年均增速（22.8%）低于制造业主营业务收入增速（22.9%）和利润总额增速（29.1%）。2011—2015 年我国规模以上制造业主营业务成本年均增速为 10.1%，明显高于制造业主营业务收入增速（9.7%）和制造业利润总额增速（4.5%），成本增速与主营业务收入、利润增速的关系发生了逆转，导致成本费用利润率由

① 费洪平等：《振兴实体经济与制造业发展对策》，中国计划出版社，2019 年，第 16—18 页。

② 林兆木：《我国经济转型升级势在必行》，《人民日报》，2013 年 8 月 29 日。

升转降，从2010年的8.3%下降到2014年的6.5%。[①]生产要素成本上升突出表现在以下几个方面：

劳动力成本急剧上升，企业出现招人难、用人难、留人难的问题。2005—2015年，我国制造业城镇单位就业人员工资总额从5056.6亿元提高到28341.6亿元，增长了5.6倍；人员平均工资从15748元提高到55915元，年均增长率达13.5%，其中2011年增速超过20%。同期，我国制造业全员劳动生产率年均增长约6.1%。中印两国制造业每小时的劳动力成本之比，从2012年的138%上升至2019年的218%。[②]

用地价格呈刚性上升，企业用地成本不断增加。从监测数据看，全国主要城市土地出让价格自2008年以来加速上涨，尽管2012年以来增速有所放缓，但仍呈现刚性上升态势。综合地价由2012年第三季度的3093元/平方米增加到2017年第三季度的4012元/平方米，工业用地价格由2012年第三季度的662元/平方米增加到2017年第三季度的799元/平方米，分别增长了29.7%和20.7%。[③]

税费成本总体上升，企业税负偏高。据工信部中小企业发展促进中心调查测算，2012年企业已缴税金占营业收入比重达7.8%，其中应缴增值税占营业收入3.7%。2014年包括企业应缴增值税、企业所得税和主营业务税金及附加在内的制造业税费成本占制造业主营业务收入比重为5.74%，比2010年的6.21%降低0.47个百分点，但相比2005年还高0.52个百分点。[④]

企业融资成本高，特别是民营企业融资难已成为影响实体经济发展的重要因素。目前，我国民营经济具有“五六七八九”的特征，即贡献了50%以上的税收，60%以上的GDP，70%以上的技术创新成果，80%以上的城镇劳动就业，90%以上的企业数量，是国民经济和社会发展的

① 费洪平等：《振兴实体经济与制造业发展对策》，中国计划出版社，2019年，第9—15页。

② 同上。

③ 同上。

④ 同上。

生力军，是建设现代化经济体系、推动经济实现高质量发展的重要基础，是扩大就业、改善民生的重要支撑，是企业家精神的重要发源地。目前银行投放给国有企业的资金量占到 70% 以上，投放给民营企业的不到 20%。2014 年底我国规模以上工业企业利息支出占主营业务收入比重约为 1.2%，比 2009 年底的 0.8% 高出 0.4 个百分点，上涨 50%。与此同时，规模以上工业企业利息支出占主营业务利润收入比重也大幅提高，从 2010 年 8 月份的 6.47% 提高到 2015 年 9 月份的 9.2%，提高 2.73 个百分点，上涨 42.2%。①

此外，“五险一金”也是实体经济企业成本上升的重要因素。部分省市“五险一金”总缴费率超过 50%，企业承担的比例接近一半。

（三）低端产能过剩与高端供给不足并存的结构性矛盾突出

当前，实体经济最根本性的问题是中低端和无效供给过剩、高端和有效供给不足并存，造成供需不匹配，长期累积的结构性矛盾凸显。一方面，传统产业产能过剩矛盾持续发酵，产能利用率偏低。目前，我国工业企业产能综合利用率低于 80%，一些行业产能利用率低于 75%。另一方面，我国实体经济总体仍处于全球价值链的中低端，与发达经济体相比尚有较大差距。在我国出口产品中，中低端仍占很大的比重。许多高端产品国内供给不足，仍长期依赖进口。从关键技术自给率看，纺织机械、高端数控机床、高速胶印机、集成芯片制造设备、光纤制造设备产品、轿车制造设备、高端传感器和液晶面板，进口率高达 70% 以上。

（四）创新能力不足与体制障碍的双重制约

与发达国家相比，我国实体经济中的大部分产业和企业还存在较大

① 费洪平等：《振兴实体经济与制造业发展对策》，中国计划出版社，2019 年，第 16—17 页。

的技术差距。数据显示，国际领先企业普遍将销售收入的 5% 以上用于研发投入，而我国制造业 500 强企业的研发投入强度只有 2% 左右。从经费投入水平看，2021 年我国研究与试验发展经费支出占 GDP 的比重为 2.44%，成为仅次于美国的世界第二大研发经费投入国。但从产出结果看，虽然我国发明专利申请量已连续 6 年位居世界首位，但科技成果转化率和科技对经济增长贡献率分别为 30% 和 50%，而发达国家在 60%—70% 之间。从 2021 年《世界品牌 500 强名单》来看，我国入选品牌仅有 46 个，占比不到 10%。关键装备、核心零部件和基础软件仍依赖进口和外资企业，支撑产业升级的技术储备明显不足，技术创新链条存在不同程度的脱节问题。①

目前我国实体经济发展的体制机制性障碍依然比较突出。一是市场体系不完善、不规范，特别是要素市场化改革还相当不完善，资源合理分配的体制机制尚未理顺，制度性交易成本仍然过高。二是民营经济发展环境尚需改善。除私人产权保护不够、法制环境不健全、政府干预过多等老问题外，国有企业在一些行业领域过度垄断，成为阻碍民间资本进入的“玻璃门”“弹簧门”“旋转门”。三是国有企业深层次改革攻坚任务依然艰巨，政企、政资关系还要进一步理顺，现代企业法人治理结构尚不健全，经营机制需要加快转换。四是吸引社会资本支持创新的良好机制缺乏，专业科研机构和高等院校的科研成果往往偏离企业和市场的实际需求。五是市场出清机制缺失。产业和企业退出机制不健全，导致实体经济中落后过剩产能不能快速及时退出。

（五）虚拟经济与实体经济发展不协调

近年来，在虚拟经济投资时限短、回报率高的特征诱导下，大量资本流入虚拟领域，社会资本“脱实向虚”和企业“弃实投虚”加剧，出现

① 费洪平等：《振兴实体经济与制造业发展对策》，中国计划出版社，2019 年，第 19 页。

了“一流企业做金融，二流企业做房产，三流企业做市场，四流企业做实业”的局面，造成实体经济“失血”“抽血”问题突出。据国家统计局测算，2001 年我国金融业增加值占 GDP 的比重为 4.7%，2021 年提升至 8%。我国金融业在国民经济中的比重快速提高，一定程度上反映了金融业在现代化进程中日趋重要的一般规律和趋势，但同时也要认识到，该比重提高有些过快。特别是 2008 年以来，我国工业增加值占 GDP 的比重由 41.3% 快速下降到 2020 年的 30.8%，金融业和房地产业增加值占 GDP 的比重则分别由 2008 年的 5.7% 和 4.6% 提高到 8.3% 和 7.3%。我国工业平均利润率仅在 6% 左右，而证券、银行业则在 30% 左右。从上市公司看，金融板块的利润额已占到了所有上市公司利润额的 50% 以上。虚拟经济的无序发展造成虚拟经济中资本流动性过剩而实体经济中资本流动性不足。与此同时，非金融部门杠杆率也在快速上升。2012 年我国非金融部门的杠杆率为 106%，2021 年超过 150%。过高的杠杆率不仅容易引发金融泡沫，导致金融利润率虚高，而且会吞噬实体资本。除金融领域外，我国房地产业的无序发展，也严重损害了实体经济发展。由于地方政府长期过度看重房地产对 GDP、财政收入的贡献，在宽松的融资环境下，不仅使房价严重脱离国情、超出居民购买能力，而且导致房地产市场的投机与泡沫对实体经济产生“虹吸效应”，诱导实体资本大量涌向房地产，直接抬高了实体生产成本，挤压了实体发展空间，导致实体经济“空心化”。①

（六）内需增长放缓与外需疲软叠加

国际金融危机以来，外需持续萎缩与内需增势放缓相叠加，使实体经济发展面临更强的市场需求制约。在我国经济进入新常态以后，依靠扩大投资拉动经济增长的效果递减，投资边际产出明显下降。同时，我国投资

① 费洪平等：《振兴实体经济与制造业发展对策》，中国计划出版社，2019 年，第 23—25 页。

的三大主要领域，即基础设施、房地产和制造业的投资增速都呈现明显下降趋势。最终消费支出虽然保持平稳较快增长，2016 年至 2021 年消费贡献率由 54.9% 提高到 65.4%，对经济增长的贡献率不断提高，但与世界平均水平还有较大差距，国内消费需求仍有较大上升空间。

与此同时，国际金融危机以来，逆全球化思潮和国际贸易保护主义重新抬头，世界经济复苏乏力，全球贸易陷入低迷。2008 年至 2021 年，全球经济增长率由前 10 年的年均 4.13% 下降为后 10 年的 2.6%，在短期内看不到回升的趋势。全球经济下行对各国经济增长产生普遍性影响，2021 年我国外贸净出口对经济增长的贡献率为 24.9%，对我国实体经济的拉动作用明显减弱。欧美发达国家纷纷提出“再工业化”战略，呈现向实体经济回归的新趋势。一些新兴经济体和发展中国家积极进军中低端制造业，成为国际市场的有力竞争者。我国实体经济面临高端被发达国家封杀，低端被新兴经济体阻击的“双重挤压”格局。

四、实体经济发展困境的原因剖析

造成我国实体经济发展困境的原因是多方面的，目前看法并不一致，需要对这些影响因素有一个客观正确的认识。第一，体制机制障碍是造成实体经济困境的根本原因。体制机制束缚，存在政府职能转变滞后、市场体系不健全、诸多行业领域存在准入壁垒等问题，民营经济发展环境尚需改善，导致实体经济发展受限。第二，创新能力不足是制约实体经济发展的主要短板。主要表现在自主创新能力不强、研发投入少、创新领军人才缺乏、工匠精神缺失等方面，核心技术和高端装备长期受制于人，不利于实体经济核心竞争力的提升。第三，前期经济刺激政策的累积效应和溢出效应导致产能过剩结构性矛盾加剧。当前我国部分行业的产能过剩已经大大超出正常的市场承受范围，价格下行压力加大，企业效益下滑，造成了实体经济企业盈利水平大幅下降。第四，实体经济下行具有一定合理性和必然性。随着工业化迅速推进，支撑我国实体经济快速增长的传统优势逐步丧失，要素价格持续上升，实体企业综合生产成本不断上涨，必然导致实体经济下行。第五，虚拟经济过度膨胀是造成实体经济困难的重要因素之一。金融、房地产及其他虚拟经济领域的快速膨胀和过度的投机行为，导致大量资本流入虚拟领域，从而侵蚀了实体经济的发展。第六，市场需求不足进一步加剧了实体经济的困难。国际金融危机以来，外需持续萎缩与内需增势放缓相互叠加，有效需求不足，使实体经济发展面临更强的市场需求制约。

总之，造成实体经济困境的原因既有长期因素，也有短期因素；既有周期性因素，也有阶段性因素；既有总量因素，也有结构性因素；既有外部环境的原因，也有内功不足的原因，是多种因素相互交织、共同作用的结果。但从根本上讲，体制机制障碍和创新能力不足是造成当前我国实体经济困境的主要原因，加快体制创新和科技创新，应是未来振兴实体经济的政策着力点。

五、振兴实体经济的基本思路

大力振兴实体经济、壮大制造业，必须立足新发展阶段、贯彻新发展理念、构建新发展格局，以深化供给侧结构性改革为主线，坚持以提高供给体系质量和核心竞争力为主攻方向，推动实体经济发展的质量变革、效率变革、动力变革，着力优化实体经济结构，加快发展战略性新兴产业与改造提升传统产业、淘汰出清落后过剩产能并举，强化改革、开放、创新“三大动力”，造就新的动态比较优势和国际竞争力，大力推进制造业高端化、数字化、集群化、融合化、绿色化、国际化，培育若干世界级先进制造业集群，加快建设制造强国，提升我国制造业和整个实体经济在国际分工和全球产业价值链中的位势，促进实体经济从总量扩张向能力提升、由大向强的转变，实现实体经济高质量发展。为此，必须把握好以下几个“结合”。[1]

把增强自主创新能力与营造良好发展环境结合起来。要引导实体经济企业注重自主创新，提升生产效率、提高管理水平，充分发挥管理人员、技术人员、广大员工的积极性和创造力。特别要加快培育创新主体，集聚创新资源，打造创新平台，完善创新体系，优化创新环境，推动企业加快技术创新、产品创新、业态创新、管理创新、市场创新，激发和保护企业家精神，鼓励更多社会主体投身创新创业，切实增强实体经济自主创新能力。同时要完善相关制度法规、优化政策环境，协同推进重点领域和关键环节的改革攻坚，加快形成统一开放、有序竞争的市场格局，充分发挥市场在资源配置中的决定性作用，更好地发挥政府作用，为实体经济创造更加良好的发展环境，进一步激发实体经济活力。

把“存量优化”与“增量崛起”结合起来。振兴实体经济，要把存量同增量、推动传统产业改造升级同培育战略性新兴产业有机统一起来。加快兼并重组，坚决淘汰落后产能和“僵尸企业”，在“去”上见实效；推动互联网、大数据、人工智能和传统产业深度融合，对“有中出新”的传统产业“挖潜开荒”和改造升级，推动高端化、绿色化、智能化改造，尽快突破制约实体经济转型升级的研发设计、供应链管理、品牌培育、营销等关键环节，实现“老树发新芽”。同时，超前谋划、超前部署、超前行动，统筹科技研发及产业化、标准制定和应用示范，大力推动“无中生有”的新技术、新模式、新业态、新产业发展，特别在中高端消费、创新引领、绿色低碳、共享经济、现代供应链、人力资本服务等领域培育新增长点、形成新动能，打造实体经济新的“发动机”，积极培育壮大战略性新兴产业，引领产业由价值链低端环节向高端环节深化延伸，打造实体经济升级版。

把实体经济与虚拟经济发展结合起来。虚拟经济是市场经济发展的必然产物，它的健康发展对实体经济具有促进作用。振兴实体经济绝不是

① 费洪平等：《振兴实体经济与制造业发展对策》，中国计划出版社，2019年，第28页。

排斥虚拟经济，而是要妥善处理好“虚”“实”关系，要坚持“以实为本、虚实并举”，切实做到对“虚”“实”一视同仁、统筹规划、相互兼顾、协调一致。一方面，要大力振兴实体经济，为虚拟经济发展提供充分的保证；另一方面，也要按照实体经济的要求和条件，稳步推进虚拟经济的有序发展，充分发挥虚拟经济对实体经济的服务作用。同时，要防止“虚热实伤”，更不能“助虚劲而招实祸”，加强和完善监管体系和制度建设，坚决抑制虚拟经济盲目发展，切实防止虚拟经济脱离实体经济过度膨胀而造成实体经济“边缘化”“空心化”。

把降低成本与提高供给质量结合起来。要针对造成实体经济成本居高不下的关键因素，制定可操作、可落地、可检查的系统性政策措施，有效降低实体经济生产经营成本和制度交易成本。同时，用质量优势对冲成本上升劣势，树立质量第一的强烈意识，广泛深入开展质量提升行动，及时修订并严格执行质量标准，加强质量管理，弘扬“工匠精神”，加强品牌建设，培育更多“百年老店”，扩大高质量产品和服务供给，增强实体经济企业和产品核心竞争力。

把制造业和服务业发展结合起来。随着制造业产品复杂程度的提高和信息技术的快速发展，全球制造业呈现服务化趋势。在工业化进入后期阶段时，制造业和整个工业占比由上升转为下降，服务业逐步超过工业，一些人就误认为发展服务经济就是要去制造业、去工业。产业结构转型升级要求制造业和服务业互相促进、融合发展。振兴实体经济，必须推动制造业和服务业“双轮驱动”、协同发力，大力发展生产性服务业和新兴消费性服务业，特别要围绕研发设计、绿色低碳、现代供应链、人力资本服务、检验检测、品牌建设、融资租赁、电子商务等重点领域，提高生产性服务业专业化水平，推动制造业由单纯生产型向服务型转变，推动中国从“世界工厂”走向“世界资源配置和创新中心”。①

① 苗圩：《加强核心技术攻关推动制造业高质量发展》，《现代企业》，2018年第7期，第4—6页。

把立足于扩大内需与加强国际合作结合起来。我国已经与世界经济深度融合、相互依存，大力振兴实体经济、壮大制造业，必须统筹国内发展和对外开放，深度融入新发展格局。既要立足于扩大内需，依托超大规模的国内市场，进一步深挖和释放内需潜力，以供给侧结构性改革带动需求扩展，以扩大有效需求为供给结构优化升级、创造市场空间，实现供给和需求相互促进和更高水平的协调平衡。同时，要将引进来与走出去更好结合，拓展新的开放领域和发展空间，提升国际合作的水平和层次，推动“引进来”由引资为主转向引资、引技、引智服务并举，由输出货物为主转向输出货物、服务、资本、技术并举，促进国际产能合作，形成面向全球的贸易、投融资、生产、服务网络，加快培育国际经济合作和竞争新优势。

六、多措并举振兴实体经济

与虚拟经济相比，实体经济一般投入成本高、产出周期长、利润回报低，政府部门应给予高度重视和大力支持，切实把振兴实体经济放在应有的重要位置，采取更加有力的政策措施，营造更为良好的发展环境，动员各方凝心聚力、主动作为、积极参与，推动政策、资金、技术、人才等汇聚到发展实体经济中来，促进实体经济由总量扩张向能力提升、由大向强的转变，进一步激发实体经济发展的内生动力和活力，实现实体经济高质量发展。

（一）推进重点领域和关键环节的改革攻坚，进一步激发实体经济发展活力

加快政府职能转变，正确处理政府和市场关系，协同推进重点领域和关键环节的改革攻坚，充分发挥市场在资源配置中的决定性作用并更好地

发挥政府作用，形成有效市场和有效政府相辅相成、相得益彰的局面，优化发展环境，进一步激发实体经济活力。

持续深化“放管服”改革。以行政审批制度改革为重点，全面实施市场准入负面清单制度，简化和合并审批手续，大幅度消减而不是下放行政审批项目，强化政府的事中与事后监管职能。全面清理和规范行政审批相关前置有偿中介服务事项。加大商事制度改革力度，深化“先照后证”改革，扩大“证照分离”改革试点范围，全面实施“多证合一”。推广“互联网+政务服务”，全面实行一门受理、并联审批、多证联办、阳光审批、限时办结等“政务超市”审批服务模式。

建立和完善促进公平竞争的市场规则体系。落实公平竞争审查制度，清理废除妨碍统一市场和公平竞争的各种规定和做法。各种所有制经济企业依法平等获得土地、信贷等生产要素，公平参与市场竞争，同等受到法律保护。当务之急是着眼于公平地保护产权，完善物权、合同、知识产权相关法律制度，加强对各种所有制企业和自然人财产权的保护，形成正向产权激励机制。加快要素价格市场化改革，促进生产要素在城乡、地区、行业、企业间顺畅流动与优化组合。

加快国有垄断行业改革开放步伐。加快推动国有经济布局优化、结构调整、战略性重组，深化国资国有企业改革，加快经济性垄断行业和领域的产权结构、投资主体多元化改革，切实防止对国有企业的过度保护。加快以建立健全现代企业制度为主旨的公司制股份制改革和企业治理结构创新。积极发展国有资本、集体资本和非公有资本等交叉持股、相互融合的混合所有制经济。

解决民间资本“不能投、不愿投、不敢投”的问题。优化民营企业发展环境，完善和落实促进民间投资的各项政策措施。清理废除各类显性和隐性壁垒，在政策和资源配置上要给民间投资平等的地位和待遇，鼓励民营企业依法进入更多领域，保证民营企业依法平等使用生产要素，公平参与市场竞争，同等受到法律保护。[①]打破各种各样的“卷帘门”“玻璃门”“旋转门”，在市场准入、审批许可、经营运行、招投标、军民融合等方面，为民营企业创造公平竞争环境，给民营企业发展提供充足市场空间。要鼓励民营企业参与国有企业改革。要推进产业政策由差异化、选择性向普惠化、功能性转变，清理违反公平、开放、透明市场规则的政策文件，推进反垄断、反不正当竞争执法。

（二）大力推动自主创新，加快提升实体经济核心竞争力

深入实施创新驱动发展战略，把科技创新作为引领实体经济发展的第一动力，加快培育创新主体，集聚创新资源，打造创新平台，完善创新体系，优化创新环境，持续深入推动大众创业、万众创新，更多依靠创新驱动引领整个实体经济发展。

完善产业创新体系。推动建立以制造业创新中心为核心载体、以公共服务平台为重要支撑的制造业创新网络，建立市场化的创新方向选择机制，鼓励创新的风险分担利益共享机制。采取多种措施鼓励社会资源投入，充分发挥企业、科研院所等责任主体的作用，建设资源共享优势互补的具有较强技术推广服务能力的产业技术基础公共服务平台。加快发展众创园地、大学科技园、科技企业孵化器等创业服务平台。规范相关服务标准，开展技术研发、知识产权运用、检验检测、技术评价、技术交易、质量认证、人才培训等专业化服务，提升产业技术基础服务能力。

强化企业创新主体地位。建立以企业为主体、市场为导向、产学研深度融合的技术创新体系。促进各类创新要素向企业集聚，使企业成为创新决策、研发投入、科研攻关、成果转化的主体，打造一批有国际竞争力的创新型领军企业。引导工业企业重视产品设计创新，培育一批专业化、开放型的工业设计企业，鼓励制造企业、工业设计企业、高等院校、科研机

① 张军扩：《贯彻新发展理念 推动高质量发展》，《经济日报》，2020 年 2 月 19 日。

构建立合作机制，完善设计领域的创新生态系统。

加大关键共性技术开发力度。发挥行业龙头企业主导作用和高校、科研院所基础作用，集聚创新资源，组织开展跨行业、跨领域、跨区域的产学研用协同创新。建立企业、科研院所与高等院校产学研用相结合的产业技术创新联盟，采取联合开发、利益共享、风险共担的模式，攻克一批对产业竞争力整体提升具有全局性影响的带动性强的关键共性技术，加快成果转化和工程示范。

完善技术创新的动力机制。强化知识产权创造、保护、运用，倡导“工匠精神”，构建法律、制度、契约的保障激励机制，提升中国制造的质量技术标准。完善融资、研发设计、科技成果检测、信息咨询等创业创新服务，发展线上线下结合的科技成果交易，促进科技同经济、创新成果同产业无缝对接。建立研发创新成果转化的利益激励机制。推广“专业科技企业孵化器＋科技园区”模式，设立科技型中小企业技术创新基金，打造完善的科技成果转化链条。

完善人力资本质量提升机制。鼓励大学、科研机构与企业联合建立高级技术人才培训基地，实现教育资源共享，探索创新人才培育新模式。支持制造业重点企业参与世界一流大学和一流学科建设，促进制造业相关学科交叉融合。促进学科专业设置与产业创新协调衔接。着力培育具有广阔国际视野和强烈创新意识的企业家，加快造就一大批具有国际水平的战略科技人才、科技领军人才和高水平创新团队。

（三）加强相关制度建设与市场监管，促进虚拟经济与实体经济协调发展

加强虚拟经济监管体系和制度建设，完善相关法律法规，引导“虚、实”经济协调发展。[①]

① 费洪平：《促进实体经济与虚拟经济协调发展》，《人民日报》，2017年2月16日第7版。

牢牢把握发展实体经济这一坚实基础，切实把振兴实体经济放在应有的重要位置。科学制订振兴实体经济战略规划。加强政策协调，加大支持力度，积极营造规范有序、竞争公平的市场环境，促进各类要素更多地向实体经济聚集，重塑实体经济竞争新优势，为虚拟经济有序发展奠定坚实的基础。

强化制度约束与规范，坚决防止虚拟领域过度投机对实体经济的挤压。加强金融法规与监管体系建设，完善信息披露制度，提高金融交易的透明度，严格规范金融市场行为，严厉打击投机操纵行为。要建立符合国情、适应市场规律的房地产平稳健康发展长效机制，大力推进住房制度和土地制度改革，准确把握住房的居住属性，遏制投资投机性购房需求，减少房地产无序发展对实体经济的挤压。

积极探索金融发展新模式，加快构建多层次、多样化、服务能力更强、适用对象更广的多元化金融服务体系。全面清理金融自我服务和自营交易业务，实现金融业从自我循环向服务实体经济的转变。健全中小企业融资政策法规支持体系，建立中小企业贷款和信用担保风险补偿机制。加快构建多层次资本市场，充分发挥资本市场服务实体经济的功能。

深化金融体系改革，推进利率、汇率市场化改革，运用货币政策工具引导金融机构加大对实体经济的支持力度。取消“信贷规模管理”，进一步增强信贷供给能力。加强货币政策、信贷政策和产业政策的协调配合，加快建立金融体系促实体经济的考核评价机制，推动金融更好地满足实体经济发展的需要。

（四）树立“放水养鱼”意识，切实加大降低实体经济成本力度

加强部门协同和各级联动，建立健全工作推进机制，以“治本”的方式降低实体经济成本，全力打好降低企业制度性交易成本及降低人工、税负、社保、财务、物流等成本“组合拳”，全面减轻企业负担。

以简政放权为核心，进一步减少审批环节，降低各类中介服务费用，

打通政策执行“最后一公里”，切实降低制度性交易成本。强化“放水养鱼”意识，有针对性地降低生产要素成本。通过加强垄断性能源企业经营成本监审，有效降低实体经济用能成本。适度减轻企业社会成本支出负担。以精简“五险一金”为主要内容，适当降低由企业承担的职工基本养老保险、基本医疗保险及失业保险、工伤保险、生育保险费率，出台合理调整企业社保缴费比例实施办法和细则。降低企业融资成本，下调银行服务收费，鼓励银行尤其是大型银行创新信贷服务方式，鼓励银行单列小微企业信贷计划，实施“无间贷”政策。增加中小企业直接融资的比重，促进私募股权和创投基金发展，推进企业资产证券化，适度降低投资者进入新三板市场交易的资本门槛。加快启动企业上市注册制改革试点，降低企业直接融资的制度性交易成本。

大力推进结构性减税，着力降低生产环节税费。已出台的减税措施要真正落实到位，在全面“营改增”基础上，适度降低企业各项税率，加大结构性减税力度，拓宽减税范围，加快我国征税由生产环节向消费环节的转变。开展涉企收费专项治理整顿行动，加大审计和督查力度，建立违法违规涉企收费惩处机制和企业维权机制，尽快推出一批制度性、管长远、见实效的清费举措。

（五）加快产业转型升级，优化实体经济结构

准确把握全球新科技和产业革命兴起的趋势，着力突破重点领域关键环节的技术瓶颈，促进实体经济转型升级。

加强传统产业技术改造和模式创新。推动互联网、大数据、人工智能和传统产业深度融合，推动传统产业优化升级。加快突破制约实体经济转型升级的研发设计、供应链管理、品牌培育、营销等关键环节，加快实体经济价值链升级、禀赋升级、载体升级。大力推行网络化协同、个性化定制、在线增值服务、分享制造等“互联网＋制造业”新模式，积极培育云端制造体系。推动制造业研发、生产、管理、服务与互联网和智能技术深

度融合，提升制造业数字化、定制化、柔性化、网络化、智能化水平。

积极发展壮大战略性新兴产业。重点发展市场前景好、容量大、效益高的新产业、新技术、新业态、新模式，打造实体经济升级版。加快壮大新一代信息技术、生物技术、新能源、新材料、高端装备、新能源汽车、绿色环保以及航空航天、海洋装备等产业。推动互联网、大数据、人工智能等同各产业深度融合，推动先进制造业集群发展，构建一批各具特色、优势互补、结构合理的战略性新兴产业增长引擎，结合实施“互联网+”战略规划，大力发展分享经济、数字经济、生物经济、绿色经济、创意经济、智创经济等新经济，扩大高质量产品和服务供给。

加快构建市场化、法治化淘汰出清落后过剩产能的长效机制。要把去产能与调结构、促转型结合起来，坚持分类施策、多措并举、标本兼治，综合运用法治和市场化手段实现市场出清，淘汰一批传统行业的落后过剩产能，清除“僵尸企业”。支持企业跨地区、跨所有制兼并重组，严禁落后产能转移。去产能要重视区域差异，不搞“一刀切”，避免不顾地区差异的总量控制和任务分解方式，慎用技术装备、生产规模等微观标准调节产能。

（六）着力深挖国内需求潜能，拉动实体经济发展

供给侧结构性改革和扩大内需不是非此即彼的对立关系，实施供给侧结构性改革并不意味着就要改变扩大内需这一既定国策，要切实把实施扩大内需战略同深化供给侧结构性改革有机结合起来。要继续深挖旧动力的潜能，打好稳投资、促消费、扩出口这“三驾马车”协同发力的组合拳，特别要注重引领和创造消费需求，高度重视依托14亿多人口的国内大市场，坚持牢牢把握扩大内需这个战略基点，依靠扩大内需来拉动实体经济的长期稳定和持续发展。

完善促进消费的体制机制，增强消费对实体经济发展的基础性作用。适应消费结构升级的要求，通过调整宏观收入分配结构，适当提高居民收

入和劳动报酬占比，改善消费环境，健全现代流通体系，发展无接触交易服务，降低企业流通成本，促进线上线下消费融合发展，增强消费能力，改善大众消费预期，释放消费潜力，着力扩大居民消费。

围绕增加有效供给稳步扩大投资需求，深化投融资体制改革，优化投资结构，提高投资效率，发挥投资对优化供给结构的关键性作用。充分发挥政府投资的杠杆撬动作用，加大对公共产品和公共服务的投资力度，加大人力资本投资，增加有利于实体经济高质量发展的投资。

（七）推进高水平开放合作，拓展实体经济发展新空间

加快完善法治化、国际化、便利化的营商环境，稳步扩大规则、规制、管理、标准等制度型开放，构建更高水平开放型体制，在全球优化布局产业链和创新链，在合作共赢中提升我国实体经济竞争力，拓展实体经济发展新空间。

加强国际技术合作。鼓励企业开展国际技术交流活动，采取科技合作、技术转移、技术并购、创新资源共享、参与国际标准制定、在国外设立研发中心等多种方式，快速提升我国产业技术创新能力和在全球的影响力、话语权。支持实体企业融入全球价值链，参与全球创新网络、资源配置，开展国际行业协同创新。提高企业海外并购的便利性和程序简化性，增强我国企业参与全球上中下全产业链合作；积极引导实体企业“走出去”。推动经贸合作区、自贸区建设，畅通国内外产业链对接渠道，参与全球产业链、供应链、价值链、创新链的协同升级。鼓励外商投资实体经济，加强与世界一流跨国公司的合资合作，吸引有实力的跨国公司在我国设立高水平的研发中心、生产中心和运营中心，充分发挥外资企业对促进我国实体经济发展的积极作用。

积极推动国际产能合作。以优势产业为重点领域，以“一带一路”沿线国家为重点区域，开展国际产能合作，建设一批国际产能合作示范区。鼓励制造企业积极从事国际总承包、总集成，带动包括装备、资本、技

术、标准、品牌输出的贸易投资，培育“优进优出”新模式，引导国际产能合作向更大规模、更广领域、更高层次发展，拓展市场新空间。

加快促进加工贸易和外资利用结构升级。放宽服务业等领域的外资准入限制，鼓励外商投资高端制造、智能制造、绿色制造，以及工业设计和创意、工程咨询、现代物流、检验检测认证等生产性服务业。拓展对外贸易，培育贸易新业态新模式，发展数字贸易，推进贸易强国建设。推广自贸区改革试点的经验，推进国际贸易“单一窗口”建设，合理缩减外资准入负面清单，依法保护外商投资权益，全面实施“外商投资准入前国民待遇+负面清单”管理制度。支持企业建设出口商品“海外仓”和海外运营中心，探索建设全球性产品交易展示中心和国内进出口货物集散中心。

第三章

我国经济波动与宏观调控

改革开放40多年来，我国经济在快速发展的同时，也经历了若干次较大的波动，使我们付出了不少的代价。深入分析经济波动发生的原因，认真总结治理经济波动的经验教训，对于进一步认识我国经济运行规律，创新和改善宏观调控，防止经济大起大落，促进经济高质量发展，具有十分重要的意义。

一、我国改革开放以来历次经济波动的基本情况

综合有关方面的数据资料，改革开放40多年来，我国经济波动大致可归纳为七次。

（一）第一次经济波动

“文化大革命”结束后，为解决过去遗留的困难和问题，经济工作出现了脱离国情和急于求成的思想，片面追求高指标，基本建设摊子铺得过大，引进外国技术设备过多，出现了所谓“洋跃进”，远远超过了当时的实际可能和承受能力，加上农业发展相对滞后，导致国民经济比例严重失调。1978年，基本建设投资增长31%，国民收入中的积累率由前两年

的 31.6% 提高到 36.5%。

针对这种情况，1979 年初，中央开始研究解决国民经济重大比例关系失调的问题。1979 年 3 月，中央政治局召开会议讨论当年国民经济计划调整，指出在经济建设思想上要冲破“左”的禁锢，确立了必须从国情出发、量力而行的原则，用 3 年时间基本改变国民经济比例关系严重失调的问题。4 月，中央工作会议明确提出“调整、改革、整顿、提高”的八字方针，着重调整积累和消费的比例关系，并对当年国民经济计划进行了调整。1980 年底，中央工作会议又决定对国民经济再作进一步调整，并要求基本做到财政收支平衡和信贷收支平衡，努力实现物价稳定。

经过两年多的调整，基本扭转了积累和消费比例关系不合理的状况，基本建设战线缩短，农业得到显著加强，轻重工业比例关系有所改善。国内生产总值增长速度由 1978 年的 11.7% 回落到 1981 年的 5.2%。轻重工业比例由 1978 年的 42.7∶57.3 调整为 1981 年的 51.5∶48.5；消费率由 63.5% 提高到 71.5%，积累率由 36.5% 降低到 28.5%。

（二）第二次经济波动

1984 年以来，随着改革力度的加大，我国农村生产力快速释放，地方和企业生产建设积极性空前高涨，经济进入了一个新的快速增长过程，同时也出现了银行信贷猛增、投资规模膨胀、消费基金增长过快和物价上涨趋势明显等问题，经济呈现出过热的状态。1984 年经济增长率达到 15.2%，全社会固定资产投资增长 28.2%，社会商品零售总额增长 18.5%。

在这样的背景下，1984 年 11 月国务院发出通知，要求各地各部门严格控制财政支出和信贷投放。但由于种种原因，经济过热局面并没有得到有效控制。1985 年全社会固定资产投资增长率高达 38.8%，社会商品零售总额增长 27.5%，全国商品零售物价总水平上涨 8.8%，涨幅比上年提高 6 个百分点。对此，1985 年国务院连续召开了 4 次省长会议，研究解决消费基金增长过猛、信贷规模过大和投资增长过快等问题，采取紧缩信贷和紧缩财政的调控措施，实行“降温”，要求在两年内实现“软着陆”。

在紧缩政策的影响下，经济过热的问题有所缓解。1986 年经济增长速度回落到 8.8%，比 1984 年回落 6.4 个百分点；全国零售物价总水平上涨 6%，比上年回落 2.8 个百分点；社会商品零售总额和全社会固定资产投资分别增长 15% 和 22.7%，分别比上年回落 12.5 个和 16.1 个百分点。

（三）第三次经济波动

由于在实际工作中政策措施没有得到很好的落实，上次经济过热问题并未得到根本解决，伴随着价格、工资改革方案的推出，尚未降温的经济反而继续升温，1988 年经济再度出现过热现象，投资和消费快速膨胀，全社会固定资产投资和社会消费品零售总额增幅分别高达 25.4% 和 27.8%。这期间粮食、棉花、油料等重要农产品生产连续几年出现徘徊，工业消费品生产增长难以适应购买力过快增长的需要，社会总供求严重失衡。由于价格“闯关”又超过了当时国家的财力和居民的承受能力，进一步加剧了供求矛盾，导致了严重通货膨胀。1988 年全国商品零售物价总水平上涨 18.5%，比上年提高 11.2 个百分点；现金流通量比上年猛增 46.8%，银行各项贷款余额增长 16.8%。

针对这些突出问题，1988 年 9 月党的十三届三中全会提出“治理经济环境、整顿经济秩序、全面深化改革”的方针，决定实行紧缩性的宏观调控政策。1989 年 11 月党的十三届五中全会决定用 3 年或更长一点时间基本完成治理整顿任务，采取的主要措施有：压缩固定资产投资规模，调整投资结构；控制消费需求特别是社会集团购买力的过快增长；实行从紧的财政信贷政策；整顿市场秩序，清理整顿公司，加强市场管理和物价管理，制止和纠正乱摊派、乱收费、乱罚款。

到 1990 年，治理整顿取得明显效果，严重通货膨胀得到有效控制。国内生产总值比上年增长 3.8%，居民消费价格回落到 3.1%。但由于紧缩政策力度较大，出台时间过于集中，经济增长速度回落较大，经济陷于衰退，出现了前所未有的“过冷”局面。

（四）第四次经济波动

从1993年开始，我国经济在大步前进中再次出现过热现象。主要表现在：货币过量投放，金融秩序混乱；投资和消费需求出现膨胀的趋势；财政困难状况加剧；基础设施和基础产业的“瓶颈”制约进一步强化，消费价格大幅上涨。1993年上半年，国有单位固定资产投资同比增长70.1%，生产资料价格上涨44.7%，居民消费价格总水平上涨15.1%。财政金融问题更加严峻，上半年货币净投放585亿元，比上年同期多投放532亿元，是历史同期投放最多的；财政收入仅增长1.4%，财政支出增长12.5%。

面对当时通货膨胀加剧、经济结构失调和金融秩序混乱的严重局面，1993年6月中央果断作出深化改革、加强和改善宏观调控的重大决策，出台了以整顿经济秩序为重点、治理通货膨胀为主要任务的调控政策措施。主要是：严格控制货币发行和信贷规模，大力增加储蓄存款，严格审查和控制建设项目，加强房地产市场管理，强化税收征管，积极推进物价改革，严格控制社会集团购买力的过快增长等。

经过3年多的努力，到1996年，我国宏观调控取得了积极成效，严重的通货膨胀得到了有效抑制，经济成功实现了“软着陆”，出现了高增长、低通胀的良好局面，为抵御随后爆发的亚洲金融危机打下了良好的基础。1996年，经济增长由1993年的13.5%回落到9.6%，固定资产投资增长由61.8%回落到14.8%，居民消费价格涨幅由1993年的14.7%回落到8.3%，1997年进一步回落到2.8%。

（五）第五次经济波动

2003年下半年，随着第十个五年规划的实施，加上我国成功地加入了WTO，经济对外开放的广度和深度进一步扩大，各地方、各部门发展经济的热情迅速提高，工业化、城市化步伐明显加快，经济进入新一轮快速增长，供求关系再次出现局部需求过热的苗头，经济增长由偏快转向过热，导致了许多资产价格不断上涨，威胁着宏观经济的稳定。突出地表现为：长期低迷的物价开始上涨，特别是粮油价格上涨很快；货币供应量增幅快速上升，截至 2003 年 10 月底，广义货币供应量同比增长 17%，大量的贸易顺差致使人民币占款量不断增加，人民币升值压力日益加重；固定资产投资增速大幅上升，特别是钢铁、水泥和电解铝等投资更是成倍增长，导致投资品普遍供不应求，出厂价格不断上涨。除了股价持续走高之外，各大中城市的房价也全面上涨，国际食品价格不断攀升，由此带动一系列居民生活消费品价格的上涨，再次引发了通货膨胀。2003 年、2004 年经济高速增长，分别达到 10% 和 10.1%；消费物价涨幅为 1.2% 和 3.9%。在经济高速增长的同时，出现了信贷规模增长偏快、固定资产投资规模偏大、上游原材料价格大幅上涨、煤电油运等资源瓶颈日益紧张的经济过热迹象。同时，由于人民币升值预期的不断升温，大量国际热钱不断流入，通货膨胀压力逐渐加大，并助推了上海、杭州等地的房地产泡沫。

从 2003 年下半年起，中央开始进行宏观调控。由于这次调控较好地吸取了上几次宏观调控中正反两方面的经验教训，在出现局部过热的情况下就开始调控，力度比较适中，即使对重点调控领域，也没有采取以往的“一刀切”“急刹车”的办法加以控制，而是“有保有压”，“区别不同情况”分别加以对待。措施范围也比较适当，没有不加区别地全面收紧，而主要是把住土地和资金供应两个重要“闸门”。调控效果较好，主要表现在：一是调控后的经济增长速度不但没有下滑，反而还略有上升；二是物价始终保持在消费品价格指数 3%、零售物价指数 2% 以内，没有出现大幅度的价格波动与通货膨胀；三是在整个调控过程中，劳动失业率没有大幅上升，企业效益还有所提高。2005 年我国经济呈现增长较快、效益较好、价格平稳、活力增强的良好发展态势，消费需求继续保持比较旺盛的势头，投资继续较快增长但增幅趋稳，进出口贸易持续快速增长，顺差继续扩大。居民消费价格涨势温和，生产资料价格涨幅高位回落。全年居民消费价格比上年上涨 1.8%，涨幅比上年回落 2.1 个百分点。

（六）第六次经济波动

2006 年上半年，我国经济再次表现出快速发展的态势，上半年 GDP 同比增长率达到 10.9%，全社会投资增长 29.8%，分别比上年同期提高了 0.9 个和 4.4 个百分点；1 季度新增贷款 12500 多亿元，超过全年计划控制目标的一半，3 月末 M2（广义货币供应量）增长 18.8%，与 2004 年同期相接近。关于经济是否“过热”，特别是投资是否“过热”以及投资率是否“过高”的争论再次兴起。2006 年 4 月 14 日，国务院常务会议提出加强固定资产投资调控和控制货币信贷投放的政策措施，并在当月上调了存贷款利率 0.27 个百分点。国务院 6 月份转发了国家发展改革委等部门制定的《关于加强固定资产投资调控从严控制新开工项目的意见》，开始加大宏观调控力度，要求各地全面清理新开工项目，严格审查各类拟建项目，金融机构要从严控制基本建设贷款投放。之后上调了一些投资建设项目的资本金比例，规定地方投资 5000 万元以上的建设项目要到国家发改委备案，并派出工作组到各地加强督促检查。同时国家改变了积极的财政政策，实行稳健的财政政策和货币政策，开始紧缩货币供应，从 2006 年 7 月到 11 月连续三次把法定存款准备金率从 7.5% 上调到 9.0%。这些措施使投资增速逐月有所下降，2006 年全社会投资增长下降为 23.9%，比上半年下降 5.9 个百分点。但由于消费和出口增长较快，整体经济的增长速度并没有下降，当年 GDP 增长率达到 11.6%，比 2005 年高出 1.2 个百分点。

进入 2007 年之后，在“三驾马车”快速拉动下，经济持续快速增长，上半年 GDP 增长达到 12.7%，全年达到了 11.9% 的增长。由于国际市场粮食价格快速上涨和国内猪肉出现供应紧张的现象，导致了居民消费价格指数结构性上涨，房地产价格和股市价格也都出现快速上涨。面对经济快速发展的态势和价格的持续上涨，货币政策快速向“从紧”转变，除了严格控制贷款总规模之外，连续 10 次上调法定存款准备金率，几乎每个月上调 1 次，到 12 月底时达到 14.5%，是中国人民银行 1985 年统一法定存款准备金率之后的最高比率，并 6 次上调了存贷款利率，到年底时 1 年期的贷款基准利率从年初的 6.12% 提高到 7.47%，5 年期从 6.48% 提高到 7.74%。期间还采用提高税率和购房首付率、土地控制等政策防止房地产价格的快速上涨。虽然 GDP 的增长从第 3 季度开始放缓，全年 GDP 增长仍达到 13.0%，投资增长回升到 24.8%，社会消费品零售总增长 16.8%，外贸进出口总值首次超过 2 万亿美元，增长 23.5%，全年累计贸易顺差达到 2622 亿美元。

由于采取紧缩调控政策，加上世界经济下行及国际金融危机的影响，经济增长从 2007 年第 3 季度开始下行，到 2008 年上半年 GDP 增长同期回落 1.8 个百分点。其中，第 2 季度比上年同期回落 2.5 个百分点。而且国际金融危机对出口的影响已日益显露，出口企业得到的国外订单从 2007 年第 4 季度就开始大量减少，2008 年下半年的出口大幅度下降。但由于统计数据表明经济增长仍然处于较快的态势，2007 年 12 月中央经济工作会议和 2008 年 3 月的全国人大会议，仍明确把“防止经济增长由偏快转为过热”和“防止价格由结构性上涨演变为明显通货膨胀”作为 2008 年宏观调控的首要任务，并决定实施稳健的财政政策和适度从紧的货币政策。随着一系列政策措施的出台，信贷和投资增速逐步减缓，物价涨幅也高位回落。但经济运行中仍然存在固定资产投资规模偏大、煤电油运紧张状况尚未有效缓解等问题。行政手段对市场活动的干预仍然偏多，特别在当时市场偏冷的形势下，行政干预的色彩也有所增强，政府直接投资规模扩大，持续时间较长。政府部门对投资的调控偏重项目审批，影响了投资的效果。总体看，宏观调控中行政手段和直接管理的方法仍然较多，一些经济手段的调控效果也还不够好，宏观调控中政府和市场的关系需要进一步调整。

（七）第七次经济波动

在外部环境恶化、国内结构性政策调整背景下，2008 年上半年上调了 5 次法定存款准备金率，达到 17.5%。资金供应的短缺使一些有资金的企业信奉“现金为王”，开始大量囤积资金，导致社会资金更加短缺，造成许多企业特别是中小企业的经营资金断流，与此同时，国际金融危机对出口企业的影响日益扩大。2008 年下半年，国家将宏观调控政策由“双控”调整为“一保一控”。这两种因素使倒闭或停产企业的数量迅速增加，直接影响经济的发展，第 3 季度的工业增加值从上半年的 16.3% 下降为 12.4%，GDP 增长率从上半年的 10.4% 下降到 8.9%。由于严峻的形势，2008 年 11 月 9 日，国务院常务会议宣布对宏观经济政策进行重大调整，财政政策从“稳健”转为“积极”，货币政策从“从紧”转为“适度宽松”，同时公布了今后两年总额达 4 万亿元的庞大投资计划，明确要求“出手要快、出拳要重、措施要准、工作要实”。一周之后，央行宣布大幅度降息 1.08 个百分点，调整幅度创 11 年之最。宏观调控的主要目标从控制需求过热、治理通货膨胀转向刺激需求、消除通货紧缩，适度从紧的财政政策转变为积极的财政政策。

2008 年以来，我国经济急转下滑。根据国家统计局的初步核算数据，2008 年 GDP 增速为 9%，比最终核实的 2007 年 GDP 增速 13% 回落了 4 个百分点。这种下降的趋势直到 2009 年 3 月才开始扭转。2009 年 1—2 月的工业增加值只增长了 3.8%，3 月份恢复到 8.3%，第 1 季度的 GDP 增长率达到 6.1% 的低点。经济增速从 2010 年的 10.4%下降到 2016 年的 6.7%。与历次经济下行相比，这次经济下行表现为从消费需求不足转变为三大需求同时收紧，供需关系从压抑需求、需求过旺转变为需求不足，从结构性过剩转变为总供给过剩，要素约束从资本不足转变为资本过剩和其他要素不足。

二、我国经济波动的主要原因

综合分析历次经济波动的情况，其原因大致可归纳为以下几个方面。

（一）体制机制不健全

我国经济波动往复出现，表面上是投资规模过度膨胀造成的，症结在于体制不合理。在体制转轨过程中，由于旧体制的不利影响尚未消除，新体制又不健全，新旧体制的摩擦必然带来经济波动。一方面，计划经济体制下综合平衡的行政手段被削弱，政府对经济的调控能力不断下降，加上企业和地方政府缺乏应有的自我约束和外在调控的限制，难免出现盲目投资、重复建设的问题，造成总需求的不断扩张。另一方面，市场经济下宏观调控的经济、法律手段还不健全，政府宏观管理出现了旧的方法不能用、新的方法跟不上的问题，导致综合管理能力下降，加上市场法规不健全、市场秩序混乱，进而导致经济波动。①

（二）投资过快膨胀

从1979年开始，我国进行了投资体制改革和探索，改变了资金无偿使用的局面，形成了投资主体多元化、投资决策分散化和投资来源多渠道的新格局。随着旧的投资体制被打破，中央对投资规模的调控能力逐渐弱化，而新的投资体制尚不完善，投资行为缺乏有效的约束机制，各地区各部门的“投资饥渴症”难以消除，加上企业投资冲动过旺，必然引起投资过度膨胀，加剧社会供求矛盾。

① 费洪平：《中国企业组织战略行为》，经济管理出版社，1998年，第107—108页。

（三）产业结构失衡

长期以来，我国一二三次产业关系不协调，农业、能源、交通运输和原材料工业等基础产业发展滞后，成为制约整个经济发展的"瓶颈"。一方面，农业基础薄弱，难以支撑过大的工业生产规模。随着农产品价格的放开和上涨，进而推动了其他产品价格的上涨。另一方面，基础产业落后于加工工业，必然导致能源、交通、原材料供应严重短缺，加剧供求平衡的矛盾。

（四）金融管理和货币政策体系不完善

我国金融管理基本上还是传统计划体制下政府大金库的模式，难以有效控制住信贷闸门，加上企业拥有多种融资渠道，就很容易造成货币信贷增长过快。从以往的货币政策实践看，中央银行为了保证经济增长，当出现高通货膨胀时，便采取紧缩的货币政策。由于银根紧缩会影响经济增长，在受到各方要求增加生产资金的压力时，很快又会放松银根，往往被迫采取扩张性货币政策，导致过量货币供应，从而就容易引发新的通货膨胀。

（五）经济增长方式粗放

长期以来，我国经济增长普遍存在着高投入、高消耗、低效率的问题。高速度必然高投入，低效益必然是低产出。这样一高一低靠放松银根来维持，使供求矛盾更加尖锐化。这不仅消耗了大量资源，加剧了资源短缺的压力，而且造成一些生产资料价格大幅上扬，加大了物价全面上涨的压力。

（六）国际环境复杂多变

自从2008年国际金融危机之后，世界各国的经济发展陷入了低潮，经济发展的总体环境并不乐观，导致我国经济下行压力加大。当前，国际经济形势依然错综复杂、充满变数，世界经济低速增长态势仍将延续，各种形式的保护主义抬头，潜在通胀的压力较大，世界经济仍处在深度转型调整期，对我国经济波动带来多方面的影响。

三、我国抑制经济波动的主要启示

针对这些经济波动所进行的宏观调控，为我们进一步做好经济工作积累了许多有益的经验，也留下了不少值得注意的问题。在我国经济发展进入新阶段后，宏观调控面临的形势更加复杂。如何适应市场主体、体制条件、国内外环境的深刻变化，增强宏观调控的科学性、预见性和有效性，既是创新和完善宏观调控体系的重大理论问题，也是推动经济高质量发展面临的一项紧迫任务。

（一）在调控目标上，既要注重经济发展，也要注重经济与社会、资源环境的协调发展

传统宏观经济理论和发达国家宏观调控实践中，经济增长、物价稳定、充分就业以及国际收支平衡是宏观经济管理的四大重要目标。我国长期以来实行赶超型发展战略，宏观经济政策目标以经济增长为导向，兼顾物价稳定目标，在相当长一段时间内，由于过分注重国内经济问题和内部均衡，对充分就业和国际收支均衡目标重视不够，有些地方甚至形成了片面追求经济增长的“唯GDP”倾向，不仅对社会发展等目标关注不够，还带来了资源环境破坏等多方面的负面影响。因此，在宏观调控目标上，既

要注重经济发展，又要注重经济社会协调发展。

（二）在调控方式上，既要更好发挥政府的作用，也要充分发挥市场机制的决定性作用

历史经验表明，建立和完善社会主义市场经济体制，充分发挥市场机制的作用，实现经济高质量发展，都需要加强政府的宏观调控，更需要政府不断转变职能。由于我国市场经济体制还很不完善，“市场失灵”的空间较大。宏观调控是政府对市场进行调节的一种方式，目的是为了弥补市场缺陷。实践表明，宏观调控能否发挥好应有的作用，关键在于能否处理好政府与市场的关系。如果没有政府强有力的宏观调控，经济秩序就会出现混乱，经济将难以平稳发展。但如果不转变政府职能，不遵循市场经济规律，经济就没有活力，也难以实现经济高质量发展。因此，在宏观调控中，要适应社会主义市场经济发展的新要求，必须正确处理发挥政府作用与发挥市场机制作用的关系，政府调控的手段要更加突出规范性、间接性，重视运用经济手段、法律手段，防止片面运用行政手段。调控手段要各有侧重、地位明确，经济手段主要用于解决经济资源的合理配置问题；行政手段主要用于解决市场秩序问题；法律手段主要是界定市场主体的经营界限。应重点运用经济手段而不是行政手段，重点采用汇率、利率、储备金率等市场经济手段解决经济运行中的问题。①

（三）在调控力度上，既要注意保持政策的稳定性和连续性，也要适时适度地进行微调、预调

保持政策的稳定性和连续性是实现有效宏观调控的重要条件，但不能简单地、机械地把政策的稳定性、连续性理解为一成不变。只要经济发

---

① 费洪平、戴公兴：《经济开发区产业规划与管理》，科学出版社，2000年，第4—6页。

展目标是正确的、科学的，当经济环境发生变化时，就需要对具体政策进行必要的调整。过去许多次经济调整，多半是等到经济运行问题相当严重时，才被动地进行政策调整，其效果并不理想，往往容易导致经济的过度萧条，也只能使通货膨胀暂时得到控制，一旦政策放松，通货膨胀又会卷土重来，甚至程度更甚。因此，在宏观调控过程中，要不断改进调控方式，在保持政策稳定性、连续性的同时，适时适度进行渐进式的微调、预调，提高调控政策的灵活性、应变性，确保宏观调控的有效性和宏观经济运行的稳定性和持续性。要准确把握政策调整的时机和力度，既不能采取“急刹车”，也不能搞“一刀切”。要实行“预调控、点调节、稳节奏、重实效”，一方面注意适时适度进行预调，打提前量，防微杜渐，努力将矛盾问题解决在萌芽状态之中；另一方面又要注意“双向微调”，向下调整和向上调整均采用小步渐进方式，用多次“点刹”取代“急刹车”，在动态中注意保持政策的连续性和稳定性。财政货币政策措施操作不要一步到位，而要分步实施，小步多调，用小调整取代大调整，以小波动代替大振荡。在调控上不搞“大水漫灌”，而是抓住重点领域和关键环节，更多运用市场机制，有针对性地实施“喷灌”“滴灌”。要从经济全局出发，针对苗头性、局部性问题，主动地、及时地进行调整，防止演变成全局性的问题，避免被动调整和经济“硬着陆”。

（四）在调控着力点上，既要立足解决当前突出问题，也要着眼长远发展

经济发展面临的形势很复杂，一些短期问题和长期问题往往交织在一起，相互影响相互制约，因此在解决短期问题的同时应顾及和妥善处理好长期问题。宏观调控要注意远近结合，既立足当前，又着眼长远，既要注重稳定经济增长，又要注重释放经济发展的长期潜力；既使经济增长保持一定的速度，又要继续促进经济结构优化升级，不断提高国民经济整体素质和国际竞争力。我国过去许多次五年规划时期，大都不同程度地出现过

为了追求短期经济增长速度而急于求成的现象，给经济社会长期发展留下隐患。因此，在制定宏观调控措施时，必须正确处理当前经济增长速度与长远发展的关系，做到按经济规律办事，从经济长远发展的需要出发，既要着力解决当前发展中的问题，不给以后的发展留下难以解决的后遗症，为经济社会长远发展打好基础，也要加强治本的措施，注意从根本上解决体制机制上存在的问题。要通过深化改革和结构调整解决经济中的问题。要深化改革，尽快建立起完善的市场经济体制，更好地发挥市场配置资源的决定性作用。要进一步深化政府管理体制、金融体制、投融资体制等方面的改革，切实理顺经济运行机制，减少行政对经济的直接干预，努力形成有利于经济平稳较快发展、防止经济大起大落的一整套体制机制，促进经济高质量发展。

（五）在调控政策工具上既要发挥各自的作用，也要注意相互协调配套

要加快建立与高质量发展要求相适应并体现新发展理念的宏观调控目标体系、政策体系、决策协调体系、监督考评体系和保障体系。健全以国家发展规划为战略导向，以财政政策、货币政策和就业优先政策为主要手段，投资、消费、产业、区域等政策协同发力的宏观调控制度体系，增强宏观调控前瞻性、针对性、协同性。进一步明确三大宏观调控手段各自的作用，特别是对经济手段而言，计划、财政、金融三大体系又各有多种手段和杠杆，对这些次级手段的作用和使用力度需要综合配套。经济、法律和行政的手段运用要“打组合拳”，财政政策、货币政策、投资政策、产业政策、土地政策、环保政策等自身对要达到的政策目标应有一种配合，价格、税收、信贷、汇率等经济杠杆的运用要相互协调，共同形成合力。在政策手段的选择和运用上，还要加强财政政策、货币政策与产业政策、区域政策、消费政策、价格政策的协调配合。要通过税收政策、信贷政策支持产业结构调整，引导企业落实创新驱动发展战略，促进传统产业改造

升级，同时刺激居民消费需求，促进消费升级；要以财政投资性支出、转移性支出对区域经济结构进行调节，有效促进区域经济发展。同时，要积极运用大数据技术，提高经济运行信息的及时性和准确性，推进政府和社会信息资源开放共享，提高政府运用大数据的能力，加强和改进市场监管。

（六）在调控政策制定上，既要准确把握国内经济运行态势，也要关注国际环境复杂变化对我国的影响

我国经济已深度融入世界经济之中，更大范围、更宽领域和更深层次对外开放格局已经形成。面对复杂多变的国际环境，宏观调控要更加注重统筹国内国际两个大局，不仅要全面把握国内经济运行情况，一切从本国的实际情况出发，同时也要充分考虑国际经济形势变化，加强对发达国家和新兴市场国家经济走势的密切跟踪与研判，关注国际经济变化可能带给我国的影响。在制定宏观调控政策措施时，要高度关注世界经济的变化趋势，不仅关注我国出口产品主要市场和外资主要来源地区经济的发展变化情况，关注这些国家和地区与我们的经济贸易关系的变化，而且关注世界经济发展的不确定性因素的变化，关注世界上各种重大事件的变化趋势及对我国的影响。尤其要适应我国对外开放程度进一步提高的大背景，更加高度重视全球产业链供应链重构趋势、国际收支失衡以及与此相关的贸易顺差、人民币汇率以及国内流动性等问题，推动货物贸易优化升级，创新服务贸易，有序推进人民币国际化，加快推动形成以国内大循环为主体、国内国际双循环相互促进的新发展格局。

第四章

我国经济体制改革实践

党的十一届三中全会以来，经过40多年的改革开放，坚决破除经济体制机制弊端，各领域基础性制度框架基本建立，许多领域实现历史性变革、系统性重塑、整体性重构，我国成功实现了从高度集中的计划经济体制向充满活力的社会主义市场经济体制的伟大历史转变，极大调动了亿万人民的积极性，极大促进了生产力发展，极大增强了党和国家的生机活力。回顾我国经济体制改革历程，认真总结取得的经验，对于进一步推动深化全面改革，构建高水平社会主义市场经济体制，推动经济高质量发展，具有重大的理论意义和实践意义。

一、我国经济体制改革的历史回顾

党的十一届三中全会以来，我们沿着邓小平同志开创的建设中国特色社会主义道路，为建立和发展社会主义市场经济体制，进行了广泛而又深刻的改革。回顾过去，我国经济体制改革大体经历了七个阶段。

（一）第一阶段：实现由计划经济体制向“计划经济为主、市场调节为辅”体制的转变（1978年12月—1984年9月）

党的十一届三中全会明确提出把党和国家的工作中心转移到经济建

设上来，作出了实行改革开放的重大战略决策，我国经济体制改革开始起步。考虑到当时国民经济比例严重失调的状况，1979 年 4 月召开的中央工作会议提出“调整、改革、整顿、提高”的方针，明确“以计划经济为主，同时充分重视市场调节的辅助作用，是我国经济体制改革应遵循的原则”。1981 年 6 月，党的十一届六中全会通过的《关于建国以来党的若干历史问题的决议》指出：“必须在公有制基础上实行计划经济，同时发挥市场调节的辅助作用。”1982 年 9 月，党的十二大在总结前几年改革探索实践的基础上，正式肯定了“计划经济为主，市场调节为辅”的原则，对市场调节的认识有了显著的进步。

这一阶段是改革的起步阶段，改革的指导思想是建立“计划经济为主、市场调节为辅”的体制。改革的重心和突破口选择在农村。其主要内容有：一是在农村实行家庭联产承包责任制，实行土地所有权和经营权的分离，以家庭承包经营为基础，统一经营和分散经营相结合，取消人民公社制度，将土地长期承包给农民，赋予农民生产经营自主权，把农户的物质利益与劳动成果紧密联系起来。二是运用价格等经济杠杆促进农业的发展，国家废除农产品的统一收购、统一销售制度，只对粮、棉、油等极少数重要农副产品采取合同契约形式进行收购，改变长期冻结物价的做法，大幅提高农副产品特别是主要农产品的价格。这极大地调动了广大农民的生产积极性，活跃了农村经济，为以后的改革提供了必要的物质条件和良好的示范效应。

这一阶段还进行了其他方面的改革。在城市围绕扩大国有企业生产经营自主权进行了一些试验性改革。在计划管理领域开始削减指令性计划，引入指导性计划，注重发挥市场机制作用。同时，对外开放也开始起步，兴办了经济特区，开放了 14 个沿海港口城市，对外开放的局面初步打开。①

① 黄奇帆：《分析与思考》，上海人民出版社，2020 年，第 35 页。

（二）第二阶段：实现由“计划经济为主、市场调节为辅”体制向有计划的商品经济体制的转变（1984 年 10 月—1992 年 10 月）

从 1984 年 10 月党的十二届三中全会到 1992 年党的十四大，这期间我国经济体制改革开始由“计划经济为主、市场调节为辅”体制逐步向有计划的商品经济体制转变。党的十二届三中全会通过的《关于经济体制改革的决定》中明确提出，我国社会主义经济是公有制基础上的有计划的商品经济的论断，并把有计划的商品经济作为经济体制改革的目标，突破了把计划经济同商品经济对立起来的传统观念，为经济体制改革提供了新的理论指导。[①]1987 年 10 月，党的十三大正式提出社会主义经济是公有制基础上的有计划的商品经济，是计划与市场内在统一的体制。这次会议对计划与市场的关系、市场作用的范围等方面的认识有了新的突破，并明确提出了“国家调节市场，市场引导企业”的新的经济运行机制。这个新体制框架中有三个层次：企业、市场和国家，其基本原则是：企业要成为自负盈亏的商品生产者；要有一个完善发达的市场体系；国家要搞好宏观管理。按照这些要求，围绕搞活全民所有制企业、培育市场体系、建立以间接管理为主的宏观调控体系和发展多种所有制经济等方面进行了深入改革。1989 年 11 月召开的党的十三届五中全会，在正确分析当时形势的基础上，作出了《中共中央关于进一步治理整顿和深化改革的决定》。三年的治理整顿得出一个结论：新旧两种体制不可长期并存，必须确立新体制的主导地位，才能实现改革的目标。

这一阶段是改革的全面展开阶段，改革的指导思想是建立有计划的商品经济体制，改革的重点开始由农村转向城市，国有企业成为整个经济体制改革的中心环节。以增强企业活力为中心，市场建设、价格改革以及宏观经济体制等配套改革在城市全面展开。改革的主要内容有：一是推进国

① 中共中央党校教务部编：《十一届三中全会以来党和国家重要文献选编》，中共中央党校出版社，1981 年，第 184—185 页。

有企业改革，实行所有权同经营权适当分离，确立国家与企业间的正确关系，采取扩大国有企业经营自主权、改革经营方式等措施，增强了企业活力，为企业进入市场奠定了初步基础。二是改革价格形成机制，实行价格双轨制，理顺比价关系，建立和发展市场体系。三是大幅度缩小指令性计划，改善宏观管理，调整国家与地方的利益分配关系，扩大地方自主权。

（三）第三阶段：开始构建社会主义市场经济体制基本框架（1992 年 10 月—1997 年 9 月）

以 1992 年邓小平南方谈话和党的十四大为标志，我国经济体制改革进入了建立社会主义市场经济体制的新阶段。1992 年初，邓小平南方谈话从根本上解除了把计划经济与市场经济看作属于社会基本制度范畴的思想束缚，使我们在计划和市场关系问题上的认识上有了新的重大突破。1992 年 10 月，党的十四大第一次明确提出我国经济体制改革的目标是建立社会主义市场经济体制。1993 年 11 月，党的十四届三中全会作出《关于建立社会主义市场经济体制若干问题的决定》，形成了建立社会主义市场经济体制的总体规划，首次明确提出我国社会主义市场经济的基本框架，使经济体制改革的目标更为具体化、系统化，大大加快了我国由计划经济体制向社会主义市场经济体制转变的进程。从 1994 年 1 月起，财税、金融、外汇、投资以及住房和社会保障制度等各项配套改革全面展开，改革进入实质性全面构建新体制阶段，不断向更广泛、更深层次的领域推进，使我们朝建立社会主义市场经济体制迈出了一大步。①

这一阶段是改革的整体推进阶段，改革指导思想是加快建立社会主义市场经济体制，改革方式由重点突破转向全面推进。改革的重点是推进制度创新，主要是进一步建立现代企业制度、完善市场机制、构建新的宏

① 高尚全：《改革开放 40 年的重要成就和基本经验》，《学习时报》，2018 年 8 月 8 日。

观调控体系。改革的主要内容有：一是稳步推进以建立现代企业制度为方向的国有企业改革，企业改革由“放权让利”转为理顺产权关系的制度创新，积极探索公有制的有效实现形式，实施国有企业战略性改组。二是发展和完善商品市场，培育和规范要素市场，打破地区、部门的分割和封锁，建立统一、开放、竞争有序的市场体系，形成主要由市场形成价格的机制，发挥市场配置资源的基础性作用。三是推进财税、金融、外贸、计划、投资五项宏观配套改革。通过改革计划管理体制，建立以分税制为核心的新型财税体制，实现政策性银行和商业性银行的分离，改革投融资体制，深化外贸体制改革，初步建立了社会主义市场经济宏观调控体系框架。四是推进社会保障制度改革，建立由养老保险、失业保险、医疗保险、工伤保险和城镇居民最低生活保障制度构成的社会保障体系。五是进一步扩大对外开放，建立全方位、多层次、宽领域的开放格局，发展开放型经济，提高对外开放水平。

（四）第四阶段：初步建立起社会主义市场经济体制（1997 年 10 月—2001 年）

1997 年 9 月召开的党的十五大，在总结过去经验的基础上，深入分析了我国所处的社会主义初级阶段的历史任务，明确提出要坚持社会主义市场经济的改革方向，确立了以公有制为主体、多种所有制经济共同发展的基本经济制度。这一时期，经济体制改革继续向纵深发展，并在更加广阔的领域展开，其范围之广阔超过以往任何时期，使改革在一些重大问题上取得新的进展。通过积极调整和完善所有制结构，加快国有企业改革，完善分配结构和分配方式，充分发挥市场机制作用，加快政府职能转变，健全宏观调控体系，实现了由计划经济体制向社会主义市场经济体制的新的历史性突破。这不仅深刻影响了我国社会生活的各个方面，而且也深刻改变了社会主义国家在世界上的形象。到 2000 年底，我国社会主义市场经济体制初步建立，形成了以公有制为主体、多种所有制经济共同发展的新局面。2001 年 11 月我国正式加入世界贸易组织，标志着我国社会主义市场经济体制改革的成就得到了世界的公认。

这一阶段按照建立和完善社会主义市场经济体制的要求，各项改革稳步推进，国有企业、金融、财税、价格、粮棉流通、行政审批、社会保障等方面的改革取得新的进展。改革的主要内容有：一是国有大中型企业改革继续推进，通过规范上市、中外合资和相互参股等多种形式，对国有企业实行股份制改造，加快了建立现代企业制度的步伐。二是价格改革取得新进展，粮棉流通体制改革继续深化。三是金融体制改革稳步展开，资本市场进一步完善，拓宽了国内居民的投资渠道。四是积极推进财税体制改革，农村税费改革试点工作全面展开，财政支出管理制度改革稳步推进，政府采购制度初步建立。五是行政审批制度改革步伐加快，行政审批事项大幅度减少。六是社会保障体系建设继续完善，“两个确保”工作取得新的成效，积极推进城镇职工养老、医疗、失业等社会保险制度改革，继续完善城市居民最低生活保障制度。

这一阶段在改革的内容上由以往的集中解决“放权”过程中的浅层矛盾转向围绕“改制”着力解决深层矛盾，全面开拓社会主义市场经济的制度创新。在改革的整体部署上，坚持把改革作为系统工程来实施，既注重全面深化市场取向的经济改革，又适应经济体制改革要求，大力推进政治、文化等各个领域的改革，全方位地扫除发展市场经济的体制性障碍。在改革的举措上，也由过去的小步推进、单项实施变为整体推进、综合配套改革，由微观层面转向宏观层面，涉及财税、金融、投资、外贸等各个领域，这种全方位的改革使传统的计划经济体制发生根本性的变化。

（五）第五阶段：进一步完善社会主义市场经济体制（2002—2007 年）

2002 年 11 月，党的十六大明确提出“要坚持和完善基本经济制度，深化国有资产管理体制改革，健全现代市场体系，深化分配制度和社会保障制度，转变政府职能，加强和完善宏观调控等，以进一步完善社会主义市场经济体制”，为深化改革指明了方向[①]。这个阶段是在初步实现建立社会主义市场经济体制的改革目标后，经济体制全面向市场并轨。按照建成完善的社会主义市场经济体制和更具活力、更加开放的经济体系的要求，在邓小平理论和“三个代表”重要思想指引下，我国经济体制改革又迈出新的步伐。国有企业改革继续深化，国有资产管理体制改革取得重大突破；农村税费改革在全国范围展开，城乡分割的户籍制度进一步打破；金融体制改革稳步推进，资本市场进一步开放，利率市场化、农村信用社改革等多项金融改革试点取得成效；电力、民航等垄断行业改革迈出新的步伐；行政管理体制改革有了新的进展。

为适应经济全球化和科技进步加快的国际环境，适应我国加入 WTO 和全面建设小康社会的新形势，全面贯彻落实党的十六大提出的建成完善的社会主义市场经济体制和更具活力、更加开放的经济体系的任务，2003 年 11 月，党的十六届三中全会专门就完善社会主义市场经济体制的若干重大问题作出决定，这是新世纪完善社会主义市场经济体制的总体规划和行动纲领，对于进一步加快经济体制改革，逐步建成较为健全的社会主义市场经济体制，促进经济社会全面发展，具有重大的指导意义。在党的十六届三中全会精神的指引和推动下，以公有制为主体、多种所有制经济共同发展的基本经济制度进一步确立，市场体系逐步完善，市场配置资源的作用愈益突出，政府对经济的宏观调控也开始走向科学化、合理化。随着改革的不断深化，我国初步建立起更加完善的社会主义市场经济体制。这表明我国改革进入了一个新的阶段，即以完善社会主义市场经济体制为中心，相应改革政治体制和法律体制的阶段。我国经济改革所面临的任务已经不可能仅在经济领域解决，必须着力解决旧体制遗留的深层体制矛盾，必须在政治体制改革方面作出创新。

① 本书编写组：《十六大报告辅导读本》，人民出版社，2002 年，第 20—25 页。

（六）第六阶段：建立比较成熟的社会主义市场经济体制（2007—2012 年）

2007 年 10 月，党的十七大报告明确指出，改革开放是决定当代中国命运的关键抉择，是发展中国特色社会主义，实现中华民族伟大复兴的必由之路。要着力构建充满活力、富有效率、更加开放、有利于科学发展的体制机制，为发展中国特色社会主义提供强大动力和体制保障。[①]2008 年 2 月，党的十七届二中全会提出了《关于深化行政管理体制改革的意见》和《国务院机构改革方案》，明确了深化行政管理体制改革的指导思想、基本原则和总体目标。这标志着新一轮行政管理体制改革开始启动。这既是深化经济体制改革的必然要求，也是政治体制改革的重要内容。

这一阶段在改革的指导思想上，强调以邓小平和“三个代表”重要思想、科学发展观为指导，贯彻党的基本路线、基本纲领、基本经验，全面落实党的十七大精神。改革开放的突出特点是在科学发展观的指导下进行的，改革开放的设计和实施要遵循科学发展观的基本要求。在原则上，更加注重坚持以人为本和统筹兼顾，强调要按照统筹城乡发展、统筹区域发展、统筹经济社会发展、统筹人与自然和谐发展、统筹国内发展和对外开放的要求，积极推进各项改革；更加突出了坚持以人为本，树立协调、全面、可持续的科学发展观，促进经济社会和人的全面发展。在改革目标上，强调加快解决“三农”问题和城镇化问题，逐步改变城乡分割的体制，加快推进城镇化和农村税费改革，逐步消除农民进城打工的体制障碍，建立全国劳动力的统一市场等。进一步统筹经济社会发展，加强社会公共事业发展，促进经济发展与资源环境相协调。按照统筹国内发展和对外开放的要求，遵循发展市场经济的一般规则和世界贸易组织的规则，通过对外开放来推动对国内的改革。

---

① 本书编写组：《十七大报告辅导读本》，人民出版社，2007 年，第 5—7 页。

（七）第七阶段：全面深化经济体制改革（2012 年以来）

党的十八大以来，以习近平同志为核心的党中央以巨大的政治勇气全面深化改革，打好改革攻坚战，坚决破除各方面体制机制弊端，许多领域实现历史性变化、系统性重塑、整体性重构，社会主义市场经济体制更加成熟定型，高标准市场体系建设稳步推进，要素市场化配置机制更加完善，全国统一大市场正在加快形成，产权保护、市场准入、公平竞争和社会信用等市场经济基础制度建设取得积极进展，推动经济社会发展取得历史性成就、发生历史性变革。这一时期，党中央紧紧围绕统筹推进“五位一体”总体布局和协调推进“四个全面”战略布局，牢固树立和贯彻落实新发展理念，以供给侧结构性改革为主线，以改革开放和创新发展为动力，大力推进经济社会各个领域体制改革。2012 年党的十八大报告明确指出，经济体制改革的核心问题是处理好政府与市场的关系，必须更加尊重市场规律，更好发挥政府作用。全面深化经济体制改革是加快形成新的经济发展方式的关键，要求在加快政府职能转变、继续完善基本经济制度、加强和改善宏观调控、加快改革财税体制、深化金融体制改革等重点领域和关键环节深化改革。[①]2013 年党的十八届三中全会作出《中共中央关于全面深化改革若干重大问题的决定》，明确经济体制改革是全面深化改革的重点，其核心问题是处理好政府和市场的关系，使市场在资源配置中起决定性作用，更好发挥政府作用。这一阶段紧紧围绕发挥市场在资源配置中起决定性作用深化经济体制改革，坚持和完善基本经济制度，加快完善现代市场体系、宏观调控体系、开放型经济体系，加快转变经济发展方式，加快建设创新型国家，推动经济更有效率、更加公平、更可持续地发展。

党的十九大以来，我们党坚持全面深化改革，充分发挥经济体制改革的牵引作用，在更高起点、更高层次、更高目标上推进经济体制改革及其

① 本书编写组：《十八大报告辅导读本》，人民出版社，2012 年，第 20—21 页。

他各方面体制改革，构建更加系统完备、更加成熟定型的高水平社会主义市场经济体制，进一步深化了对社会主义市场经济规律的认识，进一步坚定了社会主义市场经济改革方向，明确了加快完善社会主义市场经济体制的重点任务。2017 年党的十九大明确提出，加快完善社会主义市场经济体制，着力构建市场机制有效、微观主体有活力、宏观调控有度的经济体制。经济体制改革必须以完善产权制度和要素市场化配置为重点，实现产权有效激励、要素自由流动、价格反应灵活、竞争公平有序、企业优胜劣汰。必须以完善产权制度和要素市场化配置为重点深化经济体制改革，坚决破除制约发展活力和动力的体制机制障碍。[①] 改革的主要内容有：一是坚持和完善我国社会主义基本经济制度和分配制度，毫不动摇巩固和发展公有制经济，毫不动摇地鼓励支持引导非公有制经济发展，完善国有资产管理体制，深化国有企业改革，支持民营企业发展。二是深化商事制度改革，全面实施市场准入负面清单制度，加快要素价格市场化改革，完善市场监管体制。三是创新和完善宏观调控，发挥国家发展规划战略性导向作用，健全财政、货币、产业、区域、消费、投资等经济政策协调机制，加快建立现代财政制度，深化金融体制改革。[②]2020 年 4 月，《中共中央、国务院关于构建更加完善的要素市场化配置体制机制的意见》明确提出，在充分发挥市场配置资源的决定性作用的前提下，就土地、劳动、资本、技术、数据、知识、管理等七大生产要素提出了具有里程碑意义的市场化改革举措。这是党中央第一次对推进要素市场化配置改革进行总体部署，明确要素市场制度建设的方向和重点改革任务，对于形成生产要素从低质低效领域向优质高效领域流动的机制，提高要素质量和配置效率，推动经济发展质量变革、效率变革、动力变革，加快完善社会主义市场经济体制具有重大意义。2020 年 11 月，党的十九届五中全会明确提出，坚定不移推进改革，坚定不移扩大开放，加强国家治理体系和治理能力现代

---

① 本书编写组：《党的十九大报告辅导读本》，人民出版社，2017 年，第 33—35 页。

② 朱之鑫：《以更大的政治勇气和智慧不失时机深化重要领域改革》，《人民日报》，2012 年 11 月 28 日。

化建设，破除制约高质量发展、高品质生活的体制机制障碍，强化有利于提高资源配置效率、有利于调动全社会积极性的重大改革举措，持续增强发展动力和活力。坚持和完善社会主义基本经济制度，充分发挥市场在资源配置中的决定性作用，更好发挥政府作用，推动有效市场和有为政府更好结合。2021 年 5 月，《中共中央、国务院关于新时代加快完善社会主义市场经济体制的意见》提出，要紧扣新时代加快完善社会主义市场经济体制总体要求，就如何在更高起点、更高层次、更高目标上推进经济体制改革及其他各方面体制改革，构建更加系统完备、更加成熟定型的高水平社会主义市场经济体制进行了系统性的顶层设计。2022 年 3 月，《中共中央、国务院关于加快建设全国统一大市场的意见》明确提出，加快建立全国统一的市场制度规则，打破地方保护和市场分割，打通制约经济循环的关键堵点，促进商品要素资源在更大范围内畅通流动，加快建设高效规范、公平竞争、充分开放的全国统一大市场，全面推动我国市场由大到强转变，为建设高标准市场体系、构建高水平社会主义市场经济体制提供坚强支撑。①2022 年 10 月，党的二十大鲜明提出，构建高水平社会主义市场经济体制，坚持和完善社会主义基本经济制度，充分发挥市场在资源配置中的决定性作用，更好发挥政府作用，构建全国统一大市场，深化要素市场化改革，建设高标准市场体系。这一时期，以改革实践中新出现的制度创新为重点，及时将实践证明行之有效的改革措施制度化、法治化，并上升为全党的共同意志，充分展现了我们党对社会主义市场经济体制的认识不断深化、思想不断更新、理论不断成熟、改革不断深入，标志着我们党对经济社会发展规律的认识达到了新的高度，新一轮经济体制改革“路线图”出炉，亮出了一份在更高起点、更高层次、更高目标上推进经济体制改革的“行动指南”。

① 何立峰：《促进形成强大国内市场大力推动经济高质量发展》，《宏观经济管理》，2019 年第 2 期，第 3 页。

二、经济体制改革取得的主要成果

经过40多年的改革实践和探索，我国建立和完善了社会主义市场经济体制，国民经济市场化程度大幅提高，我国经济实力实现历史性跃升，经济总量由1978年的3645亿元上升到2021年的114万亿元，占世界经济比重从2.2%上升到18.5%，提高了16.3个百分点，人均国内生产总值从381元提高到超过8.1万元，经济体制改革取得了历史性的巨大成就。

（一）社会主义基本经济制度持续巩固和完善

改革开放以前，我国经济基本上是单一的公有制经济。党的十一届三中全会以来，我们认真总结以往的经验教训，从我国社会主义初级阶段的实际情况出发，对所有制结构进行了调整和改革，打破了单一公有制经济格局，极大地调动了人民群众的生产积极性，各种所有制经济在国民经济中的比重发生了深刻的变化。公有制经济在调整和改革中发展壮大，探索公有制多种实现形式取得成效；非公有制经济快速发展，已成为社会主义市场经济的重要组成部分，鼓励、支持和引导非公有制经济发展，使公有制为主体，多种所有制经济共同发展的基本经济制度基本形成。党的十八大以来，我们党又提出积极发展混合所有制经济，强调这是基本经济制度的重要实现形式。多种所有制经济在市场竞争中相互促进、共同发展，对促进经济增长、满足人们的多样化需求、增加就业岗位发挥了重要作用。非公有制经济发展环境不断优化，2012年至2021年我国民营企业数量翻了两番，从1085万户增长到4457万户。

（二）市场化配置资源的作用大幅增强

40多年来，我们一直在实践中不断拓展和深化对政府和市场关系的认识，从“计划经济为主、市场调节为辅”，到计划与市场内在统一，再到市场发挥基础性作用，特别是党的十八届三中全会取得重大理论突破，明确提出使市场在资源配置中起决定性作用和更好发挥政府作用。在传统计划经济体制下，生产由国家统一计划、材料由国家统一调拨、产品由国家统一收购和销售，实行高度的指令性计划管理。随着市场取向改革的不断深化，国民经济市场化程度进一步提高，成功实现了从高度集中的计划经济体制到充满活力的社会主义市场经济体制的伟大历史转折。党的十八大以来，以经济体制改革为重点全面深化改革，社会主义市场经济体制更加成熟定型，高标准市场体系建设稳步推进，要素市场化配置体制机制更加完善，全国统一大市场正在加快形成，产权保护、市场准入、公平竞争和社会信用等市场经济基础制度建设取得积极进展。全面实施市场准入负面清单制度。建立公平竞争审查制度，清理废除妨碍统一市场和公平竞争的各种规定和做法。完善社会信用体系建设，构建以信用为基础的新型监管机制。加快完善价格市场决定、流动自主有序、配置高效公平的要素市场制度，现代市场体系逐步建立并不断完善，市场机制对资源配置的作用显著增强，绝大多数商品的价格由市场决定，资本、土地、劳动力等要素的市场化配置程度大幅提高。目前全部的农产品、80%的电量、50%的天然气量、90%的民航旅客运输量价格是由市场形成的。到2021年底，全社会商品和服务价格市场化程度已达97.5%。商品市场基本形成了多种经济成分、多种流通渠道、多种经营方式并存和自由购销、广泛竞争的格局，资本、产权、土地、技术和劳动力等生产要素市场加快发展。整顿和规范市场经济秩序取得阶段性成果，市场环境和消费环境明显改善。

（三）农村经济体制改革全面深化

我国农村改革从实行以家庭联产承包为主的责任制到建立统分结合的双层经营体制，从以公有制经济为主体到允许并鼓励多种经济成分并存发展，从推进农产品流通体制改革到建立农村市场体系，突破了传统计划经济模式，探索了农地“三权”分置改革，形成了新型农村集体经济发展模式。农村基本经营制度进一步完善，家庭联产承包为主的责任制、统分结合的双层经营体制开始在全国农村普遍实行，极大地调动了亿万农民的积极性。农产品流通和价格改革取得突破，促进了农村生产要素的流动和资源的优化配置，初步确立了农村市场经济体制。农村税费改革试点工作总体进展顺利，农村税费制度得以规范，农民负担明显减轻，农村基层政权建设加强。党的十八大以来，全面推进乡村振兴，进一步提升农村改革广度和深度，农业农村基础性、关键性制度加快构建，农业农村现代化和农业强国建设加快推进。巩固和完善农村基本经营制度，深化农村土地制度改革，保持土地承包关系稳定并长久不变，完善农村承包地“三权”分置制度，大力培育新型职业农民。稳步推进农村集体产权制度改革，赋予农民更加充分的财产权益。完善重要农产品价格形成机制和收储制度。完善城乡发展一体化体制机制，加快推动以人为核心的新型城镇化，有力地促进了农业农村的稳定和发展。

（四）国有企业改革纵深推进

40 多年来，国有企业改革取得了重大进展，朝着建立社会主义市场经济体制的目标迈出了前所未有的重大步伐，建立起了现代企业制度，健全了国有企业监管体系，形成了市场竞争力和国际竞争力。按照“产权清晰、权责明确、政企分开、管理科学”的要求，大多数国有大中型骨干企业建立起现代企业制度，国有企业管理体制和经营机制发生了深刻变化，相当一批企业进行了公司制改革，企业优胜劣汰、职工能进能出、收入能增能减的机制已初步建立，企业已成为自主经营、自负盈亏的法人实体和市场竞争主体。党的十八大以来，国资国企改革完成顶层设计，国有经济布局优化和结构调整持续推进，中国特色现代企业制度建设取得实质性突破，加快建设世界一流企业。中央企业数量从十年前的117家调整至97家；中央企业集团层面公司制改制全面完成，各级子企业改制率达到97.8%；国有企业混合所有制改革深入推进，50家试点企业改革成效正在显现；铁路、电力、石油天然气、盐业等行业改革取得实质性进展；以管资本为主加强国资监管迈出新步伐，国有企业发展取得重大成就，企业科技开发能力、市场竞争能力和抗御风险能力明显增强，一大批企业在市场竞争中成长壮大，国有经济的总体实力进一步增强，在国民经济中继续发挥着主导作用。混合所有制经济稳健发展，重点行业竞争性环节市场化改革持续推进。

（五）社会主义市场经济宏观调控体系不断创新和完善

政府机构改革、职能转变和经济法制建设取得重大进展。政府管理经济的方式由过去直接干预微观经济活动转变为以经济和行政手段为主的间接调控。计划、投资、财税、金融、外贸、外汇等方面的改革取得重大突破，充分发挥了货币政策、财政政策、产业政策、收入分配政策和对外经济政策对宏观经济运行的调控作用，建立健全了以经济手段和法律手段为主，辅之以必要行政手段的社会主义市场经济宏观调控体系。这些改革，进一步增强了宏观调控的有效性，不仅成功地治理了1993年后一度加剧的通货膨胀，实现了经济的“软着陆”，而且有效地克服了1997年开始的亚洲金融危机的影响，扼制了通货紧缩趋势的发展，促进了国民经济持续快速健康发展。党的十八大以来，面对外部环境发生深刻复杂变化，我国进一步创新和完善宏观调控，以国家发展规划为战略导向，以财政政策和货币政策为主要手段，就业、产业、投资、消费、环保、区域等政策协同发力的宏观调控体系不断完善。宏观调控方式持续创新，区间调控、定向调控、相机调控、逆周期和跨周期调节等更加灵活有效，保持经济运行在合理区间。深入推进简政放权、放管结合、优化服务，出台《优化营商环境条例》。深入推进行政审批制度改革，大幅减少行政审批事项。我国的营商环境进一步优化，全球排名从 2013 年的第 96 位跃升至 2020 年的第 31 位，充分激发全社会创造力和发展活力，实现国民经济更高质量、更有效率、更加公平、更可持续的发展。

（六）国民收入分配制度和社会保障取得重大成效

通过改革，以按劳分配为主、多种分配方式并存的分配制度初步形成，社会主义市场经济的积累机制和收入分配制度进一步完善。农民收入打破了平均主义的“大锅饭”分配方式；企业内部分配已基本上由企业自主决定，职工劳动报酬实行了多种形式的绩效工资制；国家机关和事业单位的工资制度进行了初步改革。劳动、资本、土地（使用权）、技术和管理等生产要素开始以多种形式不同程度地参与收益分配。财政转移支付制度、个人所得税制度、社会保障制度等新的再分配调节制度也初步建立。党的十八大以来，我国调整国民收入分配格局，着力解决收入分配差距较大问题，使发展成果更多更公平地惠及全体人民，朝着共同富裕方向稳步前行。

按照发展社会主义市场经济的要求，我国社会保障体系不断完善。城镇基本养老保险制度和基本医疗保险制度建设迈出重大步伐，国有企业下岗职工基本生活保障制度、失业保险制度、城市居民最低生活保障制度初步建立。社会保障覆盖面不断扩大，基本做到应保尽保。城镇职工基本医疗保险制度、医疗卫生体制、药品生产流通体制改革取得重要进展。农村新型合作医疗制度开始试点。党的十八大以来，党中央把社会保障体系建设摆上更加突出的位置，坚持全覆盖、保基本、多层次、可持续方针，推动我国社会保障体系建设进入快车道，社会保障体系实现历史性跨越，为深化改革、调整结构、促进发展、维护稳定提供了有力保障。

（七）更大范围、更宽领域、更深层次对外开放格局已经形成

改革开放打破了自我循环的封闭半封闭经济状态，形成了全方位、宽领域、多层次的对外开放格局，并逐步建立了与国际通行做法相衔接的管理体制和运行机制。40年多来，始终坚持对外开放的基本国策，以加入世界贸易组织为契机，逐步构建形成了以沿海开放地带、沿江开放地带、沿边开放地带和内陆省会城市为代表的全方位、多层次的对外开放格局，推动从引进外资为主转变为引进外资和对外投资并重，从扩大出口为主转变为鼓励出口与增加进口“双向并重”，从沿海地区开放为主转变为沿海沿边内陆协同开放、整体开放、东中西同步开放，从关贸总协定和WTO框架下的货物贸易为主转变为货物贸易和服务贸易共同发展，对外开放水平大幅提高。党的十八大以来，党中央实行更加积极主动的开放战略，以共建“一带一路”为统领，国际产能合作成效显著，统筹推进21个自贸试验区建设，复制推广260多项制度创新成果。海南自由贸易港建设顺利起步。深化外商投资和境外投资管理制度改革，外商投资准入前国民待遇加负面清单管理制度全面实行，颁布实施外商投资法。全面建成国际贸易“单一窗口”并覆盖全国所有口岸，贸易便利化水平大幅度提高。我国国际地位不断提高，应对国际局势和处理国际事务的能力不断增强，在国际重大经济、政治活动中的主导协调能力和影响力不断提升，成为经济全球化和完善全球经济治理的重要引领者、推动者，更深层次、更高水平的全方位开放格局已经形成。

40多年来，我国改革开放走过波澜壮阔的历程，经济体制改革取得历史性的重大成就举世公认。这是全党和全国各族人民艰辛探索、共同奋斗的结果，为今后党和国家事业的发展奠定了更加坚实的基础，在中国社会主义现代化建设和中华民族伟大复兴的历史上写下了光辉篇章。

三、经济体制改革的基本经验

40 多年来，我们党已经走出一条卓有成效的改革成功之路，在推进我国建立社会主义市场经济体制中积累了丰富的经验，认真总结并结合实践加以运用，对于把我们的事业继续推向前进具有重大的意义。我国经济体制改革的主要经验，可以概括为以下几个方面：

（一）坚持党对改革事业的全面领导

这是我们进行经济体制改革的根本保证。建立和完善社会主义市场经济体制，是对党驾驭社会主义建设规律能力的一大考验。我国经济体制改革之所以能沿着正确方向前进，之所以取得巨大的成功，靠的是党的坚强领导，靠的是党的基本理论、基本路线、基本纲领和基本经验的正确指引。坚持党的全面领导，是中国特色社会主义市场经济体制不断发展完善的根本政治保证，是中国特色社会主义市场经济体制具有强大生命力的政治制度根源。

改革开放 40 多年来的实践表明，社会主义市场经济体制之所以不断完善发展，根本原因在于始终坚持和加强党的全面领导，发挥好党总揽全局、协调各方的领导核心作用，把党领导经济工作的制度优势转化为治理效能，强化改革落地见效，从而推动经济体制改革不断走深走实，未来也将使我们在更高起点、更高层次、更高目标上推进经济体制改革，构建更加系统完备、更加成熟定型的高水平社会主义市场经济体制，使中国特色社会主义更加充满生机和活力。

（二）坚持公有制与市场经济的有效结合

公有制是社会主义的基本特征之一。社会主义同市场经济的结合，实质上是公有制与市场经济的结合。把社会主义制度与市场经济结合起来，这是我们党的一个伟大创举，从体制上解决了世界社会主义国家长期以来因活力不够、效率不高而陷入严重困境的问题，使社会主义国家的人民看到了实现经济繁荣的新的希望和前景。在改革中坚持社会主义方向，最重要的是把社会主义公有制与市场经济有机地结合起来，把社会主义的制度优势、政治优势与市场配置资源的经济优势结合起来，从而在促进经济发展方面显示出无可比拟的巨大优势。

我们党创造性地把市场经济与社会主义公有制结合起来，无论从理论上还是从实践上都证明，市场经济与社会主义公有制完全能够实现内在统一。一方面，公有制与市场经济是两个不同层面的概念。公有制决定社会经济制度的性质，公有制为主体、多种所有制形式并存是我国的基本经济制度，也是社会主义社会的重要特征之一。而市场经济的本质特征是通过市场机制实现资源配置，不是社会基本制度范畴，可以与不同的社会制度相容，不具有姓“资”姓“社”的性质。另一方面，社会主义公有制同样可以造就市场经济所需要的市场竞争主体。市场经济作为一种配置资源的方式和手段，客观要求进入市场的主体必须是自主经营、自负盈亏的经济主体，但对主体的所有制性质并没有要求。在市场配置资源决定性作用日益突出的新形势下，公有制有效实现形式日趋多样化，参与市场竞争的动力和压力是完全具备的。即便在一些非市场竞争领域，市场经济也同样可以发挥作用，两者是完全可以兼容的。

从实践看，苏联以及其他一些社会主义国家和地区，由于人为割裂了市场经济与公有制的有机联系，在很大程度上使国家陷入了经济困境，并最终倒向“私有制”的怀抱。而我们在坚持公有制主体地位的同时，充分发挥市场机制的作用，取得了举世瞩目的成就，充分证明了公有制同市场经济的统一性。我们说公有制和市场经济能够统一，并不是说两者之间没有矛盾，有些问题有待于理论突破和实践探索。

（三）坚持循序渐进与重点突破相结合

建立社会主义市场经济体制是一项前无古人的伟大事业，是一场新的革命，也是一项长期复杂的系统工程，不可能一蹴而就。与苏联、东欧国家的一揽子总体推进的激进式改革相比，我们选择了由易到难、由浅入深的渐进式改革之路。既注意改革的循序渐进，充分考虑社会和群众的承受能力，又不失时机地在重要环节取得突破，推进改革向纵深发展，带动改革全局。

40 多年来，我国改革开放采取了先易后难、由浅入深的渐进式推进策略。对一些情况不够明确、关系比较复杂的改革事项，采取“摸着石头过河”的办法，边推进、边观察、边调整；对于一些影响全局的关键事项，先选择一些企业、行业和地方进行改革试点，探索路径、积累经验，待条件成熟后全面推开。在改革内容上是循序渐进、逐步扩大的，整个改革从农村开始，然后扩展到城市；全国改革首先是在经济特区、沿海城市率先进行，然后推向内地。在方法上是从易到难、逐步摸索的，改革初期先从较为容易改的领域入手，随着改革经验的丰富，再逐步深入、协调配套、攻克难关。我国实行渐进式改革使大量外围性问题基本得到解决，但深层次问题却大量累积下来，因而改革越往前推进，难度也会越大。

（四）坚持市场化取向与宏观调控相配合

发挥市场机制的作用和建立宏观调控体系，都是建立社会主义市场经济体制的本质要求，两者是相互结合、相辅相成、缺一不可的。要使经济充满活力和动力，必须引入市场机制，毫不动摇地坚持市场取向的改革。但由于市场存在着自发性、盲目性和调节的滞后性，我国作为发展中的大国，又处在体制转轨和经济快速发展时期，在充分发挥市场决定性作用的同时，必须加强国家对市场活动的宏观调控，以弥补市场的失灵和不足。改革实践证明，微观经济越放开，市场化进程越加快，宏观调控就越要完善、灵活、高效。在改革开放过程中，我们合理界定、发挥政府和市场的作用。坚持通过体制创新，充分发挥市场机制在资源配置中的决定性作用，同时强调有效实施国家宏观调控，弥补市场机制作用的缺陷与不足，合理引导经济社会运行方向，促进经济总量平衡和结构优化，推动国民经济高质量发展。与此同时，强调创新和完善宏观调控，实施宏观调控要遵循经济规律和市场法则，主要依靠经济手段和法律手段进行。

具体来讲，政府在经济发展中的作用，可以概括为市场秩序的维护者、公共物品和服务的提供者、基础设施建设的协调者、外部挑战的应对者、基本社会保障的供应者和良好营商环境的创造者。政府在履行这些职责时，必须按照建设服务型政府的要求，科学行政、民主行政、依法行政，规范行政行为，减少对微观经济运行的直接干预，努力做到“不越位、不缺位、不错位”，切实把政府职能转变到经济调节、市场监管、社会管理和公共事务管理上来。

（五）坚持对内改革与对外开放的相互促进

历史经验表明，中国的发展离不开世界，关起门来搞建设是不能成功的。通过开放倒逼改革，在开放的过程中对标国际，寻找差距，不断改革和调整相关的制度和法律法规，能够使发展活力得到充分释放，我国经济建设取得举世瞩目的成就已经充分证明了这一点。扩大对外开放是我国必须长期坚持的一项基本国策，也是落实好新发展理念的应有之义。无论是从历史经验，还是当前要求来看，推动高质量发展必须让改革和开放之间形成更加密切的关系，实现相互促进。坚持对内改革和对外开放相结合，使之相互推动，相得益彰。一方面通过以全方位开放推动宽领域改革，在更大范围、更广领域和更深层次上参与国际经济技术合作和竞争，形成制度型开放，以开放促改革促发展。另一方面，以深层次改革促进高水平开放，加快深层次改革，破除体制机制障碍，完善对外开放的顶层设计，形成高水平开放型经济新体制，为扩大对外开放创造良好的软环境，使我国经济体制改革更好地与国际接轨。

（六）坚持统筹兼顾、相互协调

改革是一场广泛而深刻的社会变革，推进改革、调整利益关系往往牵一发而动全身。因此，任何时候都要正确把握改革、发展与稳定的关系。坚持立党为公、执政为民的要求，深入贯彻以人民为中心的发展思想，适时有序推进改革开放，把改革的力度、发展的速度和社会可承受的程度统一起来，协调好改革进程中的各种利益关系，在保持稳定的前提下推进改革和发展，通过改革和发展促进社会稳定，确保社会稳定和工作有序进行。要统筹推进各项改革，把握好全局和局部、当前和长远、宏观和微观、主要矛盾和次要矛盾、特殊和一般的关系，努力实现宏观经济改革和微观经济改革相协调，经济领域改革和社会领域改革相协调，城市改革和农村改革相协调，经济体制改革和政治体制改革的相协调。

第五章

推进经济发展方式转变

当前，世界经济稳定性经历前所未有的挑战，贸易保护主义、单边主义、逆全球化等频现，世纪疫情影响深远，国际经贸规则体系变革重构，全球产业链供应链加速重塑。我国以要素投入为主的产业竞争优势不再明显，资源环境约束更加强化，产业结构难以适应消费结构升级和生活品质提高的需要，依靠以要素投入、投资拉动、规模扩张为主要特征的粗放型发展模式越来越难以为继。加快经济发展方式转变，已成为我国高质量发展面临的重大战略任务，关系我国社会主义现代化建设全局，是增强我国经济抵御国际市场风险能力的必然要求。

一、关于对经济增长概念的认识

20 世纪 50 年代以来，一些学者将经济增长定义为产出的增加，将经济发展定义为结构的改变。经济增长偏重于数量的概念，主要指由投入变化导致产出数量的增加，其核算通常采用国内生产总值（GDP）指标。GDP 是目前世界通用的最重要的宏观经济指标，反映了经济活动的最终成果，具有综合性强和简便易行的优点。但单凭 GDP 增长并不足以反映经济发展的实际有效程度，具有明显的局限性。一是难以全面反映经济增长的结构、质量和效益。GDP 是一个总量概念，既不能体现经济结构情况，也不能反映经济效益状况。二是不能体现资源消耗和环境污染的代价。环境和生态是一个国家综合经济的一部分，由于没有将环境和生态因素纳入其中，GDP 无法反映经济发展对资源环境所造成的负面影响。三是体现不出居民的收入分配和福利状况。社会公平是社会的整体质量指标之一，一个社会即使财富集中在少数人手里，从 GDP 上也根本反映不出来，但财富分配的不公平会导致社会的不稳定，最终降低全社会的福利。①

长期以来，基于经济发展所处的历史阶段及整体技术水平的限制，我国经济增长主要通过增加生产要素的投入和物质消耗的粗放型增长方式来实现。从 1978 年改革开放至 2021 年，我国经济年均增长 9.2%，远远高于同期世界平均 3% 的增长率。然而在我国经济快速增长过程中，原有以高投入、高能耗、高物耗、高污染、多占地为特征的“四高一多”式的粗放型增长方式并未得到根本改变，同时，又积累了新的经济社会矛盾和问题。这些矛盾和问题不仅表现为以投资消费关系不协调、一二三次产业发展比例不协调、城乡区域发展不协调、国际收支不协调和自主创新能力低下为表征的不稳定因素的存在，也表现为收入差距的扩大及其所引发的一系列矛盾和问题；不仅使我们为经济增长所付的代价日益增大，也使经济增长与资源环境的矛盾日趋尖锐。在国民经济较快增长和较低通胀率的表象下，上述矛盾和问题的存在可能隐蔽着较大的经济风险和社会风险。从世界经济发展史看，一些原本经济发展业绩良好的国家，其经济高速增长进程受到短期性的冲击而突然中断，并陷入长期停滞或缓慢增长状态。比如，20 世纪 30 年代美国“大萧条”，70 年代世界范围的石油危机，80 年代末日本“泡沫经济”的破灭，80 年代以来的拉美债务危机，90 年代初苏联等国家的“休克疗法”，1997 年爆发的东南亚金融危机，2008 年的国际金融危机等。因此，对我国经济高速增长过程中可能产生的问题，要引起足够的认识。生产要素方面，主要是资源环境的承载能力不足，人才争

---

① ［美］钱纳里：《工业化和经济增长的比较研究》，吴奇、王松宝等译，上海三联书店，1996 年，第 20 页。

夺、科技创新也面临来自发达国家的巨大压力。发展方式方面，高增长加剧结构矛盾，拼投入、争速度的问题还会相当突出。经济稳定性方面，高增长通常会伴随高通胀，最终因通胀而造成高增长的不可持续，造成经济大起大落。财富分配方面，国民收入分配的大格局依然失衡，居民收入分配关系尚未有根本性改善，区域差异、行业差异、城乡差异所造成的利益矛盾加剧，公共资源分配欠公平，社会保障体系建设任重道远，上不起学、看不了病、住不上房等民生问题突出，社会事业发展相对滞后。国际环境方面，能源资源安全、经济安全、粮食安全、产业链供应链安全等问题会更加突出，反倾销案、贸易战、汇率之争也会更加频繁，国际市场高油价、高原材料价格、地产泡沫、粮价波动向国内传导的风险依然存在。因此，如何正确应对复杂的国际环境，也将成为我们能否保持经济高质量发展的重要一环。

针对这些局限性和问题，我们必须把加快经济发展建立在优化结构、提高质量和效益的基础上，推动经济实现质的有效提升和量的合理增长，不能片面追求 GDP 增长速度，注意调整优化经济结构、转变发展方式，把节约资源、保护环境放在更加突出的位置。注意城乡、区域和经济社会协调发展，努力促进社会公平公正，让全体人民共享改革发展成果。正确运用 GDP 这个指标，完善统计制度和核算体系，加紧研究建立符合新发展理念要求的经济社会发展综合评价体系和政绩考核指标体系，把经济增长指标同人文、资源、环境和社会发展指标有机结合起来，切实改变单纯以 GDP 增长速度论“英雄”的做法。

二、转变经济发展方式的深刻内涵

早在 1987 年，我们党就明确提出要将粗放经营逐步转变为集约经营。1995 年我们党明确提出“两个转变”，即实现经济体制从传统的计划经济体制向社会主义市场经济体制转变的同时，实现国民经济增长方式从粗放型到集约型的转变，力求从根本上改变我国国民经济发展高投入、低产出、高增长、低效益的状况。[①] 由此，我国经济增长方式逐步开始了从粗放到集约的第一次历史性转变。党的十七大首次将“转变经济增长方式”改为“转变经济发展方式”，虽然只是两个字的改动，但却有着十分深刻的内涵。党的十七届五中全会关于经济发展方式转变提出了“五个坚持”的基本要求：即坚持把经济结构战略性调整作为加快转变经济发展方式的主攻方向；坚持把科技进步和创新作为加快转变经济发展方式的重要支撑；坚持把保障和改善民生作为加快转变经济发展方式的根本出发点和落脚点；坚持把建设资源节约型、环境友好型社会作为加快转变经济发展方式的重要着力点；坚持把改革开放作为加快转变经济发展方式的强大动力。党的十八大明确要求，加快形成新的经济发展方式，把推动发展的立足点转到提高质量和效益上来，着力激发各类市场主体发展新活力，着力增强创新驱动发展新动力，着力构建现代产业发展新体系，着力培育开放型经济发展新优势，使经济发展更多依靠内需特别是消费需求拉动，更多依靠现代服务业和战略性新兴产业带动，更多依靠科技进步、劳动者素质提高、管理创新驱动，更多依靠节约资源和循环经济推动，更多依靠城乡区域发展协调互动，不断增强长期发展后劲。党的十九大报告指出，我国经济正处在转变发展方式、优化经济结构、转换增长动力的攻关期。[②] 转变经济发展方式，除了涵盖转变经济增长方式的全部内容外，还对经济发展的理念、目标、战略、途径等提出了新的更高要求，充分体现了我们党对我国经济建设规律认识的深化和升华。

经济增长方式即通过生产要素投入的变化，包括生产要素数量增加、质量改善和组合优化来实现经济增长的方式。按照要素投入方式划分，经济增长方式大体分为两种：一种是通过增加生产要素占用和消耗来实现经济增长，即粗放型增长方式；另一种是通过提高生产要素质量、优化生产

---

① 费洪平：《中国区域经济发展》，科学出版社，1998 年，第 101—102 页。

② 中共中央宣传部、国家发展和改革委员会编：《习近平经济思想学习纲要》，人民出版社、学习出版社，2022 年，第 62 页。

要素配置和提高利用效率来实现经济增长，即集约型增长方式。转变经济增长方式，就是从粗放型增长方式转变为集约型增长方式。经济增长方式转变所涉及的问题，基本上属于经济内部性的范畴，更多要靠充分发挥市场优化资源配置的基础性作用来解决，政府的作用主要是培育市场，为市场的正常健康运行、为市场机制能够充分发挥其积极作用创造良好的体制和政策环境，维护公平、公开、统一、开放的市场竞争秩序。而转变经济发展方式的基本内涵和要求在于提高经济发展的质量：即主要通过科技进步和创新，在优化结构、提高效益和降低能耗、保护环境的基础上，实现包括速度质量效益相协调、投资消费出口相协调、人口资源环境相协调、经济发展和社会发展相协调在内的全面协调，真正做到高质量发展。不仅包含了经济增长方式的转变，而且对经济社会发展的全面性、公正性、协调性和可持续性提出了更高的要求。既是一个提高全要素生产率的问题，体现为物质财富的迅速增加，又要体现在全体社会成员能够公平、公正地获得发展机会和分享发展成果，并在现代科学技术和社会文明的基础上重构人与自然和谐共存的关系。经济发展方式转变所涉及的问题，大量属于经济外部性范畴，不可能单纯或主要靠市场去解决，必须更好发挥政府和社会力量的作用，很大程度上要依靠政府行为合理化来发挥作用。因此，要转变政绩观，把实现最广大人民群众根本利益，促进人的全面发展作为根本出发点和落脚点，把引导和促使经济社会全面、协调、可持续发展所涉及的全局性、战略性、普遍性问题都纳入视野之中，综合采取法律手段、经济手段和必要的行政手段来解决。

首先，将“增长”改为“发展”，更准确地体现了新发展理念的深刻内涵。经济增长一般是指经济活动单纯的数量增加，强调的是量的增加；经济增长方式是生产要素的分配、投入、组合和使用的方式。发展则不仅是量的扩张，还包括结构改善、质量效益提高、发展成果的合理分配等内容，发展绝不仅仅是经济总量的增加，而是全面协调可持续的发展，用“发展方式”代替“增长方式”，是新发展理念的题中应有之义。

其次，将“增长”改为“发展”，更深刻地反映了破解深层次矛盾的

需要。转变增长方式虽然提出多年，但进展缓慢，究其原因在于我国内外需结构不平衡、产业结构不合理、自主创新能力不强以及体制机制不健全。这些问题互相交织、互为因果，单纯就转变增长方式做文章很难收到预期效果，必须从本源上解决问题。只有内外需结构平衡了，产业结构优化了，自主创新能力提高了，高消耗的粗放增长问题才能迎刃而解。所以，用“发展方式”替代“增长方式”，解决问题的针对性更强，现实指导意义更大。

第三，将“增长”改为“发展”，更全面地表达了人民群众的根本利益。改革开放以来，我国经济快速增长，人民生活水平不断提高，但同时城乡、区域、经济社会发展不协调，资源消耗高、环境污染重等问题日益突出，在一定程度上抵消了经济快速增长和收入增加带来的生活水平提高。发展的目的是为了满足人民群众日益增长的物质文化生活需要。这种需要，既包括物质产品，也包括良好的公共服务、清洁的水、清新的空气、绿色的空间等。用“转变发展方式”替代“转变增长方式”，就是强调发展要坚持以人为本，以尽可能少的资源环境代价实现发展目标，更好地满足人民群众各方面的需要。

三、新形势下迫切需要加快转变发展方式

2008 年国际金融危机以来，我国经济发展的国内外条件发生了深刻变化。一方面我国经济出现“增速换挡”，从高增长转入中高增长；另一方面，转变发展方式成为不能回避的客观大势。国内外发展条件的变化，集中表现为市场需求约束增强和要素成本提高。国内外发展条件主要有以下几方面变化：

市场总体已由供不应求转变为供大于求。2001 年中国加入世贸组织后，恰逢世界经济处于繁荣状态，依靠劳动力资源优势，外贸出口实现了持续高增长。2002—2007 年，出口年均增长 20% 以上，是支持经济高增

长的一个重要条件。2008 年国际金融危机发生以后，随着世界经济繁荣结束，我国外贸出口增速明显减缓，外需增速大幅下降。综合来看，近年来外需和内需增速都出现了下降，这就必然使市场由供不应求转变为供大于求。

国内以住行为主的消费结构升级活动进入调整期。随着大城市特别是超大、特大城市发展空间狭窄的限制，城市以住行为主的消费结构升级活动进入了调整期。在人口集中向大城市转移的过程中，大城市汽车保有量持续快速增长，导致日益严重的交通拥堵。针对这一问题，大城市政府不得不采取摇号、限号等控制汽车购买和使用的强制措施。由于汽车市场主要由城市人口特别是有购买力的人口来支撑，而这些人口又主要集中于大城市。当越来越多的大城市开始采取强制措施，控制汽车购买和使用时，汽车市场的发展必然受到抑制。在人口集中向大城市转移时，必然导致刚性与改善型等居住性买房需求持续增长，必然吸引房地产开发商向大城市集中发展，必然带动大城市房地产开发活动持续活跃，但也必然导致大城市建房用地日益不足。目前北上广深等一线城市供地紧张问题已经比较严重，一批发达的二线城市供地紧张问题也开始显现。拿地难问题必然会刚性制约房地产投资开发活动，在供给约束下，房地产市场销量的下降也不可避免。以上情况意味着以住行为主的消费结构升级活动都已进入调整期，汽车和房地产市场需求增速降低，对相关产业的带动作用减弱。消费结构升级是内需持续快速增长的内在源泉和动力，以住行为主的消费结构升级步伐放缓，必然会影响到消费、投资等多个方面的需求，必然会降低内需的增速。

要素成本水平明显提高。劳动力、土地、资金、资源等生产要素价格持续上涨，企业生产成本大幅提高，由此对企业形成的成本压力加大。

四、加快转变经济发展方式的思路

推进经济发展方式转变，关键是要更新发展思路，破解发展难题，坚决克服重规模轻质量、重速度轻效益的倾向，把推动发展的立足点真正转到提高质量和效益上来，在努力降低资源能源消耗和提高劳动生产率上下大功夫，提升我国经济发展的质量和水平。

（一）促进经济发展由主要依靠投资、出口拉动向依靠消费、投资、出口协调拉动转变

我国作为世界上最大的发展中国家，拥有14亿多人口、4亿多人的中等收入群体，是世界上最有潜力的超大规模市场，决定了比世界上其他国家都更加具备立足国内需求推动发展的有利条件。居民收入水平和消费水平不断提高，工业化、城镇化、市场化进程持续加速，将为经济发展开辟更广阔的内需空间。因此，保持持久稳定的增长而不是短期的繁荣，必须立足扩大国内需求，尽快改变高度依赖国际市场、投资率偏高、消费率偏低的增长格局，使发展更多依靠内需特别是消费需求拉动，处理好投资需求与消费需求的关系，把经济发展根植于国内需求特别是居民消费需求，才能形成消费与投资、出口协调拉动经济增长的新格局。

（二）促进经济发展由主要依靠第二产业带动向依靠第一、第二、第三产业协同带动转变

这是针对我国农业基础薄弱、工业大而不强、服务业发展滞后以及一二三次产业之间比例不合理的问题提出的。要坚持走新型工业化道路，把结构调整作为转变经济发展方式的主线，加强农业基础地位，全面推动

乡村产业振兴，逐步实现农业由弱变强；提高工业技术水平，培育和发展战略性新兴产业，努力提高战略性新兴产业在国民经济中的比重，增强其对经济增长的带动力，实现工业由大变强；加速发展服务业，实现服务业由慢变快，才能形成经济增长由第一、第二、第三产业协同带动的格局。

（三）促进经济发展由主要依靠增加物质资源消耗和环境代价向主要依靠科技进步、劳动者素质提高、管理创新转变

无论是从国际科技竞争加剧的趋势看，还是从我国劳动力供给出现的新情况以及资源环境的压力看，我国已经到了必须更多依靠科技进步、提高劳动者素质和管理创新等带动经济发展的阶段。必须坚持实施可持续发展战略，大力强化资源节约，推进绿色低碳循环经济发展，力争以最小的资源环境代价支撑经济更可持续的发展。必须大力实施创新驱动战略、科教兴国战略、人才强国战略，把提高自主创新能力、建设创新型国家作为转变经济发展方式的中心环节，逐步形成以科技进步和创新为核心的新增长动力。

五、推进经济发展方式转变的重大举措

当前和今后一个时期，转变经济发展方式，要着力从以下几个方面推进。

（一）创新管理方式，健全激励机制和约束机制

这是转变经济发展方式的重要环节。宏观管理方面，要改变对地方政府的考核方式和考核指标，目前的主要考核指标 GDP 存在一定局限性，它不能反映经济增长的代价即环境污染和生态破坏，也不能反映经济增长效率和效益，即单位产出的资源和能源消耗。因此，应逐步建立和完善“绿色 GDP”核算体系，健全干部政绩考核体系和评价标准。在考核指标

设置上，要全面反映经济、社会和人的全面发展情况，强化经济增长质量效益、科技进步、节能降耗、生态环保、社会事业发展和城乡居民生活水平等指标。企业管理方面，要学习和借鉴先进的管理方式，建立完善的激励机制和约束机制，调动企业内部各方面的积极性，提高企业管理效率。

（二）深入实施创新驱动发展战略，加快形成以创新为主要引领和支撑的经济发展模式

坚持把提高自主创新能力作为转变经济发展方式的中心环节，推动产业结构优化升级，发展现代化产业体系。要注重发挥市场在资源配置中的决定性作用和更好发挥政府作用，破除各种制约创新的思想障碍和制度藩篱，激发全社会创新活力和创造潜能。强化科技同经济对接、创新成果同产业对接、创新项目同现实生产力对接、研发人员创新劳动同其利益收入对接，增强科技进步对经济发展的贡献度。加大对自主创新的投入，优化科技资源配置，实行有利于自主创新的财税、金融、政府采购政策。强化企业的创新主体地位，加快建立以企业为主体、市场为导向、产学研相结合的技术创新体系。实施自主知识产权战略。培养造就世界一流科学家和科技领军人才。

（三）优化国土空间开发格局，促进城乡区域协调发展

城乡区域发展问题，从根本上说都是人口、资源、经济的空间布局问题。解决“三农”问题，必须超越农业农村的层面，坚持统筹城乡融合发展的基本方略；解决区域协调发展问题，要坚持以人为本，突破行政区划，在尊重自然规律的基础上谋发展。在统筹城乡发展方面，全面推进乡村振兴，加大支农惠农政策力度，增强农业综合生产能力，加强农村基础设施建设，提高公共服务水平。深化农村综合改革，推进农村金融体制改革和创新，按照依法、自愿、有偿原则，健全土地承包经营权流转市场，发展农民专业合作组织。建立以工促农、以城带乡的长效机制，从户籍、

社保、工资、定居条件和子女就学等环节入手，努力创造农村劳动力向非农产业转移、农民转为市民的制度条件。坚持走新型城镇化道路，实施城市更新行动，推进城市生态修复、功能完善工程，统筹城市规划、建设、管理，合理确定城市规模、人口密度、空间结构，促进大中小城市和小城镇协调发展。发挥中心城市和城市群带动作用，建设现代化都市圈。推进以县城为重要载体的城镇化建设。推动大中小城市和小城镇协调发展，提高城市综合承载能力。在统筹区域协调发展方面，坚持因地制宜，发挥地区比较优势，并把逐步缩小地区间公共服务和人民生活水平差距作为区域协调发展的目标，谋划不同地区的发展模式和产业发展方向，逐步形成人口、就业、经济、资源环境相协调的发展格局。健全区域发展协调互动机制，推动形成分工合理、特色明显、优势互补的区域产业结构。推动西部大开发形成新格局，推动东北全面振兴取得新突破，促进中部地区加快崛起，鼓励东部地区加快推进现代化。推进京津冀协同发展、长江经济带发展、粤港澳大湾区建设、长三角一体化发展，打造创新平台和新增长极。推动黄河流域生态保护和高质量发展。高标准高质量建设雄安新区。推动人口、经济向资源环境承载条件好、发展潜力大的地区集聚，减轻资源环境超载地区的人口和生态压力。

（四）加大减污节能工作力度，努力建设资源节约型、环境友好型社会

坚持节约资源和保护环境的基本国策，围绕双碳目标组织实施好节能减排综合性工作方案，完善相关法律和政策。大力加强资源节约和保护。加快建立科学的节能减排指标体系、考核体系和监测体系。落实节能减排工作责任制，完善配套政策，抓好重点领域，开发推广节能技术，强化节能管理。加强资源开发统一规划，抓紧研究建立资源开发补偿机制。加快发展循环经济，完善鼓励循环经济发展的政策体系，在重点行业、领域、产业园区和城市继续推进循环经济试点。加强资源综合利用，完善再生资

源回收利用体系。全面推行清洁生产。加大生态建设和环境保护力度。大力实施生态保护重点工程，在天然林保护区、重要水源涵养区等限制开发区域建立生态功能区。加大重点流域、区域和重点城市的污染防治力度。完善环保政策体系，落实环保管理和污染赔偿责任。加强水利、林业、草原建设，促进生态修复。提高应对气候变化能力。

（五）着眼于保障和改善民生，着力解决制约消费增长的突出问题

从规划、机制等方面采取有效措施，推动基础设施系统、公共服务系统在城市群内实现同城化，有效拓宽产业发展、人口转移、市场扩大的空间，促进非农就业增加、居民收入增长、住房建设空间和汽车使用空间扩大，进而促进以住行为主的消费结构升级，有效地扩大消费并带动投资合理增长，增强内需可持续增长的潜力。实施积极的就业政策，多渠道增加就业，千方百计增加城乡居民收入，逐步提高居民收入在国民收入分配中的比重。着力提高低收入者收入水平，扩大中等收入者比重。提高扶贫标准和最低工资标准，建立企业职工工资正常增长机制和支付保障机制，完善公务员工资制度。强化政府公共服务职能，加快发展教育、医疗、文化等社会事业，逐步建立覆盖城乡居民的社会保障体系，搞好食品、房地产等商品价格调控，为扩大居民消费创造良好的条件和环境。

（六）深化改革，为经济发展方式转变提供体制机制保障

全面深化经济体制改革是加快形成新的经济发展方式的关键。全面深化改革，充分发挥市场在资源配置中的决定性作用，更好发挥政府作用，推动有效市场和有为政府更好结合。以转变政府职能和深化企业、财税、金融、投资等改革为重点，加快完善社会主义市场经济体制。加快转变政府职能，处理好政府和市场关系是经济体制改革的核心问题。要深入推进

政企分开、政资分开、政事分开、政社分开，从制度上充分发挥市场在资源配置中的决定性作用，更好发挥公民和社会组织在社会公共事务管理中的作用。要改善经济调节和市场监管职能，进一步减少和调整行政审批事项，减少政府对微观经济活动的干预。深化投资体制改革，全面实施核准制和备案制，规范政府投资行为，健全政府投资责任制度。建立健全财权与事权相匹配的财税体制。调整公共财政资源配置，完善中央和省级政府的财政转移支付制度，理顺省级以下财政管理体制。实行有利于发展方式转变、科技进步和能源资源节约的税收制度。完善现代市场体系。加强要素市场建设，积极稳妥地推进资源性产品价格改革，逐步建立反映市场供求状况、资源稀缺程度和环境成本的价格形成机制。

（七）统筹国内发展与对外开放，提升开放型经济质量水平

建设更高水平开放型经济新体制，全面提高对外开放水平，推动贸易和投资自由化便利化，推进贸易创新发展，增强对外贸易综合竞争力。完善外商投资准入前国民待遇加负面清单管理制度，有序扩大服务业对外开放，依法保护外资企业合法权益，健全促进和保障境外投资的法律、政策和服务体系，坚定维护中国企业海外合法权益，实现高质量引进来和高水平走出去。完善自由贸易试验区布局，赋予其更大改革自主权，稳步推进海南自由贸易港建设，建设对外开放新高地。重点是扩大开放领域，优化开放结构，提高开放质量。加快转变外贸增长方式，立足以质取胜，调整进出口结构，促进加工贸易转型升级，大力发展服务贸易和数字贸易。加强对外资投向的政策引导，创新利用外资方式，优化利用外资结构，发挥利用外资在推动自主创新、产业升级、区域协调发展等方面的积极作用。支持企业“走出去”，鼓励有条件的企业开展跨国经营，完善内外联动、互利共赢、安全高效的开放型经济体系，形成经济全球化条件下参与国际经济合作和竞争新优势。加快改革对外经济管理体制，建立妥善应对贸易摩擦的机制。

第六章

我国新型工业化发展之路

经过几十年的建设、改革和发展，我们成功走出了一条独具中国特色的工业化道路，实现了由传统农业社会向现代工业国家的根本性转变。但应当看到，我国工业化的任务并未完成，继续完成工业化仍然是新时代我国社会主义现代化进程中重要而艰巨的历史任务，也是我国实现经济高质量发展的必由之路。

面对国际环境复杂的深刻变化和国内新形势新要求，特别是面对新时代我国人民日益增长的美好生活需要和不平衡不充分发展之间的矛盾，我们走什么样的工业化道路，是全面建设社会主义现代化国家面临的重大问题。我们既不能走过去的传统工业化老路，也不能再走发达国家走过的工业化道路，而要走一条具有新时代特征、中国特色的新型工业化发展之路。

一、对工业化内涵的再认识

谈起工业化，人们往往容易狭隘地理解为大力发展工业，认为工业化是工业部门的事情，农业与工业化的关系就是提供原料，服务业与工业化的关系就是为工业生产和流通提供各种服务，这样理解工业化是偏面的。这种认识上的偏差将会导致工业化过程中农业和服务业效率提高的缓慢和发展的滞后，也将会极大地阻碍经济高质量发展。实际上，工业化的本质是一个涉及经济社会方方面面的过程，既是产业转型升级的过程，也是各行各业的生产经营方式向标准化、规范化、规模化、社会化、专业化发展的过程。所谓工业化，是指从以农业和手工业为基础的传统经济体系向以先进工业为基础的现代化经济体系转变的历史过程，是传统农业社会向现代化工业社会转变的过程。这一过程特征主要是农业劳动力大量转向工业和服务业，农村人口大量向城镇转移，城镇人口超过农村人口。

工业化是现代化的基础和前提，高度发达的工业社会是现代化的重要标志。这不仅包括工业本身的现代化，而且也包括农业和服务业的现代化。早在20世纪30年代初，张培刚先生在《第三条路走得通吗？》一文中就提出："工业化一语含义甚广，我们要实现工业化，不仅要建设工业化的城市，同时也要建设工业化的农村。"工业化并不只是工业生产比重的增加，而且包括"农业的机械化和现代化"。工业化的结果，不仅包括"工业化的城市"，也包括"工业化的农村"。这一概念包含了工业化的三大特性：一是过程性，工业化不是一个时刻概念，而是一个时期概念；二是先进性，强调的是以先进工业为基础的经济结构的转变；三是体系性，强调的是整个经济体系的转变，而不单单是工业的发展。在由农业经济到工业经济再到新经济发展过程中，工业化这一承上启下的阶段不可逾越。①

从工业化发展模式来看，可分为传统工业化和新型工业化。传统工业化片面强调优先发展重工业，甚至以牺牲农业和轻工业的发展以及消耗大量的能源原材料、破坏生态环境为代价，对生态环境和社会造成的负面影响长期难以治理，给后人留下了极为深刻的教训。②新型工业化是对传统工业化进行批判与继承，更加注重高新技术对传统产业的渗入和改造，更加注重产业与产业之间、城乡区域之间、生产要素之间及经济发展与生态

① 张培刚：《发展经济学通论第一卷》，湖南人民出版社，1991年，第3—8页。

② 费洪平：《工业化地域类型划分及其协调发展：以山东省为例》，《国土经济》，1997年第7期，第21—28页。

环境之间的协调发展和整体效能。[①] 几十年来，我们党不断深化对工业化规律的认识，丰富和发展了工业化的新内涵。党的十六大首次提出我国要走新型工业化道路，党的十七大明确要求坚持以信息化带动工业化、以工业化促进信息化，推动实现科技含量高、经济效益好、资源消耗低、环境污染少、人力资源优势能充分发挥的工业化道路。

党的十八大提出，要坚持走中国特色新型工业化、信息化、城镇化、农业现代化道路，推动信息化和工业化深度融合、工业化和城镇化良性互动、城镇化和农业现代化相互协调，促进工业化、信息化、城镇化、农业现代化同步发展。党的十九大强调推动新型工业化、信息化、城镇化、农业现代化同步发展，要求贯彻新发展理念，建设现代化经济体系。党的十九届五中全会提出我国要在 2035 年“基本实现新型工业化、信息化、城镇化、农业现代化，建成现代化经济体系”的目标，并对与新型工业化建设密切相关的创新驱动发展、加快发展现代产业体系、推进区域协调发展、推动绿色发展等方面作出专门部署。党的二十大再次强调推进新型工业化，为我们新时代走好新型工业化之路指明了方向。

二、关于我国工业化阶段的判断

准确判断我国工业化现在所处的阶段，对于我们正确认识我国新阶段的新矛盾、新特征、新任务，对推动我国社会主义现代化建设至关重要。一般而言，工业化大体上可以划分为初期、中期、后期三个阶段：初期是以轻工业为主体的发展阶段；中期是以重工业为主体的发展阶段；后期也称之为后工业社会时期，是由以工业为主体转向以服务业为主体的发展阶段，或者说是发达的工业化阶段。工业化初期、中期的主要任务是发展轻工业和重工业，基本实现工业化；工业化后期的主要任务是以实现工业现

---

① 刘世锦：《正确理解“新型工业化”》，《中国工业经济》，2005 第 11 期，第 59 页。

代化和服务业为主导。

国内有关方面对我国工业化所处阶段进行了分析，其结论存在着一定的分歧。不同之处主要在于目前我国是处在工业化“中后期阶段”还是处在工业化“后期阶段”。一种观点认为我国目前仍处于工业中后期阶段，工业化进程远未结束，工业化仍可持续较长时期。另一种观点认为我国已进入工业化后期阶段，我国在1995年进入工业化中期阶段，并于2014年结束工业化中期阶段，2015年进入工业化后期阶段。“十四五”时期，我国工业化仍将处于后期，尚未进入后工业化时代，是生产能力、产业结构由初级向高级升级的关键时期，工业化进程中的机遇和挑战并存，工业化的深度和内涵将发生明显变化，将呈现四方面主要特征：数据成为核心投入要素，5G等通信基础设施更加重要，制造业智能化进程加快，制造系统更加具有柔性等。

造成观点分歧的原因主要在于对我国工业化发展的特点以及偏离“标准结构”程度把握的不同。我国工业化发展阶段的特点，除了后起国家共同具有的时代特征并有所放大之外，还有地区工业化发展水平差异大的特点。目前，上海、北京、深圳、天津、广州等已经步入后工业化阶段，大部分东部沿海发达省份处于工业化后期，而其他大部分省份基本还处于工业化中期，产业结构层次低且竞争力不强，部分制造业技术水平还不高，农村城镇化水平较低，服务业的比重和水平也不高。因此不能断定我国总体上处于工业化后期。

关于判断一个国家处在工业化的什么阶段，美国经济学家西蒙·库兹涅茨于20世纪70年代提出了依据一二三次产业结构划分工业化时期以及经济发展阶段的方法。钱纳里等以人均GDP水平为划分依据，将不同国家和地区的经济增长划分为六个时期，其中包括工业化初期、中期和后期三个时期。①德国经济学家霍夫曼在1931年出版的《工业化的阶段和类型》

① [美] 钱纳里：《工业化和经济增长的比较研究》，吴奇、王松宝等译，上海三联书店，1996年，第20页。

中提出了霍夫曼比例，即消费资料工业净产值与生产资料工业净产值的比值，并根据这个比例的变化趋势，将工业化分为四个阶段。一般说来，工业化进程可以被划分为前工业化、工业化初期、工业化中期、工业化后期以及后工业化五个阶段。[①]

按照发展经济学和世界银行比较普遍认同的主要方法和指标，判断我国工业化发展阶段：①基于人均 GDP 指标衡量，我国已处于工业化后期阶段。2021 年，我国人均 GDP 达 80976 元，按当年平均汇率计算为 1.25 万美元，按照钱纳里模型，我国已经处于工业化后期阶段。②从一二三次产业结构判断，我国处于工业化后期的起步阶段。按照一二三次产业产值结构来看，2021 年第一产业产值占比为 7.3%，第二产业产值占比为 39.4%，第三产业增加值比重为 53.3%，高于第二产业近 14%。根据产业结构可以判断，我国目前处于工业化后期阶段。③从就业结构判断，第一产业就业比重较大，处于工业化中期阶段。改革开放以来，我国第一产业的就业比重持续下降，但受城镇化水平低、农村人口多、第三产业发展滞后等因素的影响，我国第一产业就业比重仍处于较高水平，2021 年上半年三大产业就业人员比重分别为 37.1%、10.9% 和 52%。第一产业高于第二产业 20 多个百分点，处于工业化中期的 30%—45% 的范围内。④从城镇化水平判断，我国城镇化水平低，刚迈入工业化中后期门槛。由于我国社会经济"城乡二元结构"的不平衡性，我国城镇化率一直处于较低水平。2021 年，我国常住人口城镇化率达到 64.72%，户籍人口城镇化率 46.7%，迈入工业化中期的 50%—60% 范围内，但低于工业化后期至少 10 个百分点。因此，如果基于城镇化水平判断，我国目前刚进入工业化中期的初始阶段。可见，我国城镇化水平严重滞后于工业化的整体进程。

综合来看，工业化发展阶段的变化，意味着经济发展的驱动因素将发生改变，工业化中期阶段的经济增长主要依靠资本投入，而后期阶段就转变到主要依靠技术进步上来。基于人均 GDP 指标衡量，我国已处于

---

① 费洪平：《中国区域经济发展》，科学出版社，1998 年，第 30—31 页。

工业化后期阶段，但采用购买力评价的人均GDP高估了工业化水平；从一二三次产业结构判断，我国处于工业化后期起步阶段。从就业结构看，我国处于工业化中期阶段；从城镇化水平看，我国刚迈入工业化中期门槛，但存在着因城镇化滞后于工业化以及城镇化率统计数据的偏差而产生的低估。综合判断，我国工业化总体上处于后期起步阶段，并呈现出后期阶段性特征。

三、国外工业化发展启示

18世纪英国工业革命以来，发达国家的工业化经过了200多年的发展，先后经历了从“工业化”到“去工业化”再到“再工业化”这样一个循环的过程，表面上反映了从实体经济到虚拟经济再到实体经济的回归，实际上体现了虚拟经济真正服务实体经济的发展战略，符合经济形态螺旋式上升的发展规律。

18世纪下叶以蒸汽机的发明和应用为标志的工业化第一次技术革命和产业革命浪潮，使英国成为世界上第一个实现工业化的国家。19世纪下叶以电机的发明和应用为标志的工业化第二次技术革命和产业革命浪潮，又使美国后来居上，成为实现工业化的世界经济强国。20世纪中叶以计算机的发明和应用为标志兴起的工业化第三次技术革命和产业革命的浪潮，日本、韩国等一些国家充分利用技术革命成果，实现了产业转型升级和经济起飞，成为新兴工业化国家。包括中国、印度、印度尼西亚和巴西这些人口大国，迄今都尚未完成工业化，仍在为实现工业化而奋斗。①

在工业化进程向发展中国家深入推进的过程中，美、德、日等发达国家纷纷于20世纪80年代实施了“去工业化”，其优势在于将价值链中加工、组装等附加值较低的制造环节向劳动力成本更低的新兴国家转移，以

① 娄支手居：《第四产业》，中信出版社，2022年，第10—14页。

集中力量专注于附加值较高的研发设计、关键零部件和品牌营销等环节，更好地整合发展中国家资源，以提升制造业整体竞争力。同时，由于金融衍生品市场比制造业市场的投资回报率高，“去工业化”也就意味着发达工业化国家取代先进工业的虚拟经济备受关注，劳动力迅速从第一、第二产业向第三产业转移，制造业占本国 GDP 和世界制造业的比重持续降低，制造业向新兴工业化国家转移，发展中国家尤其是中国制造业快速崛起，发达国家汽车、钢铁、消费类电子等以往具有优势的制造业面临严峻挑战，转而过度依赖以金融业、房地产业为代表的虚拟经济。

发达国家“去工业化”的效果可用工业产值占比来衡量，占整个世界工业产值比重从 1970 年的 34.3% 下降到 2016 年的 26.1%；服务业产值占比从 56% 上升到 69.7%；从服务业就业人数占比来看，美国服务业就业人数占比从 1980 年的 65.7% 上升到 2016 年的 80.0%；日本从 54% 上升到了 70.7%；英国从 58.9% 上升到 79.7%；法国从 56.2% 上升到 75.3%。而德国自东西德合并以来，服务业就业人数占比也从 1991 年的 55% 上升到 70.9%。由此可以看出，世界许多发达国家正经历着“去工业化”的趋势。从发展历史看，美国在完成工业化的大部分时间内，制造业一直在全球市场上占据绝对优势。但从 20 世纪 50 年代末至 80 年代末的 30 年间，随着服务业的快速发展，美国开始了“去工业化”过程。经过“去工业化”的美国制造业，其增加值在本国经济结构中的占比明显下降。制造业增加值占 GDP 比重从当初的 30% 左右降至 2010 年的不足 15%。这期间，美国本土传统制造业比较优势进一步丧失，并加速向成本更低的发展中国家转移，而美国企业则通过控制制造业价值链的高端，获取高额利润。

2008 年国际金融危机爆发后，“去工业化”使发达国家抗危机能力不足这一弱点充分暴露，发达国家把推进“再工业化”战略提到议事日程。欧美发达国家纷纷制定本国工业发展规划，抢夺制造业高地。各国战略方向大致相同，均致力于提升制造业在国民经济中的比重，维持本国制造业在全球或区域制造业版图中的领导或领先地位，提高制造业岗位的就业规模和收入，使制造业成为解决就业、促进地区繁荣的基础。“再工业化”

实质上就在于强化实体经济的基础地位，开发探索新的经济增长方式，挤出前期虚拟经济泡沫，力图以高新技术为依托，通过发展高附加值制造业来重建具有强大竞争力的新工业体系。“再工业化”不是过去的传统工业化，本质上是解决就业和完善产业链以及保护自己的核心技术产业，主要表现为以制造业信息化和服务化为核心特征的现代制造技术和先进制造业的发展，这将导致直接从事生产制造的人数的减少，逐步实现少量“现代知识型员工”对大量“传统简单劳动者”的替代。2009 年匹兹堡举行的 20 国集团峰会上，美国奥巴马提出了“再工业化”战略，推出了大力发展新兴产业、鼓励科技创新、支持中小企业发展等措施，以此解决贸易赤字和国内失业问题，其本质就在于对实体经济的回归。为实现“再工业化”，美国提出“美国制造业行动计划”，欧洲推出“未来工厂计划”，德国提出“工业 4.0”等。这些发达国家的“再工业化”，绝不是传统工业化道路的重复和回归，而是通过寻找新的科技创新战略支撑点，加快突破先进制造技术，即用“第三次工业革命”来驱动制造业发展，避免出现产业空洞化，进而保持本国制造业国际竞争力以及产业制高点。

四、我国新型工业化发展之路

我国是一个人口大国，可供利用的资源有限，生态环境脆弱，决定了我国工业化发展必然要面对资源环境的巨大压力，在推进工业化过程中必须高度重视城乡、地区、经济与社会、人与自然、改革发展与对外开放的统筹协调问题，实现新型工业化、信息化、城镇化、农业现代化同步发展。[①] 坚持以信息化带动工业化，以工业化促进信息化，走出一条科技含量高、经济效益好、资源消耗低、环境污染少、人力资源优势得到充分发挥的新型工业化路子。“科技含量高”，就是要加快科技进步以及先进科技

① 刘世锦：《正确理解“新型工业化”》，《中国工业经济》，2005 年第 11 期，第 59 页。

成果的推广应用，把经济发展建立在科技进步的基础上，提高科学技术在经济增长中的贡献率，特别要大力推进国民经济和社会信息化，并通过信息技术的广泛应用，带动工业化在高起点上迅速发展。“经济效益好”，就是要注重产品质量和适应市场化，提高资金投入产出率，优化资源配置，降低生产成本。“资源消耗低”，就是要大力提高能源、原材料利用效率，减少资源占用和消耗。“环境污染少”，就是要广泛推行清洁生产、文明生产方式，发展绿色低碳产业，加强环境和生态保护，使经济发展与生态环境建设相协调。“人力资源优势得到充分发挥”，就是要提高劳动者素质和利用我国劳动力成本低廉的条件，提高经济竞争力，并妥善处理好工业化过程中提高生产率与扩大就业的关系，不断增加就业。总之，我国走新型工业化道路，就是要充分运用最新科学技术和依靠科技创新的工业化，是提高经济效益和市场竞争力的工业化，是走可持续发展道路的工业化，是能够发挥我国人力资源优势的工业化。对此，我们必须重点把握好以下几个“结合”。[①]

（一）坚持把“存量变革”与“增量崛起”结合起来，进一步提高工业化质量效率

我国工业化进程中长期累积的经济结构性矛盾正在凸显，特别是产业结构不合理且层次低，产业“空心化”“低度化”“趋同化”等问题突出，产业低端过剩与高端短缺并存的矛盾尖锐，许多行业大而不强，工业化质量并不高。我们必须改变传统工业化的模式与路径，加速实现由追求速度与数量向追求质量与效率转变，着力突破能够有效提升价值链层级的研发设计、营销网络、品牌培育、供应链管理等制约产业转型升级的关键环节。既要加快传统产业改造升级，对“有中出新”的传统产业“挖潜开

① 费洪平、滕飞：《以六个“结合”推进新型工业化》，《人民日报》，2017 年 11 月 26 日第 5 版。

荒”，对标国际标准提高水平，实现“老树发新芽”，又要推动“无中生有”的新技术、新模式、新业态、新产业发展，大力推动产业比较优势向竞争优势转变，进一步拓展延伸产业链、提升价值链、完善供应链，加快构建现代化产业体系，促进产业迈向中高端，全面提升产业核心竞争力。

（二）坚持把工业化与信息化结合起来，实现以信息化带动工业化

近年来，以移动互联网、云计算、大数据、物联网等新一代信息技术为核心的新一轮科技革命正在迅猛兴起，这些新技术正向各个产业领域渗透并融入工业化过程的各个环节，正成为引领工业化发展进程的新引擎。发达国家是在完成工业化的基础上进入信息化阶段的，而我国则是在工业化任务尚未完成的条件下赶上了信息化的浪潮，我们必须把工业化与信息化结合起来，以信息化带动工业化，发挥后发优势，实现跨越传统的工业化阶段，直接走向“信息化的工业化”。要运用互联网、大数据、人工智能等现代技术，推动生产、管理和营销模式变革，引领产业价值链体系重构，采用数据和平台新规则加快构建网络化、智能化、服务化、协同化的“互联网 +”产业生态系统，进一步加强信息化对工业化的引领作用。

（三）坚持把制造业和服务业发展结合起来，实现制造业和服务业协同发展

制造业服务化已成为全球产业发展的一种趋势。在这一转变过程中，曾经误认为发展服务经济就是要去制造业、去工业化。实质上，服务经济发展本身也是制造业内生出来的，二者之间具有密切的关系，而不是简单的彼此替代。我们必须推动制造业和服务业“双轮驱动”、协同发力。既要加快发展先进制造业，培育若干世界级先进制造业集群，加快建成制造强国，也要引导和支持制造业从主要提供产品制造向提供产品及服务转

变，推动生产型制造向服务型制造转变，实现制造业沿着服务化方向转型升级。以推进建设智能工厂、加快工业互联网创新应用、推广柔性化定制、发展共享生产平台、提升总集成总承包水平、加强全生命周期管理、优化供应链管理、发展服务衍生制造、发展工业文化旅游等方式培育融合发展新业态新模式。通过加快原材料工业和服务业融合步伐、推动消费品工业和服务业深度融合、提升装备制造业和服务业融合水平、推动装备制造企业向系统集成和整体解决方案提供商转型、完善汽车制造和服务全链条体系、深化制造业服务业和互联网融合发展、促进现代物流和制造业高效融合、强化研发设计服务和制造业有机融合、加强新能源生产使用和制造业绿色融合、推进消费服务重点领域和制造业创新融合、提高金融服务制造业转型升级质效等方式探索重点行业重点领域融合发展新路径。

（四）坚持把工业化与城镇化结合起来，促进工业化和城镇化协调发展

先行工业化国家的历史经验表明，工业化与城镇化是相互依存和协调推进的。工业化进程推动了城镇化的发展，没有城镇化，真正的工业化也就不可能实现。与工业化水平相比，我国城镇化水平明显滞后于工业化水平。我们必须积极稳妥地推进城镇化进程，统筹搞好城乡融合发展，既要推动形成以城市群为主体构建大中小城市协调发展的格局，加快农业转移人口市民化，又要大力实施乡村振兴战略，建立健全城乡融合发展体制机制和政策体系，加快城乡发展一体化，促进生产要素在城乡间自由流动和平等交换、公共资源在城乡间均衡配置，形成以工促农、以城带乡、工农互惠、城乡一体的新型工农、城乡关系，实现工业化和城镇化互相促进、相互协调。

（五）坚持把工业化与生态文明建设结合起来，实现可持续性发展的工业化

在推进新型工业化过程中，要更加注重资源节约和环境保护，改变以牺牲环境、破坏资源为代价的粗放型发展方式，避免走先污染后治理的老路，实现新型工业化和可持续发展战略的良性发展，走出一条依靠科技进步、延长产业链、降低资源消耗、优化生态环境的新型工业化道路。要切实把生态文明建设融入工业化发展进程中各个环节和全过程中，牢固树立和践行绿水青山就是金山银山的理念，坚持节约资源和保护环境的基本国策，实行最严格的生态环境保护制度，大力发展低碳循环经济，推动形成绿色发展方式、生活方式和消费模式，加大节能减排力度，加快建设资源节约型、环境友好型社会和“美丽中国”，促进人与自然和谐共生，实现资源消耗低、环境污染少、更可持续的工业化。

（六）坚持把工业化与对外开放结合起来，不断提升我国经济的全球影响力和竞争力

我国的工业化是在经济全球化背景下推进的，与世界经济发展格局动态变化是相互作用、相互影响的。随着我国依靠低成本要素优势参与国际分工所获得的全球化红利日趋弱化，加快提升我国产业国际竞争力，已成为推动工业化水平高端跃升的必然选择。我们必须树立全球化的战略思维，推动形成全面开放新格局，将引进来与走出去更好结合，加快实现引资、引智、引技相结合，大力提升“走出去”的层次，引导国际合作向更大规模、更广领域、更深层次发展，加快培育国际经济合作和竞争新优势，努力在国际分工中占据更有利的地位。要积极主动融入国际产业链和价值链体系，推动产业国际合作由加工制造环节为主向合作研发、联合设计、市场营销、品牌培育等高端环节延伸，在合作中提升产业自主发展能

力与核心竞争力。[①]

五、推动我国新型工业化对策措施

面对新形势新变局新要求，我们既不能走过去的传统工业化老路，也不能走重复建设的弯路，更不能再走发达国家走过的工业化道路。我国工业化道路必须考虑国际国内环境的复杂变化，必须是“全球着眼、市场导向、竞争定位”，加快从注重形成地区比较优势转变为培育产业竞争优势，从注重经济增长转变为经济高质量发展，走出一条科技含量高、经济效益好、资源消耗低、环境污染少、人力资源优势得到充分发挥的新型工业化路子。

（一）大力推进创新驱动战略，以自主创新引领新型工业化

坚持创新在我国工业化发展中的核心地位，完善国家创新体系，加快建设制造强国。以国家战略性需求为导向推进创新体系优化组合，加快构建以国家实验室为引领的战略科技力量。紧盯世界科技前沿，聚焦我国工业化中的短板，着力突破“卡脖子”技术；强化基础研究与应用基础研究，取得更多原创性成果。聚焦量子信息、光子与微纳电子、网络通信、人工智能、生物医药、现代能源系统等重大创新领域，组建一批国家实验室，重组国家重点实验室，形成结构合理、运行高效的实验室体系。优化提升国家工程研究中心、国家技术创新中心等创新基地。完善技术创新市场导向机制，强化企业创新主体地位，促进各类创新要素向企业集聚，形成以企业为主体、市场为导向、产学研用深度融合的技术创新体系。组织实施重大产业创新发展和应用示范工程。要围绕形成战略性新兴产业发展

① 费洪平、滕飞：《以六个“结合”推进新型工业化》，《人民日报》，2017年11月26日第5版。

的突破口和竞争优势，统筹技术开发、工程化、标准制定、应用示范等环节，组织实施一批重大产业创新发展工程，支持商业模式创新和市场拓展，培育战略性新兴产业骨干企业和示范基地。深化人才发展体制机制改革，建设一支富有创新精神的人才队伍，充分激发科技人才的创新创造活力。

（二）实施信息化带动工业化战略，实现工业化与信息化的良性互动

我们必须大力推进信息化和工业化深度融合，以信息化带动工业化。以智能制造为主攻方向，以数字化转型为主要抓手，推动工业互联网创新发展，培育融合发展新模式新业态，加快重点行业领域数字化转型，打造数据驱动、软件定义、平台支撑、服务增值、智能主导的现代化产业体系，全面推进产业基础高级化、产业链现代化。提升智能制造供给支撑能力，开展设计、工艺、试验、生产加工等过程中关键共性技术攻关和集成应用，加速工业技术软件化，攻克一批重大短板装备和重大技术装备。围绕机械、汽车、航空、航天、船舶、兵器、电子、电力等重点装备领域，建设数字化车间和智能工厂，构建面向装备全生命周期的数字孪生系统，推进基于模型的系统工程（MBSE）规模应用，依托工业互联网平台实现装备的预测性维护与健康管理。依托工业互联网平台，实现高水平高效率的轻量化设计、并行设计、敏捷设计、交互设计和基于模型的设计，变革传统设计方式，提升研发质量和效率。发展平台化、虚拟化仿真设计工具，培育平台化设计新模式，推动设计和工艺、制造、运维的一体化，实现无实物样机生产，缩短新产品研发周期，提升产品竞争力。培育工业级智能硬件、智能机器人、智能网联汽车、智能船舶、无人机、智能可穿戴设备、智能家居等新型智能产品。发展基于智能产品的场景化应用，加快智能产品在工业、交通、医疗、教育、国防科工、健康养老等重点行业领域应用推广。开展人工智能、区块链、数字孪生等前沿关键技术攻关，突破核心电子元器件、基础软件等核心技术瓶颈，加快数字产业化进程。通

过产品试验、市场化和产业化引导，加快工业芯片、智能传感器、工业控制系统、工业软件等融合支撑产业的培育和发展壮大，增强工业基础支撑能力。①

（三）大力发展绿色低碳经济，实现可持续性工业化

围绕绿色经济建设来推进有关工作，研究具体的推进措施，特别是运用市场的手段来建立绿色低碳经济发展机制，使政府生态目标、绿色经济目标内化为企业的目标。具体说来，一要通过经济结构的战略性调整，将消耗型、破坏型的自然资源利用方式转变为资源节约型、生态养护型的利用方式，积极扶持发展环保产业，使传统产业结构向低消耗、轻污染、高素质的产业结构升级。坚决遏制高耗能、高排放项目盲目发展，推动绿色低碳高质量发展。壮大节能环保、清洁生产、清洁能源、生态环境、基础设施绿色升级、绿色服务等产业，推广合同能源管理、合同节水管理、环境污染第三方治理等服务模式。推动煤炭等化石能源清洁高效利用，推进钢铁、石化、建材等行业绿色化改造，加快大宗货物和中长途货物运输“公转铁”“公转水”。推动城市公交和物流配送车辆电动化。构建市场导向的绿色技术创新体系，实施绿色技术创新攻关行动，开展重点行业和重点产品资源效率对标提升行动。建立统一的绿色产品标准、认证、标识体系，完善节能家电、高效照明产品、节水器具推广机制。二要全面推行循环经济理念，构建多层次资源高效循环利用体系。深入推进园区循环化改造，补齐和延伸产业链，推进能源资源梯级利用、废物循环利用和污染物集中处置。加强大宗固体废弃物综合利用，规范发展再制造产业。加快发展种养有机结合的循环农业。加强废旧物品回收设施规划建设，完善城市废旧物品回收分拣体系。推行生产企业“逆向回收”等模式，建立健全

---

① 苗圩：《加强核心技术攻关推动制造业高质量发展》，《现代企业》，2018 年第 7 期，第 4—6 页。

线上线下融合、流向可控的资源回收体系。拓展生产者责任延伸制度覆盖范围。推进快递包装减量化、标准化、循环化。三要构建绿色发展政策体系。强化绿色发展的法律和政策保障。实施有利于节能环保和资源综合利用的税收政策。大力发展绿色金融。健全自然资源有偿使用制度，创新完善自然资源、污水垃圾处理、用水用能等领域价格形成机制。推进固定资产投资项目节能审查、节能监察、重点用能单位管理制度改革。完善能效、水效“领跑者”制度。强化高耗水行业用水定额管理。深化生态文明试验区建设。四要探索建立绿色国民经济核算体系。要改革现行的经济核算体系，从企业到国家建立一套绿色经济核算制度，包括企业绿色会计制度、政府和企业绿色审计制度、绿色国民经济核算体系等。五要开发建立绿色技术支撑体系。循环经济的技术思路，是通过对经济系统进行物流和能流分析，运用生命周期理论进行评估，旨在大幅度降低生产和消费过程的资源、能源消耗及污染物产生和排放。六要有效利用两种资源和两个市场，进口战略性资源，开发国外资源供应基地，开拓我国的资源配置空间，使我国已经遭到过度利用的自然资源系统得以休养生息，确保国家的战略资源和经济生态安全，维护我国长远利益。

（四）统筹城乡发展，促进工业化和城镇化的协调发展

加快城镇化进程，使之与工业化相协调，在推进工业化的同时同步提升城镇化水平，是走新型工业化道路的客观要求。一是消除政策性因素，建立新型城乡关系。城镇化与工业化要协调发展，离不开城市与乡村的协调发展。城乡发展不协调，城镇化难以推进，将会直接导致城镇化滞后于工业化，同时，城乡分离，也会影响工业化进程。应在推进城镇化、促进城乡融合发展上多下功夫。二是统筹城乡发展，推动工业化与城镇化互动发展。调整工业化战略，促进各产业协调发展。彻底改变由政府主导优先或重点发展某种产业（如优先发展重工业、重点发展信息产业之类）的计划经济思维和做法，充分由市场来决定产业结构的优化和升级，由市场来

决定各地的主导产业和拳头产品，由市场来决定产业布局。不能将工业化狭隘地理解为工业发展，而要理解为各产业按照市场需求和自身竞争力协调发展的过程。统筹处理好农村工业化和农业产业化、机械化的关系。要促进乡镇企业的改组、改制和技术进步，提高素质，鼓励乡镇企业把自身的发展与农业产业化相结合，把农产品加工业作为主营领域，通过发展农产品的深加工带动农业产业化的发展和升级。调整城镇化方针，统筹处理好发展大中城市和发展小城镇的关系。要调整以城市规模为内容的城镇化方针，通过市场制度促进大中小城市协调发展，促进城市带和城市群的形成。坚持走中国特色新型城镇化道路，深入推进以人为核心的新型城镇化战略，以城市群、都市圈为依托促进大中小城市协调联动发展，推动以县城为重要载体的城镇化。以中心城市和城市群等经济发展优势区域为重点，增强经济和人口承载能力，带动全国经济效率整体提升。以京津冀、长三角、粤港澳大湾区为重点，提升创新策源能力和全球资源配置能力，加快打造引领高质量发展的第一梯队。在中西部有条件的地区，以中心城市为引领，提升城市群功能，加快工业化城镇化进程，形成高质量发展的重要区域。破除资源流动障碍，优化行政区划设置，提高中心城市综合承载能力和资源优化配置能力，强化对区域发展的辐射带动作用。

（五）发挥人力资源优势，推进以人为本的新型工业化

只有坚持以人为本，才能在工业化过程中重视增加劳动力就业和提高人们生活水平，才能尊重劳动者的自主权和选择权，才能优先发展教育进而不断提升人的素质，才能依靠人民来推进工业化，才能让尽可能多的居民分享工业化的成果。“以人为本”的新型工业化，简单说就是指以尽可能多的人为主体，满足尽可能多的人的需求的工业化。应从发展劳动力资源优势角度出发，注意把握经济增长和就业、资金技术密集型产业和劳动密集型产业、大企业和中小企业、国有企业和非公有制企业、第三产业与工业化协调等方面的关系。完善与就业容量挂钩的产业政策，支持吸纳

就业能力强的服务业、中小微企业和劳动密集型企业发展。大力发展吸纳劳动力容量大的区域，大力发展有利于创造就业岗位的适用技术和中性技术；鼓励出国留学和工作，组织劳务输出，并促进跨地区的劳务协作等，让尽可能多的人有参与工业化或就业的岗位。建立和完善劳动力市场，形成公平竞争的制度环境；加强就业服务，健全再就业服务体系；全面落实就业扶持政策，推进“再就业工程”；建立和完善适应市场经济要求的全民福利保障制度，让尽可能多的人有参与工业化或就业的愿望和动力。

第七章

关于新时代现代化建设问题

——以山东省为例

党的十九大对全面建设社会主义现代化国家作出新的战略部署。从2020年到本世纪中叶的30年，全面建设社会主义现代化国家分两个阶段来安排：第一个阶段，从2020年到2035年，在全面建成小康社会的基础上，再奋斗15年，基本实现社会主义现代化；第二个阶段，从2035年到本世纪中叶，在基本实现现代化的基础上，再奋斗15年，把我国建成富强民主文明和谐美丽的社会主义现代化强国。[①]党的二十大明确提出，“从现在起，中国共产党的中心任务就是团结带领全国各族人民全面建成社会主义现代化强国、实现第二个百年奋斗目标，以中国式现代化全面推进中华民族伟大复兴”。党的二十大制定了全面建成社会主义现代化强国两步走战略安排，确定了到2035年我国发展的总目标和未来5年的主要任务。[②]这是党中央在综合分析国际国内形势和我国发展条件之后作出的重大决策，也是我们党顺应人民对美好生活的向往作出的必然选择，对新时代推进中国特色社会主义事业具有重大的理论和实践意义。

山东作为人口大省、经济大省、资源大省，未来15年是山东建设新时代社会主义现代化强省取得决定性进展的决战期。站在“两个一百年”奋斗目标的历史交汇点上，未来15年山东必须坚持把“走在前列、全面

① 本书编写组：《党的十九大报告辅导读本》，人民出版社，2017年，第28页。

② 习近平：《高举中国特色社会主义伟大旗帜 为全面建设社会主义现代化国家而团结奋斗》，人民出版社，2022年，第21—28页。

开创”作为总体目标要求，做好谋篇布局，准确把握事关未来经济社会发展的战略性、全局性重大问题，科学研判形势条件和趋势变化，提出中长期发展的总体思路、主要目标、重大举措，推动山东在社会主义现代化新征程中走在前列，全面开创现代化强省建设新局面，为全面建设社会主义现代化国家、创造中国式现代化新道路承担更多责任、作出更大贡献。

一、新时代现代化建设内涵及特征

现代化是一个时代概念，指一种依靠技术进步和经济发展，带动政治、社会、文化、制度水平不断提高，人类自身不断提升，并妥善解决各类问题的过程。[①] 中国现代化，是中国共产党领导下的社会主义现代化，既遵循人类社会现代化发展的一般规律，更有基于自己国情的中国特色，与西方国家和苏联模式的现代化有着根本性的区别。中国现代化是坚持走中国特色社会主义道路的现代化，是物质的现代化、治理的现代化和人的现代化，是富强民主文明和谐美丽的全面现代化，是经济建设、政治建设、文化建设、社会建设、生态文明建设共同推进的现代化。首先，中国现代化是坚持解放和发展社会生产力、以经济建设为中心的现代化。要实现中国特色社会主义现代化，必须把发展作为第一要务，坚持以经济建设为中心，不断解放和发展社会生产力。必须顺应当代世界先进生产力和先进文化发展趋势，牢牢把握经济全球化和新一轮科技、产业革命兴起带来的历史机遇，以新发展理念为指导，努力实现我国社会生产力可持续的跨越式发展，走出一条新型现代化路子。第二，中国现代化是坚持社会主义制度前提和价值取向、以改革开放为基本国策的现代化。中国特色社会主义最主要的特色就是实行改革开放，从而使社会主义制度优越性得到充分发挥。要将改革开放贯穿社会主义现代化建设全过程，不断完善和发展

① 高培勇：《经济高质量发展理论大纲》，人民出版社，2020年，第90页。

中国特色社会主义制度、推进国家治理体系和治理能力现代化。第三，中国现代化是经济、政治、文化、社会、生态文明建设五位一体，以新发展理念为指针，“四化”同步的新型现代化。要在经济建设不断发展基础上，协调推进政治建设、文化建设、社会建设、生态文明建设以及其他各方面建设，使物质文明、精神文明，制度文明、生态文明建设相互促进，相得益彰；自觉践行创新、协调、绿色、开放、共享的新发展理念，推动工业化、城镇化、信息化、农业现代化同步发展。第四，中国现代化是坚持独立自主、和平发展、合作共赢的现代化。中国特色社会主义现代化既不自我封闭，也不搞损人利己的对外扩张，而是把构建和平稳定、互利共赢的国际环境和周边环境作为中国社会主义现代化顺利推进、取得成功的必要外部条件，并以此作为我们在世界多极化、经济全球化时代积极参与全球治理，推动国际经济、政治秩序合理化、公平化的理性选择。第五，中国现代化是坚持以人民为中心，国家的梦、民族的梦和每个中国人的梦融为一体的现代化。中国特色社会主义现代化更加注重一切依靠人民，充分动员和发挥广大人民群众的积极性，以增进全体人民福祉为根本出发点和落脚点。

党的十九大以来，习近平总书记多次强调要坚定不移推进中国式现代化，并指出：“我们建设的现代化必须是具有中国特色、符合中国实际的。中国式现代化是人口规模巨大的现代化，是全体人民共同富裕的现代化，是物质文明和精神文明相协调的现代化，是人与自然和谐共生的现代化，是走和平发展道路的现代化。”[①]党的二十大报告再次深刻阐述了中国式现代化的中国特色和本质要求。这是对我国现代化基本特征的高度概括，是我国现代化建设必须坚持的方向，深刻展现了中国式现代化的特征和价值内蕴，可概括为五个重要的特征：①中国式现代化是人口规模巨大的现代化。我国有 14 亿多人口，人口数量占世界总人口的 1/5，规模超过现有发达国家人口的总和。要整体迈入现代化，这在人类历史上是空前的，艰

① 习近平：《习近平谈治国理政（第四卷）》，外文出版社，2022 年，第 123—124 页。

巨性和复杂性前所未有，必然要付出更大的努力，克服更多的困难，也必然会产生更广泛的世界性影响，对人类进步事业作出更大的贡献。②中国式现代化是共同富裕的现代化。西方现代化国家能够解决富裕问题，但是很难解决“共同富裕”和“全体人民”的问题。中国式现代化是全体人民共同富裕的现代化，我们既要做大“蛋糕”，又要分好“蛋糕”，在现代化进程中要自觉主动地解决地区差距、城乡差距和收入差距问题，扎实推进共同富裕，坚决防止两极分化，使全体人民共享现代化成果。③中国式现代化是物质文明和精神文明相协调的现代化。我们坚持社会主义核心价值观，加强理想信念教育，弘扬爱国主义、集体主义、英雄主义精神，传承弘扬中华优秀传统文化，努力在现代化进程中协调实现物的全面丰富和人的全面发展。④中国式现代化是人与自然和谐共生的现代化。西方发达国家的现代化历程，基本上都走过了先污染后治理的工业化道路，付出了沉重的环境代价。中国式现代化是通过生态文明建设来实现的“绿色现代化”，极大地丰富了现代化内涵，既有利于中国经济的可持续发展，也为人类的绿色发展提供了中国智慧和中国方案。我们注重同步推进经济建设和生态文明建设，不走先污染后治理的老路，而是要走节约资源、保护环境、绿色低碳的高质量发展道路。我们要积极应对全球气候变化，力争2030年前实现碳达峰，2060年前实现碳中和，为全人类作出积极贡献。⑤中国式现代化是走和平发展道路的现代化，是与世界文明共同进步的现代化。我们始终把和平共处、互利共赢作为处理国际关系的基本准则，坚持多边主义，反对霸权主义、单边主义，积极推动构建人类命运共同体。中国式现代化体现了我们党“为中国人民谋幸福、为中华民族谋复兴”的初心使命，体现了社会主义建设规律和人类社会发展规律。

山东新时代社会主义现代化强省建设要突出“富强、民主、文明、和谐、美丽”内涵，努力成为：①高质量发展高地。实施创新驱动发展战略，建设现代化经济体系，在构建高质量发展的体制机制上走在全国前列。②法治示范。全面提升法治建设水平，用法治规范政府和市场边界，营造稳定公平透明、可预期的国际一流法治化营商环境。③社会文明典范。践行社会主义核心价值观，构建高水平的公共文化服务体系和现代文化产业体系，成为新时代举旗帜、聚民心、育新人、兴文化、展形象的引领者。④民生幸福标杆。构建优质均衡的公共服务体系，建成全覆盖可持续的社会保障体系，实现幼有善育、学有优教、劳有厚得、病有良医、老有颐养、住有宜居、弱有众扶，加快实现共同富裕。⑤可持续发展先锋。牢固树立和践行“绿水青山就是金山银山”的理念，打造安全高效的生产空间、舒适宜居的生活空间、碧水蓝天的生态空间，在美丽中国建设中走在前列，为落实碳达峰和碳中和提供中国经验。

二、山东建设现代化强省具备坚实基础

山东是我国重要的工业基地和北方地区经济发展的战略支点，南北连接京津冀、长三角两大世界级城市群，东西贯通黄河流域广阔腹地，是我国南北过渡、东西双向互济的战略节点，是“一带一路”重要枢纽，是我国参与东北亚区域合作特别是中日韩经贸合作的前沿阵地，在我国社会主义现代化建设中具有特殊的重要地位，有基础、有能力率先为中国式现代化建设探索新路径、创造新经验。

未来 15 年是我国全面建设现社会主义现代化国家的重要时期，是山东建设新时代现代化强省取得决定性进展的决战期。站在“两个一百年”奋斗目标的历史交汇点上，未来 15 年山东必须坚持把“走在前列、全面开创”作为总体目标要求，做好谋篇布局，准确把握事关未来经济社会发展的战略性、全局性重大问题，科学研判形势条件和趋势变化，提出中长期发展的总体思路、主要目标、重大举措，推动山东在社会主义现代化新征程中“走在前列”，并“全面开创”现代化强省建设新局面，为全面建设社会主义现代化国家、创造中国式现代化新道路承担更多责任、作出更大贡献。

进入新世纪特别是党的十八大以来，面对错综复杂的外部环境和艰

巨繁重的改革发展稳定任务，特别是国际环境的重大变化和新冠肺炎疫情的严重冲击，山东省委、省政府坚持以习近平新时代中国特色社会主义思想为指导，团结带领全省人民深入贯彻习近平总书记对山东工作的重要指示要求，统筹推进“五位一体”总体布局，协调推进“四个全面”战略布局，坚持稳中求进工作总基调，践行新发展理念，深化供给侧结构性改革，聚焦“在全面建成小康社会进程中走在前列、在社会主义现代化建设新征程中走在前列，全面开创新时代现代化强省建设新局面”，深入实施“八大发展战略”，着力保障和改善民生，纵深推进全面从严治党，经济社会建设取得重大成就，为建设新时代现代化强省奠定了坚实基础。

2000年以来，山东省综合经济实力实现跨越式跃升。根据山东省统计局数据测算，地区生产总值由2000年的8278.06亿元上升至2020年的7.32万亿元，经济总量已连续28年居全国前3位，人均地区生产总值70653元，迈向世界中高收入经济体水平。地方一般公共预算收入突破6000亿元，由2000年的463.68亿元提升到2020年的6559.9亿元，增长了14倍多。经济结构调整实现历史性转变。新旧动能转换成效明显，一二三次产业结构占比由2000年的15.1∶49.8∶35.1调整为2020年的7.3∶39.1∶53.6，实现了由“二三一”到“三二一”的转变，“十强”现代优势产业加快培育，“四新”经济占比为30.2%，高新技术产业产值占规模以上工业总产值比重为45.1%，国家级战略性新兴产业集群数量居全国首位，海洋生产总值占地区生产总值比重和全国海洋生产总值比重分别达到1/5和1/6，并成为全国首个突破农林牧渔业万亿元的省份。创新型省份建设实现突破性进步。海洋、农业、装备制造等领域科技创新能力达到全国领先，人工智能、新一代信息、能源等领域取得一批重大成果，储备了一批引领产业发展的前沿性原创技术，住鲁两院院士和海外学术机构院士达到98人，国家级和省级领军人才4145人。城乡区域发展格局实现战略性重塑。着力打破城乡二元结构，常住人口城镇化率由2000年的26.8%提高到2020年的61.8%。山东半岛城市群战略位势加快提升，济南、青岛迈入特大城市行列，省会、胶东、鲁南三大经济圈一体化建设全面展开，推动突破菏泽、鲁西崛起成效突出，乡村振兴齐鲁样板建设扎实推进。齐鲁文化实现传承与创新性发展。坚持践行和弘扬社会主义核心价值观，繁荣发展优秀传统文化，推动文化和旅游深度融合，尼山世界文明论坛、尼山世界儒学中心成为全球文明交流互鉴的新平台，“好客山东”成为驰名海内外的文化旅游品牌。

基础设施建设大幅提速。“九纵五横一环七连”高速公路网络、“三枢十三支”现代化机场群加快建设，高速铁路和高速公路通车里程位居全国前列，货物吞吐量居全国第 2 位，港口集装箱航线数量及密度稳居北方港口第 1 位，“三交两直”特高压输电、胶东调水、引黄济青改扩建等标志性工程相继建成，获批创建国家工业互联网示范区，5G 基站建设开通数量居全国前列。生态品质实现决定性提升。坚定不移推进绿色发展，大力推进“四减四增”，高耗能高排放行业投资持续减弱，光伏发电和生物质发电装机均居全国首位，风电装机居全国第 4 位。推进河长制、湖长制、湾长制、林长制，实施生态系统保护治理工程。

体制改革全面深化。纵深推进“放管服”改革，国企、财税、开发区、投资审批制度、“亩产效益”评价、扩权强县等重点领域和关键环节改革加快推进，一流营商环境建设成效突出，体制机制活力显著增强。对外开放实现全方位扩大。进出口总额由 2000 年的 249.9 亿美元上升至 2020 年的 3184.6 亿美元，外商投资企业从 1981 年的 1 家发展到 2020 年的 1.6 万多家。深度参与共建“一带一路”，中国（山东）自由贸易试验区、上海合作组织地方经贸合作示范区获批建设，推动创建中日韩地方经贸合作示范区，上海合作组织青岛峰会等重大国际性活动成功举办。

民生福祉持续改善。多层次社会保障体系基本建成，教育现代化加快推进，新冠肺炎疫情防控取得重大战略成果，人民群众的获得感、幸福感、安全感大幅提升。2020 年城镇和农村居民人均可支配收入分别达 43726 元和 18753 元，分别是 2000 年的 6.8 倍和 7 倍。社会治理能力实现快速增强。社会治理的社会化、法治化、智能化、专业化水平不断提高，共建共治共享格局初步形成。

三、山东现代化强省建设的重要战略机遇期

从国际看，百年未有之大变局深入演进，国际环境深刻变化。未来15年，是国际力量对比深刻调整、国际格局加速演变、国际新秩序和新型国际关系重塑的关键时期。我国综合国力、国际地位和全球话语权大幅提升，新兴国家和发展中国家群体性崛起，共同参与主导全球治理规则。新科技革命和产业变革将取得重大突破，数字经济、智能经济、生命经济等代表当代世界先进生产力发展方向和潮流的新技术、新产业、新业态持续催生，部分颠覆性技术有望实现历史性突破，推动全人类生产方式、生活方式乃至生存方式发生翻天覆的变化。经济全球化遭遇逆流，产业链供应链加速重构。国际形势和发展趋势的新变化，为山东现代化强省建设提供了新的历史机遇。

从国内看，社会主义现代化建设新征程坚实起步，全国上下奋力实现中华民族伟大复兴中国梦的信心、决心和能力空前高涨。未来15年，是党和国家在新时代“两步走”战略安排的关键一步，是实现中华民族伟大复兴的最紧要战略期。我国将加快从经济大国迈向经济强国，全面转入高质量发展轨道，进入创新型国家前列，实现高水平科技自立自强，基本实现社会主义现代化。京津冀、长三角、粤港澳等世界级经济区和中西部地区一批重要城市群强势崛起，承载国家重大战略、引领区域协调发展、塑造国际竞争新优势。我国以绿色低碳高质量发展为总抓手的广泛深刻的经济社会系统变革，将全力实现碳达峰、加快碳中和，并将长期推进空间结构、产业结构、能源结构调整优化，促使人与自然和谐共生的美丽中国从蓝图变成现实。我国以国内大循环为主体、国内国际双循环相互促进的新发展格局加速形成。我国进入世界高收入国家和中等发达国家行列，体现社会主义本质要求的共同富裕取得更为明显的实质性进展。我国全方位、深层次、整体性的高水平改革开放和经济实力、科技实力、综合国力的大

幅跃升，将为山东建设现代化强省提供持久的制度红利、丰裕的要素资源、强大的国内市场、优良的国内发展环境。

从本省看，多重战略优势相互叠加，现代化强省建设的有利因素更加充分、发展动能更加强劲。未来15年，是山东继续“走在前列”、实现“全面开创”的攻坚期，是建设现代化强省取得决定性进展的决战期。山东作为我国经济大省、文化大省、科技大省、海洋大省、人口大省、资源大省和我国北方走在最前列的省份，在奋力实现“七个走在前列”“九个强省突破”的进程中，有望承载更多国家重大战略部署，担负推进现代化的更多基础性、全局性、引领性改革发展任务。深化与京津冀、长三角、粤港澳、长江经济带、黄河流域等重要城市群和经济区协调发展，新时代山东建设现代化强省的战略地位愈加凸显。主动融入全国新发展格局，率先探索有利于促进全国构建新发展格局的有效路径，山东在国内国际的竞争力、影响力、辐射力将全面提升。山东更高起点、更高质量“走在前列、全面开创”的发展基础更加坚实，发展动能更加强劲，发展空间更加广阔。

同时也要看到，未来15年，国际环境日趋复杂多变，国内区域竞争日趋激烈，山东发展不平衡不充分问题仍然突出，新旧动能转换任务依然艰巨，综合实力、发展质效、居民收入与先进省份差距拉大，财政收支矛盾突出，资源环境约束趋紧，创新效能提升、新动能培育、实现碳中和等压力较大，产业链供应链安全稳定亟待加强，总抚养比攀升过快，养老、社保挑战巨大，共同富裕任务繁重。

综合判断，未来15年，山东发展仍处于大有可为的重要战略机遇期，发展的基础依然坚实，发展韧性好、潜力足、回旋空间大的基本特质没有变。世界大变革、大调整蕴含着大有可为的历史机遇和前所未有的重大挑战，实现2035年目标的艰巨性、复杂性、紧迫性远超以往。必须坚持党的全面领导，在中华民族伟大复兴战略全局、世界百年未有之大变局中谋划发展蓝图，在构建以国内大循环为主体、国内国际双循环相互促进的新发展格局中找准自身定位，善于在危机中育先机、于变数中抓定数、于变局中开新局，深度思想街坊引领改革开放高水平突破，加快增创优势、抢占先机、赢得主动，全面开创新时代社会主义现代化强省建设新局面。

四、山东现代化强省建设的战略定位

山东未来15年现代化强省建设要立足新发展阶段、贯彻新发展理念、构建新发展格局，以改革创新为根本动力，以供给侧结构性改革为主线，深化新旧动能转换、建设绿色低碳高质量发展先行区，努力在服务和融入新发展格局上走在前，在增强经济社会发展创新力上走在前，在推动黄河流域生态保护和高质量发展上走在前，不断改善人民生活、促进共同富裕，开创新时代社会主义现代化强省建设新局面。

（一）新发展格局的战略枢纽

在融入国内国际双循环相互促进发展新格局、服务国家大局中，发挥山东作为国内众多产业循环发起点和联结点，作为融入国际循环重要通道和有力支点的基础和优势，基本建成畅通国内大循环的战略支点、产业链供应链畅通的制造枢纽、内外贸有效贯通的市场枢纽、培育新模式新业态的商业变革枢纽、高端要素高效协同的配置枢纽。坚持实施扩大内需战略同深化供给侧结构性改革有机结合，依托山东产业体系相对完备、市场潜力巨大、对外开放前沿等优势，立足科技自立自强和高水平对内对外开放，优化“陆海内外联动、东西双向互济”格局，“北上”——“再闯关东”，谋划建设“环渤海大湾区”；“南下”——策划“新的经济淮海战役”，建设北方连通海上丝绸之路的前沿阵地。“西进”——引领黄河流域生态保护和高质量发展，推进“欧亚大陆桥东西两端”合作共赢；“东出”——持续推进中日韩地方经贸合作，深度融入区域全面经济伙伴关系协定（RCEP）实施。发挥济南、青岛两大核心城市的引领支撑作用，打造一批现代化的“山东制造”“山东服务”“山东农业”，树立一批“山东品牌”“山东质量”“山东标准”，以高质量供给创造和引领国内市场需求，造就国际市场竞争新优势，在更高层次上利用国内国际两个市场、两种资源，推动形成全方位全要素、高能级高效率的双循环，建设新发展格局的战略枢纽。

（二）全国新旧动能转换示范区

高水平推进山东新旧动能转换综合试验区建设，以实体经济为着力点，以知识、技术、信息、数据等新生产要素为支撑，探索形成新旧动能转换模式，推动传统产业升级和新兴产业壮大协同共进，坚持新型工业化、信息化、城镇化、农业现代化发展方向，深化新旧动能转换，把发展经济主要着力点放在实体经济上。加快制造业向高端化、智能化、绿色化转型，推动服务业向专业化、品质化、特色化升级，做强“十强”产业，抢跑未来产业，繁荣数字经济，提升产业基础能力高级化和产业链现代化水平，聚焦“十强”产业发展的共性需求和瓶颈制约，着力打造自主可控、安全可靠的产业链供应链。拓展和深化“工业强基”工程，加强基础研究和共性技术、前瞻技术、战略性技术研究，聚焦对外依存度高的核心零部件及元器件、工业基础软件、关键基础材料、先进基础工艺等，集中力量、资源攻关突破，补齐产业链“短板”，加快向高端跃升。对重点产业链实施补链、延链、强链工程，培植一批具有“链主”地位的引领型企业、具有“杀手锏”产品的关键零部件配套企业、具有公共服务功能的平台型企业，形成“产业+配套”“平台+生态”“技术+赋能”的集群发展格局，打造一批标志性、引领性、支撑性的核心产业链。整合政府、企业、行业协会、科研院所等多方资源，合力突破一批检测核心技术，搭建产业公共服务平台，形成一批“计量—标准—检验检测—认证认可”全链条整体技术解决方案。优化区域重点产业布局，发挥各地产业基础、区位交通、资源禀赋等优势，引导重点产业向特色园区、优势区域集聚，提升产业集中度、行业显示度。增强实体经济、科技创新、现代金融、人力资源发展协同性，率先建成创新引领、结构合理、优势突出、生态良好的现代化产业体系，建成先进制造业强省、新能源新材料强省、数字强省，提高全要素生产率，推动经济实现更高质量、更有效率、更加公平、更可持续的发展，率先实现高质量发展和创新驱动发展，成为全国新旧动能转换示范区。

（三）促进南北协同发展新增长极

山东是我国由南向北扩大开放、由东向西梯度发展的战略支点，在全国南北协同发展中具有特殊的重要地位。利用南北区域经济交汇和地处东部陆海大通道中段的独特区位，发挥政策叠加、科教资源、齐鲁文化等优势，向北积极对接京津冀协同发展、雄安新区建设和东北老工业基地振兴战略，加强环渤海地区合作，繁荣发展湾区经济，积极吸纳和集聚创新资源要素，主动承接北京非首都功能疏解及京津产业转移，全力推进与京津冀区域基础设施互联互通、产业发展对接协作、生态环境共建共享、资源要素双向流动，打造京津冀协同发展示范区；向南密切与长江经济带发展、长三角一体化、粤港澳大湾区等区域经济联系，加速新生产要素与现代产业深度融合，打造南北区域协同发展的新增长极。

（四）黄河流域生态保护和高质量发展引领区

坚持把生态文明建设放在突出位置，健全生态文明建设制度体系，优化国土空间布局，充分发挥山东半岛城市群在黄河流域保护和高质量发展中的龙头作用，加强黄河入海口生态保护区建设，协同推进黄河流域生态环境保护，保障黄河长治久安。加快产业转型升级，统筹推进陆海联动，建立黄河流域面向日韩、连接欧亚的开放门户，打造黄河流域高质量发展主引擎，加快建设绿色美丽半岛城市群，引领黄河流域生态保护和高质量发展。坚持生态优先、绿色发展，发挥山东半岛城市群龙头作用，深入落实黄河流域生态保护和高质量发展规划。提升山东半岛城市群引领服务功能，加快成为国际先进、全国一流的现代制造、现代服务经济、现代海洋经济的中心以及现代农业、文旅融合、医养健康的高地，带动黄河流域加快新旧动能转换和高质量发展。构筑黄河流域生态保护先行区，建设黄河口国家公园，实施黄河三角洲湿地生态系统修复工程，打造全球著名的湿地生态系统体验目的地。建设济南—德州、滨州—东营黄河百里风貌带，增强黄河下游地区生态屏障功能，推进下游河道和滩区综合提升治理，建设黄河三角洲沿海防潮体系。打造具有国际影响力的黄河文化旅游带，构建文化建设核心点、遗产保护线、文化传承线和文明建设线“一点三线”文化保护传承体系，新建一批黄河文化展示区和文化园区，推出一批影响力大的文创产品。与中原城市群、关中平原城市群协同加强黄河生态保护，推进黄河流域基础设施互联互通和产业科创合作。牵头建立黄河流域区域性中心城市发展联盟，优先推动济南与西安、郑州等省会城市交流合作，深化济南都市圈与郑州都市圈对接合作，引领带动山东中西部地区和中原地区协同发展，共建“一带一路”陆海双向开放大通道，勇当黄河流域对外开放桥头堡和高质量发展排头兵。

（五）彰显中华文化自信样板区

坚持推陈出新、开放包容、与时俱进，坚定文化自信，涵养文化根脉，把培育践行社会主义核心价值观和传承发展齐鲁优秀传统文化有机结合起来，打造中华文明保护传承创新示范区、彰显文化自信的世界文明交流互鉴高地、具有国际影响力的世界儒学中心。发挥山东历史悠久璀璨、文化资源富集、儒家文化底蕴深厚的独特优势，深入挖掘齐鲁优秀传统文化与时代价值追求的契合点，推动优秀历史文化和红色革命精神薪火相传，焕发时代光彩。实施新时期齐鲁优秀传统文化传承创新工程，保护好、传承好、利用好齐鲁文化宝贵资源。深化齐鲁文化的发掘研究，梳理好齐鲁文化发展脉络和精神谱系，阐述好齐鲁文化在中华文化中的重要地位与影响。推进儒家文化、墨子文化、鲁班文化工匠精神焕发新时代生命力，高水平建设曲阜优秀传统文化传承发展示范区和齐文化传承创新示范区。保护、传承、弘扬黄河文化、运河文化、泉水文化、海洋文化等水文化，深入挖掘山东水文化在中华文明中的重要价值，讲好水故事，做好水文章。大力实施齐鲁优秀传统文化传承创新工程，建设社会主义文化强省和著名文化旅游目的地，推动优秀齐鲁文化走向世界，讲好新时代“黄河故事”“山东故事”，成为彰显中国特色社会主义文化自信的山东样板。

（六）新时代改革开放新高地

坚持深化改革、扩大开放，以改革应对变局、破解困局、开拓新局，以开放促改革、促发展、促创新。全面激发改革的积极性、主动性、创造性，在更高起点、更高目标、更高水平上持续提升改革的系统性、整体性、协同性，推动全面深化改革率先取得突破性、标志性、引领性成果。在更大范围、更宽领域、更深层次谋划推进开放合作新战略、新布局、新举措，实现全方位、多领域、高层次开放合作，率先塑造开放型经济发展新优势，建成改革开放新高地，在服务融入全国新发展格局中展现更大作为。深度实施全方位高水平对外开放战略，充分利用好东北亚国际航运枢纽、上海合作组织地方经贸合作示范区、山东自贸试验区、中韩产业园等各类开放合作平台，打造便利化、法治化、国际化的一流营商环境，融入共建“一带一路”高质量发展。重点推动中日韩地方经贸合作加快突破，加强与东北亚各国在海洋经济、国际产能、交通互联、能源资源、人文交流、生态环保等领域的合作，构建东北亚国际物流大通道和高端交流合作平台，成为面向东北亚开放合作的桥头堡。

五、山东建设现代化强省的基本思路

（一）指导思想

坚持以习近平新时代中国特色社会主义思想为指导，深入贯彻党的十九大和二十大精神，全面落实习近平总书记对山东工作的重要指示要求，统筹推进“五位一体”总体布局和协调推进“四个全面”战略布局，按照“走在前列、全面开创”的总要求，立足新发展阶段、贯彻新发展理念、构建新发展格局，统筹发展和安全，以推动高质量发展为主题，以新旧动能转换为突破口，以深化供给侧结构性改革为主线，以改革创新为根本动力，以满足人民日益增长的美好生活需要为根本目的，聚力“七个走在前列”和“九个强省突破”，积极培育新时代山东现代化建设的新优势，充分发挥山东半岛城市群在黄河流域生态保护和高质量发展中的龙头作用，加快建设现代化经济体系，推进治理体系和治理能力现代化，加快创建服务新发展格局先行区和社会主义现代化建设综合试验区，在社会主义现代化建设新征程中走在前列，全面开创新时代现代化强省建设新局面，为我国全面建设社会主义现代化强国、实现中华民族伟大复兴的中国梦作出新的更大贡献。

（二）基本原则

坚持和加强党的全面领导。坚持和完善中国特色社会主义制度，坚决维护党中央权威和集中统一领导，增强“四个意识”、坚定“四个自信”、做到“两个维护”，牢记“国之大者”，健全完善党领导经济社会发展的体制机制，更好发挥党总揽全局、协调各方的领导核心作用，把贯彻中央的决策部署特别是习近平总书记对山东工作的重要指示批示精神抓实抓细抓到位，把党的政治优势、制度优势转化为发展优势、治理优势，为新时代现代化强省建设提供根本保证。

坚持目标引领。牢记习近平总书记嘱托，深入贯彻落实习近平总书记对山东工作的重要指示要求，坚决按照习近平总书记指引的方向谋划发展思路、展开发展布局、制定发展举措。聚焦“走在前列、全面开创”，深入实施“八大发展战略”，系统设计、统筹推进、精准施策、务求实效，奋力推进山东社会主义现代化强省建设。

坚持人民至上。坚持发展为了人民、发展依靠人民、发展成果由人民共享，把增进人民福祉、实现共同富裕、促进人的全面发展作为中长期发展的出发点和落脚点，真正办好办实为人民造福的事情。加快健全基本公共服务体系，加强和创新社会管理，切实增强人民群众的获得感、幸福感、安全感。强化人民群众主人翁意识，凝聚社会各界力量共同参与现代化强省建设，持续提升人民群众认同感、责任感、自豪感。

坚持新发展理念。把新发展理念贯穿现代化强省建设全过程和各领域，全面提升创新驱动发展水平，坚定不移深化新旧动能转换，建设现代化经济体系，加快实现碳达峰碳中和，推动绿色低碳高质量发展，加快质量变革、效率变革、动力变革，确保科技创新、产业发展、绿色低碳、区域协调、精神文明、共同富裕、社会治理等现代化建设各方面任务协同推进、走在前列，努力实现更高质量、更有效益、更加公平、更可持续发展。

坚持深化改革开放。解放思想、创新理念，始终保持改革永无止境的奋斗姿态，与时俱进全面深化改革，提高改革综合效能，坚定不移大力发展社会主义市场经济，充分发挥市场在资源配置中的决定性作用，促进有效市场和有为政府高效统一，为现代化强省建设提供强大动力。拓展国际视野，融入国家战略，全面扩大开放，提升面向东北亚开放合作的桥头堡作用，率先探索建设更高水平开放型经济新体制，全面提升山东在国际分工体系和全国区域发展格局中的位势。

坚持系统观念。统筹改革开放和经济社会、人与自然的协调发展，统筹发展和安全，增加总体规划和各方面、各领域工作部署、重要举措的系统性、协调性，提升整体系统效能。率先推进治理体系和治理能力现代化，完善经济社会治理的法律法规和体制机制，综合应用大数据、云计算、人工智能等技术提高治理智能化专业化水平，防范和化解影响现代化进程的各种风险，打造信用山东、平安山东、智慧山东。

（三）主要目标

到 2035 年，山东省将基本实现社会主义现代化，经济实力、科技创新力、开放活力、文化软实力、国际竞争力、现代治理能力大幅跃升，经济总量继续保持全国前三的领先位置，人均生产总值达到中等发达经济体水平，形成与沿海强省相匹配的战略功能，探索形成一条体现中国特色、时代特征、山东特点的高质量发展路径，新时代现代化强省建设取得决定性进展，在社会主义现代化建设中继续走在全国前列。

创新发展走在前列，基本建成科技自强、高质高效的实力山东。创新能力进入全国第一方阵前列，基础研究能力实现较大提升，主要产业关键核心技术取得重大突破，形成一批原创科技成果，基本形成创新驱动的经济体系，成为有国际影响力的创新高地，建成高水平创新型省份和科教强省、人才强省。基本实现新型工业化、信息化、城镇化、农业现代化，率先形成现代化产业体系，高质量跨越式发展态势基本形成，发展质量、效益和竞争力大幅提升，建成先进制造业强省、新能源新材料强省、数字强省。

协调发展走在前列，基本建成城乡融合、陆海统筹的魅力山东。“一群两心三圈”总体布局全面形成，山东半岛城市群的龙头作用充分发挥，高效协同促进黄河流域生态保护和高质量发展，城镇化实现高质量发展，建立与基本实现现代化相适应的区域协调发展新机制，城乡融合、区域协调、陆海联动发展水平显著提高，乡村振兴齐鲁样板全面建成，海洋经济走在国际前列，建成现代农业强省、海洋强省、交通强省。

绿色发展走在前列，基本建成生态优先、绿色低碳的美丽山东。生态文明理念深入人心，国土空间开发保护格局明显优化，绿色生产生活方式广泛形成，碳排放达峰后稳中有降，以先行示范标准推动碳中和迈出坚实步伐，生态环境根本好转，生态价值创造性转化的路径更加多元，形成生产空间集约高效、生活空间宜居适度、生态空间山清水秀的发展格局，人与自然和谐共生的美丽山东建设目标基本实现。

开放发展走在前列，基本建成畅通内外、融入全球的活力山东。高水平全方位开放格局取得重大突破，高水平开放型经济新体制基本形成，陆海内外联动、东西双向互济的开放格局基本建立，市场化法治化国际化营商环境全面塑成，对接服务国家重大战略能力显著增强，参与国际经济合作能力和竞争新优势明显增强，国际化水平大幅提高，国内大循环的战略节点、国内国际双循环的战略枢纽的地位和作用更加巩固强大，成为改革开放新高地。

共享发展走在前列，基本建成共同富裕、良法善治的幸福山东。城乡居民人均收入迈上新的大台阶，城乡区域发展差距和居民生活水平差距显著缩小，基本公共服务实现均等化；人民生活更加美好，人的全面发展、人民共同富裕取得明显的实质性进展；文化软实力全面增强，国民素质和社会文明程度达到新高度，成为世界文明交流互鉴典范，建成文化强省、健康强省、体育强省；基本实现治理体系和治理能力现代化，基本建成法治山东、法治政府、法治社会。

安全发展走在前列，基本建成国家放心、人民安心的平安山东。对国家的安全保障能力大幅提升，防范化解重大风险体制机制不断健全，公共事件应急能力显著增强，政治、经济、社会、文化、生态等各领域安全得到有效保障，重要产业、基础设施、战略资源、重大科技等关键领域实现安全可控，安全生产水平全国领先，安全环境和安全形势持续向好，高质量发展和高水平安全实现良性互动，更高水平建成国家放心、人民安心的平安山东。

六、政策措施

山东建设现代化强省，必须坚持和加强党的全面领导，动员整合各方面资源，以系统思维、顶层设计指导全局、协调各方，采取更加科学、有力、务实的政策措施，创新思路，振奋精神，凝聚起共同建设新时代现代化强省、实现“走在前列、全面开创”目标的强大合力。

（一）坚持和加强党的全面领导

坚持以党的政治建设为统领，增强“四个意识”、坚定“四个自信”、坚决做到“两个维护”，完善上下贯通、执行有力的组织体系。坚决贯彻党中央决策部署，把习近平总书记视察山东重要讲话、重要指示批示精神融入山东省现代化建设的全过程、各领域、各环节，确保习近平总书记重要指示要求和党中央决策部署落地生根。充分发挥党总揽全局、协调各方的领导核心作用，坚持和完善党领导经济社会发展的体制机制，着力提高党把方向、谋大局、定政策、促改革的能力和定力，提高决策科学化、民主化、法治化水平。认真落实省委关于经济社会发展重大战略、重大政策、重大项目、重大工程等部署要求，严格执行重大事项向党委报告制度。坚持党的领导、人民当家作主、依法治国治省有机统一，完善全省各级人民代表大会制度建设和党领导下的多党合作、政治协商制度，更好发挥政治协商、民主监督、参政议政制度对推进山东高质量发展、高效能治理的积极作用。切实把现代化强省建设与干部队伍建设结合起来，不断提高全省广大党员、干部的政治素质、专业精神、国际视野和适应新时代中国特色社会主义发展要求履职尽责、依法办事的能力，激励全省干部新担当新作为。切实把现代化强省建设与全面从严治党结合起来，不忘初心、牢记使命，坚定不移推进全面从严治党，持之以恒推进正风肃纪反腐工作。

（二）加强政策支持

推进政策先行创新。从立足山东、服务全国、面向世界的战略高度，推动山东中长期发展战略深度融入国家中长期经济社会发展战略和规划，积极争取中央和国家有关部门改革授权和指导支持，加快各类国家试点在鲁落地，为国家重大战略和改革任务先行探路，形成一批“齐鲁样板”“山东经验”。用好新旧动能转换的先行先试权，探索建立“先立后破”的政策制定和实施机制，在创新创业、对外开放、人才引进、项目建设和重点领域体制机制改革等方面加快推出一批全国首创或首批的政策。

更好发挥财政资金引导作用。在有效防范和化解政府隐性债务的前提下，通过优化财政资金投入结构和方式，引导金融资本、民间资本和社会资本支持实体经济高质量发展和重大民生工程建设。探索建立全省分类发展基金，加大对重点产业、关键领域和重大项目的支持力度。支持各地灵活运用风险补偿、奖励补助、资本注入等方式，增强中小企业和民营企业的融资担保能力。

优化土地要素供给。坚持高效集约利用土地，盘活存量与优化配置增量并举，保障重点领域建设用地。完善差别化土地供给机制。综合运用差别地价、弹性年期、集约奖励、需求管控、批租改年租等政策工具，有效控制和节能用地成本。对土地利用效率实施精细化、动态化的“全生命周期”监管，坚持在土地利用规划和“三条红线”约束下集约高效配置建设用地，制定以标准地为基准、“亩产论英雄”的用地效益考核评价指标，加大存量土地二次开发力度。

（三）健全落实机制

充分发挥中长期规划的战略导向作用，健立完善以全省中长期战略规划、五年发展规划为统领，省域国土空间规划为基础，专项规划、区域规划为支撑的规划体系，加强不同层位、不同领域规划间的协调衔接。落实战略规划的实施责任，全省各地区、各部门要结合本部门本地区实际，将各项重大战略部署转化为专项规划和实施方案，完善配套支持政策，明确时间表、路线图、任务书、优先序。加强规划实施的指导和督导，确保各部门各市县守土有责、守土尽责，分工协作、共同努力。各地区、各部门要加强对战略规划推进、落地情况的跟踪分析、督促检查、综合协调和经验总结推广，适时组织开展评估与修订，协调解决规划实施中出现的问题，重大问题及时向省委省政府报告。规划实施要接受省人大及其常委会的监督检查，接受人民政协和社会各级的民主监督。

（四）营造良好氛围

鼓励党员干部解放思想、开拓创新，把贯彻落实新时代现代化强省建设战略部署同立足实际的创造性开展工作结合起来，善于把握新形势、研判新情况、谋划新思路、创造新方法、开拓新局面。加强对敢担当、善作为干部的激励保护，按照“三个区分开来”的要求，建立健全容错纠错机制，为勇于开拓创新、勇于担当干事的干部撑腰。团结动员广大群众，引导广大群众把实现新时代现代化强省建设日标和自身对事业发展、幸福生活的追求统一起来，共同创造美好未来。尊重人民群众的首创精神，及时发现、总结、提炼来自基层的新鲜经验和先进典型，在广纳民智、汇聚民力中推进各项任务落实。完善公众参与和监督机制，广泛听取意见建议，更好地调动和发挥社会各界能量，充分激发广大人民群众建设新时代现代化强省的积极性、主动性、创造性。

产业篇

第八章

我国产业转型升级方向及路径

面对国际国内变化的新形势，面对高质量发展、实现碳达峰碳中和及消费结构升级的新趋势，高投入、高消耗、高排放、低成本竞争、低效率产出的产业发展模式难以为继，加快推进我国产业转型升级成为当务之急。我们必须改变以往产业转型升级的方向与路径，改变单纯凭借传统比较优势参与国际分工，努力提升要素禀赋，依靠体制机制创新和强化自主创新能力，着力突破能够有效提升国际分工地位和价值链层级的制约产业转型升级的关键环节，如研发设计、营销网络、品牌培育、供应链管理等；由单纯依靠价格竞争转向更多地依靠质量、品牌和服务等非价格领域竞争，大力推进产业发展从规模扩张为主向质量提升为主转变，由加工制造向创新创造转变，推动产业比较优势向竞争优势转变，加快促进产业向高端化、数字化、集群化、融合化、低碳化、国际化方向发展，进一步拓展延伸产业链、强化创新链、提升价值链、完善供应链，加快构建现代化产业体系，全面促进产业高质量发展。

一、产业高端化

随着新一轮科技革命和产业变革的加快，国际分工逐渐由产业间分工发展为产业内分工，进而演进成“产品差别化分工”和“生产工序型分工”为主的新型“全球价值链纵向分工体系”，产业分工更加细化，价值链增值环节明显增多。可以说，未来全球产业竞争是价值链竞争，谁占据了价值链的高端环节，谁就掌控了整个价值链的财富流向。发达国家一直占据全球价值链高端，凭借其对核心环节的掌控，在产业竞争中居于主导地位。相比之下，我国产业链条短、附加值低、技术含量少，大都处在产业链的前端和价值链中低端，特别是研发、设计、核心技术、软件、关键零部件、关键设备和模具、供应链管理、营销和品牌等关键环节薄弱，多数依赖进口或受制于人，我国产业发展层次和水平偏低。因此，我国产业高端化不仅仅是关注产品结构的优化问题，也不只是要求调整产业之间比例关系和产业结构优化的问题，而是要重点调整技术、人力和管理资源，加速向前期的研发设计、中期的管理融资以及后期的销售物流服务等全过程渗透，进一步拓展延伸产业链、提升价值链、完善供应链，强化链条对产业转型升级的带动作用，实现产业发展由平面扩展向层级提升的跨越。

我们必须大力推动产业链和价值链由低端环节向高端产品、高端要素、高端服务、高端平台等高端环节深化延伸，通过抢占高端环节，站上价值链高端，实现产业高端化。一是要围绕价值传递和价值创造的重组，加快产业价值链升级。大力推进基于信息技术的价值链重构和价值创造环节的再造，推动传统产业以重构为核心的升级模式，加快由传统生产要素（劳动、土地、资源、资本等）密集型产业向高新技术产业升级，加快突破制约产业升级的研发、设计、标准、精密加工、供应链管理、品牌培育、营销等关键环节，促进工艺流程升级、产品升级、功能升级和链条升级，实现价值链跨越提升。二是要大力推进科技创新，以创新链支撑产业链。要围绕战略性新兴产业集聚科技资源，突破一批核心、关键以及共性技术，促进战略性新兴产业实现跨越式发展。要集聚优势资源，加快提高传统优势产业的自主创新能力，带动整个传统优势产业转型升级。加强企业研发平台载体建设，引导创新资源向产业链上下游企业集聚。要以产业链为基础，深入产学研合作，加快构建研发设计服务、知识产权服务、科技成果检测、中介咨询等科技服务支撑体系，实现从研发到产业化的有效衔接。重点支持产业基础再造及各领域产业基础能力的薄弱环节，包括基础关键技术、先进基础工艺、基础核心零部件和关键基础材料等工业“四基”和人工智能、工业互联网、5G等新型基础设施建设，支持关键核心技术、“卡脖子”技术、前沿引领技术和颠覆性技术创新，支持营销网络、品牌培育、供应链管理等制约产业高质量发展的关键环节，促进产业迈向中高端，实现生产型大国向创新型强国转变。同时，要注重更好实现供给和需求互促互动，以供给创新适应和推动需求升级，以需求升级引导和拉动供给创新，使产业发展从生产驱动向创新和消费驱动转变。[①] 三是要通过“强链、补链、建链”等措施，进一步完善产业链。要加快推进优势产业、重点企业和重大项目的链条向深度和广度延伸，完善上中下游产品体系，形成完整产业链；要着眼技术改造、装备升级、品牌质量提升，运用新技术、新管理、新模式，改造提升传统优势产业，以先进产能取代落后产能，推进传统产业的高端转型；要有序推进产业布局调整和优化，避免地区结构趋同化，形成各具特色的产业链；支持企业间战略合作和跨行业、跨区域兼并重组，提高规模化、集约化经营水平，培育一批核心竞争力强的“巨无霸”企业；要注重运用市场机制和经济手段加大淘汰落后产能和“僵尸企业”的力度，完善企业退出机制，促进低端产能有效化解。聚焦产业转型升级和居民消费升级需要，扩大服务业有效供给，提高服务效率和服务品质，构建优质高效、结构优化、竞争力强的服务产业新体系。推动生产性服务业向专业化和价值链高端延伸，加快发展研发设计、现代物流、法律服务等服务业，推动现代服务业同先进制造业、现代农业深度融合，加快推进服务业数字化。推动生活性服务业向高品质和多样化升级，加快发展健康、养老、育幼、文化、旅游、体育、家政、物业等服务业，加强公益性、基础性服务业供给，全面实现服务业转型升级。四是营造良好外部环境，发展壮大战略性新兴产业。坚持前瞻布局，统筹科技

① 苗圩：《加强核心技术攻关推动制造业高质量发展》，《现代企业》，2018年第7期，第4—6页。

研发、产业化、标准制定和应用示范，营造良好的制度环境，完善基础设施和配套能力，大力发展前景好、容量大、效益高的新产业、新技术、新业态、新模式，培育壮大新兴产业。着眼于抢占未来产业发展先机，培育先导性和支柱性产业，推动战略性新兴产业融合化、集群化、生态化发展。加快壮大新一代信息技术、生物技术、新能源、新材料、高端装备、新能源汽车、绿色环保以及航空航天、海洋装备等产业。推动互联网、大数据、人工智能等同各产业深度融合，推动先进制造业集群发展，构建一批各具特色、优势互补、结构合理的战略性新兴产业增长引擎，培育新技术、新产品、新业态、新模式。促进平台经济、共享经济健康发展。鼓励企业兼并重组，防止低水平重复建设。强化技术创新与商业模式创新的有机结合，培育一批重点企业及项目，实施一批示范应用工程，打造一批新兴产业集聚区，加快新兴产业形成规模效应，全面提升战略性新兴产业对产业升级的支撑引领作用。

二、产业数字化

近年来，随着5G、人工智能、大数据、物联网等新技术的加快突破，这些新技术正向各个产业领域渗透并融入产业转型升级的各个环节，将带动智能化生产、网络化协同、服务化延伸、个性化定制加速发展，不断催生新模式、新业态、新产业，大大改变了以往产业的资源配置方式、生产组织方式和价值创造方式，正在引发影响深远的产业变革，成为引领产业转型升级的新引擎。

数字化成为产业发展大势所趋，对产业转型升级的赋能作用将越来越突出。通过推动产业数字化、数字产业化，促进数字经济与实体经济深度融合，增强数字经济的赋能作用，打造具有国际竞争力的数字产业集群。要运用互联网、大数据、人工智能等现代技术，推动生产、管理和营销模式变革，以互联网思维重构传统产业模式，实现从用户需求端到产品供给端的全链条智慧化。加快传统产业数字化，实现产品设计、经营管理、生产制造等环节的数字化和集成化运行，做大做强数字经济。加快推动“互联网 +”产业，促进互联网深度广泛应用，强化互联网对产业转型升级的引领作用，以互联网引领产业价值链体系重构，带动生产模式和组织方式变革，采用数据和平台新规则加快构建网络化、智能化、服务化、协同化的“互联网 +”产业生态系统。一是推动基于互联网的制造模式变革。融合网络化制造、应用服务提供商（ASP）平台、物联网和制造网格等技术，将各类制造资源和制造能力虚拟化、服务化构成云制造资源池进行统一的智能化经营管理，推动互联网与制造业融合，提升制造业数字化、网络化、智能化水平，加快形成制造业网络化产业生态体系。适应互联网时代用户需求主导的大规模生产定制化趋势，支持制造企业通过对接电子商务平台，实现基于消费需求的智能感知的制造模式变革。积极推进智能制造，通过信息物理系统（CPS），实现人、设备、产品和服务等制造要素和资源的相互识别、实时交互和信息集成，把现代通信技术、互联网技术、精密传感技术、物联网等新一代信息化和智能化技术集成并广泛应用于企业研发、生产、管理的全过程，促进制造业研发、生产、管理、服务与互联网和智能技术的深度融合，推动生产方式的定制化、柔性化、网络化，加快推进产品的智能化、装备的智能化、生产的智能化、管理的智能化和服务的智能化，重构制造业生态圈。二是推进基于互联网的服务模式创新。积极发展物联网、云计算、移动互联网、数字电视网等新兴服务业态，培育“互联网 +”服务生态体系，提升服务业智慧化水平。以新一代信息技术为支撑，积极发展现代服务业技术基础设施，拓展数字消费、电子商务、现代物流、互联网金融、网络教育等新兴服务业。引导业态创新和商业模式创新，大力发展移动电子商务、在线定制、线上线下互动等创新模式，推广具备高度柔性化、个性化、网络化以及快速响应市场等特性 C2B（消费者到企业）消费者驱动的商业模式，壮大提升网上交易市场，培育发展 O2O（线上到线下）电子商务，鼓励建设跨境贸易电子商务服务平台。促进互联网企业跨界进行金融创新，引导金融机构开展互联网技术平台创新，依托支付、云计算、社交网络、搜索引擎以及APP等互联网工具，培育一批具有行业影响力的互联网金融创新型企业（互联网信贷、第三方支付、众筹等）。建设现代物流公共信息平台和智能仓储体系，推进多式联运智慧物流建设，发展壮大物联网产业。大力发展数字文化产业和创意设计产业，加快发展基于互联网的医疗、健康、养老、教育、旅游等新兴服务。系统布局新型基础设施，加快第五代移动通信、工业互联网、大数据中心等建设。三是利用互联网提升现代农业发展水平。以农业大数据中心、农业物联网应用系统、农业监管与指挥调度系统、农业综合服务系统为核心，加快“互联网+农业”公共服务平台建设，提升农业生产智能化水平。加快推进“互联网+农业”发展，积极开展农业物联网、农产品电子商务和农业信息综合服务。围绕农业生产、加工、流通、销售等环节及农业电子政务、电子商务、三农服务和科研开发等方面，形成产、学、研、用相结合的创新体系，促进信息化与农业的有效对接。大力发展农村淘宝等新模式，发展新型农产品流通模式，推进互联网技术在农产品电子商务编码管理、包装标识、仓储、冷链、物流等环节的应用。加快智能传感器、卫星导航、地理空间信息等技术应用，加强农业物联网综合服务平台建设，培育多样化农业互联网管理服务模式，逐步建立农副产品、农资质量安全追溯体系。以农业大数据中心为重点，整合涉农部门的信息资源，促进信息技术在农业灾害预警预报、执法监管、产权交易等方面的应用，加快推进农业管理信息化。

三、产业集群化

产业集群化具有明显的群体竞争优势和集聚规模效益，是顺应国际竞争日益激烈的态势而形成的一种产业空间组织形式。与发达国家相比，我国产业集群起步较晚，许多集群发育不成熟，创新机制不完善；核心产业不突出，上下游和外围服务企业配套不紧密，分工和专业化程度不高、产业链不健全；龙头企业规模还不大，带动作用不明显；技术创新能力不强，整体市场竞争优势不强，产业聚集效应还没有充分凸显，产业集群总体竞争能力不高，迫切需要加快转型升级。

要树立成果共享的意识，将集群内部的“诸侯混战”转向“异质互补”，依靠创新驱动推动内生增长，加快提升龙头企业实力，扩大品牌产品规模和市场占有率，强化专业化分工和社会化协作，完善延长产业链和提高配套率，整合打造出具有特色、配套能力强、关联度大、带动力强、辐射面广、集约化高的优势产业集群，促进产业集群转型升级取得突破。一是要从只集中在产品加工环节逐步延伸到原材料供应、研发设计、生产、销售、服务的全过程，完善产业链。抓住影响和制约集群发展的关键环节，通过科技资源对其他生产要素的集聚整合，把科技成果、科技金融、科技中介、科技创业、技术平台和市场网络等关键环节融入集群建设中。要依托龙头企业培育和建设行业性技术中心，建立以龙头企业为主体的技术创新体系，加大研发投入，实现重大技术领域和关键技术环节的突破，形成一批具有自主知识产权的关键技术和产品，提高集群创新能力和核心竞争力。要实施产业链招商，强化集群价值链关键环节的竞争优势，拓展集群在产品研发、质量检测、知识产权保护、物流服务等方面的功能，推动科研、技术中介、金融机构将服务延伸到集群的产业链中，在集群内建设一批技术创新服务中心、创业服务中心、教育培训机构、信息服务中心等，发展风险投资，推动银企合作，规范信用担保，完善金融服务体系，鼓励集群内企业开展整体营销，推进产业品牌建设，提高集群层次。二是要将集群主导企业的质保体系延伸到配套企业，加快集群由“无机”聚集走向“有机”合作。营造共赢和分工合作的制度环境，引导行业龙头骨干企业在做强核心业务的同时，加快剥离专业性强的零部件生产，发展专业化配套企业，进一步提高配套协作企业的产品质量和水平，形成一定的规模能力，降低成本，使更多的下游企业能够从产业链中获得充分的优势利益，形成强大的产业配套能力。重点推动处于产业链和价值链低端环节的加工型、劳动密集型、贴牌生产型中小企业发展成为专精特新企业，形成一批专业化优势显著、竞争能力强的“小巨人”企业，促进上下游企业互相衔接、大中小企业互相配套，构建完善的集群分工协作体系，增强集群整体竞争力。三是要坚持龙头企业带动战略，提高集群发展带动能力。积极培育关联度大、带动性强的大企业，使其成为带动集群发展升级的核心。以龙头企业为依托，推进企业战略性重组，加大行业资产整合力度，推进企业间的联合与协作，提高产品的集成和成套能力；支持龙头企业与零部件厂商的战略联盟，引导企业间的生产合作，扩大中间产品市场，通过股份制、合作制、业务外包等多种途径，以龙头企业带动一大批中小企业，建立起大中小企业间相互配套的分工协作，促进龙头企业与集群内配套企业相互协调和共同发展，提高配套率，形成比较完整的产业增值链条和相互促进的产业群体。四是要着力构建“互联网+”产业生态，形成创新型产业集群网络。以开放式的互联网平台为基础，促进集群产业链的纵向贯通和横向链际整合，推动各行业产品制造链与流通链、生产生活服务链的有效衔接，打造“平台+终端+内容+服务”跨界融合的产业生态系统。通过“互联网+”产业生态系统，促进信息和技术的分享、联合使用和创造，促进生产网络扩展和产业集群升级，实现产业链的高效整合及创新资源的优化配置，推动传统优势产业集群的升级改造，形成“互联网+”产业集群创新区。

四、产业融合化

产业融合是提高生产率和竞争力的一种新形态，是培育新兴产业和新型业态的重要途径。在新科技革命迅猛发展的大背景下，新一代信息技术向各领域的渗透融合，突破了行业横向与纵向边界、区域边界、产业边界，推动着整个产业结构的高度化、合理化，催生了许多融合型新业态和新商业模式。产业之间的界限日渐模糊，各个产业之间日益呈现出“你中有我，我中有你”的趋势，生产者和消费者之间联系更加紧密，产业融合发展已成为产业转型升级的重要趋势。当前，我国产业融合发展中低端融合仍占主流，以工业化手段为主要方式推动产业传统融合占比大，技术创新支撑能力薄弱，产业融合发展基础缺失，主要表现在产业间的延伸融合和产业内部的重组融合，依托产业链的简单扩展来实现，而不是以信息化、智能化、网络化为依托的高级融合方式，产业融合效应还未真正展现。

以信息技术、生物技术、纳米技术和认知科学为代表的新技术和新兴产业交叉渗透融合，单一的产业内升级正转变为基于网络化、智慧化的多元产业“跨界融合”。不同于以往单一的产业层级内部纵向提升，依托“互联网 +”的高度倍增性、广泛渗透性和深度产业关联性，互联网技术在不同产业之间快速扩散、应用，对旧有的产业体系进行渗透重组，基于工业经济时代大规模生产分工的产业边界逐渐模糊或消融，网络化、智慧化的多元产业融合直接促进了产业跨界创新，并催生出信息化与工业化融合、新兴互联网技术与传统产业融合而衍生的新型业态。要优先发展基于网络化、智慧化多元产业融合而衍生的新兴产业和新型业态。

要加快促进互联网、大数据、云计算、人工智能等现代技术在企业研发设计、生产制造、经营管理、销售服务等全流程和全产业链的综合集成应用。推动基于网络化、智慧化的多元产业融合，促进一二三次产业、传统产业与新兴产业、制造业与服务业、硬件生产与软件开发、实体经济与虚拟经济、产城融合和军民的融合发展，加快价值链升级、禀赋升级、载体升级，尽快形成多元化、多层次、多形式、多渠道产业融合发展的新格局。一是以技术创新为依托，构建产业融合技术支撑平台，促进产业深度融合发展。针对不同类型产业融合模式的技术特征，围绕产业内部融合所需的产业链延伸、补充、拓展等关键技术构建技术研发平台。围绕产业间跨界融合所需的公共技术，建立公共技术创新平台，发挥产学研一体化技术体系的优势，建立产业技术创新联盟或战略联盟，构筑综合性、立体化的产业融合技术支撑平台。整合互联网企业、硬件制造商与第三方服务提供商等资源以及上下游产业链，推动产品制造链与流通链、生活服务链的衔接，打造“平台 + 内容 + 终端 + 应用”的产业生态圈，构建全产业链生态系统。加快培育互联网平台型企业，加速互联网企业与传统企业的融合蜕变。鼓励跨平台融合发展，扶持互联网新业态骨干企业（平台），做大做强互联网转型升级平台，支持互联网龙头企业建立全产业链贯通、开放式的互联网平台，辐射带动互联网中小企业协同发展。利用互联网平台效应深度整合传统的产业链、技术链、服务链，加快生产网络向跨界的形式演变，从产品形态、销售渠道、服务方式、盈利模式、品牌塑造等方面打破原有业态的边界。二是以信息化深入推进为契机，构建产业融合信息支撑平台。建设面向行业和区域产业融合的各类现代信息公共服务平台，深化信息技术在现代服务业中的应用，建设面向广大中小企业的公共电子商务平台和信息技术服务体系。引导行业内大企业联合建立服务全行业的共性信息技术应用平台，为产业融合提供全方位的信息服务。大力发展信息化与工业化融合催生的新兴产业，加快发展新兴信息技术与传统优势产业融合、新兴信息技术与其他高技术产业交叉融合而衍生的新兴产业和新型业态，着力构建“智能终端 + 内容分发渠道 + 应用软件与数字内容服务”的产业生态系统。鼓励产业链链际合作，构建系统软件开发商、终端设备制造商、网络运营服务商、数字内容分发商、应用软件开发商、内容服务提供商等广泛参与、合作共赢的产业格局，进而带动软件、集成电路、关键元器件等核心基础产业的关键技术突破，打通上下游产业链关键环节。加速“硬制造”与“软服务”的深度融合，引导和支持制造业延伸产业链条，依托互联网技术将电子商务、云服务、大数据等新兴网络服务嵌入企业的生产经营管理全过程，构建与客户对接的网络化管理服务模式，提供基于互联网的故障预警、远程维护、质量诊断、远程过程优化等在线增值服务，建立高效协同供应链管理、营销管理和物流服务体系，有效推动制造向“制造 + 服务”的融合发展，加快发展服务型制造业。三是要强化产业与金融的融合，在融合中加快产业发展。鼓励互联网与银行、证券、保险、基金的融合创新，加快构建金融支撑平台，发展产业融合金融引导基金、科技小额贷款公司、融资租赁公司、科技融资担保公司等金融机构，建设产业融合金融公共服务平台，推动企业与金融机构有效对接，逐步形成产融结合的发展模式和完善的产业金融发展体系。要以“产业为本、金融为用”，通过产业金融创新，实现“产业帮金融落地，金融助产业腾飞”的协同效应。积极推动产业资本、民营资本与金融资本相互融合。大力发展供应链金融，构建与产业链对应的金融服务链，加强产业链金融体系建设，引导商业银行与产业链核心企业建立产业链金融合作模式，解决上下游产业链企业的资金压力。鼓励设立互联网创业投资机构和产业投资基金，吸引国内外风险投资及社会资金投向互联网应用领域。创新互联网新业态企业融资服务方式，结合网络信贷平台创新“无担保、无抵押、批量化”的信用授信模式，充分利用产业投资基金，缓解融资难问题。四是加强政策支持，创造有利于产业融合发展的外部环境。打破部门分割及行政垄断局面，消除部门、行业、城乡界限，尽快形成条块结合、辐射联系的管制模式，加快推进多个产业链与价值链的各环节优化组合。加快推动信息化的企业客户关系管理（CRM）、供应链管理（SCM）和价值管理（VBM）实现生产经营体系耦合。加大对互联网企业及“两化”融合企业的信贷支持。加快互联网科技创新资源与产业资本、金融资本的融合，建立包括种子基金、天使基金、创业投资、担保资金和政府创投引导基金等覆盖创新链条全过程的金融服务体系。要加强对知识产权的保护、产权交易市场以及信息、技术、法律等服务的支持。

五、产业低碳化

目前，全球气候风险明显加剧，全球能源资源版图发生重大变化，世界范围内生态与产业已成为一种新型的互动关系，推动产业低碳化成为许多国家的重要选择。应当看到，长期以来，我国依靠高投入、高消耗、高排放的发展模式给资源环境带来巨大压力，资源环境约束将更加强化，产业发展与资源环境的矛盾也将更加尖锐化。无论是从顺应国际推动碳中和大势看，还是从破解资源环境约束、适应人民群众对绿水青山的期盼看，产业低碳化都是必然选择。我们必须加快产业低碳化进程，切实把产业绿色低碳发展作为高质量发展的基本途径，以实现碳达峰、碳中和目标为导向，大力提高绿色产品开发能力、清洁生产方式、节能减排技术，加快推动生产方式绿色化，加快构建资源消耗低、环境污染少的产业结构，走生态文明的产业发展道路，形成产业发展与资源环境相协调的局面。

要大力发展绿色低碳产业，切实把“低碳化”理念融入产业转型升级全过程和各个环节中，大力发展低碳循环经济，积极推广生态工程、生态设计、工艺设计等技术生态化创新，大力促进农业绿色化、工业循环低碳化、服务业环保化，构建资源节约型、环境友好型的产业发展方式，建立涵盖一二三次产业各个领域的“大生态产业”。一是要以绿色化引领农业发展。大力发展以有机无公害为标准的现代生态高效农业，加快发展资源节约型、环境友好型和生态保育型农业，切实转变农业发展方式，走产出高效、产品安全、资源节约、环境友好的现代农业发展道路。加强农业可持续发展能力建设，推进农业生态环境治理，实施土壤改良，改善生产条件，修复生态链，创新农业循环经济发展模式，积极推行生态农业发展模式，培育一批网络化、智能化、精细化的现代“种养加”生态农业新模式，加快完善新型农业生产经营体系，大力发展观光农业、绿色农业、有机农业，形成一批绿色生态农业基地。深入开展节水农业、循环农业、有机农业和生物肥料等技术研发，开发标准化、规模化的现代养殖技术，促进农业提质增效和可持续发展。推广农业面源污染和重金属污染防治的低成本技术和模式，发展全产业链食品安全保障技术、质量安全控制技术和安全溯源技术，建设安全环境、清洁生产、生态储运全覆盖的食品安全技术体系。二是要以清洁、低碳循环方式引领工业转型升级。协同推进减污降碳，加强节能环保技术、工艺、装备推广应用，全面推行清洁生产，发展循环经济，提高资源利用效率，强化产品全生命周期绿色管理，积极推行低碳化、循环化和集约化，提高制造业资源利用效率；强化产品全生命周期绿色管理，努力构建高效、清洁、低碳、循环的绿色制造体系。加快完善循环经济产业链，创立“动静”结合的循环产业体系，实现生产过程的减量化、再利用、资源化和无害化。培育生态工业园模式和循环经济产业园区，积极发展循环经济示范企业，重点推进重点行业、重点领域循环经济的发展。大力发展低碳化，推动企业打造绿色价值链，企业通过绿色设计、绿色采购、绿色制造、绿色营销、绿色处理等价值活动，实现经济价值和绿色价值的协同创造。推动工业园区生态化改造，严格把好行业准入关，严格限制高耗水、高耗能、高排放项目。深入推进能源革命，建设新型能源体系。加快核能、太阳能、风能、生物质能等清洁能源和新能源技术开发、装备研制及大规模应用，推广节能新技术和节能新产品，加快钢铁、石化、建材、有色金属等高耗能行业的节能技术改造。三是要以环保化引领服务业发展。围绕满足人民群众多样化、多层次生活需求，提供绿色服务，倡导绿色消费。加快建立具有“环境标志”的生态服务业，推进传统服务业的生态化，大力发展生态商业、生态物流、生态旅游、绿色金融、健康养生等服务业，积极发展电子商务、网络购物、物联网、环保产业、智慧社区等服务新业态。

六、产业国际化

当前，世界各国产业相互联系的程度超过以往任何时期，使产业各个环节（生产、分配、交换、消费）的活动往往超出国界。一国或地区的产业发展只有跻身全球产业价值链的过程，对资源要素在全球范围内重新进行优化配置，才能最大限度地去分享全球化的利益。目前，我国某些产业虽然在规模和成本上有一定优势，参与全球产业分工的程度不断加深，但总体仍局限于加工制造环节，多数产业领域的技术水平与国际技术前沿仍有不小的差距。随着我国依靠低成本要素优势参与国际分工所获得的全球化红利日趋弱化，加快提高产业发展国际化水平，已经成为拓展产业发展新空间、推动产业向价值链高端跃升的必然选择。

树立全球化的战略思维，准确把握国际产业发展新趋势，培育和强化新的竞争优势，在开放合作中提升产业的创新能力和全球竞争力。必须从主要以低价格的资源投入、低代价的环境破坏、低成本的劳动力等为国际竞争力源泉，转变为主要以科技创新和体制机制创新为产业国际竞争力的新源泉，积极主动融入国际产业链和全球价值链体系，要在全球价值链治理中发挥越来越积极的作用，全面提升产业价值链在全球竞争力中的地位，实现由被动接受国际分工向自主参与国际分工的转变，形成我国企业在全球范围内进行市场整合和配置资源要素的能力，推动产业组织和产业活动的国际化，进一步加快产业国际化进程。

把握经济全球化的新特点，积极探索合作新模式，提升产业自主发展能力与核心竞争力。要在更高层次、更大范围、更宽领域、更高标准上参与全球的产业竞争与合作，在世界范围内寻求要素的最佳组合和资源的最优利用，整合和集成世界性的创新资源，推动产业国际合作由加工制造环节为主向合作研发、联合设计、市场营销、品牌培育等高端环节延伸，在合作中提升产业发展水平。一是加强产业国际深度合作。通过在国内设立开放实验室、产业创新联盟、创新孵化器、集成创新网络等多种模式，加强与国际大企业、研究机构和大学之间的战略合作。面向全球提供工业云、供应链管理、大数据分析等网络服务，培育具有全球影响力的“互联网＋”应用平台，进一步增强整合和利用国际创新资源的能力。二是要加快实现引资、引智、引技相结合。鼓励外商投资战略性新兴产业、高新技术产业、现代服务业，支持跨国公司在中国设立研发中心，通过把握关键技术和市场，大力推进与跨国公司的合作，加强与世界一流跨国公司的合资合作，吸引资金、先进技术，尤其要吸引跨国公司在国内设立研发中心、采购中心、管理中心，促进外资企业与本土企业之间的融合，实现外资企业本土化，弥补国内产业核心技术的空白。三是要大力提升“走出去”的层次。加强顶层设计，建立完善统筹协调机制，积极引导产业龙头企业“走出去”，在国际市场竞争中倒逼国内企业提升设计、制造、技术、质量、标准和运营服务水平，通过全球资源利用、业务流程再造、产业链整合、资本市场运作等方式，更好融入全球产业分工体系，提升跨国经营能力和国际竞争力。推动企业在境外开展并购和股权投资、创业投资、联合经营，设立分支机构和研发中心、实验基地、全球营销及服务体系；依托互联网开展网络协同设计、精准营销、增值服务创新、媒体品牌推广等，建立全球产业链体系，提高国际化经营能力和服务水平。鼓励优势企业加快发展国际总承包、总集成。要通过各种投资途径、全球采购和OEM（代加工）生产等在全球范围配置资源、组织要素，争取掌握产业链上的关键环节，建立跨国生产和营销网络，不断提升在全球产业链条中的位置，提升我国产业的全球影响力和竞争力。①

综上所述，产业高端化、数字化、集群化、融合化、低碳化、国际化是当今全球产业转型升级的主流趋势，它们之间既相互独立，又相互联系、相互促进。这六大方向和趋势是产业内在发展规律在实践中的具体体现，是产业发展对当今国际经济新特征和新变化的一种动态体现，也是在新时代加快构建我国现代化产业体系的重要方向和路径。

① ［美］迈克尔·波特著:《竞争优势》，陈小悦译，华夏出版社，1997年，第22—25页。

第九章

新时代我国产业政策转型研究

当今世界正处于百年未有之大变局的深度演化期。国际力量对比深刻调整，大国博弈日趋激烈，国际经济秩序和经贸规则加快调整，新一轮科技革命和产业变革蓬勃推进，欧美发达国家“再工业化”和新兴经济体工业化进程加快，国际产业分工与竞争格局加速改变。同时，国际环境不稳定性、不确定性因素明显增加，新冠肺炎疫情影响广泛深远，经济全球化遭遇逆流，全球产业链供应链加速重构。新时代，我国开启全面建设社会主义现代化国家新征程，必须立足新发展阶段、贯彻新发展理念、构建新发展格局，推动以科技创新为核心催生新发展动能，以要素市场化改革激发新发展活力，以高水平对外开放打造国际合作和竞争新优势，加快建设现代化经济体系。为此，我们需要更加精准有效的产业政策，在推动经济高质量发展中发挥更好的作用。

一、我国产业政策实践的评价与反思

尽管国内外对产业政策的作用争议较大，也尽管在实施中暴露出不少缺陷和问题，但无论是发达国家还是后发赶超国家在发展过程中都不同程度地运用了产业政策。[①]实践证明，产业政策是实现市场力量与政府力量有机结合的重要工具，已成为世界各国推动经济发展的重要手段。

改革开放以来，我国在产业政策制定实施过程中，既有成功经验，也有失败教训，既不能因成功而夸大其词，也不能因失败而全盘否定。对此，我们要有一个客观的认识。改革开放40多年来，特别是在20世纪80年代初期经济基础薄弱的情况下，我国产业政策对快速推进工业化进程、促进产业结构调整、摆脱短缺经济束缚、实现经济赶超等方面发挥了重要作用。[②]但应当看到，随着我国从计划经济体制转向社会主义市场经济体制，市场配置资源能力不断提高，以促进市场竞争和激励创新的功能性产业政策的作用领域在逐渐扩大，选择性产业政策因而日益暴露出许多弊端和问题。

（一）政策注重规模速度，而忽视产业竞争力提高

改革开放以来，我国在不同时期选择若干需要重点扶持的支柱产业、先导产业、瓶颈产业及幼稚产业，并运用财政补贴、贷款贴息、税收减免、低价供地、电价优惠等措施，促使其优先发展、快速发展。在我国后发追赶的早期阶段，这种选择性政策确实起到了积极作用，但也往往导致一些行业国际竞争力长期停滞不前。比如在政府扶持较多的汽车、钢铁等行业，规模增长较快甚至出现产能过剩，但国际竞争力并不强。而在一些扶持相对较少的家电、手机、互联网、电子商务等行业，技术进步速度却远超预期，具有较强的国际竞争力。同时，产业政策在企业选择上注重“扶大限小”，使许多大企业由于受扶持保护而缺乏竞争压力，而一些中小企业却受到政策限制，导致大量低效率重组或者形式上重组，抑制了市场

---

① 江小涓：《经济转轨时期的产业政策——对中国经验的实证分析与前景展望》，上海三联出版社、上海人民出版社，2014年，第60页。

② 本书编写组：《党的十九大报告辅导读本》，人民出版社，2017年，第188—201页。

竞争与优胜劣汰机制，不利于行业效率和竞争力的提升。[①]

（二）政策涉及领域过宽过细，政府干预过深

总体上看，我国产业政策涉及领域过宽，几乎覆盖全部行业大类的产品、工艺和技术，涉及研发、生产、流通、消费的各个环节，甚至产业链全过程。特别是2000年以来，产业政策文件数量显著增加，政策内容更加细致，政策措施相当具体，对市场直接干预明显加强。2008年国际金融危机以来，政府密集出台了大量产业政策，数量远高于改革开放以来的任何一个时期，政策泛化、碎片化倾向明显。据相关统计，2009年我国陆续颁布实施十大重点产业调整振兴规划，与之配套的实施细则多达160余项，涉及产业活动的各个方面，延续了强烈干预市场的特征。

政策领域过宽，造成的结果是“胡子眉毛一把抓”，有限的政策资源过于分散，重点不突出，需要加强的领域没有加强，如同给产业运行编织了一张巨大的管制之网，严重束缚了市场微观主体的活力。

（三）政策工具创新不足，行政手段偏多

尽管我国产业政策工具正从行政手段为主向以经济手段为主转变，但行政手段在部分领域甚至有强化倾向。比如，2003年，在抑制产能过剩的产业政策中，行业准入和投资核准、审批等行政直接干预市场的措施被显著强化。又比如，在钢铁、建材、煤炭等“去产能”政策中，虽然各方面都认识到经济手段是“去产能”的优先选项，但为确保完成考核目标任务，在实际操作中仍然通过对各级地方政府层层下指标的方式强制淘汰产能，属于典型行政化做法。

在经济手段运用方面，偏重运用财政补贴、贷款优惠、要素倾斜等传

① 费洪平：《中国企业组织战略行为》，经济管理出版社，1998年，第60—65页。

统支持方式，缺乏创新。如在我国战略性新兴产业推进实施中，过于注重补贴生产企业，导致多晶硅、风电设备等部分新兴产业过度投资，弱化了市场公平竞争，并频繁遭遇国外反补贴调查和制裁。对新能源汽车的财政补贴政策，受到社会各界的质疑，而且还带来腐败、“骗补”等问题。

这种综合运用法律、经济以及必要的行政手段，实际上往往是以行政手段为主，并配以问责制，虽然确实达到了立竿见影的效果，但这既与转变政府职能的要求不相适应，也造成了资源配置的扭曲和浪费。

（四）政策缺乏预见性，时常随意多变

长期以来，我国产业政策主要服从宏观调控目标，往往注重解决当前问题，缺乏长远预期，时常出现朝令夕改或新政过多，导致“政策多变”。比如，2004 年，煤化工被确定为我国能源中长期发展战略的重点产业，2005—2007 年相继出台若干鼓励政策，大批项目陆续开工建设；但从 2008 年 9 月开始，煤化工产业政策突然转向，多项约束性、限制性政策陆续出台，审批权上收，进入门槛抬高；2009 年 9 月，政府明确提出未来三年内禁止现代煤化工新项目建设。在短短几年内，煤化工产业政策竟然经历了“鼓励—引导—控制—严管”的过程，很多煤炭企业面对政策多变无所适从，造成巨大的投资和资源浪费。又比如，2003 年以来，政府把抑制钢铁、电解铝投资锁定为政策目标之一，但到 2009 年大规模刺激经济时，这两个行业又突然跻身十大振兴产业。同样，房地产政策也存在类似的情况。

（五）政策实施有时“一刀切”，加剧地区结构趋同化

我国幅员辽阔，不仅东中西部地区存在差距，而且南北差距也在拉大，各地区资源禀赋和产业结构具有相当大的差异性，对国家产业政策实施有很大影响。

长期以来，我国产业政策实施往往采取“一刀切”，各地大都简单地

套用国家产业政策模式，甚至许多地区在执行国家产业政策时，通常按照本地区局部利益和判断“对号入座”，作为本地区产业发展的标准，存在“上有政策、下有对策”，从而导致地区产业结构趋同化和重复建设，势必影响国家产业政策实施的整体效果。

（六）政策制定实施缺乏有效治理，效果弱于预期

长期以来，通常重政策制定、轻监督评估，政策难以落地生根。很多政策制定只有政府官员和专家参与，行业组织、地方政府、企业及其利益相关方参与程度较低。政策制定部门化严重，导致一些产业政策与其他政策时常相互掣肘。地方和中央利益不一致影响产业政策效果，地方政府通常会根据本地需要有选择地执行国家产业政策，符合本地利益的政策就“放大”执行，不符合的就“打折”执行。

二、我国产业政策转型的必要性和紧迫性

当前，我国发展仍然处于重要的战略机遇期，但机遇和挑战都有新的发展变化。我国已转向高质量发展阶段，开启全面建设社会主义现代化国家新征程，产业发展面临“逆全球化”、发达国家“再工业化”、全球产业链重构、新科技革命、居民消费升级、资源环境约束强化等新形势。以往产业政策的着力点、政策工具、实施机制等已不能适应新形势新要求，转型迫在眉睫。

（一）国际环境复杂多变

当今世界正经历百年未有之大变局，国际环境复杂多变，主要体现在以下几个方面。

一是国际经济秩序和经贸规则加快重塑。国际金融危机以来，全球经济深度调整，世界经济重心加速向新兴经济体转移，大国的竞争和博弈异常激烈。特朗普政府挑起贸易战，推动贸易政策从“自由贸易”导向转为具有保护主义特征的“公平贸易”导向，美国及其盟友力图主导 WTO 规则体系改革，重构有利于维护西方发达国家垄断利益的全球经济秩序，打压和遏制我国产业升级和高新技术产业发展，经济全球化遭遇逆流，全球产业链、供应链凸显本地化、区域化、碎片化的格局。我国以往产业政策是在自由贸易为导向的多边贸易体制下形成的，面对国际经贸规则的调整重塑，产业政策迫切需要加快转型。

二是全球经济竞争格局发生重大调整。国际分工已演进成以“产品差别化分工”“生产工序型分工”为主的新型全球价值链纵向分工体系，全球产业布局形成链状链接，虚拟链接的产业链、供应链和价值链，使得经济联系更具黏性和依赖性，企业之间、国家之间不再是单纯的产能数量竞争，而是包括创意、研发、价值创造和分配、知识产权等全方位、全链条的竞争。发达国家实施“再工业化”战略，强化其制造业竞争优势，引发全球范围内制造业格局调整。一些新兴经济体也在积极参与全球产业再分工，承接产业及资本转移，打造新一代“世界工厂”。我国在全球经济竞争格局中面临“前有围堵、后有追兵”的严峻挑战。以往的产业政策是在我国经济体量较小、结构水平较低以及国际产业、技术、资本向国内大量转移的背景下形成的，在当前高端回流、低端转移、技术封锁、规则排斥的新形势下，为提升我国在全球产业分工合作体系中的地位，必须加快产业政策转型。

三是全球新一轮科技革命与产业变革加速兴起。以数字化、智能化、绿色化为特征的新技术正加速向各个产业领域渗透，催生新的生产方式、商业模式和产业生态，大大改变了以往的资源配置方式、生产组织方式和价值创造方式，正在引发影响深远的产业变革。“通信革命”和“智能革命”的深度和广度将超过以往任何一次工业革命。把握新科技革命和产业变革带来的历史机遇，应对新的挑战，不可能再依靠模仿和引进发达国家的先进适用技术，而要依靠对前沿性关键核心技术的自主创新、原始创新乃至颠覆性创新。以往的产业政策已难以适应新科技革命和产业变革的要求，必须加快转型。

（二）国内新形势新要求

我国已转向高质量发展阶段，开启全面建设社会主义现代化国家新征程，对产业发展提出了新的更高要求。

一是加快构建现代化产业体系。我国产业发展正处在转型升级关键阶段，必须把着力点放在实体经济上，推进新型工业化，加快建设制造强国、质量强国、网络强国、数字中国，促进产业基础高级化、产业链现代化，提高产业质量效益和核心竞争力，加快构建现代化产业体系。

二是推动实现碳达峰碳中和。习近平总书记在第七十五届联合国大会上郑重宣布，中国将提高国家自主贡献力度，采取更加有力的政策和措施，二氧化碳排放力争 2030 年前达到峰值，努力争取 2060 年前实现碳中和。实现碳达峰碳中和是一场广泛而深刻的经济社会系统性变革，是解决我国资源环境生态问题的基础之策，也是实现绿色发展的首要途径。长期以来，我国产业发展与资源环境之间的矛盾日益突出，实现二氧化碳排放 2030 年前达峰、2060 年前实现碳中和的目标任务十分艰巨。对此，产业政策必须加快转型。

三是经济进入高质量发展新阶段。推动高质量发展主要是从“数量追赶”转向“质量追赶”，从“规模扩张”转向“结构升级”，从“要素驱动”转向“创新驱动”，从“分配失衡”转向“共同富裕”，从“高碳增长”转向“绿色发展”，还意味着产业链供应链的调整、产业结构的升级、价值链的跃迁，需要加快建设现代化经济体系。以往的产业政策是在经济高速增长、依靠低成本要素投入驱动的背景下形成，当前高质量发展和现代化经济体系建设对产业政策提出了不同于以往的新要求，政策转型十分迫切。

四是体制改革攻坚全面深化。党的十八届三中全会作出全面深化改革的决定，经济体制改革是全面深化改革的重点，核心问题是处理好政府和市场的关系。党的十九大强调，使市场在资源配置中起决定性作用和更好发挥政府作用，这为我国产业政策制定实施指明了方向。党的二十大报告提出，要构建高水平社会主义市场经济体制。以往的产业政策是在社会主义市场经济体制不完善的情况下形成的，当前在充分发挥市场决定性作用的前提下，要更好地实现“有效市场”与“有为政府”的有机结合、优势互补，产业政策亟待转型。

（三）构建国内国际双循环新发展格局

加快形成以国内大循环为主体、国内国际双循环相互促进的新发展格局，是根据我国发展阶段、环境、条件变化作出的重大战略部署，关键在于实现经济循环流转和产业关联畅通，将我国市场规模和生产体系优势，转化为参与国际合作竞争的新优势，根本要求是提升供给体系的创新力和关联性，解决各类“卡脖子”和瓶颈问题，畅通国民经济循环，增强国内大循环内生动力和可靠性，提升国际循环质量和水平。①

这就要求把实施扩大内需战略同深化供给侧结构性改革有机结合起来，打通生产、分配、流通、消费的堵点和梗阻，促进生产要素自由流动和资源优化配置。这不仅包含扩大内需，更多的是供给侧的问题，重在畅通创新链、产业链和供应链。国际循环更多的意义不在于卖出多少东西，而在于学到多少知识和技术。要发挥超大规模市场优势，挖掘国内市场需求潜力，加快构建完整的内需体系；发挥海量创新资源优势，深化科技体制改革，加强关键核心技术攻关，减少对国外技术供给的依赖，强调战略性产业的自育自立自强，提升产业基础能力和产业链现代化水平，形成更多新的增长点，打造未来发展新优势；发挥对外贸易大国优势，发展高水平开放型经济，促进内外市场和规则对接，创造“你中有我、我中有你”

---

① 刘鹤：《必须实现高质量发展》，《人民日报》，2021 年 11 月 24 日第 1 版。

的供应链生态，实现国内循环与国际循环相互促进，这对我国产业政策转型提出了新的更高要求。

（四）加快形成区域协调发展新机制

当前，我国区域发展差距依然较大，地区间产业结构趋同导致同质化竞争现象相当普遍，区域发展不平衡不充分问题依然突出。党中央、国务院明确提出实施区域协调发展战略，这是贯彻新发展理念、建设现代化经济体系的重要举措。产业政策制定实施，如果忽视地域差异性和区域协调发展，采取“一刀切”的办法，再好的政策也难以取得预期效果。新时代产业政策必须适应实施区域协调发展战略的需要。

（五）加快建设高效规范、公平竞争、充分开放的全国统一大市场

2022 年 3 月，中共中央、国务院发布《关于加快建设全国统一大市场的意见》，明确提出“加快建设高效规范、公平竞争、充分开放的全国统一大市场”，并对更大范围、更深程度上建设全国统一大市场作出重要部署，要求发挥超大规模市场具有丰富应用场景和放大创新收益的优势，通过市场需求引导创新资源有效配置，促进创新要素有序流动和合理配置，完善促进自主创新成果市场化应用的体制机制，支撑科技创新和新兴产业发展。充分发挥市场在资源配置中的决定性作用，更好发挥政府作用，强化竞争政策基础地位，加快转变政府职能，用足用好超大规模市场优势，让需求更好地引领优化供给，让供给更好地服务扩大需求，以统一大市场集聚资源、推动增长、激励创新、优化分工、促进竞争。这对我国产业政策转型提出了更具体的要求。[①]

---

① 何立峰：《促进形成强大国内市场大力推动经济高质量发展》，《宏观经济管理》，2019 年第 2 期，第 3 页。

三、新时代我国产业政策转型路径

面对新阶段、新任务、新挑战，我国产业政策需要解决的不是存废问题，而是亟须重大转型。必须加快由差异化、选择性产业政策向普惠化、功能性产业政策转变，从偏重替代市场、限制竞争的产业政策向以竞争政策为基础、更能发挥创新作用和增进有效市场的产业政策转变，政策功能定位、政策目标、政策立足点、政策实施机制、政策支持方式等方面需要加快转型。

（一）政策功能定位从政府“替代”市场转向增进市场功能、弥补市场缺陷

实践表明，产业政策能否有效发挥作用，关键在于能否妥善处理好政府与市场的关系。充分发挥市场对资源配置的决定性作用和更好发挥政府作用，构建“市场友好型”政策体系，应是今后产业政策功能定位的基准。

在体制转轨过程中，由于市场发育尚不充分、市场体系和市场机制尚不完备不健全，产业政策在一定程度、一定时段替代市场配置资源，既有其必要性和合理性，也有明显的局限性和“政府失灵”带来的弊端。以往的产业政策是在社会主义市场经济体制不完善情况下形成的，随着我国要素市场化改革和高标准市场体系建设的加快，产业政策功能定位必须尽快从替代市场向增进市场功能、弥补市场缺陷转变，使“有效市场”与“有为政府”更好地有机结合起来。产业政策要确保“市场机制有效”，确保要素配置依据市场规则、市场价格、市场竞争实现效益最大化和效率最优化。把凡能由市场决定的事项交给市场，做到凡是市场能解决好的结构性问题，就不再用产业政策来干预。即使在某些领域为弥补市场缺陷而需要

制定产业政策，也应力求少而精准，从直接干预为主转向间接引导为主。政府要坚持“有所为、有所不为”，最大限度减少政府对市场资源的直接配置和对微观经济活动的直接干预，有效弥补市场失灵，努力做到“不越位、不缺位、不错位”。在一般竞争领域和非自然垄断行业，要彻底改变由政府主导资源配置的做法，健全要素市场运行机制，完善政府调节与监管，做到放活与管好有机结合，不应由政府事先挑选“赢家”和“输家”。政府要更多地运用普惠性、功能性产业政策，提供必要的公共服务、基础设施和制度基础，为产业发展创造良好市场环境。

（二）政策目标从偏重追求产业数量规模和低水平比例协调转向更加注重产业高质量发展和现代产业体系建设

在经济赶超特别是供给普遍短缺时期和工业化初期、中期阶段，我国产业政策主要是基于某些产业产能产出数量不足、以扩大数量规模为导向制定的，其主要目标是做大产业规模、健全传统产业体系、弥补国内供给不足缺口。随着新时代我国主要矛盾的变化，面对产能过剩与有效供给不足并存、资源环境约束加剧、创新能力和国际竞争力不强、产业体系“大而全”但“不强不优”的问题，继续实施赶超阶段的产业政策不再适应产业并跑和领跑阶段的新要求。

产业政策目标应从过去偏重产能产量的数量规模扩张和低水平比例关系调整转向注重产业转型升级和质量效率提升，构建新的国际动态比较优势和竞争优势。要把产业高质量发展、现代产业体系建设作为今后制定实施产业政策的核心目标，把增强自主创新能力、实现由“中国制造”向“中国创造”转化作为政策重心。产业政策应由过去重点扶持供给侧尤其是加工制造环节，转向支持产业基础再造及各领域产业基础能力的薄弱环节，包括基础关键技术、先进基础工艺、基础核心零部件和关键基础材料等工业“四基”和人工智能、工业互联网、5G 等新型基础设施建设；转向支持关键核心技术、“卡脖子”技术、前沿引领技术和颠覆性技术创新；

转向支持营销网络、品牌培育、供应链管理等制约产业高质量发展的关键环节，协同推进数字产业化和产业数字化，推动数字经济和实体经济深度融合。推动先进制造业与现代服务业融合发展，培育服务衍生制造、供应链管理、总集成总承包等新业态新模式，探索原材料、消费品、装备制造等重点行业领域与服务业融合发展新路径，促进产业迈向中高端，实现生产型大国向创新型强国转变。同时，要注重更好实现供给和需求互促互动，以供给创新适应和推动需求升级，以需求升级引导和拉动供给创新，使产业发展从生产驱动向创新和消费驱动转变。

（三）政策立足点从限制竞争的差别化选择特定产业或企业扶持为主转向维护和促进市场公平有序竞争

长期以来，我国采取对所有制、产能规模等设计准入门槛限制竞争的差异化做法，选择特定行业或特定企业加以重点扶持。这种差异化、选择性产业政策，容易带来市场扭曲和不公平竞争，导致资源配置低效。随着社会主义市场经济体制日趋完善，产业政策立足点应转向以竞争政策为基础，保障市场公平有序竞争，充分发挥市场配置资源的决定性作用。要完善公开透明开放的市场规则，实行统一的市场准入制度，打破所有制歧视和行业垄断，完善市场监管，加快形成统一开放、竞争有序的市场体系。要从“扶大限小”转向主要以市场竞争推动产业组织结构调整优化，从过度关注市场集中度、企业规模转向创建大中小企业协同协调、军民融合发展的良好环境，从支持国有企业、大企业为主转向保障各类企业依法平等使用生产要素、同等受到法律保护，实现公平竞争。市场主导在于通过市场配置资源机制，理顺重要产业链上下游、产供销，大中小企业之间的协作关系，由此明确重点产业链上的重点企业、重点项目、关键核心技术、主要短板等，形成头部企业实施“链长”调度的协调机制，在龙头企业的牵引下，通过专业分工、订单生产、原材料供应等形式带动制造业企业进入产业链供应链体系，并贯通各个节点，实现无缝衔接。

（四）政策手段从行政直接干预为主转向经济和法律等间接手段引导为主

长期以来，我国更多地采取行政化的直接干预手段实施产业政策，产生了不少负面效应。今后，政策手段要更好体现市场化、法治化要求，更加突出规范性、间接性，重视运用经济手段、法律手段，防止过度运用行政手段，最大限度减少行政干预，更多地采用立法司法、环境营造、信息整合发布、质量技术环保标准等间接引导手段。要创新政策工具，采用专项投资基金、重大项目工程包、产业引导基金等经济手段，发挥政府政策性资金引导作用，带动更多社会资本参与产业高质量发展。积极探索政府资金与商业信贷、债券、基金、保险等相结合的多种融资组合，有效扩大基础设施、人力资本培育、关键共性技术研发等领域投资。财政资金使用方式应由项目事前扶持为主改为事后结果奖励为主。统筹运用政策性、开发性金融，调动商业性金融，提高金融服务实体经济效能。

（五）政策实施从“急刹车”“一刀切”转向“适时适度”“区别对待”

产业发展的短期问题和长期问题往往交织在一起，相互影响、相互制约。要把握产业生命周期和发展变化趋势，增强产业政策的预见性、前瞻性，防止局部问题演化成全局性问题，适时对产业政策进行调整，避免被动调整和“硬着陆”。要正确认识和处理好产业政策与逆周期宏观经济政策的关系，注意远近结合，立足当前，着眼长远，保持政策稳定性和连续性。但不能简单地、机械地把政策稳定性、连续性理解为一成不变。要明确政策实施的时限和终止、调整的条件，准确把握政策调整时机和力度，避免“急刹车”“急转向”和“一刀切”的做法。

我国区域发展不仅东西差距大，南北差距也在拉大，而且地区间产业结构趋同带来同质化竞争现象相当普遍，发展不平衡不充分问题依然十分突出。[①]要坚持因地制宜、分类指导、因地施策，切实把国家产业政策与区域政策有机结合起来，发挥各地区比较优势，促进各类要素合理流动和高效集聚，加快推进产业链供应链现代化的区域协同，开展产业链分区域、分类型、分环节的发展指导，明确重点发展领域、重点支撑企业和重大前导项目，推动各地差异化协同发展和共建共享，打造具有国际影响力的先进制造业产业链基地和集群，推动形成优势互补、高质量发展的区域产业布局，促进区域协调发展。

（六）政策支持方式从考虑保护国内产业和国内市场转向符合国际规则的产业安全保障和产业国际竞争力提升

当前，我国已经深度融入世界经济，与全球产业相互联系的程度超过以往任何时期，在国际产业分工体系中的地位和影响力大幅提升。一方面，我国是全球第二大经济体、货物贸易第一大国和 WTO 重要成员，国内产业政策毫无疑问会受到国际上更多关注和国际有关规则约束。因此，要遵守国际规则，高度重视国外利益相关者的可能反应，把符合国际规则作为制定和实施产业政策的必要约束条件。另一方面，在推进更高水平开放的制度环境下，国内竞争国际化、国际竞争国内化的趋势更加明显，过去那种单纯考虑保护国内产业和国内市场的产业政策已不合时宜。

今后制定实施产业政策必须统筹国内国际两个大局，既要全面把握国内产业发展情况，也要准确了解国际产业发展动向，将国内产业升级、产业安全保障与全球产业竞争格局联系起来。面对西方发达国家技术封锁和贸易保护主义对全球产业链供应链构成的严重威胁，要充分发挥国内集中力量办大事的制度优势、超大规模的市场优势和产业齐全的配套优势，以夯实产业基础能力为根本，以自主可控、安全高效为目标，坚持独立自主和开放合作相促进，打好产业基础高级化、产业链现代化的攻坚战，推动

① 范恒山：《正确认识南北发展差距》，《经济日报》，2021 年 2 月 3 日。

产业链国际延伸、供应链全球整合、价值链高端提升。要从过去单纯依靠全球价值链模式向依靠国家价值链转型，积极培育本土企业成为价值链的“链主”，增强产业链韧性，提升产业链现代化水平。要加强产业全球化布局，在全球范围布局产业链供应链不同环节，着力促成“你中有我、我中有你”的国际产业链供应链合作新格局，打造世界级产业集群，不断提升我国产业的全球影响力、竞争力和治理能力，从根本上保障我国产业安全。

四、完善产业政策实施机制及配套措施

实践证明，产业政策的效果很大程度上取决于政策制定实施的机制与措施。新时代要加强产业政策全流程治理，提升政策制定、实施和评估的精准化，加快完善政策实施机制和配套措施。

（一）坚持和加强党的全面领导

深入学习贯彻习近平新时代中国特色社会主义思想，增强“四个意识”、坚定“四个自信”、做到“两个维护”，不断提高政治判断力、政治领悟力、政治执行力，把党的领导贯穿到产业政策制定实施的各领域和全过程，明确职责分工，完善工作机制，落实工作责任，研究制定出台配套措施，确保政策确定的各项重点任务落到实处。

（二）构建产业政策全流程治理机制

我国产业政策制定实施，要充分吸纳各利益攸关方参与，形成“政策制定→实施→督察→评估→反馈→修改完善→退出”的全流程一体化治理机制。

一是加强部门协调。针对产业政策制定主体和实施主体分散的问题，需要有专门机构对产业政策制定实施全过程进行指导、质询、监管和综合评估。建议由国家发展和改革委员会牵头成立由有关部门参加的产业政策协调委员会，负责综合性产业政策的制定、实施、协调、调整、废止等工作，并统筹各类专业性产业政策的设立。专业性产业政策由委员会委托一个或几个部门具体负责制定和实施。

二是提高社会参与度。建立产业政策审议制度，建立由中央政府（部门）、地方政府、行业协会、学术机构、企业和公众等共同参与的政策制定、评议机制，充分反映利益相关者诉求。

三是健全中央与地方政府联动机制。中央政府负责制定全国性普惠化、功能性产业政策和最低限度必要的选择性产业政策，维护产业整体安全，并督导地方在不违背全国性产业政策基本要求的前提下因地制宜、有效实施。地方政府负责落实和执行国家产业政策，加强对企业服务，完善市场环境，并定期向中央政府报告政策实施情况、效果、问题及改进建议。

四是完善督察评估机制。强化人大督察职能，加强政府监督责任，对付诸实施的产业政策及相关部门行为进行监督。建立政策执行奖励和问责机制。支持行业协会分担“准产业政策”职能，制定行业发展规划、行业质量和技术标准，开展人才培训，引导行业有序发展。引入第三方机构对产业政策实施效果进行独立评估，提高政策实施精准性。

（三）完善产业政策相关配套措施

加强政策协调，促进产业政策与创新政策、竞争政策、宏观经济政策、生态环保政策、开放政策等联动实施。

一是加强产业政策与创新政策协调。围绕实现“在重要科技领域成为领跑者，在新兴前沿交叉领域成为开拓者”的战略目标，产业政策要在关键共性技术、前沿引领技术、现代工程技术、颠覆性技术创新的突破上，突出对关键产品、关键基础元器件和零部件、关键软件系统、关键材料、关键核心技术研发、“卡脖子”技术和人才培养的支持，提高创新链整体效能。强化对重大基础研究和源头创新的政策支持，加快第五代移动通信、工业互联网、大数据中心等新型基础设施系统的布局和建设。

二是做好产业政策与竞争政策协调。完善竞争政策框架，建立健全竞争政策实施机制，强化竞争政策基础地位。坚持鼓励竞争、反对垄断，完善竞争政策框架，构建覆盖事前、事中、事后全环节的竞争政策实施机制。在产业政策内容和实施方式上更加注重引入竞争机制，加快实现竞争性环节市场化，使产业政策助力市场竞争机制充分发挥作用，使竞争政策促进产业政策有效实施。

三是注重产业政策与宏观经济政策协调。加强产业政策与财政、货币、投资等政策的协调配合，优化政策工具组合，推动宏观调控政策精准落地。逆周期调节的宏观经济政策应为产业中长期健康发展创造良好外部环境，慎用产业政策作为实现短期宏观调控总量目标的政策工具。加强财政政策调结构功能，财政政策取向应兼顾短期经济总量平衡和结构优化升级的要求，支持产业中长期发展目标实现。深化投融资体制改革，发挥投资对优化供给结构的关键性作用。发挥金融政策促进产业转型的重要作用，切实把审慎性金融监管、政策性投融资和产业政策协调起来。

四是促进产业政策与开放政策协调。产业政策要更好体现高水平开放的要求，推进贸易和投资自由化、便利化，持续深化商品和要素流动型开放，稳步拓展规则、规制、管理、标准等制度型开放，加快提高产业国际竞争力，努力构建以我为主的全球产业链价值链。在积极参与全球经济治理中，让符合国际规则的产业政策更多发出中国声音、阐释中国方案。

五是加强产业政策与生态环保政策协调。产业政策要对标我国生态文明建设及碳达峰碳中和目标，实施有利于节能环保和资源综合利用的税收政策。大力发展绿色金融。健全自然资源有偿使用制度，创新完善自然资源、污水垃圾处理、用水用能等领域价格形成机制，促进形成产业生态化和生态产业化的绿色政策体系，以环境承载力约束倒逼产业转型升级，推动我国绿色产业发展迈上新台阶。

（四）强化产业政策实施制度保障

充分发挥市场配置资源的决定性作用和更好发挥政府作用，把准政策作用方式，营造公平市场竞争环境，为产业政策实施提供制度保障。

一是加快政府职能转变。深化简政放权、放管结合、优化服务改革，全面实行政府权责清单制度，持续优化市场化、法治化、国际化营商环境。实施全国统一的市场准入负面清单制度，破除清单之外隐性准入壁垒。健全完善事中事后监管体系，完善市场公平竞争规则，消除政府对微观经济不必要的直接干预。

二是深化要素市场化配置改革。全面完善产权制度。健全归属清晰、权责明确、保护严格、流转顺畅的现代产权制度，加强产权激励。深入推进金融业改革，打破现有大银行垄断格局，支持金融创新和中小银行、互联网金融规范发展，鼓励更多社会资本进入，通过强化竞争和金融创新降低制造业融资成本。深化土地、资源能源等领域改革，建立不同产业用地类型合理转换机制，增加混合产业用地供给。健全要素市场运行机制，完善交易规则和服务体系。深化公共资源交易平台整合共享。消除地区、部门分割，清理妨碍统一市场和公平竞争的各种规定和做法，促进要素更大范围、更广程度优化配置和自由流动。

三是加强垄断行业和国企改革。坚持“两个毫不动摇”，深化国资国企改革，加快国有经济布局优化和结构调整。推进能源、铁路、电信、公用事业等行业竞争性环节产权结构多元化和国有企业混合所有制改革，积极引入优势互补并能提供战略支持的非国有资本。坚持“竞争中性”原则，把绝大多数国有企业纳入竞争政策体系。营造各种所有制主体依法平等使用资源要素、公开公平公正参与竞争、同等受到法律保护的市场环境。放开民间投资市场准入，明确市场准入负面清单以外的行业、领域、业务等，各类市场主体皆可依法平等进入。废除对非公有制经济的不合理规定，破除制约市场竞争的各类障碍和隐性壁垒，加强各类所有制经济产权保护。

四是加快完善市场竞争的优胜劣汰机制。优化破产程序，完善破产企业资产负债管理人相关规定，减少破产清算成本。适时修改《商业银行法》，赋予商业银行在处置不良资产中的债权方权利。制定和完善破产企业信贷、资产处置、人员安置政策，加快僵尸企业、严重危及人民健康安全和生态安全的违法企业、严重资不抵债企业的破产清算，为企业正常发展创造条件。

（五）提高产业政策实施法治化水平

加快完善规范市场行为的法律体系及其执行机制。进一步完善公平竞争的法律法规体系，将非必要的行政性垄断、不合理的经济性垄断、地方保护等有损公平竞争的行为列入禁止范围，切实保障各类所有制企业参与市场竞争的公平性。加快制定《产业政策法》，修订《产品质量法》《消费者权益保护法》《反不正当竞争法》，完善相应执法体制，加大对不正当竞争行为惩处力度。落实公平竞争审查制度，审查清理现行产业政策中违反公平竞争原则、排除竞争、限制竞争的政策条款。完善与知识产权保护相关的法律体系及其执行机制，建立严格的知识产权保护长效机制。

第十章

制造强国建设的理论与实践

党的十八大以来，以习近平同志为核心的党中央高度重视制造业发展，着力推动我国由制造大国向制造强国转变。党的十九大报告指出，加快建设制造强国，加快发展先进制造业。[①]党的二十大报告再次强调指出，坚持把发展经济的着力点放在实体经济上，加快建设制造强国。制造业是国民经济的主体，是大国经济的“压舱石”，是实现高质量发展的主导力量，是国家富强、民族振兴的坚强保障，是立国之本、兴国之器、强国之基，从根本上决定着一个国家的综合实力和国际竞争力。对于我们这样的发展中大国而言，没有强大的、高质量的制造业，工业化和现代化的奋斗目标就难以实现。建设制造强国，不仅是推动经济高质量发展、改善人民生活、参与国际竞争和保障国家安全的根本所在，也是顺应全球制造业发展趋势和新一轮科技革命和产业变革的必然要求。

① 中共中央宣传部、国家发展和改革委员会编：《习近平经济思想学习纲要》，人民出版社、学习出版社联合出版，2022年，第117—118页。

一、制造强国的内涵与特征

关于“制造强国”的内涵，目前尚没有统一的描述。主流观点认为，制造强国是相对概念，即一国制造业的“强”还是“弱”是与他国相比较而言的；制造强国是一个综合性概念，是对制造业发展情况多维度的全面考量。

从发展现实看，制造强国有“大而强”和“小而强”之分，美国、德国、日本等国家属于“大而强”，而瑞典、瑞士、以色列等国家属于“小而强”。本文主要研究具有全球经贸格局和规则秩序影响力、重塑力的制造强国。我国应该是建设成为“大而强”的制造强国，这类制造强国具有产业体系的安全性、完整性、系统性、对抗性等特征。综合分析以上观点和我国现实国情，面对百年未有之大变局，在新时期全面建设社会主义现代化强国的形势下，制造强国概念的内涵特征主要体现为以下七大能力。

雄厚产业规模能力。从美、德、口、法等国的发展历程看，强大的过程也是工业化逐步完善的过程，工业化最基本的特征就是制造业规模日趋壮大。产业规模可以反映制造业发展的实力基础，表现为产业规模较大，具有成熟健全的现代产业体系。

强大自主创新能力。即具备强大的产品自主开发能力和技术创新能力，拥有一大批具有自主知识产权的重要产品和国际领先的关键技术，对世界制造业创新发展具有引领带动作用。主要体现在：一是建立了比较完善的技术创新体系，能够有效整合政府、市场和企业的资源，推动产业链、创新链和资金链协同发展；二是企业生产的产品技术含量高、不可替代性强，能够产生高附加值，具有较强的竞争力；三是拥有一批不可替代、不可或缺的核心技术，能够反制发达国家对我国“卡脖子”技术的断供。

高端产业引领能力。即产业结构的高端化和产品结构的高端化，通过高端化的产业和产品来引领制造业发展。产业结构高端化，即高新技术产业和战略性新兴产业占比较高，对产业结构升级的引领和带动能力强；产品结构高端化，即同一个产业内生产的产品中新产品比重高，产品更新换代适合技术和市场需求，能够更好满足制造业升级和人民群众对美好生活的消费升级需求。

坚实基础能力。主要是掌握提升"四基"等方面的能力和水平，具体指核心基础零部件、先进基础工艺、关键基础材料、产业技术基础、新型工业基础设施和基础组织管理能力等方面能力较强。其中，新型工业基础设施是指，在当前以人工智能为代表的新科技革命和产业变革加快的背景下，数字经济和新产业、新模式、新业态发展所依赖的基础设施，包括泛在感知、智能计算、智能化市政、智能化交通和数字化生产等基础设施；基础组织管理能力主要是为解决创新迭代加速背景下制造业发展对资源整合能力要求提高的问题，具体指快速集中资源形成技术突破、重大产品开发攻关所依赖的组织管理能力。

高水平盈利能力。即制造业企业在全球经营中能获取高水平的利润、具有较强的谈判能力，具体表现为劳动生产率高、产品质量好、附加值高等特征，拥有一大批品种齐全、质量可靠、性能优良的产品，以及若干具有自主知识产权、影响力大的国际知名品牌，劳动生产率、全要素生产率居世界领先水平。制造业领域装备等产品的高质量高效益能够有效提升我国农业、采矿业、建筑业和服务业等产业效率，促进整个产业质量效益提升。

较高全球产业治理能力。即对全球产业链、价值链、供应链具有掌控能力，具体表现为一批具有国际竞争力、世界性著名品牌的大型跨国公司深入参与全球分工，具有自主知识产权、自主品牌和自主营销的产品在出口中占有相当比例；拥有一批掌握产业链核心环节、主导构建全球生产网络体系的大型跨国公司，占据全球价值链的高端位置，对全球供应链调整变化的弹性应变能力强。

良好绿色发展能力。即具备覆盖全链条、高效率、低能耗、低排放的绿色制造体系，资源和能源消耗总量大幅下降，形成若干具有标志性和原创性的重大绿色工艺、技术、设备，资源能源利用效率达到世界先进水平，节能环保技术、工艺和装备能为各领域节能环保和绿色发展提供重要支撑，提高资源利用效率、减少环境污染，降低资源成本和环境成本，实现制造业长期可持续发展。

二、制造强国评价指标体系及国际比较

（一）评价指标体系

2016 年，中国工程院战略咨询中心、中国机械科学研究总院发布的《2015 中国制造强国发展指数报告》（以下简称《报告》）首次提出了“制造强国指标体系”。《报告》对制造强国内涵和评价指标的研究具有开拓创新性，但也需要进行一些修正。第一，《报告》出于测度制造强国发展指数的目的，对制造强国内涵界定更加重视指标的可计算性，囿于数据、测度方法的不可得或其他原因，舍弃了难以测度的全球价值链位置等重要内涵；第二，《报告》将“大、好、久”作为制造强国评价的核心因素，将创新能力作为高质量发展的分项指标，可能导致创新能力在制造强国建设中的作用地位被低估；第三，《报告》中存在同一数据指标来源不同的情况，降低了国别之间的可比性。

基于制造强国内涵特征的六大能力，从我国国情出发，要更加重视制造强国内涵特征的完整性和评价指标的体系性，力求补正上述《报告》的 3 个缺项，将“大、新、强、实、好、高、绿”7 个方面的发展水平作为制造强国的核心维度。按照这一思路，经过严格的评价思路模型论证和指标筛选，最终确定由 7 项一级指标和 17 项二级指标构成制造强国评价指标体系（见表 1）。

表1　制造强国评价指标体系

维度	指标	具体指标
大	产业规模	制造业增加值
		制造业增加值占 GDP 比重
新	创新能力	每百万人科技研发（R&D）人员
		研发投入强度
		单位制造业增加值全球发明专利授权量
强	高端产业引领能力	中高端产业增加值占制造业增加值比重
		高科技产品出口占制成品出口比重
实	基础能力	制造业出口额占全球制造业出口总额比重
		电子、电气、音响设备及零部件进出口价格之比
好	质量效率	全要素生产率
		劳动生产率
		制造业出口质量指数
		世界品牌 500 强制造业企业数量
高	全球价值链治理	世界 500 强制造业企业数量
		国家嵌入全球价值链的位置
绿	绿色发展	制造业单位增加值能源消耗
		制造业单位增加值二氧化碳排放量

1. 产业规模指标

“规模指标”是反映制造业规模发展的国际地位的指标，用“制造业增加值”和“制造业增加值占 GDP 比重”来反映（见表 2）。

2. 创新能力指标

创新能力指标包括两个维度：创新投入维度和创新产出维度。创新投入维度用“每百万人 R&D 人员”和“研发投入强度”两个指标测度；创新产出维度用“单位制造业增加值全球发明专利授权量”指标反映（见

表 3）。

3. 高端产业引领能力指标

高端产业引领能力包括两个维度：产业结构维度和出口结构维度。产业结构维度用“中高端产业增加值占制造业增加值比重”指标测度；出口结构维度用“高科技产品出口占制成品出口比重”指标反映（见表 4）。

表2　“产业规模”具体指标

具体指标名称	计算公式	数据来源
制造业增加值	制造业增加值（现价）	世界银行数据库 BvD–EIU Countrydata 数据库
制造业增加值占 GDP 比重	当期本国制造业增加值 / 当期本国 GDP	世界银行数据库 BvD–EIU Countrydata 数据库

表3　“创新能力”具体指标

具体指标名称	计算公式	数据来源
每百万人 R&D 人员	R&D 人员 / 人口数量	世界银行数据库
研发投入强度	研发支出费用 /GDP	世界银行数据库 BvD–EIU Countrydata 数据库
单位制造业增加值全球发明专利授权量	本国制造业全球发明专利授权量 / 制造业增加值	世界知识产权组织（WIPO）数据库

表4　“高端引领能力”具体指标

具体指标名称	计算公式	数据来源
中高端产业增加值占制造业增加值比重	中高端产业增加值 / 制造业增加值	联合国工业统计数据库
高科技产品出口占制成品出口比重	高科技产品出口额 / 制成品出口额	世界银行数据库

4. 基础能力指标

基础能力包括两个维度：制造业体系完整性和制造业贸易条件。制造业体系完整性维度用“制造业出口额占全球制造业出口总额比重”指标测度；制造业贸易条件维度用“电子、电气、音响设备及零部件进出口价格之比”指标反映（见表 5）。

表5 “基础能力”具体指标

具体指标名称	计算公式	数据来源
制造业出口额占全球制造业出口总额比重	本国制造业出口额 / 全球制造业出口总额	WTO 商贸统计数据库
电子、电气、音响设备及零部件进出口价格之比	电子、电气、音响设备及零部件出口价格 / 进口价格	世界银行数据库 BvD–EIU Countrydata 数据库

5. 质量效率指标

质量效率指标有两个维度：效率维度和质量维度。效率维度用“全要素生产率”和“全员劳动生产率”两个指标测度；质量维度用“制造业出口质量指数”和“世界品牌 500 强制造业企业数量”两个指标反映（见表 6）。

表6 “质量效率”具体指标

具体指标名称	计算公式	数据来源
全要素生产率	—	BvD–EIU Countrydata 数据库
全员劳动生产率	工业增加值 / 全部从业人员平均人数	BvD–EIU Countrydata 数据库
制造业出口质量指数	—	联合国工业统计数据库
世界品牌 500 强制造业企业数量	—	世界品牌实验室

6. 全球价值链治理能力指标

全球价值链治理能力指标包括两个指标："世界 500 强制造业企业数量"和"国家嵌入全球价值链的位置"（见表 7）。

表7　"全球价值链治理能力"具体指标

具体指标名称	计算公式	数据来源
世界 500 强制造业企业数量	—	财富杂志社
国家嵌入全球价值链的位置	—	参照 Miller and Temurshoev（2017）以及 Antràs and Chor （2018）的方法，采用产出上游度指数来衡量

7. 绿色发展指标

绿色发展指标有两个维度：能源消耗维度和排放维度。能源消耗维度用"制造业单位增加值能源消耗"指标测度；排放维度用"制造业单位增加值二氧化碳排放量"指标反映（见表 8）。

表8　"绿色发展"具体指标

具体指标名称	计算公式	数据来源
制造业单位增加值能源消耗	一次能源供应总量 / 制造业增加值	世界银行数据库
制造业单位增加值二氧化碳排放量	二氧化碳排放 / 制造业增加值	BP 世界能源统计年鉴

注：制造业单位增加值能源消耗、制造业单位增加值二氧化碳排放量取倒数，使该指标正向化。

（二）评价内容及方法

1. 样本国家选择

本研究选择美国、德国、日本、英国、法国、韩国、中国、巴西、印度 9 个国家进行制造强国综合指数评价，主要基于以下 3 点考虑。

一是与制造强国内涵特征相匹配。根据本研究对制造强国概念内涵的界定，制造强国应当展现出“新、强、实、好、高、绿”等6项发展特征。当前，符合以上6项特征的国家非美国、德国、日本三国莫属。

二是与制造强国发展进程规律相匹配。当今世界制造强国均历经工业化进程的锤炼和工业科技浪潮的洗礼。但沉浮之间，有些国家虽然在工业化进程中“一枝独秀”，但在工业科技发展浪潮中逐渐走向平庸，如英国和法国；有些国家在工业化进程中集聚发展优势，并在工业科技浪潮中持续领航，如美国、德国、日本、韩国。我国正处于工业转型升级和深度调整关键期，有必要汲取工业化先行国家制造强国发展进程的经验与教训，通过多国产业发展模式的深入比较分析，准确把脉我国制造业发展情况，助力制造强国建设。因此，本报告将英国、法国、韩国等三国纳入评价范围。

三是与新兴经济体发展特征相匹配。当前，主要发展中大国均在工业化道路上探索前行。在全球经济复苏缓慢、国际贸易壁垒不断升级、新一代科技革命日新月异等多重影响下，新兴经济体在冲破国际产业链中高端封锁、提升本国生产要素水平、争取国际产业资源话语权等方面愈加艰难，工业化进程经历波动，制造强国建设挑战加剧。找准新兴经济体制造业发展面临的普遍问题，清晰展现国情相近的新兴经济体制造业发展进程，有利于更加快速预警、即时反思、精准纠正我国制造强国建设中可能出现的疏漏。因此，本报告又将印度、巴西等两个发展中大国纳入评价范围。

2. 评价方法选择

通过对各种评价方法优缺点及适用性进行分析，为了更加直观有效地评价制造强国发展状况，采用更容易量化的指数加权法进行综合评价。指数加权分析法的基本公式为：

$$SCORE=\sum P_i*W_i$$

其中，P_i 是经过无量纲化处理后得到的测评值，该值乘以相应的权重 W_i 可得到一个分指标的分值，W_i 为第 i 个分指标的权重值；分别计算出各项分指标的分值后再进行加总，得到本国的制造强国综合指数。在比较各种标杆值确定方法的基础上，考虑最新数据的可获得性，选取 2010 年美国、德国、日本、英国、法国、韩国 6 个国家某项指标的平均值作为该指标的标杆值。按以上标杆值的确定方法计算各项指标标杆值后，再计算出美国、德国、日本、英国、法国、韩国、中国、巴西、印度 9 个国家历年的各项指标。

3. 权重确定方法

按照统计学规律，一套完整、科学、严谨的产业评价指标体系权重应当综合吸收产业理论、产业运行和产业管理三类专家的意见。为保证最终权重得分更加科学合理，中国工程院课题组从人数分布、研究领域、专家级别等三个方面调研分析了当前我国制造业及其相关研究领域的专家布局现状[①]，提出了指标体系专家选择的具体条件。

本文在中国工程院课题组研究的基础上，结合选定的指标体系，对其进行了打分。采用加权几何平均的结果集结方法，运用 Stata 软件，测算得到制造强国指标体系各级指标的权重（见表 9）。

表9　制造强国评价指标体系各级指标权重

一级指标			二级指标		
指标	权重	权重排名	具体指标	权重	权重排名
产业规模	0.118	4	制造业增加值	0.075	2
			制造业增加值占 GDP 比重	0.043	15

① 在人数分布方面，确定打分专家总人数在 50 人。产业理论类专家主要由我国高校、科研院所、研究机构的相关专家组成，产业运行类专家主要由我国制造业企业的相关专家组成，产业管理类专家主要由我国制造业相关政府机构、行业社会团体、曾经从事产业管理的专家组成。入选的专家均具有高级技术职称，且在制造业领域具有相当的知名度。

（续表）

一级指标			二级指标		
指标	权重	权重排名	具体指标	权重	权重排名
创新能力	0.227	1	每百万人 R&D 人员	0.075	3
			研发投入强度	0.080	1
			单位制造业增加值全球发明专利授权量	0.072	5
高端引领能力	0.127	3	中高端产业增加值占制造业增加值比重	0.075	4
			高科技产品出口占制成品出口比重	0.052	11
基础能力	0.104	5	制造业出口占全球出口比重	0.032	17
			电子、电气、音响设备及零部件进出口价格之比	0.072	6
质量效率	0.224	2	全要素生产率	0.059	10
			全员劳动生产率	0.060	9
			出口质量指数	0.043	14
全球价值链治理	0.101	6	世界品牌 500 强制造业企业数量	0.062	8
			世界 500 强制造业企业数量	0.062	7
			国家嵌入全球价值链的位置	0.039	16
绿色发展	0.099	7	制造业单位增加值能源消耗	0.048	13
			制造业单位增加值二氧化碳排放量	0.052	12

在制造强国评价指标体系中，7 项一级指标的相对重要性由大到小依次排序为：创新能力＞质量效率＞高端引领能力＞产业规模＞基础能力＞全球价值链治理＞绿色发展，其中，创新能力指标的相对重要性对于其余 6 项指标具有显著的比较优势。

（三）综合指数总体评价

1. 从总体水平看，美国遥遥领先，处于第一方阵，中国制造业发展处于第二方阵

根据对 2017 年世界工业发达国家的制造强国综合指数的测算结果（见图 1），可将 9 个国家分为 3 个阵列。综合指数 120 分以上的国家处于第一方阵，即美国；综合指数为 80—120 的国家处于第二方阵，包括德国、日本、中国、韩国；综合指数为 60—80 的国家处于第三方阵，包括法国和英国；综合指数低于 60 的国家处于第四方阵，包括印度和巴西。

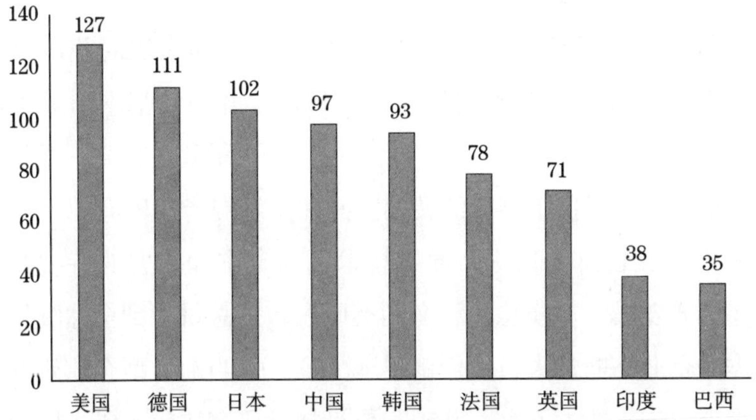

图1　2017年世界工业发达国家制造强国综合指数

2. 从增长速度看，中国保持快速增长，但近年来有所放缓，美国制造业发展步伐有所加快

自 2005—2017 年，中国在制造强国综合指数是唯一保持增长的国家，也是平均增速最快的国家。与主要制造强国的差距不断缩小，与美国的差距由 2005 年的 83.73 缩小至 2017 年的 38.88，与德国的差距由 2005 年的 47.03 缩小至 2017 年的 14.13。然而，受制于全要素生产率的明显下滑、技术学习难度加大、新一轮科技革命对传统比较优势的冲击等，中国近年来制造强国综合指数增速逐渐放缓，由 2010—2013 年 5.21% 下降至 2014—2017 年的 2.65%。

值得关注的是，美国近年来制造业前进步伐有所加快。2014—2017年，制造强国指数由负转正。自2008年金融危机爆发后，美国开始逐步认识到制造业的关键作用，并随之制定了“再工业化”发展战略，以求重振本国制造业。2009年11月，美国政府正式提出，建立以出口推动型增长和制造业增长为主的发展模式，促进本国制造业的现代化、高级化和清洁化，着重发展新兴产业，加强科技创新，加大对中小企业的支持，以重塑本国制造业的国际领先地位。随着美国“再工业化”发展战略不断加深，美国制造业出现复苏回升的势头。

3. 从分项指数看，我国制造业全球价值链治理能力排序靠前，创新能力和可持续发展能力排序靠后

产业规模指数稳定提升。2012—2017年，规模发展对我国提升制造强国指数起到了良好的基础支撑作用。目前，我国已基本形成了门类齐全、具有相当规模和一定水平的产业体系，为质量效益提高、结构升级优化和创新培育突破提供了难得的转型空间和良好的产业环境。

创新能力数值总体向好。通过技术创新资本和人力的持续投入，近年来，我国研发投入规模总量和专利类研发产出总量受到全球瞩目，作为创新主体的企业不断加大科技创新投入力度。但当前大型企业研发动力不强，中小企业创新能力不足，基础和前沿技术研究比较薄弱，原始创新能力短板突出，研发投入绩效有待提高，核心技术受制于人的局面尚未根本改变。2017年，我国的创新指数在9个国家排序中处于第7位。

高端产业引领能力指数整体下行。当前，我国制造业严重依赖发达国家的市场订单、生产工艺技术和质量标准，从发达国家进口机器设备和关键零部件，完成贴牌生产后，再返销美国等发达国家市场，我国代工企业在全球价值链中处于“被俘获”和“打工仔”的地位，被发达国家跨国公司价值链“低端锁定”。从长远来看，这种“被俘获”在全球价值链底部的全球分工与发展模式难以为继。2017年，我国高端产业引领能力指数在9个国家排序中处于第6位。

基础能力指数缓慢增长。我国制造业“大而不强”的特征十分突出，制造业许多核心技术仍然主要依赖国外，发达国家能够轻而易举地通过各种规则和手段制约我国国防建设和经济安全，芯片只是该领域的“九牛一毛”。据中国工程院《工业强基战略研究报告》分析，我国关键基础材料、核心基础零部件（元器件）、先进基础工艺、产业技术基础等对外依存度仍在 50% 以上。2017 年，我国的基础能力指数在 9 个国家排序中处于第 6 位。

质量效率指数小幅增加。我国制造业劳动生产率始终保持稳定增长，2008 年之后全要素生产率（TFP）的增长率出现急速下滑，而受益于供给侧结构性改革，2013—2017 年 TFP 贡献率有所回升，达到 20.83%。在现代化工业体系中，工业增长的核心是质量和效益，应依靠质量变革、效率变革、动力变革实现高质量增长，形成更高效的工业运转模式和发展方式。2017 年，我国的质量效率指数在 9 个国家排序中处于第 6 位。

全球价值链治理能力快速攀升。受益于世界 500 强制造业企业数量的快速增加和国家嵌入全球价值链的位置的攀升，我国全球价值链治理能力指数由 2005 年的 11.29 上升至 2017 年的 17.92。2017 年，我国的全球价值链治理能力指数在 9 个国家排序中处于第 3 位。

绿色发展指数在小幅波动中总体向好。我国作为世界第一制造大国，长期处于“高耗能、高污染、高排放”的低效运转模式，能源资源利用效率并未形成全球竞争优势，工业能耗占全社会总能耗的 70% 以上，单位产品能耗远高于国际先进水平，单位产值的污染物排放量远高于发达国家。这不仅拉低了制造业效益水平，降低了产品国际竞争力，也限制了产业和企业转型发展。2017 年，我国的绿色发展指数在 9 个国家排序中处于第 9 位。

三、制造强国建设面临的环境和问题

我国建设制造强国的主要目标应是引领制造业发展方向，赢得未来制造业国际竞争，确保制造业的全球领先地位。制造强国目标的实现，不仅仅表现在规模的扩张，更重要的是在产业基础能力、科技创新、质量效益、全球价值链治理、绿色发展等方面有重大突破。其目标设定必须充分考虑我国国情及国内外经济社会发展的新趋势、新要求，充分考虑全球制造业格局和竞争态势。

（一）国际环境

建设制造强国应充分考虑国际环境的新变化。当前，百年变局与世纪疫情叠加，不稳定性、不确定性增加，经济全球化遭遇逆流，全球产业链供应链格局遭受冲击、加速重构。各国高度重视制造业发展，发达国家实施“再工业化”战略，新兴国家在低端行业追赶，对我国形成“双向挤压”。美国、德国、日本等国家占据全球价值链高端，我国及新兴经济体主要从事中低端产品的生产制造，俄罗斯、中东、南美、澳大利亚等国家提供能源和原材料的全球制造业“大三角”分工格局正在加速解构。在当前高端回流、低端转移、技术封锁、规则排斥的新形势下，我国制造业在全球经济竞争格局中面临“前有围堵、后有追兵”的严峻挑战。全球产业链供应链出现本地化、区域化、多元化的格局。以数字化、智能化、网络化、绿色化为特征的新技术正加速向制造业领域渗透，柔性制造、网络制造、智能制造日益成为全球制造业发展的重要方向。

（二）国内新形势新要求

党的十九大报告提出，到2035年，我国战略目标是基本实现社会主义现代化。全面建设社会主义现代化国家对制造业高质量发展提出了新的更高的要求，科技强国、质量强国、网络强国、数字中国等都需要制造强国的支撑。我国建设制造强国的目标应该与之相协同呼应。中央提出贯彻落实新发展理念，深入推进供给侧结构性改革，促进创新驱动和制造业高质量发展，打好产业基础高级化、产业链现代化攻坚战，为今后一个时期制造业发展指明了方向。国家着力构建现代产业体系和世界级先进制造业集群，有利于加快构建以数字经济和智能经济为主导的现代产业体系，推动科技、金融、人才与实体经济良性循环，构建若干以我为主的全球产业链条，促进我国制造业迈向全球价值链中高端，培育若干世界级先进制造业集群。我国正在加快构建全面开放新格局，大力推动“一带一路”建设，有助于扩大对外开放新空间，推动国际产能合作，促进先进装备和优势产能“走出去”，合作建设境外工业园区和制造业基地，拓展制造业发展空间。

（三）优势基础

改革开放 40 多年来，我国制造业发展取得了举世瞩目的巨大成就，总量规模大幅提升，转型升级快速推进，综合实力不断增强，建成了全球产业门类最齐全、产业体系最完整的制造业，已成为名副其实的“世界工厂”和世界制造业第一大国。自 2010 年以来，我国制造业增加值已连续 12 年位居世界第一。2012 年到 2021 年，我国工业增加值由 20.9 万亿元增长到 31.4 万亿元，接近美、日、德三国的总和，其中制造业增加值占全球比重由 22.5% 提高到 27.4%。[①] 总体来看，我国已成为制造大国并具备了建设制造强国的基础和条件，不仅拥有全球最为完备的工业体系和产业配套能力，而且还具有规模超大、需求多样的国内市场；一些技术已经从过去的“跟跑”到“并跑”甚至向“领跑”迈进，与世界制造强国差距逐步缩小。从行业看，高技术制造业占规模以上工业增加值比重从 2012 年的 9.4% 提高到 2021 年的 15.1%。高技术产业研发投入强度从 2012 年的 1.68% 提升到 2021 年的 2.67%，实现了“从低于全社会研发投入强度 0.23 个百分点到高出 0.23 个百分点”的重大转变。部分重点领域达到世界领先水平，通信设备、轨道交通装备、电力装备、航天装备、海洋工程装备及

① 苗圩：《提升产业链供应链现代化水平》，《经济日报》，2020 年 12 月 9 日第 11 版。

高技术船舶、新能源汽车等基本与世界同步，高铁、第三代核电、“蛟龙”潜海、C919试飞、载人航天、北斗导航等成为大国重器，光伏、新能源汽车、家电、智能手机、消费级无人机等重点产业跻身世界前列。从发展动力看，制造业创新能力建设持续推进，已建立了动力电池、增材制造、信息光电子、印刷及柔性显示、机器人、集成电路、智能传感器、轻量化材料、数字化设计与制造、先进轨道交通装备等23家国家制造业创新中心和国家地方共建制造业创新中心。从企业看，规模以上高技术制造业工业企业数从2012年的2.46万家，增长到2021年的4.14万家，形成了一大批具有国际竞争力的创新型领军企业。2021年世界500强企业榜单中，我国制造业企业有58家入围，比2012年增加27家。中小企业创业创新活跃，专业化水平持续提升，已培育4万多家“专精特新”企业、4762家“小巨人”企业、848家制造业单项冠军企业。[①] 从新增长点看，新兴领域异军突起，智能制造发展势头强劲，数字经济蓬勃发展，规模已位居全球第二。人工智能、区块链、量子通信、智能驾驶等新技术开发应用走在全球前列，数字化制造已在较大范围推广应用，成效显著。

（四）主要问题

我国制造业“大而不强”、质量效率不高的问题十分突出。同时，支撑制造业发展的条件发生变化，建设制造强国还有很长一段路要走。一是制造业结构高级化程度不够，供需错配矛盾突出。产业结构以劳动密集型、重化工型产业为主，技术密集型和知识密集型产业发展不足；产品技术含量以初级加工和简单加工为主，精深加工和复杂加工不足，在全球价值链分工中呈现出大量进口中间产品、出口加工组装产品的特征。低端产能过剩、高端产能不足，产业同质化竞争问题仍很突出。大量中高端消费

---

① 苗圩：《加强核心技术攻关推动制造业高质量发展》，《现代企业》，2018年第7期，第4—6页。

得不到满足，消费外流现象增多。2021 年，我国高技术制造业增加值仅占规模以上工业增加值的 15.1%。虽然近两年我国位列世界 500 强的企业数量连续居于全球首位，但主要依赖规模，创新引领力、国际竞争力与世界一流水平还存在差距。数量庞大的小企业活力强，但存在市场竞争力弱、升级能力不足的现象。欧盟最新的工业研发投资报告显示，全球研发投入前 50 的企业中，我国仅有华为 1 家上榜。二是工业基础能力薄弱，研究投入不足。底层工业数据和设计软件、研发设备等技术工具匮乏，质量标准和检验检测体系不健全，自动控制与感知关键技术、核心工业软硬件、工业互联网、工业云与智能服务平台等制造业新型基础设施支撑能力不足。过去十年统计数据显示，我国企业对基础研究的投入仅占企业研发投入的 0.1%，占全国基础研究总投入的 1.5%，而美国、日本、欧盟企业的基础研究经费约占基础研究总经费的 20%。三是产品质量不高，品牌有待培育。大部分工业产品的功能性常规参数能够基本满足要求，但功能档次、可靠性、稳定性和使用效率等方面还有待提高，高品质、个性化、高复杂性、高附加值产品的供给能力不足，高端品牌培育不够。如我国通用零部件产品寿命一般为国外同类产品寿命的 30%—60%，模具产品使用寿命一般较国外先进水平低 30%—50%。品牌建设滞后，缺少一批具有国际影响力的品牌。据不完全统计，世界装备制造业中有 90% 的知名商标所有权掌握在发达国家手中。世界品牌实验室公布的 2021 年“世界品牌 500 强”排行榜中，我国上榜品牌只有 44 个，而美国入选了 198 个品牌。四是制造业盈利水平低，产业竞争力有待提升。根据国家统计局、工信部数据资料显示，我国企业销售毛利率从 2000 年的 26.5% 下降到 2015 年的 18% 左右，非金融上市公司净利润率从 2000 年的 8% 以上下降到 2015 年的 6% 以下。工业企业盈利下降更为明显，2011—2014 年规模以上工业企业利润同比增速分别为 25.35%、5.27%、12.15%、3.30%，2015 年首次出现负增长，为 -2.3%。2018 年同比增长 10.3%，2019 年 1 至 9 月份，全国规模以上工业企业实现利润同比下降 2.1%。不仅如此，一些制造企业的利润多半来自金融、房地产投资等非主营业务收入。2018 年，美国、日本、德国和韩国制造业劳动生产率分别是我国的5.85倍、3.62倍、3.39倍和3.17倍。五是创新能力整体偏弱，产业链控制缺乏话语权。创新体制机制不健全、产业共性技术研发薄弱、产业链“链式创新”缺失、创新成果转让路径不畅、中小企业创新能力薄弱等突出问题亟待破解。轻工、纺织等行业缺乏知名品牌和行业话语权，电子信息、高端装备、新材料等领域关键核心技术、关键部件和精密设备严重依赖进口，产业链控制能力低，技术安全隐患大。据工信部测算，32%的关键材料在国内仍为空白，52%依赖进口；在计算机和通信制造业，95%的高端专用芯片、70%以上智能终端处理器以及绝大多数存储芯片依赖进口；在装备制造业，高档数控机床、高档装备仪器以及运载火箭、大飞机、航空发动机、汽车等关键件精加工生产线95%以上制造及检测设备都依赖进口。[①] 六是制造业能源利用效率低，绿色发展水平不高。资源能源消耗量大，生态环境问题突出，能源利用效率并未形成全球竞争优势，粗放的能源消耗方式不仅使制造业体系长期处于“高耗能、高污染、高排放”的低效运转模式，也拉低了制造业企业的效益水平。

与此同时，我国制造业发展的支撑条件也发生了重大变化，劳动力成本大幅上升，资源环境压力加大，“人口红利”加速向“工程师红利”转变，对制造强国建设目标构成一定约束。

四、制造强国建设方向路径

面对国际产业分工格局和经济贸易环境变化、新一轮科技革命和产业变革加快的新形势，面对我国经济进入高质量发展的新阶段，制造强国建设必须改变以往产业发展路径，着力突破能够有效提升国际分工地位和价值链层级的关键环节，大力推动由比较优势向竞争优势转变，发挥超大

① 苗圩：《加强核心技术攻关推动制造业高质量发展》，《现代企业》，2018年第7期，第4—6页。

规模国内市场和新型举国体制优势，以制造业创新升级和高质量发展为主线，以重塑制造业核心优势和全球竞争力为导向，以突破关键核心技术、建设优质制造体系、打造世界级集群为支撑，以推进产业深度融合、强化高端要素支撑、优化产业发展生态为保障，推动产业链国际延伸、供应链全球整合、价值链高端提升，促进中国制造向质量效率型、高端引领型、分工主导型转变，提升中国制造的创新驱动能力、链条掌控能力和价值分享能力，增强中国制造的结构协调性、战略支撑性和风险防控性，打好产业基础高级化、产业链现代化攻坚战，全面提升制造业核心竞争力。

（一）结构高级化

充分发挥我国超大规模市场优势和新型举国体制优势，坚持科技自立自强，体系化提升制造业自主创新能力。打好关键核心技术攻坚战，着力突破重点领域“卡脖子”关键核心技术，加强重点技术和产品创新生态体系建设，强化关键环节、关键领域、关键产品的保障能力。着力提升产业链供应链现代化，大力锻造产业链供应链长板，巩固提升优势产业的国际领先地位，持续增强高铁、电力装备、新能源、通信设备等领域的全产业链优势。着力补齐产业链供应链短板，深入实施产业基础再造工程，在关系国家安全的领域和节点构建自主可控、安全可靠的国内生产供应体系。加快布局新兴产业链，以打造产业生态为着力点，前瞻布局工业互联网、云计算、无人驾驶等战略性新兴产业，打造具有前瞻性、战略性、全局性的产业链。加快“强链、补链、建链”进程，推进优势产业和重点企业链条向深度和广度延伸，完善上中下游产品体系。运用新技术、新管理、新模式改造提升传统产业，加大淘汰落后产能和“僵尸企业”，有效化解过剩低端产能。加快壮大战略性新兴产业，推动新一代信息技术、生物技术、新能源、新材料、高端装备、新能源汽车、绿色环保以及航空航天、海洋装备等战略性新兴产业发展，培育发展未来产业，打造有国际竞争力的先进制造业集群，全面提升战略性新兴产业对制造业转型升级的支撑引领作用。

（二）数字化

推动互联网、大数据、人工智能同实体经济深度融合，加快信息化和工业化深度融合，促进制造业加速向数字化发展。运用互联网、大数据、人工智能等现代技术，加快构建网络化、智能化、服务化、协同化的“互联网+”产业生态系统。瞄准数字化、网络化、智能化方向，全面推进产业数字化，加快传统产业改造提升。促进新一代信息技术与制造业融合发展，实施制造业数字化转型行动、智能制造工程、中小企业数字化赋能行动，打造具有国际竞争力的数字产业集群。推动制造业与互联网和智能技术的深度融合，推进产品、生产、装备、管理、服务的智能化，提升制造业数字化、柔性化、网络化、智能化水平，重构制造业生态圈。

（三）集群化

加快集群内部“诸侯混战”向“异质互补”转型，整合打造创新能力强、关联度大、带动力强、辐射面广、集约化高的优势制造业产业集群。抓住影响和制约集群发展的关键环节，把科技研发、科技金融、科技中介、科技创业、技术平台、创新创业、信息和市场网络等关键环节融入集群建设中，拓展集群在产品研发、设计、质量检测、知识产权保护、营销、物流服务等方面的功能，提高集群创新能力和核心竞争力。将集群主导企业的质保体系延伸到配套企业，推动集群由无序聚集走向有机合作，大力加强优质企业培育，支持大企业兼并重组、做强做优、建设世界一流企业，支持“专精特新”中小企业发展、提高专业化发展能力，促进大中小企业融通发展。推进企业战略性重组，通过股份制、合作制、业务外包等多种途径，培育示范带动性强的大企业，提高龙头企业规模水平，成为带动集群发展升级的核心。以开放式互联网平台为基础，加强信息和技术的分享、创造及联合使用，构建“互联网+”产业集群创新区，推动集群产品制造链与流通链、生产生活服务链的高效整合，提高创新资源配置效率。

（四）融合化

推动基于网络化、智慧化的多元产业“跨界融合”，尽快形成多元化、多层次、多形式、多渠道的制造业融合发展新模式。加快科技创新资源与制造业的融合，围绕制造业内部融合所需的产业链延伸、补充、拓展关键技术，构建技术研发平台。发挥产学研一体化技术体系优势，建立产业技术创新联盟或战略联盟，构筑综合性、立体化的产业融合技术支撑平台。培育互联网平台型企业，支持互联网龙头企业建立全产业链贯通、开放式的互联网平台，打造“平台＋智能终端＋内容分发渠道＋应用软件与数字内容服务”跨界融合的产业生态系统。推动先进制造业和现代服务业深度融合，深化业务关联、链条延伸、技术渗透，推动两业相融相长、耦合共生，发展服务型制造，推动工业设计等生产性服务业发展。适应互联网时代用户需求主导的大规模生产定制化趋势，实现基于消费需求的智能感知的制造模式变革。建设面向行业和区域产业融合的各类现代信息公共服务平台，建设面向广大中小企业的公共电子商务平台和信息技术服务体系，引导行业内大企业联合建立服务全行业的共性信息技术应用平台，为制造业融合提供全方位的信息服务。强化产业与金融的融合，实现“产业帮金融落地、金融助产业腾飞”的协同效应，创新互联网新业态企业融资服务方式，发展产业融合金融引导基金、科技小额贷款公司、融资租赁公司、科技融资担保公司等金融机构，推动企业与金融机构有效对接。

（五）绿色低碳化

落实国家碳达峰碳中和战略目标，切实把“低碳化”理念融入制造业转型升级全过程和各个环节中，加快构建绿色低碳高效循环工业体系，积极转变生产方式，推广使用清洁能源，推进制造过程清洁化、制造工艺低碳化、能源资源利用高效化。改进制造技术工艺，不断提升材料利用率，使材料利用率最大化、污染排放最小化。积极推广生态工程、生态设计、工艺设计等技术生态化创新，大力促进工业循环低碳化。以清洁、低碳循环方式引领工业转型升级，加强节能环保技术推广应用，全面推行清洁生产，积极推行低碳化、循环化和集约化，开发绿色产品、建设绿色工厂、发展绿色园区、打造绿色供应链，壮大绿色企业和强化绿色监管，构建高效、清洁、低碳、循环的制造体系。强化产品全生命周期绿色管理，通过绿色设计、绿色采购、绿色制造、绿色营销、绿色处理等价值活动，推动企业打造绿色价值链，实现经济价值和绿色价值的协同创造。加快完善循环经济产业链，创立动静结合的循环产业体系，实现生产过程的减量化、再利用、资源化和无害化。培育生态工业园模式和循环经济产业园区，积极发展循环经济示范企业，大力推进重点行业、重点领域循环经济发展。加快清洁能源和新能源技术开发、装备研制及大规模应用，推广节能新技术和节能新产品，加快高耗能行业的节能技术改造。

（六）国际化

加强制造业国际深度合作，通过在国内设立开放实验室、产业创新联盟、创新孵化器、集成创新网络等多种模式，加强与国际大企业、研究机构和大学间的战略合作。培育具有全球影响力的“互联网+”应用平台，进一步增强整合和利用国际创新资源的能力。加快实现引资、引智、引技相结合，鼓励外商投资战略性新兴产业、高新技术产业、先进制造业，加强与世界一流跨国公司的合资合作，吸引跨国公司在国内设立研发中心、采购中心、管理中心。大力提升“走出去”的层次，建立完善统筹协调机制，积极引导制造业龙头企业“走出去”，推动企业在境外开展并购和股权投资、创业投资、联合经营、设立分支机构和研发中心、实验基地，以及全球营销和服务体系。鼓励优势企业加快发展国际总承包、总集成，带动包括装备、技术、标准、品牌在内的产业输出，通过投资、全球采购和OEM、ODM等多种方式在全球范围配置资源、组织要素，建立跨国生产和营销网络，不断提升我国制造业的全球影响力和竞争力。

五、政策措施

建设制造强国作为国家重大战略，是一项涉及面广、质量安全要求高、政策性强、协调难度大的系统工程，要切实把制造强国建设放在应有的重要位置，采取更加有力的政策措施，营造更为良好的发展环境，动员各方凝心聚力、主动作为、积极参与，推动政策、资金、技术、人才等汇聚到制造强国建设中来。

（一）加强组织协调，强化宏观指导和规划引导

从国家层面进一步提升制造业在经济社会发展全局中的重要地位，从宏观全局把握和统筹，健全领导体制和工作机制，加强部门之间沟通和协调，实行多部门协同综合治理，建立统筹协调制造强国建设的长效机制。在国家制造强国建设领导小组领导下，强化各部委工作组织协调，加强配套政策的顶层设计，形成工作合力，推进制造强国建设战略的实施。组织编制国家制造业发展规划和相关专项规划，开展制造业统计监测调查，加强与相关规划和政策的衔接。建立发展情况动态监测和第三方评估机制，开展定期测评和滚动调整。完善专家组的调研机制、反馈机制和跟踪机制，提高决策的科学性和可行性。充分发挥行业协会的宣传组织和沟通桥梁作用。

（二）实施精准产业政策，推进制造强国建设

必须加快由差异化、选择性向普惠化、功能性产业政策转变，从偏重替代市场、限制竞争的产业政策向以竞争政策为基础、更能发挥创新作用和增进有效市场的产业政策转变。一是在一般竞争领域和非自然垄断行

业，要彻底改变由政府主导资源配置的做法，不应由政府事先挑选“赢家”和“输家”。政府要更多地运用普惠性、功能性产业政策，提供必要的公共服务、基础设施和制度基础，为产业发展创造良好市场环境。二是要把增强自主创新能力、实现由“中国制造”向“中国创造”转化作为政策重心。产业政策应由过去重点扶持供给侧尤其是加工制造环节，转向支持产业基础再造及各领域产业基础能力的薄弱环节，包括基础关键技术、先进基础工艺、基础核心零部件和关键基础材料等工业“四基”和人工智能、工业互联网、5G等新型基础设施建设；转向支持关键核心技术、“卡脖子”技术、前沿引领技术和颠覆性技术创新；转向支持营销网络、品牌培育、供应链管理等制约制造业高质量发展的关键环节，推动先进制造业与现代服务业融合发展，促进产业迈向中高端，实现生产型大国向创新型强国转变。三是要完善公开透明开放的市场规则，实行统一的市场准入制度，打破所有制歧视和行业垄断，完善市场监管，加快形成统一开放、竞争有序的市场体系。从支持国有企业、大企业为主转向保障各类企业依法平等使用生产要素、同等受到法律保护，实现公平竞争。

（三）加大政策支持力度，引导和鼓励社会投入

针对资金“脱实向虚”的倾向性问题，要加强政策协调，强化对制造业的引导和支持。从市场准入、财政税收、土地供给、人才引进、技术创新、投融资、外资准入等方面加大政策支持力度，引导和鼓励社会资金投入。要建立财政引导资金，支持制造业融资，充实扩大小微创业融资基金；建立健全政府参与各类投资基金的投资决策机制，重点支持先进制造技术研发、传统产业重大技术改造和重大专项发展项目；积极发挥政策性金融和商业金融的优势，利用贷款贴息、担保等方式，引导各类金融机构加大对制造业的信贷支持。支持重点领域制造业企业产融结合，开展产品融资租赁业务，推进租赁资产证券化试点。健全多层次资本市场，对符合条件的制造企业在发行股票、企业债券、公司债、中期票据、短期融资券

以及吸收私募股权投资等方面给予支持。

（四）加快布局网络基础设施，强化科技设施建设

加快建设数字中国，在制造业重点领域、重要方向上，构建以数据为关键要素、基于网络平台的协作体系、分工体系和基础设施体系，推进宽带网络光纤化改造、电信普遍服务试点建设，打造若干互联网数据中心、超算中心和云计算平台，促进基础设施数字化、网联化、智能化发展，提升基础设施互联互通和现代化服务水平。

建设重大数字科技设施和创新载体。围绕制造业创新链和产业链，分步推进一批开放式重大数字科技设施、创新载体的建设，加快培育具有提供科研基础设施和条件、实施科技成果转移转化、服务创新创业企业、培育科技创新人才等重要功能，具备全国甚至全球科技创新资源整合能力的数字化科技创新功能性平台，打造协同研发、测试验证、数据利用、交流合作、咨询评估、创业孵化等公共创新服务载体。围绕制造业共性问题，积极推动垂直领域的数字化创新服务平台建设，提高创新资源利用率。依靠现代信息技术，构建创新资本、创新人才和创新技术联动的创新网络，助推多元化参与主体进行技术、资源、资金的多样化协作。

（五）加大科技创新力度，强化人才队伍建设

持续加大科技投入，加强基础研究和应用基础研究，打造原创技术策源地，力争关键核心技术取得重大突破；疏通基础研究、应用研究和产业化双向链接的快车道，推进制造业创新链、产业链、人才链深度融合，打造一批现代产业链“链长”企业；完善科技创新体制机制，形成良好的科研创新生态系统和宏观政策环境；加强分工协作，强化关键技术攻关，提高科技创新考核权重，引导院所回归公益；聚焦行业关键共性技术，设立重大专项，采用“揭榜挂帅”、签订“军令状”组织攻关，集中攻关一批

基础共性技术、突破一批核心部件、推出一批高端产品、形成一批中国标准，提升中国制造品质，打造中国制造品牌。围绕制造强国建设急需、紧缺的重点领域，坚持人才链、产业链、创新链良性互动，培育大量高素质的专业技术人才，尤其是创新型复合型技术领军人才。着力培育具有广阔国际视野和强烈创新意识的企业家，加快造就一大批具有国际水平的战略科技人才、科技领军人才、高水平创新团队。出台有关制造业高端人才引进的配套政策，建立和完善人才培训服务体系，加强专业技术人才和高技能人才队伍建设，把创新精神与企业家精神、工匠精神有机结合起来。支持制造业重点企业参与世界一流大学和一流学科建设，促进制造业相关学科交叉融合。

第十一章

加快我国产业链供应链现代化

产业链供应链现代化水平是决定国家产业竞争力的关键，是保障国家经济安全的核心。党的十八大以来，习近平总书记高度重视产业链供应链现代化问题，多次发表重要讲话、作出重要指示，为我们做好产业链供应链现代化工作指明了前进方向，提供了根本遵循。加快提升产业链供应链现代化水平，形成具有更强创新力、更高附加值、更安全可靠的产业链供应链，是我国实现经济高质量发展、建设现代产业体系和构建新发展格局的根本路径，是增强我国产业国际竞争力、应对风险挑战和维护经济安全的必然要求。

一、准确把握产业链供应链现代化的深刻内涵

产业链是产业经济学的概念，用于描述各类产业主要是制造业内从原材料到加工制造为中间产品直至最终产品的整个生产链条，本质上是基于一定技术经济关系而链式联接起来的企业群结构。供应链是经营管理学的概念，用于描述生产和流通过程中将商品或服务从供应商、经销商送到最终用户的整个链条，本质上是通过对信息流、商流、物流、资金流集成化管控的一种整合、协调经营管理模式。产业链是构建供应链的前提和基

础，没有产业链为依托，供应链就没有供应物来源和供应对象。安全高效的产业链是供应链稳定的必要条件，稳定的供应链是产业链安全高效运行的充分条件。

早在 2015 年 3 月，习近平总书记在参加全国两会上海代表团审议时强调，必须破除体制机制障碍，围绕产业链部署创新链，消除科技创新中的“孤岛现象”，使创新成果更快转化为现实生产力。2015 年 5 月，习近平总书记在浙江考察调研时指出，要促进创新链、产业链、市场需求有机衔接，争当创新驱动发展先行军。2017 年 1 月 17 日，习近平总书记在世界经济论坛 2017 年年会开幕式上发表主旨演讲指出，全球产业布局在不断调整，新的产业链、价值链、供应链日益形成，而贸易和投资规则未能跟上新形势，机制封闭化、规则碎片化十分突出。2019 年 8 月 26 日在中央财经委员会第五次会议上强调，要打好产业基础高级化、产业链现代化的攻坚战。2019 年 10 月在党的十九届四中全会上强调，要提升产业基础能力和产业链现代化水平。2019 年 12 月在中央经济工作会议上强调，要健全体制机制，打造一批有国际竞争力的先进制造业集群，提升产业基础能力和产业链现代化水平。2020 年 2 月 23 日在统筹推进新冠肺炎疫情防控和经济社会发展工作部署会议上强调，产业链环环相扣，一个环节阻滞，上下游企业都无法运转。区域之间要加强上下游产销对接，推动产业链各环节协同复工复产。2020 年 3 月 26 日，在二十国集团领导人应对新冠肺炎疫情特别峰会上强调，作为全球货物贸易的第一大国，中国通过打出政策“组合拳”，稳住外贸基本盘的同时也为全球产业链和供应链注入正能量。2020 年 4 月 10 日在中央财经委员会第七次会议上讲话指出，产业链、供应链在关键时刻不能掉链子，这是大国经济必须具备的重要特征。这次新冠肺炎疫情是一次实战状态下的压力测试。同时，疫情冲击也暴露出我国产业链、供应链存在的风险隐患。为保障我国产业安全和国家安全，要着力打造自主可控、安全可靠的产业链供应链，力争重要产品和供应渠道都至少有一个替代来源，形成必要的产业备份系统。2020 年 4 月在浙江考察时强调，要在严格做好新冠肺炎疫情防控工作的前提下，有力有序推动复工复产提速扩面，积极破解复工复产中的难点、堵点，推动全产业链联动复工。2020 年 4 月 23 日，在陕西考察时指出，要围绕产业链部署创新链、围绕创新链布局产业链，推动经济高质量发展迈出更大步伐。2020 年 5 月 18 日，在第 73 届世界卫生大会视频会议开幕式上的致辞中强调，要加强国际宏观经济政策协调，维护全球产业链供应链稳定畅通，尽力恢复世界经济。2020 年 7 月 30 日，在中央政治局会议上提出，要提高产业链供应链稳定性和竞争力。2020 年 8 月 24 日，在经济社会领域专家座谈会上讲话指出，要依托我国超大规模市场和完备产业体系，创造有利于新技术快速大规模应用和迭代升级的独特优势，加速科技成果向现实生产力转化，提升产业链水平，维护产业链安全。2020 年 10 月 16 日，在中央政治局第二十四次集体学习时强调，我们必须坚定不移走自主创新道路，坚定信心、埋头苦干，突破关键核心技术，努力在关键领域实现自主可控，保障产业链供应链安全，增强我国科技应对国际风险挑战的能力。2020 年 10 月，在党的十九届五中全会上明确提出，提升产业链供应链现代化水平，加强国际产业安全合作，形成具有更强创新力、更高附加值、更安全可靠的产业链供应链。2020 年 11 月 12 日，在浦东开发开放 30 周年庆祝大会上讲话指出，要面向世界科技前沿、面向经济主战场、面向国家重大需求、面向人民生命健康，加强基础研究和应用基础研究，打好关键核心技术攻坚战，加速科技成果向现实生产力转化，提升产业链水平，为确保全国产业链供应链稳定多作新贡献。2020 年 11 月 21 日，在二十国集团领导人第十五次峰会第一阶段会议上讲话强调，要在做好新冠肺炎疫情防控前提下，恢复全球产业链、供应链安全顺畅运转，降低关税、减少壁垒，探讨重要医疗物资贸易自由化。2021 年 1 月 30 日，在二十国集团领导人第十六次峰会第一阶段会议上强调，要维护产业链供应链安全稳定，畅通世界经济运行脉络。2021 年 5 月 28 日，在两院院士大会和中国科协十大上的重要讲话两次强调，创新链产业链融合，对于我们以科技创新提升产业基础能力和产业链现代化水平，具有重大而深远的指导意义。要聚焦区域发展实际，突出创新链产业链融合这一重要抓手，畅通从科技强到企业强、产业强、经济强的良性循环，为城市高质量发展积聚强劲动力。2021 年 11 月，习近平总书记在《求是》杂志发表重要文章《国家中长期经济社会发展战略若干重大问题》指出，要优化和稳定产业链供应链。产业链供应链在关键时刻不能掉链子，这是大国经济必须具备的重要特征。2021 年底召开的中央经济工作会议上指出，要保障产业链供应链稳定。①

从习近平总书记重要论述中可以看出，产业链供应链现代化是我国社会主义现代化进程中的一项重要内容，其内涵具有明显的时代特征。一是提高自主创新能力。适应高质量发展的要求，要突出创新在产业链供应链现代化中的核心动力作用，加快核心技术和“卡脖子”技术研发，提高产业链供应链自主可控水平，在部分关键领域加快实现从跟跑、并跑到领跑。二是加强安全稳定性。适应国际环境不确定、不稳定增加的要求，要以畅通堵点为重点推动产业链供应链安全稳定运行，增强产业链具有抗风险、抗变动的韧性和能力，提升产业链供应链的稳定安全可靠性，提高应对外部冲击的能力和水平。三是推动数字化转型。适应新技术革命和产业变革的要求，要强化数字技术应用，提高产业链供应链在时空上的数字化协同和集成能力，增强产业链供应链的灵活性。四是加快绿色低碳发展。适应双碳目标的要求，要加快产业链供应链向绿色低碳化转型。五是增强国际竞争能力。适应国际经济竞争格局新变化，要不断推动产业迈上价值链中高端，提高产业链条的价值创造能力和附加值。积极融入国内大循环，吸引和利用全球要素，引导“两头在外”型企业面向国内市场进行本土化创新，推动芯片、关键材料、核心部件、工业软件等企业充分利用国内产业门类齐全、产业体系完备、市场需求庞大的优势加快迭代升级，培育参与国际竞争合作新优势。②

产业链供应链现代化具有产业基础高级化、价值链高端化、全链条数

① 中共中央宣传部、国家发展和改革委员会编：《习近平经济思想学习纲要》，人民出版社、学习出版社联合出版，2022 年，第 118 页。

② 苗圩：《提升产业链供应链现代化水平》，《经济日报》，2020 年 12 月 9 日第 11 版。

字化和发展模式低碳化等特征，要以夯实产业基础能力为根本，以提高自主可控、安全韧性为目标，以数字化发展为方向，以绿色低碳化发展为要求，以提高国际合作为途径，加快补齐短板、锻造长板，全面提升国际竞争力。产业链供应链现代化水平提升应包括产业基础能力提升、产业链控制力增强和治理能力提升、安全高效、绿色低碳、数字化、韧性强、链条协调顺畅等方面的内容。

二、全球产业链供应链进入重构变革期

近年来，国际经济政治格局复杂多变，不稳定性不确定性因素明显增加，新冠肺炎疫情影响广泛深远，俄乌发生冲突，经济全球化遭遇逆流，全球经济体之间的合作与竞争升级，加剧了全球产业链供应链之间的协同与竞争，加速了全球产业链供应链重构，全球产业链供应链呈现出多元化、本土化、区域化、数字化、低碳化新趋势。

（一）多元化

近年来，许多国家开始警惕“把鸡蛋放在同一个篮子”的断供风险，对多数产品供给来源进行“备份”，全球产业链布局呈现多元化新趋势。全球产业链供应链调整动力日益由追求成本和效益的经济因素主导转向经济、政治、安全、环保等共同发力，全球产业链调整动力日趋多元化。一是追求安全动力。部分产业链涉及科技、军事、战略资源等内容，主要发达经济体在敏感核心领域加强对外资的审查力度、设置更多障碍。可以预判，未来各国可能将根据双边关系和疫情防控成效来划分“朋友圈”，进而对产业链布局调整。二是追求“政治圈”的动力，如一些国家实施的贸易和投资保护主义，把价值观不同的国家的产业链排斥在外。三是追求绿色低碳的气候环保动力。清洁能源等绿色产业链正在快速发展，高碳及传

统化石能源行业产业链发展受到抑制；跨国公司正在通过绿色采购的市场机制，促进绿色低碳产业链供应链形成。

（二）本土化

出于应对自然灾害、抵御地缘政治风险、强化关键战略产业供应安全等考虑，特别是新冠肺炎疫情暴发，推动世界各国高度重视本国产业链供应链的安全稳定问题，世界主要经济体纷纷加强在本土以及周边地区的布局，全球产业链供应链呈现本土化趋势。发达国家加快产业“回流”战略部署，并在高新技术产业领域加大本土投资扶持力度，提升本国产业链自主化水平和供应链保障能力。以安全为由加大技术流出限制，发达国家提出科技创新“安全”理念，出台尖端技术相关法律，强化尖端技术出口管制。近年来，美国提高对制造业的重视程度，实施“再工业化”战略，提出“让制造业回归美国”，引导产业链供应链回归本土。2019 年，《德国工业战略 2030》提出要把工业生产制造的所有环节放在一个经济地区，打造完整的产业链供应链，增加工业附加值，减少外部冲击和威胁。2021 年 3 月，欧盟通过《供应链法》草案，试图以“保护性措施”推动欧盟经济竞争力回归，并“在必要时进行储备和自主行动”。《面向 21 世纪欧洲工业政策宣言》亦有该项内容。与此同时，德国加强了对境外企业的审查。

面对新冠肺炎疫情与俄乌冲突，拥有更长链条、更多生产环节的跨国公司调整生产以及供应链，追求生产过程的简化以及使用在岸或近岸生产甚至国内生产，进一步推动产业链供应链短链化发展。关键行业的跨国公司就此搬迁回本国，尤其是关系国计民生的重要原材料、零配件、中间投入品等产业的全球价值链回流，以满足本国政府和社会所追求的自主可控。

（三）区域化

近年来，新冠肺炎疫情使不少国家都经历了生产中断、供应链停摆等问题，从而形成特定区域内的产业空间集聚。跨国公司将会选择集中在一个国家或者临近国家边界线上进行生产，区域内贸易成为国际贸易的主要组成部分。发达国家近年来签订的若干高标准自贸协定，如《全面与进步跨太平洋伙伴关系协定》（CPTPP）、《美墨加协定》（USMCA）、《欧日经济合作伙伴关系协定》（EPA）等签署和落地，会进一步强化北美、欧洲和亚洲三大板块的区域化特征。

新冠肺炎疫情暴发以来，尽管全球供应链和产业链存在不稳定性，但是区域内的贸易往来却有所增多。例如，美国主导重新签署了《美国—墨西哥—加拿大贸易协定》，提出 5 年过渡期内一辆汽车零部件的北美原产地占比必须从目前的 62.5% 逐步提高到 75%，并要求汽车制造商至少 70% 的钢铁和铝原料必须来自美加墨。日本根据“海外供应链多元化支援”政策，对生产高度集中在特定国家的产品和对国民健康生活极为重要的产品，支持企业对供应链进行区域化布局，将生产从特定国家迁往以东南亚为中心的国家。

未来，用于生产所需的中间品贸易主要在区域内进行，全球产业链将会朝着区域化、次区域化的方向发展，跨国公司的全球产业链将在欧洲、北美、东亚、东盟等区域聚焦。由于美国与加拿大、墨西哥的产业互补性较强，北美供应链区域化将会愈发明显。而东盟、中日韩等次区域化也将替代全球化成为新的产业链发展趋势。

（四）数字化

当今世界，以云计算、大数据、人工智能、互联网为核心的科技革命和产业革命方兴未艾，正在持续重塑产业链供应链格局，全球主要国家在数字经济、5G 等高科技领域的竞争日益激烈，全球产业链供应链呈现数字化趋势。近年来，在新冠肺炎疫情影响下，各行业都在加速数字化进程，智能工厂快速发展、工业互联网广泛应用、线上线下供需互动更加频繁，互联网、大数据、云计算、人工智能、区块链等技术加速创新，数字化的技术、管理、文化、理念等广泛应用到疫情治理、贸易、金融、教育、行政管理，以及农业、工业、服务业等多个产业，促使人们的生产观念、生活方式等发生深刻地变革，跨境电商实现逆势高速增长，“云经济”“宅经济”等创新商业模式不断涌现，加速了产业链供应链数字化转型趋势，数字经济成为推动全球产业链变革的新动力。数字技术加速创新，不断成熟、扩散和渗透，带动产业数字化转型升级，成为增强产业链供应链韧性的重要力量。数字全球化通过网络和数字平台促进数据的跨境流动，改变了国际经济的形式、全球化参与者的构成以及与之相关的国际经济投资规则体系。数字技术正重塑全球价值链，改变全球化参与者构成，全球价值链知识密集化、区域化、短链化特征进一步凸显。

（五）低碳化

在全球气候变化、环境污染、资源匮乏等人类面临的共同挑战下，在各国应对气候变化政策的推动下，世界将迎来一场绿色低碳技术革命和产业变革，全球产业链供应链将更加绿色低碳化。不少国家已经宣布碳中和承诺，主要企业也纷纷提出碳达峰、碳中和时间表。目前，全球 130 多个国家和地区陆续宣布了碳中和目标。2020 年 3 月，欧盟决定以立法形式明确到 2050 年实现碳中和；10 月，韩国和日本也相继宣布 2050 年的碳中和目标。同时，美国政府重回《巴黎协定》并开展一系列清洁能源革命，争取在 21 世纪中叶达成净零碳排放。在应对气候变化的长期目标方面，世界主要工业大国达成了共识，“绿色化”已经成为未来全球价值链的重要演进方向。碳中和会推动国际经贸谈判中达成高碳减排标准，跨国公司在碳减排的约束下可能更愿意在碳减排要求高的经济体进行投资，全球产业链、供应链绿色低碳转型趋势会加快。全球产业转型和能源转型步伐加快，国际经贸谈判推动形成高碳减排标准、高碳产业国际转移减少、全球产业链供应链绿色低碳转型、能源结构及各国竞争力重塑、绿色贸易投资壁垒增加等，全球产业链调整将在一定程度上影响全球低碳国际公约的倾向性，高碳行业产业链国际产业转移受阻，全球产业链供应链正加快向绿色低碳转型。

三、我国产业链供应链安全稳定形势复杂严峻

当前，新一轮科技革命和产业变革风起云涌，全球产业链供应链竞争日趋激烈。新冠肺炎疫情影响广泛，世界经济面临衰退甚至萧条，经济全球化遭遇逆流，“卡链”“断链”“掉链”现象全球蔓延，国际循环出现局部性梗阻，我国产业链供应链承受低端产业转移、高端供应链回流的双重压力，各种外部冲击导致风险趋升，产业链供应链不稳定性、不确定性明显上升。

（一）发达国家压制效应陡增

美欧日等发达国家纷纷出台政策，以安全为由加大技术流出限制，加快产业链布局转向。美国、日本支持本国企业从我国迁出，并联合澳大利亚、印度和新西兰欲构建日澳印新产业链联盟、科技联盟围堵中国，全球产业链调整的格局出现“去中国化”现象。美国针对中国制造经贸摩擦，企图将中国排斥在全球产业链之外，导致全球产业链调整出现两种倾向：一是与美国市场密切相关或对美国技术高度依赖的跨国企业，或者在美国加强投资，或者弱化与中国企业和市场的联系，将投资转移至东南亚等地。二是与中国市场相关的企业，被迫在全球范围内寻找能够规避美国关税墙或保护主义壁垒的出口基地作为生产的“原产地”。那些接受产业转移的国家在美国加征关税的压力下，可能会进一步采取与美国相似的保护政策，从技术转移、原材料采购、重大技术设备供应等方面和中国产业链供应链保持距离。

我国传统的技术引进利用模式遭遇空前阻击。多年来，在诸多先进制

造和高新技术领域，已形成了发达国家主导的国际产业生态圈，一些关键零部件和软件平台垄断局面短期很难打破。为了巩固和再造产业优势，先行工业化国家纷纷制定制造业回流与振兴计划，再工业化重心主要集中在高端制造和新兴产业领域，使我国未来产业升级受到越来越明显的竞争和挑战。随着先行工业化国家不断强化维护和强化先发优势和技术垄断，不断筑高外国直接投资的“堤坝”，针对全球产业链供应制高点、控制权的争夺将更趋激烈，我国引进和利用外部技术的渠道受阻，可能在短时间内进一步加剧我国关键技术“卡脖子”问题，利用外部资源推动产业链供应链升级的渠道不断收窄。

（二）部分跨国企业产业链核心环节加速外迁

新冠肺炎疫情前，在中美经贸摩擦升级、中国劳动力成本上升等背景下，部分产业面临产业转移和贸易转移双重风险，一些劳动密集型产业、加工贸易行业及以美国市场为目标的中低端产业，迁出中国的进程加快。近年来，中国对美出口机电产品主要被墨西哥、日本、德国等替代。新冠肺炎疫情后，随着各国政府鼓励涉及国家安全和基础民生的产业（如医疗设备、药品、军工、高科技产业等）回流，以及跨国公司出于兼顾成本与分散风险等考虑而调整产能布局，降低在华生产的产业链比重。新冠肺炎疫情暴发以来，发达国家出台多项刺激计划，鼓励医疗设备、药品、半导体、汽车、军工、信息通讯等涉及国家安全的产业回流本国，降低核心环节在华生产比重。部分跨国企业为分散大国博弈和新冠肺炎疫情扩散导致的双重风险，必然在生产效率、经营利润之外更看重产业链本土化带来的安全性、稳定性，加速产业链核心环节回流本国步伐，将导致相关产品、零部件供应受阻，不利于我国产业链稳定。

（三）新兴经济体挤占效应渐显

当前，我国要素成本持续上升，低成本比较优势趋于弱化，相比之下，一些后起国家后发优势逐步显现，追赶步伐加快。东南亚、南亚等新兴发展中国家，如印度、越南、柬埔寨、缅甸、孟加拉、斯里兰卡等，利用后发优势，加上各项优惠政策叠加作用，开始加快当地制造业快速发展，一批新的世界加工制造基地正在悄然兴起。为保护本国相关产业发展，加快追赶进程，一些后起国家针对我国传统优势出口产品的贸易保护举措也越来越多，一些传统矿产资源出口国家加大初级资源出口管控力度，力求更大程度上在本国延伸和拓展下游产业链条。

随着大国博弈持续加剧，新兴经济体凭借更低的劳动力和要素资源成本优势，不断吸引跨国公司产业转移。跨国公司向东南亚和南亚等地区的产业转移步伐有所加快。中美经贸摩擦以来，为应对美国对华加征关税影响，一些美国品牌商和客户要求中国供应商将生产基地转移至东南亚国家，甚至要求企业给出转移时间表，否则将失去新产品开发权和新的订单。近年来，中国对美出口的家电、玩具等产品主要被越南、加拿大、中国台湾地区所替代，纺织品主要被越南、印度、印度尼西亚等替代。与此同时，我国一些企业出于降低生产成本、拓展国际市场、优化全球布局等战略考虑，从自身利益诉求出发，主动选择加大对新兴国家的投资力度，在海外建设生产基地和营销网络。随着新兴国家吸引产业转移力度不断增强，产业链供应链体系也不断完善，对我国相关产业产生的挤占效应也逐步显现。

（四）高碳产业链转移面临更高的绿色壁垒

当前，越来越多的国家已着手制定和实施碳中和具体方案，全球产业链供应链加快向绿色低碳转型，对我国传统行业特别是高碳行业全球产业链布局调整造成影响。一方面，我国钢铁、有色、化工等高碳行业向外转移和国际产能合作步伐减慢；另一方面，高标准环境保护和碳排放要求将成为全球经贸规则的重点，全球产业链“链长”将率先构建更高标准的绿色供应体系，对我国相关企业对外投资和产品出口形成更高门槛，一些达不到低碳技术要求的企业必将被排除在全球产业链体系之外。

（五）能源资源供给、地缘政治和极端事件冲击加剧

全球能源资源版图正在发生重大变化。近年来，美国正加快实现“能源独立”，由于美国页岩油气开发取得重大进展，美国在 2017 年成为天然气净出口国，2018 年成为原油和成品油净出口国。预期未来国际能源供需格局将逐渐从以沙特为首的石油输出国组织（OPEC）、以俄罗斯为代表的非 OPEC、以美国为代表的消费方构成的三角关系，向更为复杂的四角关系嬗变。其中，美国由过去单纯的需求方，向兼具需求方与供给方转变；而消费方则由我国、印度等新兴经济体以及欧日等美国传统盟友构成。全球能源供需格局变化，一方面会增加全球油气资源供应，压低和稳定国际油价，为我国多元化利用国际资源带来机遇。但如果美国逐步降低和摆脱对中东石油依赖，中东地缘政治经济风险明显上升，我国进口石油的安全风险将会加大。

新冠肺炎疫情对产业链供应链形成强烈冲击。普遍隔离措施导致人流物流大幅减少，聚集性现场消费大幅缩水，相关消费品尤其是非必需性消费品需求受到压制，国际市场商品需求走低，企业投资趋于谨慎，国际经贸活动遭受空前打击，产业链供应链安全遭遇重大威胁。主要发达国家开始更加重视产业链供应链安全，未来不断加强制造业发展韧性成为欧美等国家的战略共识。

极端天气和自然灾害扰动频繁。气候变化已成为人类健康和生计以及全球经济活动的主要威胁，由此引发的极端天气事件日益增多，重大水灾、雪灾、旱灾等自然灾害时常干扰冲击经济社会正常运行，对产业链供应链稳定提出迫切要求，也带来严峻挑战。

四、我国产业链供应链发展现状与问题

经过 40 多年的改革开放，我国依托低成本劳动力和土地等要素资源优势，已形成规模庞大、配套齐全的完备产业体系，有 220 种工业品产量居世界第一位，成为名副其实的“世界工厂”和世界制造业第一大国，是全球唯一拥有联合国产业分类中全部工业门类的国家，在诸多行业积累形成了完整的产业链供应链体系，在诸多领域的国际产业分工中占有举足轻重的地位。进入新发展阶段，我国经济长期向好的基本面没有改变。2020 年，我国新冠肺炎疫情防控取得重大战略成果，国内生产总值（GDP）突破 100 万亿元、比上年增长 2.3%，是全球主要经济体中唯一实现正增长的国家，人均 GDP 连续两年突破 1 万美元。我国加快构建新发展格局，扩大高水平对外开放，国民财富持续增长，产能规模效应明显、产业配套齐全、创新动力充足等因素进一步累积，产业链供应链创新与应用试点进入新阶段，大中小企业融通发展的格局正在形成，产业链供应链自主可控能力得到稳步推进，产业链供应链数字化、绿色化转型加速，应对产业链供应链风险的机制初步形成，为提升产业链供应链现代化水平奠定了基础。但应当看到，与发达国家相比，我国产业链供应链存在现代化水平不高、基础能力薄弱、自主可控能力不高、价值链分工地位低、数字化转型缓慢、全链条协同性不强等突出问题，亟需加以解决。

（一）科技自主创新能力不强

近年来，我国在市场化导向下，以制造企业为主体的应用型创新突飞猛进，并带动国家科技实力和创新能力不断提升。我国全球创新指数排名从 2012 年的第 34 位提升到 2022 年的第 11 位，成功进入创新型国家行列。2012—2021 年，全社会研发投入从 1.03 万亿元增加至 2.79 万亿元左右。

但比较而言，我国技术创新能力仍不适应未来高质量发展要求。根据世界知识产权组织发布的，这与我国世界第二经济大国和第一制造大国的地位仍然很不相称。2021 年，我国研发投入强度达到 2.44% 左右，而 2018 年，美国、德国、日本、韩国的研发强度分别达到 2.83%、3.13%、3.28%、4.53%。上述国家制造业研发投入占总投入的比重分别为 46.9%、58.8%、68.7%、71.3%，均远高于其制造业增加值占 GDP 的比重，制造业本身的研发投入强度均不同程度高于我国。我国机械行业研发经费投入强度约为 1.4%，远低于工业发达国家机械制造企业 3% 以上的水平。

（二）关键核心技术依然受制于人

改革开放以来，我国建立起了门类比较齐备的产业体系，但关键核心技术受制于人的问题依然没有得到根本解决，高端和关键核心环节普遍存在不同程度的对外依赖，且有些产业核心技术与发达国家有相当大的差距。2021 年，我国高新技术产品占出口的比例为 29.2%，高技术产业增加值占规模以上工业增加值的比重仅为 15.1%。据中国工程院对 26 个制造业行业开展的产业链安全性评估，目前 6 个行业自主可控，占比 23%；10 个行业安全可控，占比 38.5%；2 个行业对外依存度高，占比 0.77%；8 个行业对外依存度极高，占比 30.8%。据测算，我国 70% 以上的光纤制造装备、集成电路芯片、轿车制造设备、高端分析仪器、高端医疗器械、硫化染料、高端数控机床、高端传感器、航空发动机等高度依赖进口，80% 的规划软件、50% 的制作软件被外企占据。高端芯片制造工艺落后国际先进水平 2 代以上，在 14 纳米以下（以 7 纳米、5 纳米为主）的集成电路产业链中，美国及其盟国在设计软件、高端光刻机和抛光机整机、部分高端材料［如高端光刻胶及其原材料和高端化学机械抛光（CMP）抛光垫］等领域都具有绝对的垄断地位。95% 的高端专用芯片依赖进口，芯片已经成为我国进口最多的商品。目前，我国中央处理器（CPU）、存储器、现场可编程门阵列（FPGA）、图形处理器（GPU）、显示芯片、汽车芯片等芯片对外依存度在 90% 以上，手机芯片对外依存度在 80% 以上。光刻机、刻蚀机、离子注入机、薄膜检测设备等半导体制造装备对外依存度超过 70%。硅片、光刻胶、电子特种气体、光掩膜等是生产半导体的关键基础材料，对外依存度均超过 80%。这些国家一旦“断供”，对我国相关产业链安全的影响和冲击较大。

（三）产业链质量效益和品牌水平不高

我国诸多产品质量品质参差不齐，尤其是可靠性、一致性、稳定性与国际先进水平仍有较大差距。大部分工业产品的功能性常规参数能够基本满足要求，但功能档次、可靠性、稳定性和使用效率等方面还有待提高，高品质、个性化、高复杂性、高附加值产品的供给能力不足，高端品牌培育不够。如我国通用零部件产品寿命一般为国外同类产品寿命的 30%—60%，模具产品使用寿命一般较国外先进水平低 30%—50%。国产合成材料由于产品牌号少，性能和质量稳定性不能完全满足下游需求。我国虽是第一钢铁大国，但通用钢材产品质量和性能波动仍然较大，部分高性能钢铁品种质量仍难以满足高端用途。一些工业机器人减速器针齿壳铸件材料存在不耐磨、有石墨析出、使用后润滑脂发黑等问题，影响产品使用寿命。在轻工、家电、纺织服装等领域，尽管中国制造已经遍布全球各国市场，但高附加值、高品质的产品比例仍然不高，品牌信誉度相对较低，一些产品国际流通渠道仍然被具有品牌和研发设计优势的跨国公司把控。品牌建设滞后，缺少一批具有国际影响力的品牌。据不完全统计，世界装备制造业中 90% 的知名商标所有权掌握在发达国家手中。世界品牌实验室公布的 2021 年“世界品牌 500 强”排行榜中，我国上榜品牌只有 44 个，而美国入选了 198 个品牌。我国品牌发展的总体水平与我国经济和贸易的发展程度很不相称，与发达国家相比还有很大差距：一是品牌知名度不高；二是品牌资产价值有待提升；三是品牌国际化进程缓慢；四是品牌自主创新能力有待加强。实践表明，夯实质量基础设施，加快推进品质革命和效率变革，是提升产业链供应链现代化水平的必由之路。

（四）区域产业链同质化竞争现象突出

近年来，各地区过于强调全产业链发展模式，发展新兴产业的积极性很高，将资源和政策倾斜配置到战略性新兴产业中，地区间缺乏基于产业链各环节的分工规划，一些地方产业链封闭化发展倾向增加，一些新兴产业也出现了无序发展的苗头。有的地区不顾自身发展条件，竞相提出自建世界级先进制造业集群，全周期布局研发创新、加工制造、增值服务等产业链上下游环节，甚至打造从科技创新到转移转化再到推广应用的全过程。比如，各地重复布局高端芯片项目以及全链条布局电动汽车、氢能源、数字经济等新兴领域的现象十分普遍。链群封闭发展导致产业重复建设、资源过度竞争、市场碎片化等问题，最终不利于链群协作体系和良好竞争生态的构建。

（五）能源资源供给安全受到外部威胁

尽管我国能源资源利用水平显著改观，但传统粗放发展模式尚未根本转变，资源能源利用效率、主要污染物排放强度与国际先进水平仍然存在明显差距，能源资源供给顶板效应日趋显现。我国能源资源消耗和污染排放总量已相当可观，未来能耗“双控”和碳达峰碳减排的压力将显著增大。

近年来，受到全球新冠肺炎疫情蔓延、世界经济衰退、地缘政治冲突加剧、矿山减产停产、进出口管控等因素影响，大宗能源资源原材料价格大幅上升，资源战略安全受到外部严重威胁，特别是我国能源矿产资源对外依存度不断攀升，能源资源安全问题和供应风险明显增大。我国企业全球资源战略布局起步较晚，海外供应基地建设进展缓慢，掌控的海外矿产资源多数复杂难处理或处于特殊环境条件之下。

（六）高碳行业产业链面临更高的绿色壁垒

当前，越来越多的国家正在制定和实施碳中和具体方案，全球130多个国家和地区陆续宣布了碳中和目标，全球产业链供应链加快向绿色低碳转型，对我国传统行业特别是高碳行业全球产业链布局调整造成影响。我国正处在快速工业化过程中，对钢铁、水泥、大宗工业品的需求依旧旺盛，这决定了我国经济的高碳特征；“富煤、贫油、少气”的基本国情决定了我国当前能源消费结构的基本特征。从能源消费结构看，2021年，我国煤炭、石油和天然气在能源消费总量中所占比重分别为56%、18.5%和8.9%，非化石能源消费比重达16.6%，化石能源仍占主导地位，必然导致碳排放总量和碳排放强度偏高。从产业结构来看，能源产业、工业制造业、交通运输业和建筑业是碳排放最高的四大行业领域，其产生的碳排放在碳排放总量中占比高达92%。从地区分布来看，传统重化工业区和能源重点产区是减污降碳压力较大的重点地区。2020年，全球碳排放总量大约322.8亿吨，我国二氧化碳排放量为139亿吨，在全球占比30%左右。一方面，我国钢铁、化工等高碳行业向外转移和国际产能合作步伐减慢；另一方面，高标准环境保护和碳排放要求将成为全球经贸规则的重点，全球产业链将率先构建更高标准的绿色供应体系，对我国相关企业对外投资和出口形成更高门槛，一些达不到低碳技术要求的企业将被排除在全球产业链体系之外。

五、对策措施

当前，全球产业链供应链竞争日趋激烈。我国既要打好“前攻”，又要做好“后防”，更要守住“底线”。要充分发挥制度优势和超大规模市场优势，加快构建以国内大循环为主体、国内国际双循环相互促进的新发展格局，坚持经济性和安全性相结合，以夯实产业基础能力为根本，以自主可控、安全高效为目标，打好产业基础高级化、产业链现代化的攻坚战，锻造产业链供应链长板，补齐产业链供应链短板，围绕产业链部署创新链，围绕创新链布局产业链，实现创新链和产业链深度耦合，推动产业链国际延伸、供应链全球整合、价值链高端提升，形成具有更强创新力、更高附加值、更安全可靠的产业链供应链，推动供应链产业链优化升级。要加强全球化布局，打造世界级产业集群，加快提升我国产业链自主可控能力，从根本上保障我国产业安全。①

（一）整合科技力量打好关键核心技术攻坚战

强化科技创新举国体制，把技术创新置于现代化建设全局中的核心地位，大力开展自主创新，加快攻克重要领域“卡脖子”技术，掌握更多“撒手锏”式技术，尽快在市场需求迫切、供给风险大的领域缩小与发达国家的技术差距。一是加强对“卡脖子”问题加强核心技术攻关，加快研究实施关键核心零部件、技术的可替代性措施。在重点突破范围内，对重点制造业核心领域的产业链断供情况进行系统排查，组织实施国产替代推进计划。二是加强对前瞻技术和未来产业发展方向的战略性研究，加大对前瞻技术的研发投入，积极培育早期市场，引导企业开展前瞻技术的工程化、产业化工作。加强类脑智能、量子信息、基因技术、未来网络、深海空天开发、氢能与储能等前沿科技和产业变革领域的科技创新重大项目的部署和实施，推动颠覆性技术创新。三是洞悉国际关键核心技术领域，提高技术创新效率。摒弃过去的由技术模仿到技术创新，要利用新科技革命出现前后的机会期，洞悉国际科技发展前沿理论与技术领域，凝练最新科学问题，明晰关键核心技术瓶颈，加大新兴科技领域的自主创新投入，优化创新资源的配置机制，提高科技创新效率，形成从基础研究、应用研究、技术研发再到产业化的全链条布局。四是建立产学研协同创新的新机

① 苗圩：《提升产业链供应链现代化水平》，《经济日报》，2020 年 12 月 9 日第 11 版。

制。建立企业、高校、科研院所优势互补、风险共担、利益共享、协同发展的产学研合作创新机制，构建具有内在创新动力的现代企业制度，以及技术、产业选择规划与相应的创新资源配置之间的联动机制。五是强化产业链供应链协同创新的人才支撑。构建“创新型”教育体制，加大科研人才培养力度。从改革和创新教育体制入手，加大支持基础学科发展和基础学科研究人才培养力度。通过“强基计划”等多种方式，大力培养国内高端人才。通过“筑巢引凤”，创造“类海外”的发展环境，吸引加大海内外领军人才和创新团队回国创新创业创造。

（二）培育发展一批具有核心竞争力的链主企业

进一步深化改革，不断增强企业活力和实力，提升本土企业在产业链价值链中的地位，提升产业链技术的自主可控力。着力培育一批具有全球竞争力的世界一流企业，支持大企业做强做优，优化兼并重组市场环境，支持企业整合创新资源和要素，培育一批具有生态主导力的产业链“链主”企业。同时，大力培育“专精特新”企业，在产业链重要节点打造一批细分行业和细分市场领军企业、单项冠军、“独角兽”和“小巨人”企业。在此基础上，发挥“链主”企业、龙头企业以及大企业的核心作用，引导中小型创业企业积极参与分工协作，创新大中小企业利益联结机制，培育大中小企业共存的“1+N”产业生态系统，打造特色产业企业集群。要落实好各项惠企稳企政策，大力弘扬企业家精神，营造干事创业良好氛围，成长出一批具有国际视野的企业家和实干家。打造一批世界级产业集群，对推动企业专业化分工协作、有效配置生产要素、降低创新创业成本、节约社会资源等具有重要意义。加强产业规划引导力度、统筹指导产业发展布局，完善配套协作体系，提高产业公共服务能力，促进价值链企业的要素集聚，带动产业链“稳链、补链、强链、延链”。

（三）大力推动产业链供应链优化升级

拥有一批产业链供应链长板优势是产业链供应链现代化的重要标志，补齐产业链供应链短板是提升产业链供应链现代化水平的紧迫要求。抓住全球产业重构机遇，充分发挥我国超大规模市场优势和内需潜力及构建国内国际双循环相互促进的新发展格局机遇，一方面，加快补齐短板，着力固链强链延链补链，实现我国核心产业链自主高效，促进产业链加快向全球产业链的高附加值环节跃升，抓紧布局战略性新兴产业、未来产业，补齐制造业核心产业链，提升产业基础能力高级化，提升核心产业链现代化水平。另一方面要锻造长板，在我国处于领跑地位、有望形成战略反制的高铁、电力装备、新能源、通信设备等新兴产业领域，进一步巩固领先优势，锻造一批具有威慑力的“杀手锏”技术谱系。深入开展质量提升行动，加强标准、计量、专利等体系和能力建设，完善质量基础设施，发展新一代检验检测和高端计量设备仪器，健全公共技术服务平台，进一步完善专利制度，支持中小企业提高产品一致性、可靠性、稳定性。推进品牌建设，塑造“中国制造”优质品牌形象。

（四）着力提升产业链供应链数字化水平

抢抓数字经济和数字化发展新机遇，以数字化转型促进传统产业转型，将数字技术有机融入研发设计、物流供应、生产制造、消费服务等环节，促进产业线上线下循环，加快产业链和供应链有机融合，提高产业链供应链效率。同时，要着力打造数字化转型的平台载体，着力建设一批开放共享的国家级、区域级工业互联网平台和智能工厂。积极布局数字经济产业链新基建，加快推动产业数字化和数字产业化，培育壮大人工智能、大数据、区块链、云计算、网络安全等新兴数字产业，提升通信设备、核心电子元器件、关键软件等产业水平。构建基于5G的应用场景和产业生态，在智能交通、智慧物流、智慧能源、智慧医疗等重点领域开展试点示范。鼓励企业开放搜索、电商、社交等数据，发展第三方大数据服务产业。推进产业数字化转型，实施“上云用数赋智”行动，推动数据赋能全产业链协同转型，在重点行业和区域建设若干国际水准的工业互联网平台和数字化转型促进中心，深化研发设计、生产制造、经营管理、市场服务等环节的数字化应用，培育发展个性定制、柔性制造等新模式，加快产业园区数字化改造。深入推进服务业数字化转型，培育众包设计、智慧物流、新零售等新增长点。加快发展智慧农业，推进农业生产经营和管理服务数字化改造。加快以数字化、智能化为核心的“新基建”。加快产业数字化、智能化转型升级，加速 5G 网络、数据中心、人工智能、物联网建设等“新基建”，建立数字经济产业链的集群优势。系统布局新型基础设施，构建多层次的工业互联网平台体系。

（五）加快推动产业链供应链绿色低碳转型

在推进产业链供应链现代化过程中，要更加注重资源节约和环境保护，切实把“低碳化”理念融入产业转型升级全过程和各个环节中，加快构建绿色低碳高效循环工业体系，坚决落实碳达峰碳中和目标任务，加快推动产业链供应链脱碳，尤其要从供应链上的高耗能高排放环节入手，加强绿色采购和绿色供应商管理。推进工业绿色升级，加快实施能源、钢铁、有色金属、石化化工、建材、交通、建筑、纺织、造纸、皮革等行业和领域碳达峰实施方案。推行产品绿色设计，建设绿色制造体系。大力发展再制造产业，加强再制造产品认证与推广应用。建设资源综合利用基地，促进工业固体废物综合利用。全面推行清洁生产，依法在“双超双有高耗能”行业实施强制性清洁生产审核。完善“散乱污”企业认定办法，分类实施关停取缔、整合搬迁、整改提升等措施。加快实施排污许可制度。加强工业生产过程中危险废物管理。加快农业绿色发展，鼓励发展生态种植、生态养殖，加强绿色食品、有机农产品认证和管理。发展生态循环农业，促进农业固碳增效。推进农业与旅游、教育、文化、健康等产业深度融合，加快一二三产业融合发展。提高服务业绿色发展水平，构建绿色供应链。鼓励企业开展绿色设计、选择绿色材料、实施绿色采购、打造绿色制造工艺、推行绿色包装、开展绿色运输、做好废弃产品回收处理，实现产品全周期的绿色环保。促进商贸企业绿色升级，培育一批绿色流通主体。壮大绿色环保产业，建设一批国家绿色产业示范基地，推动形成开放、协同、高效的创新生态系统，提升产业园区和产业集群循环化水平。

（六）调整优化产业链供应链布局

加快构建国内统一大市场，打通制约产业链循环的梗阻，推动生产、分配、流通、消费各环节有机衔接，消除生产要素跨区域流动和合理配置的瓶颈制约。充分考虑不同地区的资源能源环境、人才、物流运输、产业链环节等情况，实施差异化产业政策，发挥各地比较优势，指导各省级产业主管部门加强本省产业链条梳理，开展产业链分区域、分类型、分环节的发展指导，明确重点发展领域、重点支撑企业和重大前导项目，推动各地差异化协同发展和共建共享，实现错位发展。一是对标国际先进规则和最佳实践，优化市场环境，促进不同地区和行业标准、规则、政策协调统一，构建国内产业转移的顶层推动机制，推进产业向中西部转移，不断提升各地区各行业的内在统一性、互补性、关联性和协调性，进而有效破除地方保护、行业垄断和市场分割，促进经济循环和产业关联畅通。二是支持各地发展产业硬科技，形成比较优势，把控产业链招商落地门槛，通过强化自主创新，夯实产业技术地盘，避免出现临近地区产业同质化和重复布局现象。三是加强新兴产业领域协同合作。聚焦电子信息、新能源汽车、数字经济等重点领域，推进地区错位协同发展，防止各地一哄而上、重复建设。四是发挥各地比较优势，引导各地区协同共建世界级先进制造业集群。立足于京津冀、长江经济带、粤港澳大湾区等重点区域，加强产业链对接合作，在汽车装备、电子信息、基础材料、轻工纺织等领域建设一批标志性产业集群。

（七）加强产业链供应链安全国际合作

面对一些发达国家的围堵，我国要加快推进规则标准等制度型开放，率先建设更高水平开放型经济新体制，加快实现由商品和要素流动型开放向规则国际化等制度型开放的转变，推动产业链供应链多元化，用好国内国际两个市场两种资源，形成参与国际经济合作和竞争的新优势，构筑互利共赢的全球产业链供应链合作体系，维护全球产业链供应链安全稳定。

一是要加强产业全球化布局，全面融入全球产业链、价值链和创新链，加强基础设施、产业技术、能源资源等领域的国际交流合作，推动企业、产品、技术、标准、品牌、装备和服务“引进来”“走出去”。鼓励更多地企业高质量“走出去”，吸引更多优质的企业“走进来”。进一步深化完善我国产业链供应链与全球的合作，在全球范围布局供应链不同环节，推动产业链供应链合作新格局，打造世界级产业集群，不断提升我国产业的全球影响力、竞争力和治理能力，从根本上保障我国产业安全。二是推进与“一带一路”沿线国家在战略、规划、机制上的对接，加强政策、规则、标准上的联通，积极研究加入全面与进步跨太平洋伙伴关系协定（CPTPP），充分利用“一带一路”建设，发挥我国的市场和技术优势，以周边区域和“一带一路”沿线为重点，积极推动亚投行多边投资项目，加强区域合作，保持区域产业链供应链和物流通道的畅通，打造以我为主的产业链供应链。三是积极构建面向全球的高标准自由贸易区网络来推动 WTO 多边贸易体制谈判，推动贸易和投资自由化便利化，做全球自由贸易体系的坚定维护者。推动区域全面经济伙伴关系协定（RCEP）执行和完善，以 RCEP 为基础，推动中日韩自由贸易区的谈判进程，从而更大程度上实现区域整合，通过区域间的协作维护产业链供应链的安全稳定。四是实施重要产品和供应渠道多元化战略，持续深化与非美发达国家的经贸往来及全方位合作，重视加强与德国、日本等制造强国的合作，有针对性地扩大国内市场准入，以经济利益的深度绑定促进技术合作，力争重要产品和供应渠道都有替代来源，形成必要产业备份系统，为国内关键技术突破创造条件、赢得时间。五是建立健全相关的国际合作机制。采取相应措施减免关税、取消壁垒，加强国际贸易合作和海关合作，打通跨境物流通道堵点，确保供应链通畅。同时，应发挥国际组织的作用，增强全球产业链供应链的应急能力和协同能力；维护全球自由贸易规则，构建更加开放的产业链供应链。①

（八）改善产业链供应链发展环境

优化产业链供应链发展环境，强化要素支撑，形成具有更强创新力、更高附加值、更安全可靠的产业链供应链。

一是深化重点领域改革。继续用足用好改革这个关键一招，进一步加大改革创新力度，推进要素市场化改革，破除阻碍生产要素市场化配置和商品服务流通的体制机制障碍，推动金融、房地产同实体经济均衡发展，切实扭转“脱实向虚”倾向。完善促进消费的体制机制，深化投融资体制改革，培育扩大内需。深化国有企业混合所有制改革，加快完善中国特色现代企业制度，增强企业活力和竞争力。

二是强化要素支撑。强化科技对产业的支撑，健全以企业为主体、市场为导向、产学研深度融合的技术创新体系。构建金融有效支撑实体经济发展的体制机制，推进资本市场基础制度建设，推动综合融资成本明显下降，确保新增融资重点流向制造业、专精特新企业。强化人才支撑，实施知识和技术更新工程，建设知识型、技能型、创新型劳动者大军。加快培育数据要素市场，推进政府数据开放共享，提升社会数据资源价值，加强数据资源整合和安全保护。

三是优化市场化法治化国际化营商环境。持续推进“放管服”改革，加快转变政府职能，创新政府管理方式，畅通政企双向沟通渠道，构建亲清政商关系。加大对基础研究、应用研究、共性技术难题等薄弱环节的政

① 汪洋：《推动形成全面开放新格局》，《人民日报》，2017 年 11 月 10 日。

策投入力度，引导和支持本土企业瞄准产业链短板和价值链中高端进行生产研发。

四是加强政策协调。适应高端回流、低端转移、技术封锁、规则排斥新形势，以数字化、智能化、网络化、绿色化为特征新技术新模式加速渗透新趋势，从跟踪模仿向加速追赶和引领创新转变新要求，更好发挥政策在维护产业链供应链安全稳定、推进产业基础高级化和产业链现代化中的重要作用。一是加快产业政策转型，由差异化、选择性产业政策转向普惠化、功能性产业政策，从偏重替代市场、限制竞争的产业政策向以竞争政策为基础、更好发挥创新作用和增进有效市场的产业政策转变。二是建立健全相关的协调服务机制。产业链供应链的安全关系诸多行业，牵涉到多个部门的监管和区域之间的协调。应建立协调联动服务机制，利用大数据、云计算、互联网等信息技术实施监管，为重大领域产业链安全提供保障；促进利益共享，为产业跨地区转移畅通渠道；积极发挥国内外商会、咨询机构的作用，为企业提供精准的专业咨询、法律援助、技术支持。

第十二章

推动产业高质量发展

推动产业高质量发展，是引领新时代现代化经济体系建设的重要途径。当前，全球新一轮产业变革和科技革命与我国加快转变经济发展方式形成了历史性交汇，国际产业分工格局正在重塑。面对历史与未来、国际与国内等多种因素相互交汇，我们必须推动产业高质量发展，加快建设现代化产业体系，全面提升产业发展的活力、创新力和竞争力。

一、产业高质量发展内涵及认识

学术界对产业高质量发展的内涵尚未有统一的定义。一种观点认为，产业高质量发展主要指产业在发展过程中带来的经济效益、生态效益和社会效益的大小，以满足人民日益增长的美好生活的需要为目标的产业发展才符合高质量发展的要求。[①]另一种观点认为，产业高质量发展是通过转变产业发展方式，培育发展产业发展新动能，建立产业结构高级化、产业组织结构合理化、产业链现代化、产业生产方式与生产过程绿色化、民本化，并提供更高程度满足社会需求的高品质产品的现代产业发展新体系。通俗地说，产业高质量发展就是产业发展从“有没有”转向“好不好”，

① 刘鹤：《必须实现高质量发展》，《人民日报》，2021年11月24日第1版。

在技术水平、生产效率、经济效益、绿色发展等方面做到全面提升，不再只是强调产业规模和比例的合理性，而是要在新发展理念的指导下，实现产业结构、产业创新、产业效率、产业价值链和产业绿色发展的有机统一，是产业经济、环境和社会效益等多方面的优化与完善。说到底，推动产业高质量发展就是要从“数量追赶”转向“质量追赶”，从“规模扩张”转向“结构升级”，从“资源驱动”转向“创新驱动”，从“分配失衡”转向“共同富裕”，从“高碳增长”转向“绿色发展”。①

为此，推动产业高质量发展应重点把握以下几个导向：一是突出质量效益导向。质量与效益提升是产业高质量发展的重点，由速度规模型向质量效益型转变是产业高质量发展的本质要求，通过提高技术水平、降低能耗物耗、加快资金流转、提升品牌价值等方式，实现向全球价值链中高端攀升，显著提高产品和服务的附加价值，提高企业的利润率和资本回报率，以最小的质量成本产出最大的质量效益。质量的范畴不仅包括产品质量，还应该包括服务质量和工程质量。坚持“质量为先”，就要提高农产品、工业产品的质量，以及服务质量和工程质量，全面提升我国产业质量总体水平。二是突出结构优化导向。产业高质量发展要求一二三次产业之间、产业内部以及同一产业上下游之间在产业规模、产品结构等方面要存在合理的比例关系，产业间实现深度分工和高度协同，空间布局上要求区域间按照比较优势错位发展，形成良好的产业分工合作格局，产业配套能力强，产业链融合创新较为活跃。三是突出创新驱动导向。创新是产业高质量发展的核心要素，要求产业链关键环节的核心技术和“卡脖子”技术能够自主可控，产业供应链能够在外部风险和挑战下具有较强的韧性和抗冲击调整能力。四是突出国际竞争导向。产业高质量发展必须具有较强的价值创造能力，整体处于全球产业价值链的中高端，主导产业能够在全球范围内配置资源和市场网络，具有较强的国际竞争能力。五是突出绿色低

① 王一鸣：《百年大变局、高质量发展与构建新发展格局》，《管理世界》，2020年第12期，第1—13页。

碳导向。绿色是产业高质量发展的底色。产业高质量发展就是要使产业的能耗、污染、水耗以及各种污染物、温室气体排放强度等都处于世界领先水平，形成节约资源和保护环境的产业结构、生产方式，推动产业发展由主要依赖物质资源消耗向绿色低碳转变。

二、国际国内环境变化

当前，世界处于百年未有之大变局。国际力量对比深刻调整，新冠肺炎疫情影响广泛深远，世界经济陷入低迷期。经济全球化遭遇逆流，全球产业链供应链加速重构，全球能源供需版图深刻变革，国际环境不稳定性、不确定性明显增加，国际经济秩序和经贸规则加快重塑调整，发达国家推行“再工业化”，新一轮科技革命和产业变革深入发展，国际产业分工与竞争格局加速改变，对我国产业发展产生了重大影响。

当前，我国已转向高质量发展阶段，我国产业发展仍然处于重要战略机遇期。我国经济潜力足、韧性强、回旋空间大，经济实力、科技实力、综合国力和人民生活水平已跃上新的大台阶，具有完备的产业体系和超大规模的市场优势，拥有独特的制度优势，产业发展依然有诸多有利条件。同时，发展不平衡不充分问题仍然突出，重点领域关键环节改革任务仍然艰巨，供需结构不匹配，创新能力不适应产业高质量发展要求，城乡区域发展差距较大，降污染减排压力很大，资源环境约束强化。近年来，国家先后出台了创新驱动发展、制造强国、培育发展战略性新兴产业、先进制造业和现代服务业融合发展、推动产业基础高级化产业链现代化等一系列产业发展战略和政策，新时代中央明确要求科学把握新发展阶段，深入贯彻新发展理念，加快构建新发展格局，坚持以推动高质量发展为主题，建设现代化经济体系，深化要素市场化配置改革，推进更高水平对外开放，以创新驱动、高质量供给引领和创造新需求，加快培育完整内需体系，建设强大国内市场，推动生产要素循环流转和生产、分配、流通、消费各环节有机衔接，持续深化要素流动型开放，稳步拓展制度型开放，强化国内大循环的主导作用，以国际循环提升国内大循环效率和水平，实现国内国际双循环互促共进。所有这些都对产业高质量发展提出新的要求。

三、滨州经开区产业高质量发展成效

“十三五”以来，面对错综复杂国际形势、艰巨繁重改革发展稳定任务，特别是新冠肺炎疫情的严重冲击，滨州经开区坚持以习近平新时代中国特色社会主义思想为指导，全面贯彻党中央、国务院决策部署，坚决落实省委、省政府和市委、市政府工作要求，做好“六稳六保”，践行“七富七强”，以“杀出一条血路”的决心气魄和“摸着石头过河”、敢为人先的勇气，围绕“12345”的总体发展布局，以“做大产业、做强企业、做响品牌”为主攻方向，着力夯实产业根基，加快推动新旧动能转换，以“四新”促“四化”实现“四提”，推进传统产业、战略性新兴产业和现代服务业协调发展，引导产业集群化、专业化、高端化发展，全区综合经济实力明显增强，战略性新兴产业蓬勃发展，现代服务业聚势崛起，创新要素持续集聚，产城教融合发展成效显著，已形成产业基础扎实、特色优势明显、产业规模持续壮大的良好局面，先后荣获“全省科学发展园区、全省对外开放先进园区、全省重点服务业园区、山东最佳投资园区、山东省新型工业化产业示范基地、山东省最具投资价值十佳开发区”等荣誉称号，为推进产业高质量发展奠定了良好基础。

（一）产业规模持续增长

根据滨州市统计局、滨州经开区数据资料测算，滨州经开区建区以来，地区生产总值增长了40多倍，规模以上工业产品销售收入增长了200多倍，一般公共预算收入增长了240多倍，财政总收入增长了280多倍，注册企业数量增长了260多倍。“十三五”时期，经开区产业规模不断扩大，综合经济实力显著增强，已成为滨州市重要的经济增长极。规模以上工业总产值由2015年的350.5亿元增长至412.5亿元，年均增长3.3%，规模以上工业营业收入达424.4亿元，贡献地方税收16.1亿元。尤其是统筹推进新冠肺炎疫情防控和经济社会发展各项工作，主要经济指标呈现积极变化。

（二）新旧动能转换提速

经开区加快推进新旧动能转换，以壮士断腕的勇气淘汰落后产能，以“四新”促“四化”实现“四提”，为推动产业高质量发展不断积蓄新势能。一二三次产业比重由2015年的4.1∶59.5∶36.4调整为2019年的2.0∶59.8∶38.2，三产比重提高1.8个百分点。“四新”经济占比、高新技术产业产值占比大幅提高，2020年，高新技术产业产值达250亿元。依托黄河三角洲大数据中心，建设数字经济产业园，大力发展大数据经济、共享经济、电子商务等智慧产业，推动传统产业智慧化；大力推广“机器换人”，实现装备智能化、设计数字化、生产自动化、营销服务网络化。形成了一批具有国际竞争优势的高端产品、重点企业和优势行业，高档活塞、轻量化轮毂等高档汽车零部件，数控机床及机器人等一批具有特色优势的高端产品达到国际先进水平，规模以上企业达到62家，占据高端装备、新能源新材料、轻量化汽车及零部件、纺织家纺等产业链关键节点，渤海活塞、盟威戴卡等企业均是全国同行业排头兵，成为经开区和滨州市产业发展中坚力量。

（三）产业集群聚势崛起

经开区按照“龙头企业—产业链条—产业集群—产业基地”的思路，加快建设高端装备制造产业园、科技产业园、信息技术产业园、新能源新材料产业园、互联网产业园、现代服务业聚集区六个园区，借势北汽、京东、中信、魏桥、中建、中航等世界500强企业，大力实施产业链招商，带动中小企业配套，实现全环节升级、全链条增值、全集群提升，产业集聚效应更加明显。装备制造产业集群基础扎实、特色优势明显，形成了民营企业活跃、市场要素齐全、配套较为完备的产业链，发展了一批具有国际竞争优势的高端产品、重点企业和优势行业。2020年，高端装备产业实现总产值49.6亿元，主营业务收入占滨州市高端装备产业的33%。新材料产业集群依托从铝土矿到铝冶炼、铝挤压、铝轧制、铝锻造、铝铸造、铝深加工、再生铝到最终制成品完整的产业链，实现了高温铝液不落地、铸造短流程和零部件深加工，构建起了要素互动、上下互联、纵横交错的铝产业链，形成了以经开区等为核心的国内行业聚集度高、产业链条完整的高端铝产业集群。2020年，高端铝产业实现总产值229.8亿元，被科技部和省经信委、省财政厅列为国家创新型产业集群、全省重点支柱产业集群。依托区内铝精深加工产业，在铝新材料和绿色建筑新材料等领域形成了较好的产业基础，具备了一定的发展优势。轻量化汽车及零部件产业集群形成以活塞、活塞销、铝轮毂、铝缸体缸盖、曲轴、缸套、汽车铝压铸件、汽车用铸件、汽车滤芯纸、活塞耐磨镶圈、活塞专用数控机床、铝轮毂用合金锭、汽车用铝型材等为主要产品的轻量化产业链。纺织服装产业集群发挥品牌优势，建设世界领先的自动化、数字化、智能化产业链一条龙生产线，进一步做好工业4.0示范工厂建设，推进高质量稳定发展。2020年，纺织家纺产业实现总产值25.4亿元。

（四）产城教融合加快推进

滨州经开区坚持以人为本的新型城镇化，紧紧围绕“创建国家园林城市”“打造黄河三角洲中心名城”的目标定位，努力在城市规划建设上出精品、出亮点、出形象，进一步完善城市功能，提升城市品位，形成现代、活力、秀美、精致的城市特色。按照“一河清泉水、两岸产业带”的设计理念，高标准建成15千米的秦皇河公园，被评为国家级水利风景区、国家级湿地公园和国家AAA级旅游景区。立足现代服务业与先进制造业良性互动，大力发展电商物流、总部经济、科技金融、文化旅游、研发检测等现代服务业，以国际会展中心、美信城世贸中心、中海莱钢商贸区、齐银大厦、银泰中心、丰泽御景、帝堡广场等为载体的大规模、高层次现代服务业载体初具规模；着眼动能转换，依托滨州市“五院十校N基地”建设，打造“产学研金服用”一体化推进、科技成果就地转化的示范平台，实现科学家、企业家、金融家“三家”融合，同时深入推进“引企入教”改革，积极引导魏桥、北汽等行业龙头企业与院校深入合作，促进教育链、人才链、产业链和创新链有机衔接，产城教融合发展成效显著，城市魅力显著提升，城市活力不断彰显。

（五）产业创新能力大幅提升

“十三五”期间，滨州经开区科技创新投入位居全市前列。以企业为主体，以国家级和市级重点实验室、工程中心、企业技术中心、科研院所、高等院校等为依托，以市场为导向，“政产学研金服用”深度融合的技术创新体系加快完善。以渤海科创城、渤海先进技术研究院和魏桥国科滨州研究院等“一城两院”为引擎，以重点产业共性技术研发、骨干企业创新能力提升、中小企业研发创新服务、小微企业孵化培育为目标，各类创新创业载体陆续建设和启用。“引育留用”全周期人才新政加快实施，人才层次、结构显著提升。2020年，经开区年授权专利352项，年发明专利46项，产业链、创新链、资金链、政策链四链互动明显增强，具备从基础研究、应用技术研究到支撑产业化制造技术的全方位科研开发能力。

（六）改革开放不断深化

经开区坚持市场化改革方向，努力突破和消除体制性障碍，不断增强产业发展的内在动力和活力。锁定“四区”发展目标，围绕“聚力聚焦聚高端、创新创业创一流”这一主题，坚持“重大项目支撑发展、创新创业引领发展、产城融合推动发展、体制机制创新驱动发展、和谐环境保障发展”，向改革创新要动力，向结构调整要效益，加快推进项目高端化、产业集群化、机制市场化、资源节约化、环境生态化。围绕“12345”的总体发展布局，以新旧动能转换为动力，坚持质量第一、效益优先，坚持产城融合、二三并举、精简高效，以“四新”促“四化”实现“四提”，建设有活力、有特色、高质量发展的一流国家级经济技术开发区，成为“富强滨州”建设的主战场。加快推进国有企业混改、投资审批制度、开发区体制机制、“亩产效益”评价等重点领域改革，全面推行开发区“管委会+公司”改革，“一区多园”管理模式入选全省开发区改革十大典型案例，亩均税收考核列全省开发区第一位。加快推进“放管服”改革，在全区率先实施项目承诺审批制、“互联网+政务服务”等多项改革措施。积极创新招商方式，营商环境全面优化。深度参与国家“一带一路”、中韩自贸区建设及京津冀协同发展，创新构建以规划为统领、厂房为载体、项目为核心、服务为保障的“四位一体”专业化园区建设招商模式，推动高质量“双招双引”，“引进来”“走出去”并行扩大，对外开放水平明显提升。2020年，经开区实际利用外资4124万美元，货物进出口总额达16.9亿元。

四、矛盾与问题

面对复杂多变的外部环境，对照国家级经开区发展要求，滨州经开区产业发展还存在诸多问题与不足。

（一）产业规模偏小，带动辐射能力不强

经开区产业规模总体偏小，高端装备、新能源新材料、新一代信息技术、生物医药等战略性新兴产业尚处于扩张阶段。主要经济指标虽然位居滨州市前列，但与其他国家级经济技术开发区相比，总体实力排位靠后，在地区生产总值和综合竞争力上仍然存在很大差距。滨州经开区作为我国东部地区的国家级经济技术开发区，是带动地区经济发展和实施区域发展战略的重要载体，如何进一步扩大产业规模，提升经开区对地区经济发展的带动辐射能力，将是摆在当前的一项重大课题。

（二）产业结构偏重，产业层次相对较低

经开区产业结构偏重、链条偏短，中低端产品供给为主，铝基新材料产品国内同质竞争较严重。高新技术企业和“专精特新”企业偏少，独角兽企业空白。规模以上企业中，零部件制造企业居多，整机和成套设备制造企业偏少。服务业占比低于全市平均水平，且以批发零售业、房地产业等生活服务业为主，产业技术创新联盟、协同创新中心、大企业生态圈等新型产业组织和金融、信息等现代服务业发展不足，产业服务体系亟待进一步完善。

（三）产业融合不够，产业外向度有待提高

经开区工业化与信息化融合、制造业与服务业融合发展水平有待提高，产城融合水平仍需提升。“领航企业”对中小企业带动不够，产业链上中下游和大中小企业融通发展的产业生态有待完善，产业外向度不高。2020年，经开区实际利用外资仅4124万美元，货物进出口总额仅16.9亿元，仅占全市的2.1%。外资企业数量少，开放型经济体制机制有待创新。

五、发展思路与战略定位

紧紧围绕新时代国家经济技术开发区新定位新要求，准确把握新一轮科技革命和产业变革新形势新趋势，立足新起点、抢抓新机遇、再造新格局，全力做大做强实体经济，着重发挥改革的突破和引领作用，充分发挥市场在资源配置中的决定性作用，更好发挥政府作用，在“巩固、增强、提升、畅通”上狠下功夫，进一步固根基、扬优势、补短板、强弱项，加快构建现代产业体系，全面提升产业发展现代化水平。

（一）指导思想

坚持以习近平新时代中国特色社会主义思想为指导，深入贯彻党的十九大和二十大精神，全面落实习近平总书记对山东工作的重要指示精神，按照“走在前列、全面开创”的总要求，立足新发展阶段、贯彻新发展理念、构建新发展格局，深度融入“一带一路”、黄河流域生态保护和高质量发展、京津冀协同发展，以加快新旧动能转换为突破口，以打好产业基础高级化和产业链现代化攻坚战为着力点，以改革创新为根本动力，着力推进开放创新、科技创新、制度创新，围绕产业链、布局创新链、配置资源链、提升服务链、创新价值链，着力推进产业高端化、数字化、集群化、融合化、绿色化、国际化，加快构建高质量的现代产业体系，塑造产业竞争新优势，建设成为山东新旧动能转换样板区、黄河流域生态保护和高质量发展引领区和高水平开放示范区，进一步发挥国家级开发区的窗口、示范、辐射和带动作用，努力在环渤海经济区乃至全国开发区中争先进位，为推进黄河三角洲地区加快崛起发挥更大的作用。

（二）基本原则

坚持动能转换，推动产业升级。坚定不移推动新旧动能转化战略，以实体经济为发展经济的着力点，以新技术、新产业、新业态、新模式为核心，以知识、技术、信息、数据等新生产要素为支撑，大力发展新技术、新产业、新业态、新模式，推动“存量变革”和“增量崛起”相结合，实现传统产业提质效、新兴产业提规模、跨界融合提潜能，破除制约动能转换的体制机制障碍，推动经济实现更高质量、更有效率、更加公平、更可持续的发展，建成全省新旧动能转换样板区。

坚持深化改革，强化创新驱动。坚定不移深化改革，充分发挥市场在资源配置中的决定性作用，更好发挥政府作用，完善市场化、法治化、国际化营商环境，最大程度释放创新创业活力，打造体制机制新优势。坚持创新在产业发展中的核心地位，加快培育创新主体，集聚创新资源，打造创新平台，优化创新环境。推进产学研合作和科技成果转化，建设成为科技创新集聚区。以科技创新为核心，着力提升自主创新能力，围绕产业链部署创新链，围绕创新链布局产业链，培育发展新动能，提升产业链供应链现代化水平。

坚持内外联动，加快开放发展。准确把握新发展格局带来的新机遇，对接高标准贸易投资规则，推动由商品和要素流动型开放向规则等制度型开放转变。充分发挥经开区的对外开放主引擎作用，打造对内对外高水平开放平台，切实提升贸易自由化与便利化水平，发展壮大一批具有国际竞争力的企业主体，形成若干有国际影响力的企业品牌，发展更高层次的开放型经济。加强园区内产业共建、共创、共享的开放协作发展，促进园区与区域资源及市场的协同发展，加快推动国际市场高水平的开放合作。

坚持产城融合，促进协同发展。立足经开区区位特点，按照以产兴城、以城聚产的发展模式，科学规划合理布局特色产业集群，提升产业集群发展质量，加快提高公共服务设施建设水平，完善高水平商贸旅游、医疗养老、文化教育等功能配套，规划建设城市综合体、中央商务区、专家公寓等，促进产业发展、人口集聚与城市功能相协调，实现产业园区向城市新区转型，推动生产、生活、生态协调发展，形成产业与城市互促融合发展新局面。

坚持生态优先，促进绿色发展。贯彻“两山”理念，创新“绿色+”发展模式，大力发展绿色产业与绿色经济，建设生态强区。降低碳排放强度，制定碳达峰碳中和实施方案。坚持以水定城、以水定地、以水定人、以水定产，加快推进园区绿色升级，加大经开区循环化改造力度，鼓励和推动绿色低碳型企业入园入区发展，创建国家生态工业示范园区，以经开区绿色产业发展推动市域绿色产业体系建设。

坚持惠及民生，实现共享发展。坚持把增进人民福祉、促进人的全面发展作为经济社会发展的出发点和落脚点，深入实施民生工程，大力发展医疗健康、养生养老、教育培训等与人民群众紧密相关的生活性服务业，提升公共服务供给质量，营造就业创业良好环境，不断增强人民群众获得感、幸福感、安全感。

（三）产业发展定位

滨州经开区作为滨州市新旧动能转换的核心区和主战场，正处于自我突破、二次创业的关键阶段，经开区未来要着重打造“五大产业定位”（世界级高端铝业及深加工基地、国家级汽车轻量化零部件基地、山东新能源新材料产业高地、黄河三角洲新一代信息技术产业高地、鲁北地区现代服务业高端集聚区）。

打造世界级高端铝业及深加工基地。围绕“高端化、绿色化、集群化、品牌化”方向，深入挖掘铝水、铝锭资源优势，加大高端涉铝企业招引力度，完善“热电—氧化铝—电解铝—铝型材—铝精深加工”产业链，推动铝业从原材料向新材料提升，由粗加工向精加工、轻量化制造发力，打造世界一流水平的铝产业原创科技成果策源地和科技成果转化地，建设世界级高端铝业及深加工基地。

建设国家级汽车轻量化零部件基地。做大做强北汽海纳川、渤海活塞、盟威戴卡等龙头企业，深化数控机床、活塞、轮毂、发动机缸体缸盖、全铝车身、汽车底盘铝合金结构件等领域的技术创新和产能优化，按照“龙头引领、垂直整合、项目支撑、集群发展”的思路，积极引进一批本土化供应商，打造协同供应链和产业链，打造国家级富有特色的汽车轻量化零部件基地。

打造山东新能源新材料产业高地。抓住国家推进北方地区清洁供暖重大机遇，积极发展氢能等清洁新能源，打造山东重要的新能源产业高地。积极发展壮大电子专用材料、隔热隔音材料、节能环保、智能材料等产业，打造山东重要的新材料产业高地。

构建黄河三角洲新一代信息技术产业高地。以黄河三角洲云计算大数据中心为核心，围绕云计算与大数据、人工智能两大领域，打造数字经济产业园，重点培育发展新兴软件和新型信息技术服务、互联网与大数据服务、人工智能以及下一代信息网络等产业，推动数字技术与实体经济深度融合，努力构建万物相连、融合创新、智能引领、安全有效的信息技术产业体系，打造黄河流域新一代信息技术产业高地。

建设鲁北地区现代服务业高端集聚区。顺应产业转型和消费升级趋势，以提升滨州城市功能品质为目标，以增强服务产品有效供给能力为重点，积极培育产业金融、科技服务、现代物流、软件与信息服务、工业设计、健康服务等服务业领域，加快新业态和模式创新，实现生产性服务业与先进制造业、现代农业融合互动发展，推动生活性服务业向专业化、精细化转变，打造鲁北地区现代服务业高端集聚区。

六、发展重点

顺应全球产业发展趋势，对接山东省十强产业，围绕滨州五大千亿级产业集群，依托高端装备制造、新一代信息技术、新能源新材料三大专业园区，以提升产业链现代化水平为主线，以“发展有基础，资源有特色，政策有导向，市场有前景”为原则，突出“高精尖、新优特”，坚持以“四新”促“四化”实现“四提”，做大做强高端装备、新能源新材料两大主导产业，巩固提升汽车及零部件、纺织两大优势产业，发展壮大文化旅游、医养、配套服务等新兴产业，加快培育新一代信息技术、生物医药两大未来产业，构建“2+2+3+2”现代产业体系，推动经开区产业高质量发展，持续提升现代产业整体效能。

（一）做大做强主导产业

主导产业在产业体系中处于支配地位，是提升产业现代化水平、赢得竞争新优势的决定性力量。综合考虑山东省、滨州市和经开区产业基础条件、新旧动能转换要求、重大项目建设进展，经开区宜做大做强高端装备和新材料两大主导产业，从符合未来产业变革方向的整机产品入手，打造战略性全局性产业链，着力推动智能关键基础零部件、重大成套设备制造高端发展，推动高端装备（智能制造装备产业）延链智能化、（铝基）新材料集群高端化，打造具有较强竞争优势的“新材料－高端装备”协同发展产业集群，为加快补齐我国基础零部件、基础材料等瓶颈短板作出贡献。

1. 高端装备制造业

围绕“智能技术、智能装备、智能系统、智能产品”四大板块，以精密化、智能化为主攻方向，依托“一城两院”，重点发展高档数控机床等基础制造装备和智能关键基础零部件，培育一批国内领先的高端装备制造骨干企业。到 2025 年，高端装备产业实现主营业务收入 80 亿元，形成一批国内领先、国际有影响力的自主技术、产品和品牌，培育主营业务收入过 10 亿元的行业领军企业 3 家，培育“专精特新”企业 3 家，龙头企业引领作用显著增强。到 2035 年，打造一批高成长性“瞪羚企业”“独角兽企业”和“隐形冠军企业”。

高档数控机床及基础制造装备。数控机床是装备制造业的"工作母机"，是衡量一个地区装备制造业发展水平的重要标志。依托数控机床相关企业，重点发展高档数控机床、数控加工制造单元和生产线，铸造、热处理自动化成套设备等基础制造装备。鼓励支持数控机床和基础制造装备主机、数控系统和功能部件等产业链关联单位建立上下游配套关系，打造完整数控机床和基础制造装备产业链配套体系。

智能关键基础零部件制造。依托渤海活塞、博海精工、正道机械等龙头企业，加快发展汽车、船舶、工程、军工等动力机械用活塞，活塞加工专用数控成套装备等智能关键基础零部件。积极参与国家产业基础再造工程和领航企业培育工程，加大重要产品和关键核心技术工程化产业化突破，强化具有生态主导力和核心竞争力的龙头企业的竞争优势。采用新材料、新设备、新技术，研究、挖掘装备集成效能，加快导入机器人，提升智能关键基础零部件行业高端化、智能化水平。强化整机带动，与主机厂、整车厂共同开发高端零部件产品。加大国际市场开发力度，提高活塞等关键基础零部件国际市场占有率。

2. 新能源新材料产业

做大做强轻质高强铝基新材料产业集群和世界级创新型铝产业集群。依托航桥新材料等龙头企业，带动全区相关涉铝新材料企业，加快高端铝及铝合金应用技术开发，推进高端铝产业"强链""延链"。以光刻胶项目为切入点，布局集成电路领域配套新材料产业，依托魏桥国科科技成果转化示范园，建设新材料科技成果转化基地。依托地源热泵产业基础，发展新能源设备制造产业。到2035年，打造500亿元级新能源新材料产业集群，到2050年，形成1000亿元级新材料产业集群和新能源产业集群。

铝基新材料。以魏桥国科滨州科技园及集群内龙头企业为依托，深入挖掘铝水、铝锭资源优势，延伸高端铝业产业链条，优化产业集群布局，强化科技创新，建设"中国铝谷"服务平台，提升铝产业要素保障水平，培植铝产业发展新动能。积极推进新型高端铝合金产品在航空航天、汽车与新能源汽车、轨道交通、能源动力、高技术船舶、电子信息等重要领域应用，促进高端铝产业集群和高端装备产业集群协同发展。

先进高分子材料（光刻胶）。光刻工艺的成本约为整个芯片制造工艺的35%，耗时约占整个芯片工艺的45%左右，是半导体制造中最核心的工艺。光刻胶作为微电子领域微细图形加工核心上游材料，占据电子材料制高点，其质量和性能是影响集成电路性能、成品率及可靠性的关键因素。光刻胶属于高技术壁垒材料，生产工艺复杂，纯度要求高，需要长期的技术积累。全球光刻胶市场规模有望破百亿美元，目前全球半导体光刻胶市场基本被日本和美国企业所垄断。我国半导体光刻胶领域与世界先进水平仍有2到3代的差距，光刻胶国产化水平严重不足，未来国内光刻胶产品国产化替代空间巨大。国家集成电路产业投资基金（大基金）撬动全社会资源对半导体产业进行投资和扶持，光刻胶产业国产化替代任重道远但前景较好。以光刻胶项目为切入点，布局集成电路领域配套新材料产业。加强与国内外光刻胶龙头企业合作，从相对低端的印刷电路板（PCB）光刻胶和液晶显示（LCD）光刻胶起步，逐步向半导体光刻胶发展，为经开区新一代信息技术产业提供稳固的供应链支持。

新能源设备制造。发挥热泵产业基础优势，着力突破高效压缩机、强化换热、运行控制、环保工质等关键技术，加快引进低温空气源热泵、高温工业用热泵、多能互补热泵耦合技术，推动浅层土壤源、海水源热泵、污水源热泵技术升级，加快高端地源热泵装备的设计、制造、研发及工程服务等发展，推荐引进和发展水热型地热开发综合利用装备，形成集关键零部件、热泵机组、解决方案为一体的完整产业链，推进超越地源热泵、普惠动力、新拓自然能等企业转型升级，培育一批掌握热泵核心技术、带动作用强的优质企业，做精做强热泵产业装备。

（二）巩固提升优势产业

优势产业是基于区域功能定位，在产业价值链条中某个或多个环节具有决定性影响、产业绩效高、市场前景广、能够化比较优势为竞争优势的产业。综合考虑经开区发展基础和比较优势，重点发展轻量化汽车及零部件产业和纺织业，支持企业以更新技术、优化工艺、改进装备、升级产品为主攻方向，延链强群、做强龙头、优化环境，加快从加工制造向研发设计、品牌营销等环节延伸，推广服务型制造，做强产业“长板”，形成优势产业竞争新优势。

1. 汽车及零部件产业

按照“龙头引领、垂直整合、项目支撑、集群发展”的思路，依托魏桥集团、北汽集团、中信集团等世界500强企业和北汽海纳川、盟威戴卡、戴森车轮、中硕滤清器等重点企业，加快发展汽车及零部件产业，延伸发展新能源汽车、智能网联汽车、汽车电子及设备等产业，推动汽车产业链向高端延伸，打造富有特色的汽车及零部件产业基地。到2035年，形成具有较强核心竞争力的汽车产业集群。到2050年，汽车产业增加值占地区生产总值的比重位居山东省经开区前列。

新能源汽车。支持发展动力电池、电芯、驱动电机、电控等新能源汽车关键零部件，重点培育引进混合动力汽车、纯电动汽车、燃料电池汽车等整车制造企业，逐步提升新能源汽车本地配套率。依托现有活塞、轮毂产品和未来的动力电池产品，将产品由乘用车产品向技术含量高、专用功能强、特色品种多的方向升级，发展环卫车辆、物流配送车、邮政车等纯电动专用车，移动式医院、自卸车等专用车。

轻量化汽车零部件。落实整车平台和零部件平台轻量化发展要求，全面对标安全节能、绿色环保、先进制造系统和可追溯质量管控等现代高端制造业行业标准，深化活塞及组件、轮毂、缸体、缸盖、曲轴、连杆、凸轮轴、气门组、全铝车身、汽车底盘铝合金结构件等领域的技术创新和产能优化，开发自主知识产权汽车关键零部件，持续提升轻量化零部件领域核心竞争力，支持整车轻量化目标的实现。以产品为纽带，以数字化设计分析、智能制造为核心，以软件系统集成为手段，以大数据为平台，以工业互联网基础与信息安全系统为支撑，积极推动零部件企业深度参与产品设计等关键环节，推进车身轻量化、底盘轻量化、动力系统和核心部件轻量化设计，打造国内一流的数字化汽车轻量化零部件生产制造基地。加快发展下游总装总成产品、轻量化整车，延伸产业链。

智能网联汽车。加快汽车行业与能源、交通、信息通信等领域跨界协同，支持推进基于大数据系统的智能化汽车产业链建设，通过车联网应用、信息融合、车辆集成控制、信息安全等关键技术研发应用，建立和融入智能网联汽车研发生产配套体系，推动智能网联汽车技术的集成和应用，培育智能交通装备产业发展。

汽车电子及设备。发挥电子元器件产业优势，重点研发车身电子、车载电子等以传感器控制器、执行器等电子元器件为基础的控制系统等配套产品。支持汽车数字仪表、智能驾驶仪、汽车防盗器、汽车导航定位系统等产品及电子元器件的研发应用，并逐步延伸产业链，培育和发展汽车电子信息产业基地。

2. 家纺服装产业

聚焦高端纺织家纺，打造世界纺织家纺服装产业基地。发挥现有纱、布、地毯等基础资源优势，围绕纺织新材料、创意设计等领域，推进纺织业科技化、时尚化、绿色化“三化”融合和增品种、提品质、创品牌“三品”工程，做靓地毯、家纺品牌，建设国内最先进的高效纺织产业集群。

纺织纤维。加大研发投入力度，提高自主创新能力，重点突破一批“卡脖子”的关键核心技术和短板问题，发展各类功能性纺织纤维、生物基纤维等纺织新材料，推动纺织纤维向绿色环保、多功能化、高端化方向发展。积极推动纺织产业与其他产业融合发展，拓宽功能纤维、生物基纤维、复合纤维等在特种服装、运动服装等领域的应用。

高端产品。高水平发展家纺、服装、地毯等产业，扩大高端纺织产品占比。围绕科技、时尚、绿色的定位，引进国内外纺织家纺服装创意设计机构，为纺织产业提供全产业链创意设计服务。拓展时尚、舒适、功能性和保健型家纺新产品，培育高端面料、品牌服装，发展高档巾被类、床品类家纺产品。

加快数字化转型。依托黄河三角洲云计算大数据产业基地，联合中国纺织工业联合会信息化部，创建滨州纺织业大数据服务中心。借助大数据，快速精准捕捉消费趋势，更新产品设计理念，加快产业融合化、平台化、数字化、定制化、智能化步伐，推动智能制造、新零售、共享工厂、柔性供应链、智慧门店、工艺数据库、数字设计的资源整合，开展数字化、智能化工厂（车间）试点示范，推动全市家纺服装产业智能改造升级，为经开区纺织产业创新升级赋能。

（三）发展壮大新兴产业

对标国际一流水平，深入推进文化与旅游融合、医疗康养融合、服务业与制造业融合，发展壮大经开区文化旅游业、医养产业和相关配套服务业，通过业态融合不断催生新兴产业。到 2025 年，文化旅游、医养和传统的金融、批发零售等生产性服务业稳步发展，新兴的工业设计与专业设计、信息技术服务、检验检测服务等快速成长，三大新兴产业增加值年均增速不低于 10%。到 2035 年，新兴生产性服务业贡献超过传统生产性服务业，经开区成为省会经济圈最具影响力的生产性服务业基地。到 2050 年，现代服务业增加值占地区生产总值比重达到 50% 以上。

1. 文化旅游业

大力推进文化与旅游融合发展，加快黄河三角洲文化产业园建设，建成创意性、艺术性、科技性高度融合的大型公共文化服务集群。借助狮子刘片区及黄河古村风情带现有的旅游业态和基础优势，以“两核一带”为主导（“两核”是西纸坊和秦皇河景区，“一带”是自狮子刘沿黄河堤至西纸坊一带），积极发展以沿黄风情旅游带为重点的休闲旅游业。适应城乡居民多元化消费需求，推动休闲度假（乡村旅游、观光采摘、农家乐餐饮）与传统农业等领域跨界联动，积极推进万亩中药康养科技产业观光园建设，以观光园为平台，发展中医中药文化、亲子体验乐园、文教创意、休闲康养、旅游观光、温泉度假、电子商务等多业态融合发展的田园综合体。提档升级樱花园、玫瑰园、海棠园，以点串线、以线连片，整体联动，构建以文化旅游为龙头、休闲度假为主导、乡村旅游为特色的旅游产业体系，推动全区旅游产品从观光型向深度体验型转变，打造全省一流、全国知名的全域旅游目的地。

2. 医养健康产业

依托滨州康养新城，发展集医疗、养老、养生、旅游、体育等多业态融合发展的医养产业。推进国际森林康养示范基地建设，依托湿地等自然禀赋建设康养度假综合体，引进一批医疗旅游龙头机构，开发一批体验性强、参与度广的中医药、康复疗养、休闲养生等健康旅游路线和产品，促进医疗与旅游融合发展，打造一批国际化、生态化、田园化的医养健康小镇。大力发展高端体检、健康管理、中医养生保健、特色康养等医疗健康产品服务。建立高水平康复中心，实施中医治未病健康工程，鼓励以名医、名药、名科、名术为服务核心，提供流程优化、质量上乘的中医医疗、康复等服务，开展中医特色健康管理和中医药健康养老服务，推动建设中医养生保健基地。探索新型医疗康养的“互联网＋医院”模式，重点建设全息数字智慧健康示范社区、国家智慧高端养老示范社区，着力构建以生命健康为主线，融合高端医疗康复、休闲旅游度假、全生命周期服务等多功能于一体的健康服务产业体系，打造独具滨州特色的优质普惠医养健康产业，创建国家医养结合示范区。

3. 配套服务业

重点引进总部经济、科技服务、现代金融、智慧物流等项目，推动生产性服务业向专业化和价值链高端延伸，推动现代服务业和先进制造业耦合共生、协同发展，加快促进新兴服务业态涌现和服务业品质提升，全力提升服务效率和供给质量。

总部经济。发挥区位优势，坚持培养本土与引进外来相结合，主动承接京津和全球现代服务业辐射，对标实施具有较强吸引力的总部经济专项政策，加快培育和引进一批规模大、效益高、竞争力强、创新能力突出的总部企业，促进总部经济集聚发展。

工业设计与专业设计服务。围绕数控机床、活塞、铝基新材料、汽车及零部件、机器人、纺织服装等经开区重点产业和智能家居、可穿戴设备、家电产品、家具等重点领域，聚焦设计要素资源，集中攻关，形成一批工业设计创新成果，推动区域特色产业集群植入工业设计，打造“设计+品牌”“设计+科技”“设计+文化”等商业模式和新业态，形成“设计+”产业链，培育一批有影响力的区域品牌。引进培育一批工业设计机构，建立和完善省市两级工业设计创新中心，谋划建设国家级工业设计研究院。

金融服务业。从大数据技术层面着手，借助京东大数据中心，吸引数据挖掘分析、大数据风控、大数据征信、量化交易等领域企业入驻，建设渤海 18 路金融产业带，推动科技金融服务规模化发展，加快发展普惠金融、绿色金融，支持银证保等金融机构聚集发展，打造现代金融服务体系。

专业会展。以会带展、以展促会，聚焦专业特色领域举办会展。推动线上线下一体化运营 O2O、“云办展”模式，鼓励会展项目进行国际认证，推进会展业专业化运营、市场化转型、品牌化提升、智慧化应用、生态化发展。

商贸物流业。以消费升级为导向，推动商贸流通业提档升级，推动商圈消费与文化娱乐、体育赛事、休闲运动、科普教育等融合发展，发展远程定制、体验分享等消费新模式，打造商业氛围浓厚、流量旺盛的区域性商贸中心。加快推进物流产业园和智慧物流中心等项目建设，完善“物流园区—物流中心—配送中心”三级物流体系，加快物流企业信息化、标准化和一体化建设，推进标准化仓储网点和统仓统配项目建设。

（四）加快培育未来产业

以“未来技术产业化”和“现有产业未来化”为抓手，围绕“有中生新”和“无中生有”两大路径，聚焦延伸、裂变、融合、渗透的产业发展模式，加快新技术新模式的研发、应用和推广，重点培育新一代信息技术、生物医药两大未来产业，将经开区建成全国未来产业创新发展的重要集聚区。到2035年打造3个500亿元级园区，到2050年打造1个1000亿元级园区、5个500亿元级园区。

1.新一代信息技术产业

加快发展新一代信息技术是重构数字经济生态的主要抓手。以黄河三角洲云计算大数据中心为基地，深化与华为、京东战略合作，围绕云计算与大数据、人工智能、工业互联网、区块链等重点领域，打造数字经济产业园，重点培育发展新兴软件和新型信息技术服务、互联网与大数据服务、人工智能以及下一代信息网络产业，大力招商，积极培育第三代半导体新材料产业，打造黄河三角洲区域数字产业集群。

信息技术服务。黄河三角洲云计算大数据产业基地项目将为京津冀、山东乃至整个环渤海经济圈的政府部门和各行业企业提供云计算、大数据业务支撑，并对滨州电商行业、智能物流、万众创业、原产地产品营销乃至政府职能转变都产生重大推动作用。以“智慧开发区”建设为目标，依托京东大数据中心，重点支持互联网企业、信息技术服务企业发展平台经济、共享经济和分享经济；大力实施“互联网+”战略，全力推动互联网在农业、工业、旅游、医疗、文化、教育、交通等行业融合发展；提升服务业智慧化水平，加快发展互联网金融、智慧物流、智慧医疗、健康养老、在线教育、社区服务等；支持企业开展数字文化创意、设计服务、数字创意与相关产业融合应用服务，加快发展移动多媒体、数字出版、手机报等新型媒体，不断增加优质数字产品供应量。

电子商务服务。滨州京东云国际电商城项目建成后，滨州经济技术开发区将成为黄河三角洲地区的电商产业集聚区，经济发展活力进一步增强，区域竞争新优势不断凸显。围绕电商运营、配套服务、仓储物流、技术服务四大板块，融合滨州、山东及京津冀特色产业入库上云，吸引国际国内电商及配套产业集聚，形成电商企业规模化发展。工业电商领域，支持企业电子商务平台开展面向行业用户的采购销售需求提供在线交易、支付结算、物流配送等服务，支持重点行业骨干企业建立在线采购、销售、服务等第三方工业电子商务平台。农村电商领域，鼓励电商、物流、商贸、邮政等社会资源合作构建农村购物网络平台。跨境电商领域，加快跨境电商线上综合服务和线下产业园区“两平台”建设，完善信息共享、金融服务、智慧物流等服务体系，培育一批省级跨境电子商务示范企业、平台、园区和公共海外仓，大力推广以“线上集成 + 跨境贸易 + 综合服务”为主要特征的跨境电子商务新模式。

人工智能。抢抓与济南“一圈同城共建共享”的战略机遇，加强与“济南—青岛人工智能先导区”合作，重点发展教育机器人、客服机器人、人形机器人、医疗机器人、交流陪伴机器人、助老助残机器人、康复机器人等智能服务机器人，及智能汽车系统、智能无人系统、智慧健康系统等生产领域人工智能系统，推进人工智能与实体经济深度融合。

工业互联网。工业互联网是第四次工业革命的关键支撑和新基建重点领域。加快发展工业互联网，推动工业互联网在更广范围、更深程度、更高水平上融合创新，是培植壮大经济发展新动能的重要举措，对进一步提升经开区智能制造水平具有重要作用。工业互联网产业链较长，上游通过智能硬件实现工业大数据收集，中游通过工业互联网平台解决数据存储和云计算，提供开发和分发应用解决方案，形成工业 APP 等场景应用型方案。下游是典型应用场景的工业企业。当前最有潜力上云的工业设备企业包括高耗能设备、通用动力设备、新能源设备、高价值设备、仪器仪表等专用设备五类。经开区铝基产业链能耗高，数控机床等发展势头良好，属于最有潜力的工业互联网应用典型场景。

区块链。区块链产业链上游是区块链底层技术和基础设施层，是保障区块链应用落地的关键所在。区块链产业链中游聚焦于区块链通用应用及技术扩展平台，主要是利用区块链的分布式技术、密码学技术、共识算法技术、智能合约技术等，同时也可以融合大数据、人工智能、云计算等信息技术，为区块链产品提供更加明确的研究方向，以使区块链产品有更加实用、方便的使用效果。区块链产业链下游聚焦于行业应用，根据用户（个人、企业、政府）需求定制各种不同种类的区块链行业应用，主要面向金融、物联网、医疗、供应链、能源、法律、农业等行业。区块链垂直行业应用层是为了实现在信息全球化和数字经济盛行发展的时代，以互联网技术为基础的跨境支付、供应链金融、存证、溯源、版权保护等场景的实现，改变传统商业模式，实现新时代下的实体经济赋能。依托山东省区块链与新技术融合重点实验室（滨州），面向区块链创新应用场景，重点研究区块链和人工智能、大数据、物联网等新兴技术在金融科技、商品溯源、智能制造、版权保护、法存证等领域的深度交叉融合、集成创新和突破，构建以区块链为应用集成入口的前沿技术群。推进区块链基础设施建设，探索数据生产要素流通机制，建立数据要素定价、交易等配套规则，基于区块链打造数据成为生产要素的使能平台，服务政务、民生、商业等各个领域，建设成为重要的新型基础设施，并逐步推动滨州开发区成为区块链新基建示范应用先导区。

2. 生物医药产业

扩大生物医药产能规模。加大创新研发力度，发挥海洋生物资源优势，延伸生物制药产业链。依托安华生物等重点企业，扩大化妆品用和食用透明质酸钠，滴眼液级透明质酸钠、注射级透明质酸钠，以及酶切法寡聚透明质酸钠产能规模，推进鲨鱼软骨多糖项目、透明质酸衍生物项目、聚谷氨酸项目等建设。依托绿都生物、华宏生物、沃华生物等代表性企业，重点发展畜禽用疫苗、兽用生物制品、绿色农用生物制品，加快组织毒、胚毒、细胞毒、细菌毒灭活疫苗、弱毒疫苗和活疫苗生产线建设，打造动物疫苗、保健品、兽药等重大产品产业化基地。

开发兽用疫苗新技术新产品。利用基因工程、细胞工程等现代生物技术研发、制备基因缺失的活疫苗、载体疫苗、基因工程亚单位疫苗、核酸疫苗以及合成肽疫苗。充分利用发酵工程和分离纯化工程技术改造升级传统疫苗的抗原培养、分离纯化等关键生产工艺，使相关传统疫苗升级为生物技术疫苗。设计、研发多联苗和多价苗，达到一针防多病、提高免疫效率的目的。培育和选择更好的抗原培养基质以大幅度提高抗原效价，筛选更好的保护剂以改变冻干活疫苗的保存条件等。提高传统兽用疫苗质量，应用新技术研发毒性更弱、更为安全稳定的针对新发疫病的兽用疫苗新产品。

第十三章

论现代化产业体系建设

在新一轮科技革命背景下，全球产业竞争与发展格局加快调整，产业链供应链加速重塑，我国传统产业体系面临巨大挑战，建设现代化产业体系任重道远，必须把着力点放在加快建设实体经济、科技创新、现代金融、人力资源协同发展的产业体系，全面提升产业发展的活力、创新力和竞争力，为经济高质量发展提供强大支撑。

一、现代化产业体系内涵及特征

2007年，党的十七大报告首次提出了“现代产业体系”概念。2010年，《中共中央关于制定国民经济和社会发展第十二个五年规划的建议》对“现代产业体系”概念作了进一步的阐述，提出坚持走中国特色新型工业化道路，适应市场需求变化，根据科技进步新趋势，发挥我国产业在全球经济中的比较优势，发展结构优化、技术先进、清洁安全、附加值高、吸纳就业能力强的现代产业体系。[①]2012年，党的十八大报告将其扩展为“要着力构建现代产业发展新体系”，指出农业基础薄弱，第二产业大而不强，第三产业发展滞后。今后五年要重点解决产业结构失衡问题，通

① 本书编写组：《十七大报告辅导读本》，人民出版社，第22页。

过建立现代产业新体系，使第一、第二、第三产业协调发展。[①]2016年，党的十八届五中全会对构建产业新体系作出全面部署，明确了发展方向、重点任务和重大举措。[②]党的十九大进一步提出，要着力加快建设实体经济、科技创新、现代金融、人力资源协同发展的产业体系，赋予了现代产业体系的新内涵，打破了传统以一二三次产业划分产业体系的做法，从实体经济和要素投入关系的角度赋予现代产业体系新的内涵，把现代产业体系从以往的三产领域，拓展到实体经济、科技创新、现代金融以及人力资源"四个协同"上来。[③]党的十九届五中全会明确提出"加快发展现代产业体系，推动经济体系优化升级"。这是中国特色社会主义进入新时代，着眼于建设现代化经济体系这个战略目标而提出的一项重要战略性举措。《中华人民共和国国民经济和社会发展第十四个五年规划和2035年远景目标纲要》提出，加快发展现代产业体系，巩固壮大实体经济根基。在新的发展阶段，我国将坚持把发展经济着力点放在实体经济上，加快推进制造强国、质量强国建设，促进先进制造业和现代服务业深度融合，强化基础设施支撑引领作用，构建实体经济、科技创新、现代金融、人力资源协同发展的现代产业体系。2022年10月，党的二十大报告提出建设现代化产业体系，坚持把发展经济的着力点放在实体经济上，推进新型工业化，加快建设制造强国、质量强国、航天强国、网络强国、数字强国。[④]

现代化产业体系是现代产业体系的高级形式，意味着整个产业体系实现现代化转型和再造，具有更深刻内涵。现代化产业体系就是以战略性新兴产业和高技术产业为引领、以实体经济为主体、以产业链现代化为方向，形成结构优化、技术先进、附加值高、绿色低碳、竞争力强的产业体系。从结构优化看，培育壮大战略性新兴产业和现代服务业，促进新旧动

---

① 本书编写组：《十八大报告辅导读本》，人民出版社，2012年，第20页。

② 马凯：《构建产业新体系》，《人民日报》，2015年11月10日。

③ 何立峰：《加快构建支撑高质量发展的现代产业体系》，《人民日报》，2018年8月8日第1版。

④ 习近平：《高举中国特色社会主义伟大旗帜 为全面建设社会主义现代化国家而团结奋斗》，人民出版社，2022年，第28页。

能接续转换，提高战略性新兴产业、高技术产业、知识和技术密集型产业在整个产业体系中的比重；产业间实现深度分工和高度协同，产业配套能力强，产业链融合创新较为活跃。从技术先进性看，要有强大的自主创新能力，促使整个产业体系知识化、数字化、智能化，产业链关键环节的核心技术和“卡脖子”技术能够自主可控，产业链供应链能够在外部风险和挑战下具有较强的韧性和抗冲击调整能力。从竞争力看，具有较强的价值创造能力，整体处于产业价值链中高端，主导产业能够在全球范围内配置资源和市场网络，产业国际竞争能力强。从绿色发展看，不仅要求生产方式绿色化、清洁技术的广泛应用，推动产业结构、能源结构调整，还要加强末端治理和绿色基础设施建设，实现产业发展和生态环境保护相协调。从协同性看，现代化产业体系是包含实体经济、科技创新、现代金融、人力资源在内的有机整体，四个方面相互影响、相互促进，产业链、创新链、资金链、人才链深度链接，任何一方面出现短板，都会拖其他领域发展的后腿，从而影响整个现代化产业体系建设的水平。

二、济南现代化产业体系建设的机遇与挑战

当前，全球经济深度调整，逆全球化思潮、保护主义、单边主义持续蔓延，国际经济秩序和经贸规则重塑调整，新一轮科技革命和产业变革蓬勃推进，国际产业分工与竞争格局加速改变。新时期，我国全面贯彻新发展理念，推动经济高质量发展，建设现代化经济体系，改革取向使市场在资源配置中起决定性作用和更好发挥政府作用。面对历史与未来、国际与国内等多种因素相互交汇，济南建设现代产业体系既面临重大战略机遇，也存在诸多严峻挑战。

（一）国际发展环境

全球新一轮科技和产业革命提供“换道超车”机会。当前，全球科技创新正在进入多点突破、群体迸发的新阶段，颠覆性技术不断涌现，前沿领域新技术加快推动产业发展颠覆性变革。全球正在经历以大数据、云计算、人工智能等为先导的新科技革命，生物技术、新能源与新材料技术等领域颠覆性创新成果不断涌现，一些重要科学问题和关键核心技术已呈现出革命性突破的先兆。21 世纪，人类重点发展的硬科技主要包括人工智能、物联网、量子科技、航空航天、光电芯片、生物技术、信息技术、新材料、新能源、智能制造等十大领域。以智能软（硬）件为核心的信息技术，以 3D 打印、智能制造、新材料为核心的制造技术，以基因工程为核心的新一代生物技术，以分布式能源和第四代核能为核心的能源技术将率先引领变革，正加速向各个产业领域渗透，催生新的生产方式、商业模式和产业生态，大大改变了以往的资源配置方式、生产组织方式和价值创造方式，正在引发影响深远的产业变革。这为我国加快新一代信息技术、生物技术、新能源技术、智能制造技术领域不断突破和相互融合，推动产业向智能化、网络化及绿色化方向演进发展，提供了“换道超车”的历史契机。

国际经济秩序和经贸规则加快重塑。国际金融危机以来，全球经济深度调整，世界经济重心加速向新兴经济体转移，大国的竞争和博弈异常激烈。美国政府挑起贸易战，推动贸易政策从“自由贸易”导向转为具有保护主义特征的“公平贸易”导向，美国及其盟友力图主导 WTO 规则体系改革，重构有利于维护西方发达国家垄断利益的全球经济秩序，打压和遏制我国产业升级和高技术产业发展，未来全球产业链、价值链、供应链可能会出现本地化、区域化、碎片化的格局。一方面，我国在降低关税、开放市场、保护知识产权、削减国有企业补贴等诸多方面面临来自美国的高标准压力；另一方面，有可能同步面临其他发达经济体效仿美国提出的类似“公平贸易”的要求。但也要看到，近年来我国主导的“一带一路”倡议取得积极进展，济南正致力于打造成“一带一路”重要核心城市、双向开放战略支点和国际区域合作重要平台。特别是2019年第八次中日韩领导人会议取得良好成效，三国正致力打造高水平的中日韩自贸区，提升区域经济一体化水平，为济南更好地参与全球产业链供应链合作提供了难得机遇。

全球经济竞争格局发生重大调整。全球产业布局已形成链状链接、虚拟链接的产业链、供应链和价值链，使得经济联系更具黏性和依赖性，产业之间竞争不再是单纯的产能数量竞争，而是包括创意、研发、价值创造和分配、知识产权等全方位、全链条的竞争。发达国家凭借领先的制造技术和设计研发、销售网络优势，推动部分高端制造业回流，加快推进“再工业化”。一些新兴经济体也在积极参与全球产业再分工，承接产业及资本转移，打造新一代“世界工厂”。济南在全球经济竞争格局中面临“前有围堵、后有追兵”的“双向挤压”。在当前高端回流、低端转移、技术封锁、规则排斥的新形势下，要提升济南在全球产业分工中的位势，必须加快构建以中高端为主体的现代化产业体系。

（二）国内发展环境

国家重大区域战略实施为现代化产业体系建设创造了良好环境。黄河流域生态保护和高质量发展已上升为国家战略，济南作为黄河流域三大中心城市之一和唯一沿海省份的省会，在黄河流域生态保护和高质量发展中具有重要的作用。2020年1月3日，习近平总书记在主持召开中央财经委第六次会议，研究黄河流域生态保护和高质量发展问题时强调，要强化西安、郑州国家中心城市的带动作用，发挥山东半岛城市群龙头作用，推动沿黄地区中心城市及城市群高质量发展。这为济南市现代产业发展提供了根本遵循，是济南构建现代产业体系的重大历史机遇。

经济进入高质量发展新阶段带来产业现代化提升机遇。推动经济高质量发展必须把着力点放在产业转型升级上，加快建设实体经济、科技创新、现代金融、人力资源协同发展的产业体系。我国经济已由高速增长阶段转向高质量发展新阶段，国家坚定实施制造强国、创新驱动、乡村振兴、健康中国、军民融合等重大战略，营造了适应创新驱动发展的制度环境和政策法律体系，加快了“军转民、民参军”和军民科技协同创新步伐，推进了新一代信息技术和制造业深度融合进程，为济南现代化产业体系建设带来新契机。

全国开放格局向内陆和沿海双轮驱动开放模式转变带来机遇。在“一带一路”倡议等国家开放战略的推动下，全国开放格局逐渐从沿海开放向内陆和沿海双轮驱动开放模式转变。济南处于国家“八纵八横”高铁主通道网的京沪纵向主通道和青银横向主通道战略节点，积极对接“一带一路”倡议，开通了“中欧货运班列”“中亚班列”，打造国际内陆港，菜鸟物流、传化物流、新加坡丰树物流等龙头企业先后入驻。同时，中国（山东）自由贸易试验区济南片区批复建设，为引导优势企业参与国际合作，在更高平台和更高层次上实现产业全方位开放带来了新契机，将有效促进济南创新与开放耦合联动，赋能产业发展，提升城市国际竞争力。这为济南市发挥陆海双向开放枢纽优势，主动融入全球城市网络，集聚要素资源、推动开放创新、开展国际贸易，打造现代化产业体系提供重要机遇。

（三）省市发展环境

新旧动能转换综合试验区建设带来先行先试机遇。2018 年 1 月，国务院批复《山东新旧动能转换综合试验区建设总体方案》，明确要求济南高水平规划建设新旧动能转换先行区，集聚集约创新要素资源，发展高端新兴产业，构筑开放合作新平台，建设现代绿色智慧之城，打造全国重要的区域性经济中心、物流中心和科技创新中心；先后出台了“十强”产业发展规划，推进实施了一批促进新旧动能转换的重大工程。同时，国务院有关部门按照职能分工，在政策实施、体制创新、项目建设等方面给予积极指导和支持。济南作为全国新旧动能转换先行区，可借助济南省会资源富集的溢出效应，充分利用好先行先试的改革权、试验权，有效放大区域战略红利和政策叠加效应，进一步推动质量变革、效率变革、动力变革，提高产业发展质量和效益。

山东半岛城市群建设带来产业协作机遇。2017 年 2 月，山东省政府印发《山东半岛城市群发展规划（2016—2030 年）》，明确提出依托省会城市优势，强化与周边淄博、泰安、德州、聊城等城市同城化发展，打造济南都市圈，建设半岛城市群向中西部拓展腹地的枢纽区域。目前，山东省正在推动实施省会、胶东、鲁南三大经济圈的区域协调发展战略。这有利于以济南为核心，辐射带动周边区域，打造互联互通、优势互补、高效联动的现代化都市圈，在更大范围、更宽领域建设协同创新、合作共赢的现代产业集群和错位发展、分工协作的现代产业体系。

行政区划调整带来省会城市做大做强机遇。2019 年 1 月，国务院批复同意山东省调整济南市莱芜市行政区划，区划调整后，济南行政区划面积超过 1 万平方千米，常住人口近 900 万，2019 年 GDP 超过 1 万亿元。这次区划调整，带来的不仅是济南城市规模的扩张和首位度的提高，更是济南发展腹地的有效扩展，大大拓展了济南东南向发展空间，为济南促进资源要素快速流动、高效配置，为完善产业链条、壮大产业规模、增强产业竞争力、扬起山东经济龙头提供了重大机遇。

同时，济南构建现代产业体系也面临着多重挑战。一是国际产业壁垒加重，全球贸易保护和技术封锁加剧制约高端产业发展空间。当前，世界经济社会环境极为复杂，全球主要经济体政策调整，贸易保护主义抬头和技术封锁加剧，增添了国际经贸合作变数，加大了济南引进国际资源、开拓国际市场的难度。二是国内经济下行压力加大。目前，我国正处于经济结构调整和转型升级的关键时期，经济运行中仍存在不少困难和挑战，政府财政收入增长放缓，复杂的宏观环境对济南现代产业体系建设带来较大挑战。三是京沪雄“虹吸效应”强化滞碍创新资源要素集聚。伴随着高铁网络等重大交通基础设施建设，国内一线城市辐射影响范围不断扩大，对优质要素资源构成强大“虹吸效应”，特别是北京、上海和规划建设中的雄安新区，借助行政资源、创新创业、营商环境等方面的领先优势，不仅吸引沿线人才、技术、资本等创新要素资源向京沪集聚，也会借助京津冀和长三角两大城市群形成更大的区域“虹吸效应”。四是周边地区产业竞争激烈。济南市现代产业体系建设不仅面临北京、上海等一线城市的挤压，而且面临青岛、烟台、郑州、南京、合肥等周边城市的激烈角逐。五是资源环境压力加剧。随着工业化和城镇化的快速推进，加上莱芜划并，能源资源消耗会持续增长，土地、水资源等供需矛盾将更加尖锐，一些主要污染物排放量仍居高位，亟待推动产业由依赖环境资源消耗向依靠绿色循环低碳发展转变，大幅提升产业绿色发展水平和全要素生产率。

面对新形势新任务，济南作为山东新旧动能转换综合试验区建设的主引擎，肩负着高标准建设国家新旧动能转换先行区的历史重任，要按照“国际标准、世界眼光、山东优势、泉城特色”要求，抓机遇、勇作为，在现代产业体系建设中做表率、打头阵，促进产业基础能力高级化和产业链现代化水平提升，加快开启产业高质量发展新时代，推进省会城市更好发挥龙头领跑、带动、辐射作用，为新时代全国现代化产业体系建设提供新经验和新方案。

三、济南现代化产业体系建设思路

（一）指导思想

坚持以习近平新时代中国特色社会主义思想为指导，全面贯彻党的十九大和二十大精神，认真落实习近平总书记视察山东重要讲话、重要指示批示精神，围绕全省“走在前列、全面开创”目标定位和“八大发展战略”，按照省委省政府“扬起龙头”工作要求，坚持新发展理念和高质量发展，推动供给侧结构性改革，紧紧围绕山东新旧动能转换综合试验区建设和济南“打造四个中心”、建设“大强美富通”现代化国际大都市、中国（山东）自由贸易试验区和省会都市圈、创建国家中心城市的重大任务，紧紧把握全球新科技革命和产业变革重大机遇，抢抓国家实施黄河流域生态保护与高质量发展、制造强国、创新强国等重大战略机遇，突出主导产业和未来产业的先导引领作用，强化优势产业的主干作用，夯实基础产业的支撑保障作用，强化体制机制创新，加快汇聚科技创新、现代金融、人力资源、数据信息等高端要素，加快产业基础能力高级化和产业链现代化，推动产业链纵向延伸、供应链全球整合、价值链高端提升，促进产业迈向高端化、智慧化、集群化、融合化、绿色化、国际化，进一步提高产业的创新驱动能力、链条掌控能力和价值分享能力，加快构建结构优化、技术先进、绿色低碳、竞争力强的现代化产业体系，全面提升产业核心竞争力、区域分工位势和辐射带动能力。

（二）基本原则

坚持创新引领。抓住山东半岛国家自主创新示范区建设的机遇，发挥科教资源密集优势，整合国内外创新资源，积极承接京沪深和发达地区科研机构、创新平台，主动对接国际科技创新资源，围绕产业链部署创新链、资金链，深化产学研合作，加强关键核心技术攻关，加速科技成果产业化，提高产业技术创新能力，支持现有企业联合金融机构、高校、科研院所和行业上下游共建产业创新中心。通过自主创新掌控产业核心技术和“卡脖子”技术，推动产品与服务的品质升级，实现产业链、价值链位置的高端化。

坚持市场主导。正确处理政府和市场关系，既要发挥政府在现代产业体系建设中的引导作用，深化体制机制改革，注重运用经济手段和法治办法加强对现代产业体系建设的引导，超前引导产业未来发展方向，创新监管和服务方式，营造良好产业发展生态。更要充分发挥市场在资源配置中的决定性作用，强化企业主体地位，鼓励各种所有制企业、各类发展主体创新探索、勇于尝试，尤其是要补齐民营经济和中小企业发展不足的短板，最大程度激发市场主体的发展活力和创造力。

坚持要素协同。集聚数量庞大、质量优良、结构合理、配置有效的科技、金融、人才等优质要素，建立要素之间的协同机制。强化科技创新引领作用和人才资源与金融的支持作用，聚焦发力实体经济，吸引全球各类人才投身到实体经济发展，促进现代金融发展与实体经济紧密结合，促进实体经济、科技创新、现代金融、人力资源四者协调同步、融合互动发展，实现济南现代产业体系的全面发展和整体协同。

坚持跨界融合。坚持先进制造业与现代服务业双向融合、一二三次产业联合互动，拓展产业多元功能，提升产业融合发展水平。推动产业发展从主要依靠加工制造环节向研发设计、中高端制造、市场营销等价值链高端环节延伸，不断增强产业链控制与主导能力。注重推动制造业和服务业深度融合发展，鼓励制造企业剥离服务部门，推进服务业专业化、市场化、社会化发展，打造制造业和服务业融合的平台载体，加快培育制造服务融合新业态新模式，建立“产品＋服务”盈利新模式。发挥国防科技创新重要作用，加快建立健全军民融合的创新体系，形成全要素、多领域、高效益的军民产业深度融合发展格局。

坚持绿色发展。强化集约节约，严守生态红线，提高产业环保准入门槛，全面推行清洁生产，发展循环经济，加快发展绿色产业。率先建立生态环境和资源保护现代监管体制，构建以绿色发展为导向的评价考核体系，引导传统产业绿色化转型和新兴产业生态化发展。以法律法规为依据，以市场倒逼和引导为手段，淘汰退出不符合要求的高污染、高能耗企业和产能，加快发展环境友好型、生态修复型、资源利用和再生型产业，建设绿色低碳可持续发展的产业体系。

坚持开放合作。对接国家重大区域战略，加强产业全球布局和国际交流合作，深度融入全球产业分工体系，培育一批具有较强的垂直整合能力、能够在全球范围内配置资源和市场网络的世界级产业集群，提升全球产业链分工位势。有效利用国内国际两个市场、两种资源，大力推动多双边贸易和投资发展，鼓励企业发挥自身优势，参与国际竞争与合作。加快企业“走出去”步伐，大力推进“一带一路”建设，积极开展国际产能合作，持续扩大对外投资规模。

四、济南现代产业发展战略定位

面对世界经济格局加速演变、国家重大战略实施背景下产业发展新变化新趋势，需要结合实际，从不同维度对济南市产业发展进行科学的战略定位，构建具有创新性、开放性、融合性、集群性和可持续性特征的现代产业体系。

（一）世界级智能装备制造业基地

济南是全国重要的装备工业名城，也是山东省首批高端装备制造产业基地，产业优势明显，数控锻压设备位于世界前列，占据国内绝对市场份额，在数控机床、重型汽车、电力装备、内燃机等领域研发制造出多个国内首台套产品，锻压设备生产跻身世界前列，中型汽轮机、循环流化床锅炉、大功率柴油机、万能试验机等在全国同行业市场占有率第一，具备建设世界级重型装备产业基地的条件。实施工业互联网创新发展行动，推进制造业数字化、网络化、智能化发展，率先打造国内领先的工业互联网创新发展示范高地。建设新能源汽车基地、数控机床基地、轨道交通装备基地，瞄准世界高端装备发展方向，以智能电力及新能源装备、高档数控机床、智能机器人、航空航天装备、先进轨道交通装备等特色优势高端装备为重点，构建一批产业链条完善、产品特色鲜明、国际竞争力强的装备制造产业集群，跻身全球产业链、价值链的中高端。重点推进发电及智能输变电装备、新型清洁能源装备向成套化、智能化、微电网发展，打造世界一流的智能电网及新型电力装备研发设计、生产制造和信息应用基地。着力攻克高速高效高精加工与成形制造等核心关键共性技术，加快建设大功率全领域的激光研发、数控切削研发中心，打造世界先进的高档数控机床与基础制造装备研发设计和生产制造基地。加快发展轨道交通装备及牵引变流器等关键零部件，在特种轨道交通和整车组装能力方面实现突破，打造国际先进的轨道交通装备产业基地。以大学科技城（长清）为依托打造“中国高端装备创新谷”，加快济南高新区智能装备城、济南经开区智能装备城、章丘智能装备城建设，打造以济南高新区、济南经开区、明水经开区为核心的高端装备产业带。

（二）全国新一代信息技术产业基地

济南是中国软件名城、国家软件产业基地、国家集成电路设计产业化基地，是国家智慧城市、电子商务、信息惠民、三网融合试点城市，是全国重要的通信枢纽城市和跨省域网络核心节点，是全国进入信息社会初级阶段的六个省会城市之一，列全国智慧城市百强第六位。拥有国家信息产业高新技术产业基地、国家动漫产业基地、国家超算济南中心、国家集成电路设计产业化基地、国家信息通信国际创新园、国家软件出口创新基地等诸多产业基地与园区，发展新一代信息技术产业优势明显。软件和信息服务业占据全省半壁江山。软件业务收入规模位列全国第六；量子科技应用世界领先，全国量子计算与测量标准化技术委员会落户济南，量子通信与量子雷达、量子芯片在济南实现产业化。竞争优势明显的骨干企业有浪潮集团、中创软件、山东中孚、山大华天等。浪潮集团服务器市场占有率稳居全球第三，互联芯片全球领先，新一代神威 E 级原型机系统在国家超算济南中心正式启用，为“超级计算机界的下一顶皇冠”E 级计算机的研制成功铺平了道路。2018 年，济南市电子信息产业集群的产值规模已经突破 3000 亿元大关，成为省内最大的支柱产业集群。未来，要集聚一批具有全球竞争力的龙头企业和富有活力的创新型中小企业，形成“龙头集聚、主体多元、业态完备、技术先进、应用广泛、支撑有力、氛围浓厚、特色鲜明”的产业生态体系，重点在大数据、高端计算、云计算、高端软件、信息安全、工业互联网、物联网与集成电路、新型显示、信息通信和北斗应用、量子信息、人工智能、区块链等领域突破一批关键技术，推进集成电路纳入全国战略布局，建设北方地区集成电路产业基地，培育一批新一代信息产业集群，加快打造成为山东省一流、国内领先的新一代信息技术产业高地。

（三）东北亚服务业开放合作新节点

济南具有毗邻日韩的区位优势和陆海双向开放的通道优势，要发挥中国（山东）自由贸易试验区济南片区、中日韩地方合作示范区等对外开放合作平台作用，打造区域特色鲜明、功能完备的生产性服务业高地，建成面向东北亚的现代服务业开发合作新节点，助推国家中心城市及“一带一路”重要通道城市建设，形成陆海内外联动、东西双向互济的全面开放新格局。围绕构建与国家中心城市相适应的现代服务业体系，加快发展产业金融、物流、信息、研发等生产性服务业，健全各类区域性要素交易市场，推动服务业新技术、新业态和新产业不断涌现，提升服务业规模化、品牌化和网络化水平，形成一批主体功能突出、辐射范围广、带动作用强的现代服务业示范区，打造全国重要的区域性金融中心、物流中心和科技创新中心，全面提升城市经济集聚功能、空间辐射功能、对外开放功能和管理服务功能等。发挥与日韩传统投资、贸易优势，以济南新旧动能转换先行区为主要载体，全面融入中日韩地方合作进程，加快建设中日韩（济南）服务贸易和文化产业合作区、中日韩肿瘤防控中心等，打造省会带动、其他城市协同的“1+X”中日韩地方合作示范区。依托中国（山东）自由贸易试验区济南片区，高标准开展开放型经济新体制试点试验，加强中日、中韩海关“经认证的经营者”互认合作，加快建设德国技术转移中心、北方国际技术转移中心等，支持在世界城市和地方政府组织框架下发起设立“东北亚和第三方合作委员会”。建设集路港、空港、保税港、信息港“四港合一”的国际内陆港中心城市，推进“齐鲁号”济南欧亚班列扩量提效，强化陆海联动、多式联运枢纽功能，构筑“一带一路”新亚欧大陆桥重要支点。高水平建设跨境电子商务综合试验区。建设国家临空经济示范区，构建以航空核心产业、临空高端制造业、临空现代服务业为主的临空产业体系。

（四）全国产业深度融合发展示范区

把握产业跨界融合发展趋势，着力突破产业链缺失环节、价值链薄弱环节、供应链梗阻环节，打通济南产业能级跃升通道。围绕做大做强十大千亿产业和前瞻布局未来产业，支持创建全国先进制造业与现代服务业融合发展示范区，坚持巩固“新智造”、延拓“新服务”、融合“新科技”，发挥产业链龙头企业、行业骨干企业、专精特新“小巨人”“单项冠军”“隐形冠军”企业等多元化融合发展主体作用，通过建设智能工厂、推进工业互联网应用、构建共享生产平台、推广柔性化定制、优化供应链管理等，营造物联网、云计算、新金融快速嫁接催生新经济的生态环境，引导分散式消费需求与规模化生产服务无缝对接，形成产业转型和消费升级协同共进的良好格局。依托“一圈两带四区”七大农业经济板块，开展农村产业融合发展试点示范，推动农业与加工、旅游、文化、教育、康养等多类型产业融合，推进终端型、体验型、循环型、智慧型、园区型、服务型“六型”业态协同发展，加快黄河三角洲国家级农高区、章丘国家级现代农业示范区等现代农业园区和现代农业综合体（田园综合体）建设，支持创建全国农村一二三次产业融合发展先导区和示范园，构建产业精深、产出精品、经营精细、科技精湛、服务精准、装备精良、景观精美、文化精粹的都市农业发展新格局，“接二连三”，振兴现代农业。

（五）黄河流域产业绿色低碳发展样板区

济南作为黄河下游地区中心城市，正沿黄河两岸打造新旧动能转换起步区，加快由“大明湖时代”向“黄河时代”迈进，对黄河流域生态保护和高质量发展具有重要的作用。要全面提升产业核心竞争力和城市综合服务功能，加快建设现代产业体系，按照“中心（总部研发）→周边（创智服务）→外围（生产制造）”的发展思路，科学划定功能分区、界定产业导向，重塑城市产业空间新格局、聚力区县主导产业新方向，着力打造“一先三区两高地”，加快形成核心与腹地相互支撑、良性互动的统一体，努力打造黄河流域产业高质量发展排头兵，更好发挥山东半岛城市群龙头作用，构筑带动黄河下游发展的战略新支点，推动济南都市圈与郑州都市圈对接合作，促进沿黄各市加强产业协作，引领带动山东中西部地区和中原地区协同发展，推动沿黄地区中心城市及城市群高质量发展。

加强沿黄城市文化交流，共同保护黄河文化遗产，深入挖掘黄河文化蕴含的时代价值，加快推进文化旅游融合发展，共同打造具有国际影响力的黄河文化旅游带。加强水系、湿地、林地等自然资源的保护利用，加快建设黄河国家湿地公园，打造黄河两岸的“绿带”和城市发展“绿芯”，打造黄河生态景观风貌带。大力推进产业发展与城市功能契合、发展空间整合、黄河文化融合发展，创新“以产促城，以城兴产，黄河文化共融”的发展模式。加强“绿色供应链”“低碳革命”“零排放”等新的产品设计和生产理念，不断完善节能环保产业、再制造产业等产业链，推动“绿色制造”“增材制造”“零排放制造”等。以振兴十大农业特色产业为突破口，大力推进农业供给侧结构性改革，着力走出绿色化、优质化、特色化、品牌化、精致化农业发展新路子，探索形成农业生产和生态保护兼容并济的全域田园生态系统，助力高标准建设“现代泉城，多彩乡村”，率先打造黄河流域中下游农业绿色发展的典范样本。按照“点上做大龙头率先突破、面上建设圈层整体推进、线上强化轴带互动互联”的区域协调发展原则，依托济南为枢纽节点的跨区域综合运输大通道，强化省会城市群经济圈乃至沿黄区域经济纽带、市场联系和要素流动，加快构建布局合理、错位发展、协作密切的区域产业体系。

（六）环渤海地区文化旅游康养中心

济南作为环渤海经济区南翼中心城市和国家历史文化名城，山、泉、湖、城等资源禀赋优越，是得天独厚的旅游目的地城市。要发挥中华文化汇流传承核心地区的文化地理优势，整合文化旅游与医疗康养优质资源，围绕居民消费升级提高服务供给质量，以新消费引领新产业，打造环渤海地区文化旅游康养中心。以建设国际知名旅游目的地城市为目标，增强城市旅游发展新动能，推动“天下第一泉”景区、千佛山风景名胜区等国家级景区提档升级，推进章丘明水古城国际泉水旅游度假区、绣源河华侨城旅游综合体等旅游消费重点项目，提升全域旅游综合服务，打造旅游体验式消费引领示范区，建设成为功能完善、竞争力强、宜居宜游的国际知名旅游目的地城市。大力发展文化消费，推进济南万达文化体育旅游城、华谊兄弟电影文化城等文化消费重点项目，建设国家影视文化消费先行体验区和全球影视文化中心。依托济南国际医学科学中心、国家健康医疗大数据北方中心、生命科学城、药谷产业园等，加快产业园区建设。聚焦康复、养老等重点领域，催生“健康+”新产业、新业态、新模式，发展精准医疗、智慧医疗等健康消费业态，推进医疗康养与文化旅游深度融合，建设集休闲度假、特色医疗、保健养生于一体的康养小镇，发展特色康复，构建一流的养老服务体系，培育壮大章丘东部医疗中心健康养老基地等医疗健康园区，打造国际医疗康养名城。

（七）京沪之间产业创新发展新高地

济南地处南北经济过渡地带，要充分利用南北区域经济交汇和京沪线节点处的独特地理区位，在南北走向上将京津冀协同发展和长三角一体化发展两大国家战略有机串联起来，贯通南北发展动能，构建我国最具活力的经济大动脉。要依托“高铁时代”地理区位优势，打造京沪之间创新创业发展新高地，构筑衔接全国南北区域协同发展的经济新动能战略节点，形成产业链配套、创新链互补、价值链共享的区域协同发展新格局。全面对接京津冀和雄安新区，推动北京金融街与济南国际金融城、雄安新区与济南新旧动能转换先行区合作共建，打造北京非首都功能疏解重要承接地、央企和跨国公司在中国北方的总部基地，形成北京、雄安、济南“金三角”。把良好创新生态打造成为济南的城市名片和核心竞争力，推进国家创新型城市试点、国家促进科技和金融结合试点和山东半岛国家自主创新示范区建设，加强科技成果有效供给，完善技术转移转化服务，推动知识产权市场化交易运营，打造国家科技成果转移转化示范区，催生大企业顶天立地、小企业铺天盖地、行业“独角兽企业”“瞪羚企业”“隐形冠军企业”不断孕育的“雨林型”产业生态。高标准打造齐鲁科创大走廊和高新区核心区等科技功能区，在人工智能、量子技术、超级计算、信息技术、集成电路、生命科学、医疗康养等优势领域，前瞻性布局重大科技创新载体，以重大技术突破引领产业变革，形成国际领先引跑、具有世界影响力的“科创谷”，为新动能培育和旧动能改造提供强大支撑，打造具有全国影响力的科技创新中心。

（八）山东产业新旧动能转换领跑区

济南市作为山东新旧动能转换综合试验区主引擎和山东新旧动能转换“三核引领”的重要“一核”，肩负高标准建设国家新旧动能转换起步区的历史重任，要按照山东省委、省政府新旧动能转换重大工程战略部署，在全省新旧动能转换中打头阵、当先锋、挑大梁，为全省乃至全国产业高质量发展探索新路径。强化省会担当，发挥省会功能，把握先行定位，把实体经济作为发展着力点，加快建成山东产业新旧动能转换领跑区。坚持抢抓全球前沿、对接国家战略、关注区域协同的发展思路，以产业转型升级提升发展质量，规划建设一批承载新旧动能转换的新型产业园区，落地发展一批顺应产业发展大势的重大产业项目，培育壮大一批具有核心竞争力的产业集群和企业群体，率先构建具有泉城特色的现代产业体系，在山东省乃至全国培育壮大经济发展新动能、加快新旧动能接续转换中打头阵、抢先机、挑大梁。围绕山东省“十强”产业及济南市十大千亿级产业发展，聚焦新技术、紧随新消费、支持大融合、催生新模式，以“四新”促“四化”、实现“四提”，抢占产业发展制高点和主动权，着力营造新技术新产业加速崛起、新业态新模式竞相迸发的产业发展生态，推动传统产业浴火重生、凤凰涅槃，促进新兴产业扩容倍增、加速崛起。

五、政策措施

济南市构建支撑高质量发展的现代化产业体系，关键要从体制机制、强化人才、金融、技术、数据、管理等核心要素聚集能力，积极引导各类要素资源特别是高端要素加速流入，夯实具有全球竞争力的现代市场要素支撑。重点从完善科技创新体系、激活人力资源潜能、提升金融服务能力、优化发展营商环境、提高基础设施水平等方面支撑现代产业体系建设，营造公平公正的市场环境和审慎包容的创新生态，形成实体经济与科技创新、人力资源、现代金融、营商环境、基础设施协同发展的良好格局。

（一）促进实体经济、科技、金融、人力资源“四协同”

聚焦重点领域制度性障碍，通过重塑实体经济发展导向机制，强化科技创新引擎机制，顺畅现代金融服务机制，加快人力资源要素培育，破除制约要素流动的不合理障碍，优化要素配置，提升要素效率，提升科技创新、现代金融、人力资本提升服务实体经济和现代化产业体系建设效能，形成实体经济与高端要素协同发展的高效机制。

一是把做大做强实体经济作为建设现代化产业体系的重点。大力弘扬济商精神，召开济南实体经济发展大会，专门研究实体经济发展的痛点难点，出台振兴实体经济的若干意见，采取针对性措施推动实体经济发展，形成“尊重实干、崇尚实业、脚踏实地、实业致富”的社会氛围。切实加强产权保护，增强企业家发展信心，稳定企业家发展预期，激发民营企业创新创业动力。

二是强化科技创新引擎机制。加强技术源头创新、技术协同供给和技术集成转化，积极探索政府引导、企业主导、院校协作、多元投资、成果分享等政产学研用合作新模式，促进创新链、产业链、资本链“三链融合”。依托山东产业技术研究院、山东高等技术研究院、国家超算中心、量子技术研究院、生命科学城、大科学装置等科研载体，建立齐鲁科创走廊前沿技术创新聚集区，在创新科技项目、科技成果和知识产权管理转化等方面，探索形成完善的科技创新体制机制，着力贯通产业链、资金链、创新链和服务链，促进技术创新和产业发展之间的无缝衔接，催生更多符合产业发展需求的科技成果产生，提升科技成果转化率。瞄准电子信息、高端装备、医养健康等济南市现代化产业体系建设重点和前沿必争领域，采取产学研金介用联合攻关等新模式开展重大技术攻关。

三是顺畅现代金融服务机制。着力降低资金使用成本、提高资本配置效率，提升金融服务实体经济能力。依托齐鲁银行、山东省新旧动能转换基金等，积极发展科技银行、民营银行和外资金融机构，鼓励银行开展中小微企业服务，促进金融机构和实体企业需求衔接匹配。大力发展创业投资，放宽对创业投资地域、行业和收益率等方面的限制，提高创投机构、基金理投资自主权，加大对高技术产业、战略性新兴产业和新经济领域高成长性行业的支持力度，鼓励创业投资机构通过资本纽带构建产业链上下游协作互动的产业生态圈。加快区域资本市场建设，支持企业在“新三板”、齐鲁股权交易中心、蓝海股权交易中心挂牌上市。

四是强化人力资源要素引进和培育。要建立世界化、制度化的人才引进制度，加快集聚高层次人才，加快引进杰出人才和领军人才。改革传统人才评价、考核和激励机制、加大高层次创新人才培养支持力度、完善海外高层次人才引进方式，吸引一大批有经验和影响力的复合型创新创业领军人才和团队投身实体经济发展。鼓励山东大学等高校和企业合作建立人才实训基地，支持大学生和研究生在企业技术中心开展社会实践或研发试验，社会实践或研发试验成果按规定计入学分或毕业考核要求。支持山东蓝翔职业技术学校和企业签订订单式培养协议。

（二）推动产业基础能力高级化和产业链现代化

以夯实产业基础能力为根本，以自主可控、安全高效为目标，以企业和企业家为主体，以政策协同为保障，坚持应用牵引、问题导向，坚持政府引导和市场机制相结合，坚持独立自主和开放合作相促进，打好产业基础能力高级化、产业链现代化的攻坚战。

一是夯实产业基础能力。重点加大对基础零部件、关键材料、工业软件、检验检测平台和新型基础设施等领域投入力度，积极探索集中力量办大事的体制机制，强化协同，组织实施产业基础能力攻关工程，推动重大示范工程实施，加快补齐产业基础短板。适应 5G、人工智能、智能网联汽车、量子通信、数字经济、基因检测、电子商务、在线医疗、远程教育等产业发展需求，加快建设信息网络基础设施、智能应用场景、工业互联网平台、大数据中心、新能源汽车充电桩、智慧化交通基础设施、生物种质资源库等基础设施，加快构建以新一代信息技术和以数字化为核心的新型基础设施，支撑制造业数字化、网络化、智能化、绿色化发展。

二是提升产业链控制力和主导能力。鼓励优势企业通过契约方式组建产业链合作联盟，通过优化联盟内协作机制提升产业链绩效，或者通过核心能力培育，增强对产业链上下游其他产业的影响力，构建动态的产业链合作关系。支持核心零部件企业利用自身更好的成本控制能力和竞争优势掌握话语权。推动掌握标准和核心技术的企业则通过技术创新和产业发展之间的“互补互促效应”，在提升产业层次过程中进行市场控制和利润获取。

三是促进产业链联动发展。围绕“巩固、增强、提升、畅通”八字方针，促进产业链上下游联动发展，支持上下游企业加强产业协同和技术合作攻关，促进服务业和制造业深度融合发展，增强产业链韧性，提升产业链水平。坚持独立自主和开放合作相促进，对接国际标准，推动全球创新成果在济南孵化转化和应用，在开放合作中形成更强创新力、更高附加值的产业链。促进产业链、价值链、创新链联动发展，加强产业化、市场化的联动，建立共性技术平台，促进成果转化应用，打造“政产学研资”紧密合作的创新生态，解决跨行业、跨领域的关键共性技术问题。

四是提升产业链整体效率。进一步完善产业链生态，重点是促进产业链上下游和基础材料、核心零部件、关键设备，研发设计、生产制造和市场应用的协同。积极利用信息技术改造传统产业，推广应用智慧供应链管理和工业互联网平台，推动工业全产业链、全价值链的信息交叉和智能协作，促进上下游供应链灵活高效配置和低成本的资源协同。鼓励企业应用大数据技术提升研发制造、供应链管理、营销服务等环节的智能决策水平和经营效率，促进形成具有更高生产率的现代产业体系。

（三）夯实现代化产业体系建设的微观主体

强化企业市场主体地位，促进大中小企业融通发展、各种所有制经济良性互动，进一步激发市场微观主体发展活力。

一是做强做优行业标杆企业。突出弘扬企业家精神、发挥企业家作用两个关键，引导企业家预期，激发企业家活力，保护企业家财富，促进企业家健康成长，更好发挥企业家作用，鼓励企业家通过建立新企业、创造新模式、运用新技术、制造新产品、开拓新市场，培育壮大一批产业生态中具有重要影响力和主导作用的领军企业。

二是促进企业融通发展。加强大企业的辐射带动作用，鼓励大企业将配套企业纳入其供应链管理、质量管理、标准管理、研发管理等管理体系。支持大企业向配套中小企业开放研发平台，推动协同制造与协同创新。加快专精特新企业发展，引导中小企业专注核心业务，提高专业化生产、服务和协作配套能力，为大企业和产业链提供精细化零部件、配套产品和配套服务。

三是增强各类所有制企业竞争力。加快推进国有企业混合所有制改革。通过合资、合作、并购、参股、入股等方式，积极引入优势互补并能提供战略支持的非国有资本，不断提高国有资本运营效益。放开民间投资市场准入，明确市场准入负面清单以外的行业、领域、业务等，各类市场主体皆可依法平等进入。废除对非公有制经济各种形式的不合理规定，消除各种隐性壁垒，保证各种所有制经济依法平等使用生产要素、公开公平公正参与市场竞争、同等受到法律保护、共同履行社会责任。推出惠企政策“直通车”、为企服务“全球通”等举措，加速破解困扰民营经济发展的难点问题，加快建设“两个健康”先行区，促进民营经济健康发展。

（四）加强质量、标准、品牌建设

全面推进产业标准化、规范化、品牌化发展，积极培育质量、技术、品牌、服务等优势，增强产业核心竞争力，不断提升在全球产业链、供应链和价值链中的地位。

一是加快提升产品质量。率先组织开展全链条设计和一体化实施的科技研发活动，整合政府、企业、行业协会、科研院所等多方资源，积极开展标准的制修订、评估、试点、验证、宣贯和推广应用工作，积极创建国家质量标准示范区，夯实质量强市战略技术基础。

二是强化先进质量管理技术方法的推广与应用。以高端装备、新一代信息技术等主导产业的领军企业为重点，推广普及适宜的先进生产管理模式和方法。积极推广精益管理、六西格玛管理、可靠性管理等先进管理模式，依靠科学的步骤和严谨的数据分析，不断提高产品质量和安全性。鼓励中小企业加强质量管理，支持企业增强质量在线监测、在线控制和产品全生命周期质量追溯能力。

三是提升品牌价值和软实力。开展全国知名品牌培育工程，完善政策扶持体系，引导企业增强以质量和信誉为核心的品牌意识，培育壮大拥有较高知名度和美誉度的产品品牌和企业品牌。加强公共服务体系建设，支持品牌培育和运营专业服务机构开展品牌管理咨询、市场推广等服务。

（五）完善现代化产业体系的制度基础

加大重点领域关键环节市场化改革力度，最大限度放宽市场准入，创新政府监管和服务方式，最大程度激发市场主体活力和创造力，加快形成有利于现代体系建设的体制机制和发展环境。

一是继续深入推进“放管服”。以敬民之心，行简政之道，推动政府转型，做实体经济发展的“店小二”和“服务员”。在行政审批、投资审批、商事制度、职业资格管理和扩大高校和科研院所自主权等方面深入推进简政放权，及时主动向社会公布政府权力清单和责任清单，以政务公开推进简政放权。大力推进“互联网＋政务服务”，优化政府服务流程，提高公共服务供给效率。借鉴杭州、武汉等地“最多跑一次”改革和“马上办、网上办、一次办”改革做法，建设互联互通的“云端政务服务大厅”，在办理施工许可、获得电力、跨境贸易等方面，整合减少审批程序，最大程度提高审批效率，加快形成更具吸引力的国际化、法制化、便利化营商环境。

二是为企业开办和成长提供“点对点”服务。优化扶持流程，为创新创业企业的开办和成长提供政策、信息、法律、人才、场地等全方位服务，密切跟踪新生市场主体经营发展情况，促进新生市场主体活跃度提升。通过信用评级与税收便利挂钩，减轻企业享受税收优惠的审批负担，让市场主体，特别是中小企业和新创企业有更多获得感。不断优化创新创业企业融资环境。围绕创业企业初创期、萌芽期、培育期、成长期等不同阶段，大力培育政府引导基金、天使投资、创业投资、科技金融、商业银行、投资银行等各类金融机构，给不同发展阶段的创新创业企业有针对性的资金扶持。

三是营造公平的市场竞争环境。全面清理和废止不利于统一市场建设和公平竞争的政策措施，加快建立统一开放、竞争有序的市场体系。实施市场准入负面清单制度，放宽和规范市场准入。推进相关领域管理体制改革，建立合理的利益疏导机制，为新兴产业发展降低制度转化成本。加强企业信用体系建设，建立健全企业信用动态评价、守信激励和失信惩戒机制，培育和规范信用服务市场，加强信用服务产品开发应用，推动信用信息资源共享共用。

第十四章

关于产业集群建设问题

产业集群作为工业化过程中普遍的经济现象，是一个国家或区域产业竞争力培育的重要载体。经过几十年的发展，我国产业集群逐步发展壮大，但也存在一些急需研究解决的问题。加快发展壮大产业集群，不仅对缓解要素成本上升压力、破解产业结构矛盾和提升产业国际竞争力具有直接的积极效应，而且对促进经济高质量发展具有重要的作用。

一、国内外产业集群发展综述

产业集群亦称“产业簇群”“竞争性集群”“波特集群”，是某一行业内的竞争性企业以及与这些企业互动关联的合作企业、专业化供应商、服务供应商、相关产业厂商和相关机构（如大学、科研机构、制定标准的机构、产业工会等）聚集在某特定地域的现象。[①]1990 年，迈克・波特在《国家竞争优势》一书最先提出产业集群（Industrial Cluster）概念，通过对 10 个工业化国家的考察发现，产业集群是工业化过程中的普遍现象，在所有发达的经济体中，都可以明显看到各种产业集群，产业集群已成为衡量区域经济发展水平的一项重要指标。产业集群是经济活动的一种空间

① 王缉慈：《关于中国产业集群研究的若干概念辨析》，《地理学报》，2004 年第 59 卷增刊，第 47—52 页。

集聚现象，不是企业简单的“聚集”，它包含了某一产业从投入到产出以至流通的各种相关行为主体的完备的经济组织系统。如信息技术企业和相关厂商、相关机构等在美国硅谷的聚集。①

从国际范围看，产业集群已成为工业化进程中的普遍现象。世界级产业集群是基于全球范围内产生分工与核心竞争优势形成的、能够引领乃至主导全球产业联的相关企业及组织机构集聚而成的产业网络，主要分布在发达国家，其中尤以美国硅谷高新技术产业集群、法国航空谷产业集群、日本丰田汽车产业集群、日本半导体产业集群、英国伦敦生物医药产业集群等最具代表性。美国硅谷高科技信息产业集群，引领全球电子信息产业的发展。硅谷是美国电子信息业和计算机工业中心，集中了全美几乎所有的半导体公司。自 1965 年以来，美国 100 家最大的技术公司近 1/3 位于硅谷，相当于美国电子产品出口额的 1/3。硅谷初期的发展以晶体管、半导体制造业等高科技技术行业为主导，由于其持续的创新能力与经济的快速发展，带来大量技术企业快速集聚，许多知名企业都将工程、智力资本投入到硅谷，设立研发中心等。同时，依托于斯坦福大学等著名研究型大学及众多专科院校形成的研发体系与龙头企业和创新型中小企业形成的产业体系，硅谷形成了产学研紧密结合的转移转化链条。美国有名的产业集群还有底特律汽车产业集群、波士顿生物技术和生物制药产业集群、休斯敦石化集群，等等。意大利的家具、毛纺、陶瓷等产业集群创造了闻名世界的“第三意大利现象”。20 世纪 70 年代是意大利产业集群的成长、发展时期，工业开始实行分散化，向小批量、专业化生产急速转化，并通过生产过程机械化和产品质量提高，强化传统产业竞争力，促进了东北部和中部（即“第三意大利”）中小企业集中发展。20 世纪 80 年代到 90 年代，意大利对工业的技术结构和部门结构进行了广泛调整，传统产业集群开始将微电子、信息等高新技术引入生产过程，进行工艺创新。法国图卢兹地区作为最具世界竞争力的领先航空航天产业集群，吸引了一批优秀航空航

① ［美］迈克尔·波特著：《竞争优势》，陈小悦译，华夏出版社，1997 年，第 22—25 页。

天企业、科研院所，集聚了航空产业链上众多子系统承包商和二级承包商，包括发动机制造、机载系统制造、材料研制、试验和维修、机身建造和组装等航空相关领域。法国最重要的 3 所航空航天大学也均设于图卢兹地区，健全的产业链，加之政府的鼎力支持，以及政府、企业之间形成的网络协作关系，促进了图卢兹地区航空谷产业集群的发展。德国东威斯特法伦 – 利珀地区形成了包括大中小企业、隐形冠军企业、研究机构、大学等中心节点的技术网络，集群参与了欧洲层面的知识与创新社区项目，与芬兰、土耳其和中国开展了国际合作。日本东京的制造业产业集群成为日本“机械工业的共同根基”。日本九州岛上云集了 200 多家半导体设备制造及零部件制造企业，拥有世级尖端技术的索尼、东芝、日立、三菱、富士通等垂直整合制造（IDM）公司都在此设有生产基地，日本近 1/3 的半导体产品出自九州岛。发展中国家的产业集群也在不断涌现，如印度、印度尼西亚等国也都有大量的产业集群，被誉为“亚洲硅谷”的印度班加罗尔利用产业集群发展软件业，获得了全球性的强大产业竞争优势。归纳起来，这些世界级产业集群具有几个共性特征：产业规模在行业内占有较大比重，拥有世界一流的行业领军企业，围绕领军企业形成了专业化分工系统与协作网络，具有世界领先的核心技术和持续创新能力。

改革开放以来，我国产业集群不断发展壮大，已成为区域经济发展的重要产业组织形式和载体，对区域经济的支撑作用日益明显。例如，广东省以珠江东岸的深圳、东莞、惠州及广州为主体，聚集了华为、中兴、中芯国际等全球知名企业，形成了以通讯、新型显示和集成电路为核心，人工智能、物联网等多产业联动发展的电子信息产业走廊，成为全国规模最大的电子信息产业集群区。珠三角建制镇中，有 1/4 的镇形成了特色产业集群。浙江制造业产业集群有绍兴的轻纺、海宁的皮革、嵊州的领带、永康的五金、温州的皮鞋、乐清的低压电器、桐庐的制笔、诸暨的袜业等，星罗棋布的产业群成为浙江开拓国际国内市场的重要生产基地。中部地区的武汉光谷、合肥声谷、郑州电子信息、长株潭装备制造、南昌吉安电子信息、太原新材料、洛阳装备制造等产业集群也初具规模。但也要看到，我国产业集群发展也存在不少问题：产业集群发展总体水平还不高，部分产业集群集聚度较低，创新能力弱、信息化水平低、品牌建设不够、公共服务滞后、基础设施不配套，亟待转型升级，提升发展能力。

二、中山市产业集群基本情况

多年来，中山市通过加强公共服务体系、区域品牌、产业园区等“三大建设”，建立健全技术开发、人才培训、信息咨询、知识产权、质量检测、现代物流及电子商务等公共服务平台，以产业联盟标准、地理标志保护产品等形式打造区域品牌，形成了新能源、节能环保、电子信息、电气机械、纺织服装、化学制品、金属制品以及包装印刷、食品饮料、医药、家具、汽配、电梯等一批产业集群，建成了一批产业集聚、土地集约、管理集成、清洁生产、节约资源的专业化产业园区，拥有 23 大产业集群，百亿级以上产业集群增至 12 个，其中千亿级产业集群 3 个，拥有 38 个国家级产业基地、18 项产业集群联盟标准。火炬开发区生物医药、古镇灯饰入选国家新型工业化示范基地，中山美居、古镇灯饰成为国家产业集群品牌试点区，健康科技产业集群获评首批国家创新型产业集群试点，小榄镇五金制品等 9 个产业集群获评省级产业集群升级示范区，“火炬区 – 板芙智能制造产业园区”、火炬区光电产业基地分别被认定为省智能制造示范园。中山产业集群发展取得了很大的成效，为全省产业集群发展提供了很好的借鉴和示范。

（一）强化产业链延伸，产业配套能力明显提高

通过产业链的完善，使集群从以往的产品制造为主延伸到产品设计、生产、销售、服务的全过程。南头镇的家电、东凤镇的小家电、古镇的灯饰、小榄镇的燃气具和锁具等块状特色经济，带动五金制品行业及各类零

部件生产的分工和聚集，形成了较长的产业链条。大涌镇红木家具行业带动了木材加工、石材加工、地板装饰、油漆涂料和五金铰链行业的发展。沙溪镇休闲服装业纵向带动了纺织业的化纤、棉纱、织布、染整、印花、水洗、织唛、纽扣、机械配件等若干家服装上下游企业的发展，横向促进了服装设计、咨询、培训、推广机构、专业物流、仓储、配送、货运公司、酒店、餐饮、旅馆、休闲娱乐场所、大型超市等的发展，形成了专业化分工协作的生产格局，从整体上提升了集群内部企业的竞争力。黄圃镇食品制造业以广式腊味为龙头，带动了酱油、味料、酒类、肠衣加工行业及农业种养业的发展。

（二）专业镇集聚效应突出，带动区域经济发展

以专业镇为依托的特色产业集群、“一镇一品”集群模式是中山产业发展的一大亮点。全市有超过 2/3 的镇区都形成了具有一定生产规模与生产水平的产业集群。中山市通过工业园建设、招商引资、设立专业市场、举办博览会、实行名牌战略、技术创新等措施，积极引导各镇区培育发展具有特色的产业群，积极扶持促进特色产业做大做强，形成了一批以镇（区）为单元，由成百上千家同类企业汇聚而成的庞大产业集群，主要分布在火炬区、小榄、古镇、沙溪、大涌、黄圃、南头、东凤等镇区，涉及电子信息、包装印刷、医药、音响、五金、灯饰、服装、家具、食品、家电等行业。

（三）区域特色产业基地发展迅猛，结构和布局更加合理

坚持高标准规划、高效益产出的原则，围绕把产业做大、企业做强、产品做精的目标，进一步加大对风电产业、船舶制造业、新能源、新材料产业、软件产业、小榄家居安防等产业的扶持，建设专业化聚集区，中山火炬区以国家健康科技产业基地、国家高新技术产品出口基地、中国包装

印刷生产基地、中国电子（中山）基地、中国技术市场科技成果产业化（中山）示范基地、国家火炬计划中山（临海）装备制造产业基地、中国绿色健康食品基地等一批高新技术产业基地为极点，形成了一批具有较强竞争力、规模较大、产业特色鲜明的支柱产业和高新技术产业集聚区。该区的产业特色是产业归类聚集，分成电子信息、生物医药、包装印刷、装备化工几个园区，每个园区都有一个国家级基地。园区里分成几个产业集群，这些产业集群以龙头企业带动，形成上下衔接、左右关联的产业链。

（四）自主创新能力不断加强，推动产业结构优化升级

按照“实施自主创新战略，建设创新型中山”的要求，加快推进公共平台建设，有效改善集群内部环境，建立和完善以企业为主体的区域创新体系。近年来，中山不但设立专项资金和科技型中小企业技术创新资金，还出台了一系列扶持性政策文件。积极搭建公共技术服务平台，采取政府支持开办、企业化运营的方式，在集群较发达的镇区成立了 11 家区域性行业技术服务中心和技术创新服务中心，有针对性地解决产业发展的共性技术问题，有效促进产业集群转型升级。目前，全市绝大多数企业都设立了企业工程、技术中心。企业整体创新能力明显增强，涌现出明阳电器、大桥化工、松德包装、欧普照明、长青集团、大洋电机、华帝燃具等一批创新型企业。大桥化工公司近年来共研发新产品近百个，其中开发的汽车漆等工业涂料达到国际水平，成为国内知名汽车企业油漆供应商，汽车涂料市场占有率达 20%，跻身国内同行业前三名。明阳电器公司每年投入开发费用占销售额 10%—15%，开发的高压变频器、数字式变电站填补了国内空白，达到国外同类产品先进水平。东凤镇注重建设科技创新平台，成立了拥有国际先进软件技术的小家电技术中心，专门为小家电企业提供控制芯片以及软件设计和样板扩展。此外，中山与省科技厅合作共建了装备制造工业研究院，配合华南现代中医药城项目，积极推动中药现代化工程技术研究院建设。科技平台的搭建加快了中山高新技术产业发展，也推动

了产业结构调整升级。

（五）产品标准和品牌水平加快提升，增强产业竞争力

为解决支柱产业无标准和无序竞争问题，中山市以“镇（区）政府+行业协会+企业”联盟标准模式推动建立与制定了弹子插芯锁、含乳饮料、广式腊肠、有机香蕉等16项高于国内通用行业要求、与国际接轨的产业集群“联盟标准”，使当地众多规模企业按联盟标准规范生产，目前已取得显著成效。产业集群实施“联盟标准后”，企业通过贯彻实施标准，将标准化渗透到生产的各个环节，避免了不合格产品进入下一道工序后造成的能源、材料的浪费，规范了企业生产，促进了产业技术进步和节能降耗。

与此同时，中山市高度重视品牌建设，发展具有特色的品牌经济，取得了显著成果。例如，古镇镇被授予“中国灯饰之都”称号，小榄镇被授予“中国电子音响行业产业基地”和“中国五金制品产业基地”称号，大涌镇被授予“中国牛仔服装名镇”和“中国红木家具生产专业镇”称号，沙溪镇被授予“中国休闲服装名镇”称号，东凤镇被授予“中国小家电专业镇”称号，黄圃镇被授予“中国食品工业示范基地”和“中国腊味食品名镇”称号，南头镇被授予“中国家电产业基地”称号。此外，其他专业镇的精细化工、电梯、皮具、玩具等也在逐步成为品牌。

三、主要经验

多年来，中山市在产业集群发展实践中进行了大胆的探索、科学的创新和周密的实施，走出了一条具有特色的产业集群发展道路，积累了不少的经验，从中可得到很多启示。

（一）坚持市场竞争定位，为产业集群发展注入动力

“依托产业建市场，发展市场兴产业”，通过专业市场与特色产业的良性互动发展产业集群，是中山推动产业集群发展的一条成功之路。无论是在集群形成之初的20世纪80年代，还是在集群迅速发展的90年代，中山都是依托国内外市场发展产业集群。应该说，巨大的市场需求是促进中山产业集群发展的主动力。在产业集群发展过程中，专业市场发挥了重要推动作用。一方面，发挥其作为一种共享式销售网络的作用，形成了家庭工业和中小企业共同依赖的市场；另一方面，专业市场也发挥着中间品市场的作用，协调区域内个体私营企业的专业化分工，促进区域内各种家庭工业和生产企业的发展，如最早期的西郊小商品市场，后来的沙溪布匹市场、东凤小家电市场及小榄五金、古镇灯饰等区域品牌性市场。

自20世纪80年代后半期以来，政府始终把特色产业和专业市场建设作为发展地方经济的突破口。一方面，在传统特色产业区加强专业市场建设，充分利用信息化等先进手段，建设改造市场，完善市场功能，为集群发展提供稳定的市场空间。目前，几乎每个特色产业镇都建立了专业市场，如古镇灯饰市场、沙溪布匹市场、大涌红木家具市场、黄圃食品腊味市场、东风电子电器市场等。专业市场的出现，在很大程度上促进了特色产业和中小企业发展，尤其是提供了早期发展所必需的市场信息、原材料供给和产品销售渠道，形成了小商品大市场、小企业大协作的区域经济格局。另一方面，对于那些已经发展较好的专业市场，加快扶持相关产业发展，不断强化专业市场的配套。通过专业化市场的建设强化产业集群，促进产业发展，为专业市场提供大规模、多品种的商品供给，实现专业市场与产业发展的良性互动。

专业市场与当地相关工业之间联系紧密，互相促进，共同发展，形成了具有本地特色的产业集群。一方面，产业集群以专业市场为依托，把成千上万小企业有效组织起来，形成了自己的经营模式。这就是人们常说的“建一个市场，带一批产业，兴一个城镇，活一地经济，富一方百姓”。说

到底，市场是产业集群地产业链中的一个重要环节。如果没有市场这一平台，产业集群将成为无源之水、无本之木。另一方面，在中山，最先是在一个地方出现某种产品的集中生产，形成所谓的“一乡一品”“一镇一品”。为了给这些产品找销路，便出现自发性市场。市场出现和扩大后，促进了市场背后的生产发展，然后又进一步推动市场发展。正是特色产业集群和专业市场之间互为依托、联动发展，才使得以产业集群为支撑的中山经济发展取得了令人瞩目的成就，形成了特色产业与专业化市场良性互动的格局。

（二）坚持政策引导，优化产业集群发展环境

政府在产业集群发展中起着不可缺少的引导作用，通过加强服务和制定政策，优化整合各种资源和生产要素，改善基础设施的服务水平，促进企业产品升级与技术创新，为集群发展提供良好环境。

一是完善管理体制。在推进集群发展过程中，中山积极构建大工业管理框架，整合行政资源，先后把市经委、乡镇企业局裁撤并组成市工业发展局，再调整为经贸局，把其他部门管理工业的职能也划进该局，突破了部门、地区和所有制等方面对集群发展的束缚，统一对产业集群实施指导、服务和管理。

二是深化企业改革。积极推行股份制改革，建立现代企业制度，推动企业上市。鼓励龙头企业兼并、延伸产业链，大力发展股权招商、产业金融结合的发展道路，妥善解决了集群企业的体制性问题。

三是加大政策支持力度。先后制定有关工业发展、技术进步、企业上市、中小企业、现代服务业、电力运行、节能降耗以及经济强镇（区）等多项扶持产业集群发展的政策措施，并在财政扶持资金的使用上向产业集群倾斜。积极创建“广东省产业集群升级示范区”，促进产业集群向资源节约、专业化分工、自主创新、循环经济方向发展。

四是规范政府行为。加快构建现代市场体系，深化行政审批制度改革，废除了不少行政审批事项和多种收费项目，积极推进机关效能建设，

有效提高了政府办事效率，降低了企业外部成本。此外，还积极推进政务信息化建设，改造升级了市党政平台网络，建成连接全市党政机关单位及镇区的内外网光纤网络，实现“一站式”办理和“在线服务”。可以说，中山产业集群的形成，是体制改革和市场机制作用的产物，也是政府正确引导、积极培育的结果。

（三）坚持科技创新，不断提升产业集群竞争力

针对集群中小企业实力有限、技术创新能力不足的现状，中山坚持把技术创新作为产业发展的源动力，大力发展高新技术产业，积极运用高新技术改造提升传统产业，加快以企业为主体、市场为导向、产学研相结合的技术创新体系建设，促进企业由委托加工向自主设计研发转变。支持企业在关键技术、关键工艺上进行技术创新合作，构建企业间技术转让交易平台，释放技术创新成果的扩散效应，逐步形成区域技术联盟和创新体系。以技改项目贷款贴息等办法鼓励企业开展技术改造和技术创新，鼓励具备技术创新优势的企业组建企业技术中心，加强产学研联合，促进科技成果转化为现实生产力。通过技术创新推动集群经济由低端向高端产业发展，提高产业集群竞争力。

一是大力支持技术创新。进一步完善市、镇、企业三级技术服务网络，注重强化企业自主创新的主体地位，实施科技强企计划，制定完善创新激励政策，引导龙头企业加大研发投入，推动企业发展从要素驱动向创新驱动转变，推进具有自主品牌、自主技术、自控市场的企业发展，实现“中山制造”向“中山创造”的成功转型。加强市域共性技术创新服务平台建设，加大科技服务和创新基础设施投入，建立健全科研设备和科技信息共建共享机制，努力建设省产业集群创新升级试点。协助小榄、古镇、沙溪、大涌、东凤等镇区和健康科技、电子信息、包装印刷等产业基地组建行业技术中心，构建产业技术创新平台，鼓励集群创新和技术共享，增强产业聚集地“簇群经济”的竞争力。2008 年 5 月，中山市获得全国首个

“国家级示范生产力促进中心”称号。

二是加强科技投入。鼓励企业组建研发部门，对通过认定的工程开发中心和企业技术中心进行奖励。鼓励市级企业技术中心研发的技术成果产业化，并对经专家评审符合补助条件的项目、行业技术中心给予资金扶持。

三是注重与科研院校建立合作关系。产学研相结合是中山产业集群创新能力提升的重要形式。加强重大创新载体建设，发展高层次、多形式的产学研联合体，加快推进科技成果孵化器、生产力促进中心、科技创业园和质量检验检测体系建设。小榄、古镇、沙溪等镇及健康医药、电子信息、包装印刷等产业基地与国内 50 多所院校建立了长期稳定的合作关系，每年都会推出一批科研成果。

四是注重人才队伍建设。坚持把培育人才、吸引人才、留住人才作为产业集群升级的重要支撑，创新人才准入制度。先后出台多项人才引进政策措施，设立《聘用人才工作证》，开设人才引进“绿色通道”，积极引进国内外专业人才，大力发展职业技术教育，培养了一批生产、建设和服务一线的高级技能型人才。同时，开展多层次职业培训，推动企校开展“订单式”人才培训合作，鼓励镇区建立为产业集群服务的科技人员培训中心和培训示范基地，实现农村新成长劳动力百分之百培训、百分之百就业。

实践表明，创新是集群发展的根本动力，也是集群竞争力不断提升的必备因素。以技术创新为核心的产业集群创新升级已成为现代产业发展的显著特点，是推动产业结构调整的根本动力。技术创新体系作为产业集群创新的载体，是提升产业集群竞争优势的重要因素。

（四）坚持实施品牌标准战略，推动产业集群优化升级

创造具有全国乃至世界影响力的品牌，是一个现代产业集群成功的重要标志。以前，中山市五金、电子、服装、装备制造业、家电等产业集群是靠规模和产业链配套完善来提升国内行业影响力，但现在，这些集群及龙头企业正在通过提升品牌和行业标准来提升其核心竞争力。

多年来，中山市坚持把实施品牌战略作为提高产业竞争力的重大措施，成立了市名牌战略推进委员会，先后出台了一系列扶持政策措施，研究制定了《中山市名牌战略实施办法》和《中山市名牌战略实施工作计划》，推动品牌工作的开展。在集群内积极培育国家名牌产品，对评选“中国名牌”和“中国驰名商标”的企业给予奖励。对获得省以上名牌名标和国家质量免检产品的企业给予奖励，各镇也相应配套，制定了名牌奖励办法。鼓励产业集群积极培育区域产品综合品牌，积极采用国家标准和国际先进标准，促进产业集群内企业多层次、全方位的联合协作，实现资源共享，增加科技含量，打造一批产业名市、名镇，共创区域品牌，扩大品牌经营规模，提高产业集群与市场对接的能力。从重企业品牌创建向企业品牌与区域品牌并重转变，培育发展一批在国内外同行业具有竞争力的产品。在五大支柱产业以及特色产业中专门成立区域品牌推广部门（如家电、灯饰、休闲服装等产品的推广部门），通过整体参加或举办各类产品展销会等方式推广区域品牌，努力将这些会展办成具有国际影响力的“品牌会展”。疏通产业集群特别是生产型产业集群与大市场的对接渠道，通过国际信息平台和举办国际性产品或企业交流会等渠道，加强集群的品牌推介，提高品牌的市场覆盖率。在灯饰、家具、服装等传统产业集群内提高企业的创新和管理水平，为集群区域品牌的持续发展提供基础。如古镇在创建“中国灯饰之都”区域品牌的过程中，将中山“博爱、创新、务实”的文化精神融入产业集群中，创造富有文化内涵的区域品牌。中山通过实施品牌战略，培育出一批具有国际、国内知名度的产品品牌和企业品牌，极大提升了集群的竞争力。在鼓励争创名牌的同时，中山还不断加大对区域特色产业集群品牌的注册力度，目前已注册了“古镇灯饰”“沙溪休闲服装”“大涌红木家具”“黄圃腊味”等一批区域特色产业图标，拥有国家级区域品牌（生产基地）26个。小榄镇还注册了“小榄”“菊城”等集体注册商标及原产地标记。名牌战略的实施为产业集群区域打造名牌产品提供了舞台。

与此同时，针对各产业集群存在的无标及无序竞争问题，在市、镇两级政府的强力推动下，以消灭无标生产为切入点，逐步构建起“政府＋行业协会＋企业”联盟标准模式，即由市质监部门推动，当地政府牵头组织，有关部门、行业协会和企业共同研究制定产业标准，引导产业实施技术规范和行业标准，鼓励企业技术创新，规范行业自律和竞争秩序。许多行业的“单打冠军”都第一时间成为行业标准的制定者。而且，近年来，越来越多的企业参与“国标”的制定，从建筑用的管桩，到日常必需的家电、家具，乃至指甲钳、笔袋、杏仁饼等，都通过制定“国标”抢占行业制高点。

（五）坚持强化公共服务建设，为集群发展提供较强配套能力

多年来，中山市以特色产业为依托，积极引进关联度高、产业配套能力强的项目，引导各类资金加大投入，支持公共服务平台建设，延伸以个别项目服务为主，向具有技术开发、推广、管理、营销、培训、信息、咨询、知识产权、质量检测、现代物流及电子商务等整个价值链的全方位服务功能转变，完善产业服务配套。由政府或企业出资，运用市场化方式推进生产力促进中心、创新中心、技术开发中心、检测中心、试验中心、信息服务中心、网络中心、融资担保机构、行业协会、商会等社会化服务体系的完善和发展，加快建立有利于产业集群成长的服务体系，妥善解决产业集群发展中的配套问题。

可见，中山市产业链的完善和专业化分工，使生产成本和交易成本大大降低，增强了产业集聚的竞争力和几大主导产业相互关联，产业之间相互支持、相互促进，产业优势形成叠加效应，进一步提高了区域产业竞争力，有力带动了区域经济发展。

（六）坚持规划引领，促进资源整合和集群合理布局

中山市在推进产业集群发展中，始终坚持把规划放在首位，提前做

好规划，把科学规划布局作为推进产业集群发展的立足点，高起点、高标准、高质量地编制产业集群发展规划。

为推动本地产业由分散、无序化向集中、集群化转变，中山通过市、镇两级联动，研究制定和出台了一系列政策和规划，促进了产业资源的整合。在产业基地建设方面始终遵循三个原则：即坚持按照建立国际性现代制造业基地为目标，从优化全市工业布局入手，规划、构建产业布局；坚持集约发展，按照高标准规划、高强度投入、高效益产出的“三高”标准建设产业集聚区；坚持镇区互相配合，协调发展，又注意与其他镇区互相避让，错位发展，从而使各镇区工业产业特色鲜明，各具优势，达到共赢，形成了“一镇一品”的集群模式。目前，中山涌现了以南头家电为主的产业集群、以古镇灯饰为主的产业集群、以小榄五金和音响为主的产业集群、以沙溪和民众纺织服装为主的产业集群、以火炬区汽配和装备制造业为主的产业集群等一大批区域集群经济。中山市通过规划引导，最大限度地避免了镇、村工业的盲目发展，整合了原来比较零散、无序的产业资源，将产业聚成了一个整体。通过整合工业园区，优化产业集群布局，规划建设一批专业化园区，形成了一批专业镇和区域特色产业基地。

四、未来发展

面对新科技革命迅猛发展和新一轮全球性产业调整步伐加快的大背景，中山市产业集群发展要紧抓粤港澳大湾区和深圳中国特色社会主义先行示范区建设“双区驱动”的重大历史机遇，聚力打造“湾区枢纽、精品中山”，大力推动产业高端化发展、深度融入全球产业链，打好产业基础高级化、产业链现代化攻坚战，推动产业集群由偏于低端向中高端齐头并进转变，促进产业链条集聚从工艺性向价值性转变，促进产业向价值链高端拓展，推动产业组织由实体产业组织为主向实体产业组织与虚拟产业组织升级并重转变，推动企业经营由产品经营为主向主要输出品牌经营和资本经营转变，实现由“中山制造”向“中山创造”“中山服务”转型，由“中山产品”向“中山质量”“中山实力”升级，打造具有国际竞争力的“创新、开放、优质”现代产业集群，继续成为引领经济的增长点，在全国产业集群升级创新示范中赢得优势、走在前列。

（一）推动产业组织优化和服务社会化，提高产业集群层次

要从根本上加快产业集群创新升级，必须抓住产业链上的研发和销售环节，逐步实现三个延伸：一是将主导企业的质保体系延伸到配套企业，提高配套协作企业的产品质量和水平，形成一定的规模能力，降低成本，使更多的下游企业能够从产业链中获得充分的优势利益，从而促进产业链的发展。二是产业链从集中在产品制造过程的区段逐步延伸到原材料供应、产品设计、生产、销售、服务的全过程，拓展集群在产品研发、质量检验检测、知识产权保护、物流服务等方面的功能。三是鼓励和支持科研机构、技术中介机构、金融机构将服务延伸到产业集群的产业链中，提高产业集聚的层次。在集群内建设一批技术创新服务中心、创业服务中心、教育培训机构、信息服务中心等，鼓励集群内企业开展区域整体营销，推进区域产业品牌建设。

（二）加快推进传统产业新型化和新兴产业规模化，实现产业集群创新升级

做大做强智能家居、电子信息、装备制造、健康医药四大战略性支柱产业集群，支撑全市制造业结构战略性调整。培育壮大半导体及集成电路、激光与增材制造、新能源、智能机器人、精密仪器设备、数字创意六大战略性新兴产业集群，建设一批战略性新兴产业示范区和未来产业先导区。做优做强纺织服装、光电、美妆、板式家具四大特色优势产业集群，推动传统优势产业转型升级。

实施产业基础再造工程。瞄准智能家居、电子信息、装备制造和健康医药等重点产业链，加快建设产业共性技术平台，提升基础零部件、基础原材料、基础工艺、产业技术基础以及质量标准和检测等基础能力水平。积极参与国家和省产业基础再造工程，组织开展国家级和省级产业基础提升重点项目。加大制造业核心基础零部件、核心电子元器件、工业基础软件、关键基础材料、先进基础工艺和产业基础技术等领域科研攻关力度，掌握产业基础关键核心技术和产业基础数据，加快项目工程化、产业化进程，支持制造业基础产品和技术首台套、首批次、首版次应用推广。实施新一轮技术改造，重点推动家电、家具、灯饰、五金、纺织等传统企业运用先进、实用技术改造升级生产工艺。

提升产业链发展水平。立足产业基础优势，着眼全球产业分工协作和产业链重构，依托龙头企业带动作用，加快标志性特色产业链发展，重点打造家居链、信息链、装备链、健康链四大标志性产业链，培育壮大纺织链、美妆链、能源链三大特色产业链。推进优势产业集群强链补链拓链，以产业链的头部企业、核心关键共性技术、先进标准、关键部件、基础材料等为重点，遴选产业链关键企业，加强产业链精准招商，提供精准对接服务，延伸产业链条，逐步实现各环节有龙头企业、关键点有核心技术。优化产业链区域布局，建立重点产业链“链长制”，以湾区城市为重点，促进跨区域优势产业链联动发展。促进产业链协同创新，鼓励由产业链关键环节龙头骨干企业牵头联合上下游企业开展共性技术创新，共建实验室、研发中心、设计中心和工程技术中心，争创省特色产业集群产业链协同创新试点。

推动产业协同融合发展。大力发展服务型制造，开展现代服务业与先进制造业深度融合试点工作，支持平台型企业、龙头骨干企业开展工业设计、系统集成、供应链管理等专业化服务，建设一批服务型制造示范企业、平台和项目。加快对制造环节的数字赋能，拓展大规模个性化定制、网络化协同制造、共享生产平台等模式，加快建设智能生产线、数字化车间、智能工厂，推行制造业全链条数字化、网络化、智能化。鼓励研发设计、文化创意、电子商务等服务企业，发挥大数据、技术、渠道、创意等要素优势，以委托制造、品牌授权等方式向制造环节拓展。

（三）大力推进产业生态化和生态产业化，切实转变集群发展模式

加快推动绿色低碳发展，以碳达峰、碳中和为牵引，加快建立健全绿色低碳循环发展经济体系，持续深化产业、能源、交通、建筑等方面结构调整，提高全社会资源产出率。积极发展绿色新兴产业，壮大节能家电、高效照明、新能源汽车等优势绿色低碳产业，推动新能源装备制造、氢能汽车、动力电池等技术研发突破，带动海上风电、新能源等产业成为新的经济增长极。实施绿色制造试点示范工程，培育一批绿色工厂、绿色园区、绿色产品和绿色供应链。用更高节能环保标准倒逼产业转型升级，加大落后产能调整力度，严格新建项目能耗准入管理。推进低碳重大项目、低碳园区建设，持续推动工业清洁生产，深入参与省“百园”循环化改造行动，构建园区企业间循环链接的产业链条。构建完善绿色制造体系，在工厂、产品设计、园区、供应链等领域开展国家绿色制造示范区创建，促进全产业链和产品全生命周期绿色发展。建立碳排放总量和强度控制制度，推进温室气体和大气污染物协同减排，实现减污降、碳协同。深入推进国家低碳试点城市、省碳普惠制试点城市、省近零碳排放示范区等建设。

（四）加强开放合作，全面融入全球产业链供应链体系

充分利用国内外资源，积极融入全球化进程，不断延伸产业链，积极嵌入全球价值链高端。加强集群内产业间的联系，构建产业集群创新网络体系，不断提高在全球价值链中的位势。

通过全球层面的治理机制，促使本地产业集群沿着增进附加值之路升级。更为主动地、有选择地承接国际产业转移，提升分工地位，增强根植性。加快实施技术引进战略，改造传统生产制造模式，提高产品技术含

量和附加值，是中山市产业集群提升国际竞争力、参与国际竞争的必由之路。深化全球精准合作，瞄准世界500强企业、隐形冠军企业、央企和大型民企开展精准招商，引进项目、资金、技术和管理经验。以“一带一路”沿线国家和地区为重点，高水平建设境外经贸合作区，鼓励企业通过设立境外分支机构、零售网点、售后维修服务网点、公共海外仓、仓储物流基地等模式就近供货，支持企业组团“出海”，形成覆盖全球主要市场和国内重点区域的销售网络。优化家电、家具、灯饰、五金、服装等优势产能全球布局，支持企业将研发设计、高端制造、营销管理总部等环节留在中山。支持外资企业升级发展，实施本土跨国公司培育工程，支持本土企业带动装备、技术、标准、认证和服务“走出去”。探索设立境外企业服务中心，增强商事综合服务能力。

率先加强创新区域合作协调机制，探索用“城市联盟”的方式，打破行政区域的束缚，加强与港澳和珠三角其他城市的经济协作。按照“共享、共赢和错位互补”的原则，借助中国—东盟自由贸易区、泛珠三角区域合作和港澳珠大桥、广东城际轻轨投入运营等的机遇，共同构筑优势互补、产业配套、资源共享和环境共保的发展新格局。要按照互助共赢、优势互补的原则，主动承接广州、深圳等中心城市的带动和辐射，扩大与珠三角中心城市的经济贸易、技术、文化旅游等领域的合作。借助毗邻港澳的优势，积极加强与港澳在产业配套发展、对外经济贸易、金融市场建设、人力资源开发、基础设施对接等多方面的合作。

积极参与粤港澳大湾区、省“一核一带一区”及都市圈建设，加强与周边城市战略对接、协同联动，推动优势产业链条向粤西地区延伸。发挥中山制造优势，增强与京津冀、长三角、成渝等先进地区和城市在科技、产业、人才、教育、环保、旅游等领域合作，支持企业优先布局国内，有序开展产业共建。落实对口支援、对口合作、对口帮扶和扶贫协作工作，深化援受两地交往交流交融，扎实推进产业合作、合作园区建设和人才交流。创造公平可预期的市场环境，引导更多国内先进企业、创新机构、资金资本、高层次人才来中山发展。

第十五章

推动大健康产业高质量发展

党的十八大以来，以习近平同志为核心的党中央把“健康中国”建设上升为国家战略，全方位、全周期维护和保障人民健康。党的十九大明确提出实施“健康中国”战略，强调“人民健康是民族昌盛和国家富强的重要标志”。党的二十大对“推进健康中国建设”作出全面部署，加快促进我国健康产业高质量发展。党中央、国务院先后颁布《“健康中国2030”规划纲要》《关于促进健康服务业发展的若干意见》《健康中国行动（2019—2030年）》《促进健康产业高质量发展行动纲要（2019—2022年）》《全国医疗卫生服务体系规划纲要（2015—2020年）》《关于改革完善医疗卫生行业综合监管制度》《关于深入推进医养结合发展的若干意见》等一系列重要文件，有力推动了健康产业快速发展。但也要看到，工业化、城镇化、人口老龄化、疾病谱变化、生态环境及生活方式变化等，也给健康产业发展带来诸多新的问题和挑战，特别是健康领域发展与经济社会发展的协调性有待加强，传统以治病为中心的服务供给模式亟需转变，健康融入相关政策的体制机制尚未理顺，健康服务供给不足与需求快速增长之间的矛盾更加突出，总体上我国健康产业发展质量和水平还不高。对此，新时代迫切需要从全局战略高度统筹解决好大健康产业高质量发展的重大和长远问题。

一、重大意义

大健康产业是维护、修复、促进人的身心健康的产品生产、服务提供及信息传播等活动的总和，涵盖医疗服务机构为主体的医疗产业，药品、医疗器械、医用耗材产销为主体的医药产业，保健食品、保健药品、保健化妆品、保健器材用品产销等为主体的保健品产业，老年疗养、老年用品、老年服务、养老地产及老年养生为主体的健康养老产业，健康检测评估、健康咨询服务、调理康复和保障促进及健康保险、健康文化教育、健康行业管理组织等为主体的健康管理服务产业，横跨一二三次产业，涉及研发、生产、流通和服务等多个环节，是一项全产业链系统工程。大健康产业一头连着民生福祉，一头连着经济发展，产业链条长，市场空间大，在新时代中国特色社会主义事业中具有重要意义。

（一）推动大健康产业高质量发展是保障和改善民生、实现人民对美好生活新期盼的内在要求

健康关系到千家万户的幸福安康，是重大的民生问题。实施“健康中国”战略，增进人民健康福祉，是我们党坚持以人民为中心思想的重要体现，事关人的全面发展、社会的全面进步。我国已形成世界上规模最大的中等收入群体，随着人民收入水平提高以及健康意识增强，健康日益成为人们追求美好生活的重要内容，必然带来覆盖范围更广、服务层次更高的全民健康需求。推动大健康产业高质量发展，有利于更好地满足人民群众多层次、多样化的健康新需求，提高人民群众生活质量，促进人的全面发展。

（二）推动大健康产业高质量发展是建设人力资源强国、实现经济社会持续发展的重要基础

国民身心健康是经济社会发展的基础条件。没有全民健康，就没有全面小康和全面现代化。拥有健康的国民意味着拥有更强大的综合国力和可持续发展能力。改革开放以来，我国经济社会发展取得举世瞩目的成就，在一定程度上得益于我国的“人口红利”。目前我国已进入人口老龄化快速发展时期，劳动力平均年龄不断提高，赡养老人负担越来越重，这将给经济社会可持续发展带来严峻的挑战。推动大健康产业高质量发展有利于更好地为人民群众提供全方位全周期健康服务，提高劳动力工作年限和劳动生产率，促进“人口红利”更多转化为“健康红利”，降低人口老龄化对劳动力结构的负面影响，促进我国由人力资源大国转变为人力资源强国，为经济社会持续发展提供重要保障，为社会主义现代化强国目标造就坚实的人力资源基础。

（三）推动大健康产业高质量发展是培育壮大经济新动能、抢占新科技产业革命制高点的重大举措

大健康产业是最具开发价值和增长潜力的“朝阳产业”。数字化、智能化和生物技术革命是全球新科技产业革命的主要内容和带动力量。众多发达国家和新兴发展中国家在新一轮战略布局中都将生命健康科技创新和产业发展作为重点优先支持领域。我国经济已由高速增长转向高质量发展新阶段，迫切需要加快转变发展方式、优化经济结构、转换增长动力。将推动大健康产业高质量发展作为供给侧结构性改革的重点领域和主攻方向，培育成为经济发展新动能及国民经济重要支柱产业，有利于促进我国产业迈向中高端，进而形成未来国际竞争新优势和高技术产业新高地。

二、国际国内发展态势

随着健康需求快速增长，健康产业发展迅猛，已成为世界经济增长的“火车头”，并将迎来一个快速发展期，成为引领新时代经济社会发展的“黄金产业”“希望产业”和“朝阳产业”。

（一）国际健康产业发展情况

健康产业因其惊人的发展速度及广阔的市场前景被誉为“朝阳产业”“阳光产业”，被国际经济学界确定为“无限广阔的兆亿产业”。保罗·皮尔泽认为，当前已经到来的是“健康保健时代”，将健康产业称为继信息产业之后的全球“财富第五波”，将在全球创造出不可估量的财富和机遇。比尔·盖茨在新世纪初曾将健康产业喻为“未来能超越信息产业的重点产业”。未来学家利奥·莱菲多在其著作《第六次康德拉捷夫周期》中预测，健康产业将会替代信息产业引领第六次康德拉捷夫周期，健康投资将成为获取生产利润的最重要途径。

自20世纪50年代以来，全球健康产业呈现快速发展势头。近年来，世界健康产业产值年均增长超过20%，成为世界经济增长的“火车头”。据粗略测算，全球医疗健康年支出总额占全球GDP总额的9%左右；近50年来，世界经济总量的8%—10%要归功于大健康产业。在按国际标准划分的15类产业中，医药保健是世界贸易增长最快的五个行业之一，保健食品销售额年增长超过12%。在全球股票总市值中，健康产业相关股票市值约占13%。由此可见，健康产业是世界上影响最大和增长最快的新兴产业之一。

目前，健康产业已成为世界各国争夺最激烈的战略制高点之一。世界主要发达国家和新兴经济体纷纷从战略层面部署和推动健康产业发展。美国把健康产业作为仅次于新能源产业的第二大投资重点，先后在 1990 年、2000 年、2010 年三次制定国家健康发展战略，注重产品研发和技术创新，创新健康管理、医院集团化模式，成为健康产业最为发达的国家。英国、德国、芬兰等国家相继建立不同形式的健康管理组织。欧盟陆续制定了“欧盟成员国公共健康行动规划（2008—2013）”等三项健康计划。德国于 2009 年批准 500 亿欧元的经济刺激计划，其中医疗健康产业成为重点投资方向。瑞士主要依托得天独厚的自然人文生态和在医学方面的特殊地位，大力发展医疗服务、生物医药、运动休闲和商务会议等产业，并将达沃斯健康度假小镇建设成为世界著名疗养地。日本为实现“第一健康长寿国”目标，将健康产业与新能源、节能环保产业并列为未来经济发展的战略重点，于 2014 年提出“健康医疗战略”，已成为世界第二大天然健康产品市场，功能性食品产业引领全球。泰国积极推进“世界医疗旅游服务中心”战略计划，是东盟地区最大的健康服务出口国，已发展成为亚洲医疗旅游中心。印度是世界上低成本医疗国家之一，拥有大量通过 JCI 认证的医院和一大批高水平、在国外受训的医生，在医疗旅游领域处于领先地位。世界许多国家均把发展健康产业作为国家战略，并逐步培育成为国家支柱或主导产业。目前美国第一大产业是健康产业，2020 年占 GDP 比重高达 20%；德国、英国、法国、加拿大、日本等发达国家的健康产业也是国民经济主导产业，德国健康产业占 GDP 比重 11.1%，加拿大、法国、日本等超过 10%，新兴经济体巴西和印度接近 10%。

总的看，国际上推动健康产业发展大致有以下做法：一是加强政策支持，无论是发达国家还是新兴经济体，在各个发展阶段都离不开相应的政策支持。二是各国全面发展健康产业，但又有所侧重，如美国健康管理、日本养老业、英国保障业及泰国医疗旅游在各自健康产业体系中特色鲜明。三是注重创新，提高研发能力，加强对科研经费支持和政府采购。如美国注重促进优秀医疗机构、科研机构的集聚，为产业创新提供支撑。波士顿是全美获得国家卫生研究资助最多的城市，是世界著名的健康、医学教育和医疗研究中心，成为官产学研完美结合的典范。美国休斯敦得克萨斯州医学中心成为全球最大的综合医疗服务、科研及培训基地。四是引进社会资本，实现多元化发展。鼓励支持私营企业实现集团化发展。五是强化法律制度规范。注重加强立法监督，从法律上规范健康产业发展。六是加强舆论宣传，呼吁全社会共同参与，如日本通过全民健康运动营造良好的社会氛围。所有这些做法，对我国大健康产业发展具有重要的借鉴意义。

（二）国内健康产业发展态势

目前，我国健康产业已步入快速发展时期，产业总体规模仅次于美国，位居世界第二。根据国家卫健委、国家市场监管总局数据资料，据初步估算，2009 年我国健康产业规模为 1.55 万亿元，2016 年达到 5.61 万亿元，2020 年达到 7.4 万亿元。我国健康产业大致可分为医疗、医药、保健品、健康养老以及健康管理五大产业群：一是以药品、医疗器械、医疗耗材产销为主体的医药产业，产业规模占比 50%；二是以医疗服务机构为主体的医疗服务业，占比 9.5%；三是健康养老产业，占比 33%；四是以保健食品、保健药物器材等为主体的保健品产业，占比 4.7%；五是以健康检测评估、健康咨询服务、调理康复和保障促进为主体的健康管理服务产业，占比 2.7%。

随着“健康中国”战略的深入实施、健康需求的持续释放和新科技革命的迅猛发展，我国健康产业规模持续扩大，竞争力、影响力、渗透力和辐射力不断增强。健康产业作为一项与全国 14 亿人口密切相关的产业，健康产品及服务市场有着巨大的增长空间。据初步估算，目前我国健康产业规模约占 GDP 的 7%，预计到 2025 年将达到 10 万亿元，2030 年有望达到 16 万亿元，成为全球第一大市场。据测算，仅医疗服务一项，年总收入已接近 7000 亿元，而且仍在以较快速度增长。我国居民人均健康消费支出水平还较低，不到日本的 1/10；人均医疗支出仅是美国的 1/22，人均医疗器械费用不到 10 美元，而主要发达国家大都在 100 美元以上。我国营养保健品人均消费额不足20美元，是美国的1/7、日本的1/12。日本中药原料75%以上来自中国，但日本中药产品在国际中药制剂市场却占有80%的份额，其中返销中国的药品已占到国内医药市场的1/3以上，而我国作为中药大国，在国际医药市场仅占5%左右的份额。

从全国各地来看，上海、深圳、苏州、成都、广州、长沙等较早建立健康产业基地，成为发展健康产业的先行区。天津、青岛、武汉、杭州等纷纷出台生命健康产业规划。国务院先后批复设立海南博鳌乐城国际医疗旅游先行区、北戴河生命健康产业创新示范区；江苏省批复设立常州国际医疗旅游先行区，湖南省批复设立韶山健康产业园核心区，江西省批复设立上饶国际医疗旅游先行区，湖南湘潭、贵州黔西南、山东青岛等积极创建国家健康服务业试验区。以湖南健康科学城、广州国际健康产业城、武汉中国健康谷、成都国际医学城、济南国际医学中心、大连国际生命健康城、苏州环球国际健康产业园、南京生命科技城等为代表的园区建设加速推进。同时，中国银行、平安银行、泰康人寿、太平洋人寿等金融机构，万科、保利、恒大、碧桂园等房地产企业和小米、腾讯、百度等高科技公司也纷纷介入健康产业布局。

（三）健康产业发展前景

尽管我国健康产业发展迅猛，但其质量和水平明显滞后于发达国家，甚至还低于某些发展中国家。随着我国城镇化进程提速、人口老龄化加快、居民收入稳步增长等，健康需求将大幅增加，药品、保健品和健康服务的市场规模将持续快速增长。新一轮科技革命和产业变革正在加速，生命科学技术不断取得新突破，基因工程、分子诊断、干细胞治疗等重大生物工程技术加速应用，大数据、云计算、互联网、人工智能等新一代信息技术与医疗健康领域日趋深度融合，远程医疗、移动医疗、精准医疗、智慧医疗等快速发展，推动了健康管理、健康养老、健康旅游、休闲养生、“互联网＋健康”等新业态、新模式蓬勃兴起，为健康产业发展带来新生机。我国健康产业将迎来一个快速发展期和重要战略机遇期，必将成为引领新时代经济社会发展的“黄金产业”“希望产业”和“朝阳产业”。

三、矛盾和问题

目前，我国大健康产业尚处于起步阶段，尽管发展势头良好，但也存在不少矛盾和问题，主要如下。

（一）认识不足，发展理念陈旧

长期以来，我国对大健康产业的认识不够，主要表现在：一是对大健康产业在国民经济社会发展中的重要地位和作用认识不足，大健康产业尚未真正被纳入到国家具体政策措施中。二是健康理念比较落后，社会公众通常看重治病的医疗服务，而忽视“治未病”的管理与预防，普遍存在“治病意识强、防病意识弱、保健意识差”的现象，缺少全过程健康管理理念。2021 年，我国医疗卫生机构总诊疗人次达 84.7 亿人次，而健康管理（体检）数量只有 6.8 亿人次；而且健康管理服务单一，95% 以上以体检为主，缺少检后服务。三是尚未理顺公共健康事业和健康产业的关系，对健康产业的基本属性认识较模糊，健康服务领域基本和非基本的界限不清，从而出现公共部门忽略基本公共服务而过度提供非基本服务的现象。

（二）结构性矛盾突出，产业主导作用尚未发挥

我国大健康产业资源总体不足与部分领域环节供给过剩并存，健康需求潜力巨大与有效供给不足的结构性错配并存。大健康产业总体上仍处于起步阶段，规模较小，发展水平和质量较低，市场竞争力弱。一是产业体系不完整，健康医疗、医药、管理、预防与旅游、保险、文化、教育、信

息等相关服务产业缺乏互动融合与资源共享。健康产业各板块之间的关联度不高、系统性不够，资源整合面临多重体制机制障碍。二是产业结构单一，以“疾病治疗”为主体，医疗服务和医药产业占比超过60%；而疾病预防、健康促进、慢性病管理等健康管理服务占比很小。三是产业深度挖掘不够，产业链条不完整。健康产业领域还不能通过提供领先的健康解决方案和成功商业模式，全方位满足差异化、个性化需求，系统性解决健康问题。四是医药制造业发展尚处于“小、散、乱”的无序竞争状态，产品同质化和重复建设突出，低端产品产能过剩，国际竞争力弱，出口产品附加值低。医疗器械行业一直存在低端产品产能过剩、高端医疗设备发展不足的问题。

（三）资源空间分布不均衡，布局不合理

我国城乡、区域健康产业资源配置不合理，分布不均衡，特别是优质医疗资源主要集中在大城市和发达地区，中小城市及广大乡村地区优质医疗资源可及程度较低，严重影响了基本医疗服务的公平性和可得性。主要表现在：一是区域分布不平衡。东部沿海地区健康产业资源总体上优于中部地区，中部地区优于西部地区，省域内部的地区差距也不小。二是城乡差距大。大城市在医疗及健康服务设施设备、技术、药品等方面比中小城市和农村更具有优质资源的集聚效应和“虹吸效应”，使医疗健康资源过度集中在大中城市特别是特大型城市。三是优质医疗资源过度集中于大城市、特大城市的少数三甲医院，偏远地区、贫困地区和基层医疗卫生机构建设严重滞后，分级转诊尚未形成制度，导致医疗资源浪费与不足并存。

“健康中国”上升为国家战略后，随着诸多利好政策出台，全国各地纷纷出台规划，将健康产业作为战略性新兴产业优先发展，力争打造成本地区支柱产业，大量社会资本也闻风而动，竞争态势趋于激烈。近年来，许多地方和企业都提出了雄心勃勃的健康产业投资计划，大有“一哄而上”“遍地开花”之势，政府财政资金普遍存在“撒胡椒面”问题，

从而加剧了各地区之间盲目的内耗式竞争，出现了无序开发、重复建设、同质化竞争等现象，尤其是“以健康产业之名、以房地产开发为实”的情况较为普遍，造成新的资源分布不平衡和有限资源的极大浪费，对此亟须加强引导规范。

（四）自主创新能力偏低，产业核心竞争力不强

当前，科技创新基础薄弱、创新能力偏低仍是制约我国健康产业高质量发展的关键问题。主要表现在：研发能力相对薄弱，缺乏具有核心竞争力和国际影响力的品牌、创新型领军企业；原始创新能力不强，基础研究和转化研究能力薄弱，高端产业孵化和服务平台缺乏，高质量创新成果少，导致生物医药、化学医药等领域拥有自主知识产权的创新技术不多，对国际技术有较强的依赖性。在医药行业，我国长期以仿制药为主，医药行业“大而不强”的问题突出。在医疗器械行业，全行业研发投入占销售收入比重过低。在中医药行业，中药材野生资源大幅度减少，人工培植标准化监管及服务不到位，导致中成药药效下降，加之中医西医化，极不利于发挥中医药的传统优势。

人才短缺，从业人员综合素质不高。一是健康领域从业人员队伍素质较低，健康管理方面的学科与人才体系尚不健全。二是专业型人才培养薄弱，高端人才短缺，在数量和质量上均难以满足健康产业高质量发展的需要。三是医生短缺。我国400多万医师中，只有不到一半的医生具有本科以上学历。近十年来，医学高校毕业生大约只有20%从事医生职业。有限的医生又高度集中在三甲医院，基层医疗机构医生的专业水平更是堪忧。临床试验研究者、全科医生、儿科医生、慢性病管理人员、康复护理人员等专业人才也大量短缺。许多医师包括中医师过度依赖复杂昂贵的检验项目和高科技设备，医药关系、医患关系不协调，医生成为“苦脏累、高风险”职业，医生队伍人才流失严重。

（五）体制改革不到位，发展环境亟待改善

政府大包大揽地过度干预，不利于发挥市场对资源配置的决定性作用，也容易挫伤社会力量参与健康产业发展的积极性。医疗保障、医疗保险、医疗卫生、医药供应体制改革滞后，医保、医疗、医药三者联动改革尚未取得实质性突破。医保支付、医药流通体制、公立医院改革缓慢。在国家新药注册审批、增补国家基本药物目录、进入各省医保目录、参加各省药品招标采购等环节，医药企业仍面临诸多体制障碍。健康产业特别是医疗卫生行业以公办机构和国有为主，社会资本参与健康产业某些领域受到诸多限制，仍存在形形色色的"弹簧门""玻璃门"和"旋转门"，民营医院在很多方面难以享受到公立医院的平等待遇。

为破除"以药养医"的弊端，我国医改已取消医疗卫生机构销售药物"15% 加成率"，但医药市场秩序仍较混乱，药品医疗器械流通招投标腐败问题依然存在。"两票制"虽然抓住了药品流通环节导致"看病贵"问题的根源，各省均出台了"两票制"方案，但政策执行效果不尽如人意。据国家卫生健康委通报，目前全国医疗总费用增长率仍超过 10% 的红线。为压缩流通环节利益空间，多地相继成立了药材集中采购联盟。以福建省三明市为核心的药品耗材联合限价采购"三明联盟"，湖南、四川及西北、西南等 12 省区联合结成医用耗材采购联盟，类似的还有京津冀联盟、沪苏浙皖联盟。这些联盟都是在省级或地级市层面组建的"集团采购"，尽管设立了区域药材采购平台，但由于缺少统一的药材交易市场，无法实现采购方与厂家直接交易，难以真正解决"高开高返"、价格虚高、偷税漏税等积弊。

（六）法律法规、技术标准不健全，行业监管滞后

我国健康产业发展日新月异，但相关法律体系尚不健全，一些健康领域新技术新业态发展缺乏法律保障。行业标准不完善，缺乏全面的质量安

全、技术认证等产业规章制度来规范市场主体行为，很多技术缺乏相应标准规范和有效监管手段，健康产业尤其是健康管理行业和保健品行业“鱼龙混杂”，时常出现一些危害人民群众的安全隐患，挫伤了社会公众健康消费的信心和积极性。

由于行业标准缺失及政府监管滞后，健康领域各种违法违规行为屡禁不止，质量安全事件时有发生。在药品、保健品领域，政府重审批、轻监管现象普遍存在，企业过度注重短期利润而忽视产品质量和品牌建设，甚至不惜假冒伪劣或粗制滥造。在药品及医疗器械领域，现行政府监管模式及审批体制严重制约创新药物及创新型医疗器械产品的研发。在精准医疗领域，第三方医学检测资质不合格、缺乏行业规范引导和管理等问题突出。在医药流通领域，流通行为不规范，流通秩序混乱，流通成本过高，市场制度与市场竞争格局严重不匹配。中药材现代流通设施缺乏，供应链管理和信息化水平不高。

四、政策措施与建议

当前，我们已进入一个大健康新时代，必须坚持以习近平新时代中国特色社会主义思想为指导，深入实施“健康中国”战略，坚持新时期卫生与健康工作方针，切实把大健康产业摆在优先发展的战略地位；必须坚持以人民健康为中心，精准对接人民群众对美好健康生活的需要，全方位、全周期保障人民健康，将防治疾病、延缓衰老、健康长寿统一纳入生命健康管理范畴，对身体、精神、环境三大方面的健康需求以及治病、保健、养生三大层面的健康实践给予全面关注，实现从疾病管理到健康管理，再上升到最高层次生命质量管理，让人民群众真正享受到改革发展带来的健康成果，实现健康产业与经济社会良性协调发展，共同谱写新时代大健康产业高质量发展新篇章。

推动大健康产业高质量发展，是一项涉及面广、质量安全要求高、政策性强、协调难度大的系统工程，迫切需要把充分发挥市场配置资源的决定性作用与更好发挥政府作用有效结合起来，采取更加有力的政策措施，营造更为良好的发展环境，动员各方凝心聚力、主动作为、积极参与，推动政策、资金、技术、人才等汇聚到促进大健康产业高质量发展中来，进一步激发大健康产业发展的内生动力和活力。

（一）提升健康产业在经济社会发展全局中战略地位

紧紧抓住实施推进健康中国建设的重大机遇，从国家层面进一步提升大健康产业在经济社会发展全局中的重要地位，尽快将其培育成为我国经济转型升级的新引擎和国民经济的支柱产业。一是搞好顶层设计。大健康产业涉及医疗卫生、医药、食品药品、社会保障、生态环境、安全生产、科技创新、体育、教育、文化旅游、金融保险等多个领域、部门和行业。必须从宏观层面把握和统筹，健全领导体制和工作机制，加强部门之间沟通和协调，实行多部门协同综合治理，建立统筹协调大健康产业发展的长效机制，建议尽快成立国家健康产业发展工作领导小组，领导小组办公室设在国家发展改革委员会，统筹协调解决健康产业发展中的重大问题。抓紧研究制定国家健康产业发展战略和中长期发展规划，做好与经济结构调整升级、城乡建设治理、基本公共服务均等化、完善社会保障体系等相关规划的衔接协同。二是切实把大健康产业摆在优先发展的位置，加强政策协调，按照战略性新兴产业予以支持。修订产业结构调整指导目录和政府核准投资项目目录，强化对健康产业的引导和支持。从市场准入、财政税收、土地供给、人才引进、技术创新、投融资、外资准入等方面加大政策支持力度。三是加强资金支持。建立稳定的公共财政投入机制，政府要逐步提高健康领域公共财政投入占经常性财政支出的比重。充分发挥财政资金的引导作用，吸引社会资本加大对健康产业的投入。支持运用政府和社会资本合作（PPP）模式，建设健康产业基础设施。加大对健康产业的信贷支持力度，发起设立健康产业发展投资基金。加大政府购买公共健康服务力度。大力发展健康保险业，鼓励商业保险机构参与各类医疗保险经办服务。支持符合条件的健康企业上市融资、发行各类企业债券和组建财务公司，利用多层次资本市场进行融资。创新利用外资方式，积极争取境外直接投资、国际组织和外国政府优惠贷款、国际商业贷款等。四是完善社会组织。建立促进大健康产业发展的激励与约束机制，完善市场服务体系。支持组建健康产业发展研究机构，成立健康产业协会。鼓励和支持行业协会制定和推行行规行约、技术标准，开展从业培训等。

（二）促进健康产业融合发展

大健康时代必须树立大健康理念，加强对生命全周期和健康全方位的关注，提升全体人民对健康的科学认知。要从以治病为中心转向以健康为中心，从单一救治模式转向“防－治－康－养”一体化模式，着力构建涵盖以“医”为支撑的健康医药医疗产业、以“养”为支撑的健康养老养生产业、以“健”为支撑的健康体育产业、以“管”为支撑的健康管理服务产业、以“游”为支撑的健康旅游文化产业、以“食”为支撑的营养保健品产业等大健康全产业链。

促进健康与养老、旅游、互联网、健身休闲、食品等产业融合发展，壮大健康新业态、新模式。促进体育与强身健体、康复融合发展，培育体育医疗康复产业。培育健康文化产业，扩大健康文化传播与交流。建立健全健康教育推广体系，加强各类社会公益性健康教育平台建设。加强健康医疗与旅游结合，打造集高端医疗、休闲养生为一体的国际健康医疗旅游目的地。支持面向老年人的健康管理、预防干预、养生保健、健身休闲、文化娱乐、旅居养老等业态深度融合，创新发展健康咨询、紧急救护、慢性病管理、生活照护等智慧健康养老服务。强化国有经济在健康养老领域的有效供给。推动健康旅游发展，加快健康旅游基地建设。选择教学科研资源丰富、医疗服务能力强、产业实力雄厚的城市或区域，以高水平医院为基础，完善综合协同政策，打造健康产业集群。建立商业保险机构与医疗、体检、护理等机构的合作机制，推广多样化健康保险服务。以养老地产模式，引导房地产业融入养老养生、健康服务，发展健康地产业。推进军队医院参与驻地城市公立医院综合改革，构建军民深度融合的医疗服务体系。

（三）加快健康产业转型升级

加快构建覆盖全人群、全生命周期、全方位、业态丰富、布局合理、结构优化的，集健康管理、医疗卫生、医药、医疗器械、养生养老、康复、保健等为一体的现代健康产业体系。鼓励和引导健康产业链上下游相关主体良好合作，共同打造绿色共享、优质高效的健康产业链与供应链。

推动医药产业高端化、智能化、服务化、生态化，构建创新驱动、绿色低碳、智能高效的先进医药工业体系。培育一批医疗、中西药品、医疗器械、中医药等重点产业和专业医药园区，打造一批具有国际影响力和核心竞争力的知名品牌，增强中高端产品供给能力。提高产业集中度，推进企业跨行业、跨领域兼并重组，支持医药和化工、医疗器械和装备、中药材和中成药、原料药和制剂、生产和流通企业强强联合，形成上下游一体化的企业集团，真正解决“小、散、乱、弱”的问题。加强临床、科研数据整合共享和应用，支持研发医疗健康相关的人工智能技术、医用机器人、大型医疗设备、应急救援医疗设备、生物三维打印技术和可穿戴设备等。尽快培育发展一批“瞪羚”“独角兽”和“隐形冠军”健康企业。以行业龙头企业为主，联合相关创新型企业、科研院所，组建产业联盟或联合体。

推动中医药从注重疾病治疗转向同时注重健康维护，发展治未病、康复等多元化服务。鼓励社会力量以名医、名药、名科、名术为服务核心，提供流程优化、质量上乘的中医医疗、康复等服务。促进有实力的社会办中医诊所和门诊部（中医馆、国医堂）等机构做大做强，鼓励跨地区连锁经营、规模发展。加强野生中药材资源保护，推行人工培植中药材、标准化种植技术。

推进流通行业转型升级。推进药品、医疗器械流通企业向供应链上下游延伸开展服务，加强流通企业物联网系统建设，形成现代流通新体系，实现医院对药品和医疗器械的直接采购，摒除层层代理的销售模式。积极打造健康相关产品线上线下互联、国内国外互通、渠道市场一体化、专业服务一站化的大市场，形成统一开放、竞争有序、网络布局优化、组织化程度和流通效率高，价格透明、信息对称、安全便利、群众受益的现代医药流通模式。规范医药市场秩序，打破地方保护和地区封锁，突破国内行业限制与国际贸易壁垒，建立国内流通一体化、国际贸易便利化机制，打造辐射全国、面向全球的健康产品市场中心。

（四）优化健康产业空间布局

坚持统筹规划与因地制宜相结合，整合空间资源，制定科学的健康产业园区布局规划，建设一批产业集聚、功能高强、特色鲜明的健康产业园区，引导各地健康产业差异化发展，做到园区布局与区域经济社会发展相适应、供应能力与需求相匹配，避免无序开发、重复建设、盲目竞争。

围绕健康产业发展主体培育、业态拓展、品牌创建、政策创新等，选择不同区域分类开展试点示范，形成错位发展、有序竞争的良好格局和可复制、可推广的经验模式。加快促进医疗、养老、养生、体育、旅游、文化、农业等多业融合发展，创建形式多样、特色鲜明的医养结合健康产业示范区。结合“一带一路”、长江经济带、京津冀协同发展、雄安新区建设等国家重大战略部署，加快建设各具区域特色的健康产业示范基地。结合国家远程医疗服务试点与健康服务业信息化示范基地建设，大力发展集远程影像诊断、远程会诊、远程监护指导、远程手术指导、远程健康咨询、远程教育等多功能的区域性远程医疗服务中心。依托藏药、蒙药、苗药等民族医药特色优势，结合国家中医药文化建设试点，支持发展集中医保健、养生康复、中医健康管理、中医文化传播、中医食膳调理、中医医疗旅游、中医药电子商务为一体的中医药健康养生产业园区和新型社区。结合实施乡村振兴战略，倡导健康生活理念，集聚健康要素，支持开展新型健康小镇创建工作。选择条件优越和产业集聚度高的城市，建立健康产业自贸试验区。

加快推进“中央健康城”建设布局。实施“人类全景健康计划”，围绕“医、康、养、健、药、研”发展方向，以“宽带城市健康圈”聚合市场效应为纽带，在有条件的地区规划建设具有不同特色优势的“中央健康城”，建立集研发设计、生产销售、售后服务、监督管理为一体的健康产业体系，实现生产和服务企业在特定区域内聚集，形成生产、市场、服务、消费联动格局，为产业各相关主体提供全流程、全方位、全覆盖的专业化综合服务体系，为民众提供全天候、全周期健康服务的城市健康综合体，为保障民众健康生活和促进健康产业发展提供整体解决方案。这不仅是关系到各地人民健康的重大民生问题，而且有利于提高健康产业集群化，引导各地差异化发展，促进健康产业合理布局。

（五）增强健康产业创新能力和核心竞争力

发挥科技创新引领作用，在关键技术、重点领域实现创新突破，加快提升健康产业核心竞争力。加强健康领域基础研究，强化原始创新、集成创新和引进消化再创新。建立以企业为主体、市场为导向、产学研医深度融合的健康科技创新体系。鼓励企业开展重点领域关键共性技术和前沿技术研发。支持有条件的医药企业、机构创设国家级医药工程技术研究中心、重点实验室等研发平台。鼓励高等院校、科研院所与健康企业开展研发合作，积极探索企业之间技术合作的新模式，推进协同创新和成果转化。加快健康企业孵化器、加速器以及健康人才孵化器建设，与其他创新服务组织对接，构建体系完整、功能完备的健康产业创新服务网络。深化“医科协同”“医工协同”，加快医学与健康科技成果转化，打造核心竞争力强的医药工业。

加强国家临床医学研究中心和协同创新网络建设，完善医学研究科研基地布局。加强化学药、生物药、中药、医疗器械、营养、康复和基因等领域的关键技术创新，推动重点领域创新成果产业化。加快生物医药科技创新，开发具有重大临床需求的创新药物和生物制品，实施国际人类表型组、脑科学与类脑人工智能等一批生物医药领域重大科学计划。加快基因测序、细胞规模化培养、靶向和长效释药、绿色智能生产等技术研发应用。开发新型抗体和疫苗、基因治疗、细胞治疗等生物制品和制剂，推动化学药物创新和高端制剂开发。有序发展前沿医疗服务，推进精准医学研究、生物样本库、基因库、医疗大数据应用技术、国家工程实验室等精准医疗产业公共服务平台建设。加大知识产权服务和保护力度，优化健康产品与服务的知识产权咨询、交易等公共服务，提高企业知识产权创造、保护和运用能力，依法查处知识产权侵权行为。

鼓励有实力的健康领域研发机构在基础研究和重大全球性科技领域，积极参与国际科技合作、国际大科学计划和有关援外计划。支持医药企业设立全球研发中心、实验室、技术研究院等新型研发机构。支持外资医药研发机构参与研发公共服务平台建设，承接政府科研项目，共建实验室和人才培养基地，联合开展核心技术攻关。探索以共建合作园、互设分基地、成立联合创投基金等多种方式，深化国际创新交流合作，打造具有国际影响力的健康科技创新成果展示、发布、交易等平台。

加强健康产业人才队伍建设。坚持人才链、产业链、创新链良性互动，着力培养引进一批基础研究类、应用开发类及成果转化类战略人才、创新创业人才和高技能人才。引进国外医疗服务、生物医药研发团队和重点行业、瓶颈行业紧缺急需的领军人才。出台有关医疗健康高端人才引进的配套政策，支持外国高端医疗健康人才办理入境签证，缩短长期和永久居留证申办周期。加大海归人才引进力度，在户籍、居住、就业创业等方面提供便利。

坚持医教协同，建立和完善医学人才培养供需平衡机制，加强急需紧缺医学专业人才培养，着力培养一批国际一流的前沿性医学科技领军人才。推进创新型医科大学建设，与国际著名医学院校建立联合办学、联合培养人才机制。支持科研院校和健康企业共建人才实训基地。破除在科研管理、职称晋升、收入分配等方面的体制机制束缚，构建与健康产业高质量发展相适应的资质认证、岗位培训、人才培养、人才评价激励与考核机制等培训服务体系。在加强医保建设的同时，切实提高医生的阳光薪酬。完善医疗责任保险制度，降低医生职业风险。

（六）推动健康产业数字化建设

加强以互联网、大数据、云计算、人工智能等为支撑的智能健康服务系统研发和应用，构建智慧健康产业新格局。推动全社会健康资源与要素的互联互通与协同，构建覆盖全人群、全生命周期的电子健康档案库与个人健康状况实时监测系统。支持医疗机构应用互联网等信息技术拓展医疗服务空间和内容，构建覆盖诊前、诊中、诊后的线上线下一体化医疗服务模式。大力发展面向基层和偏远地区的远程医疗和线上线下相结合的医疗服务，建立区域远程医疗业务平台和云中心。推动医疗联合体运用互联网技术加快实现医疗资源上下贯通、信息互通共享、业务高效协同，便捷开展预约诊疗、双向转诊、远程医疗等服务，推进“基层检查、上级诊断”，推动构建有序的分级诊疗格局。加强健康体检、咨询、家庭及社区医护与移动互联网、健康大数据、远程医疗等融合发展，培育壮大健康管理服务产业。加快医疗保障信息系统对接整合，实现医疗保障数据与相关部门数据联通共享，拓展在线支付功能，推进参保人员提供“一站式”结算。支持医学检验机构、医疗卫生机构联合互联网企业发展疾病预防、检验检测等医疗健康服务。全面促进健康医疗大数据应用，推广应用人工智能健康服务新模式，促进智慧医院建设，发展智慧健康医疗和便民惠民服务。积极发展疾病管理、居民健康管理等网络业务应用，推进网上预约、线上支付、在线随访、健康咨询和检查检验结果在线查询等便民服务。

（七）深化改革开放激发健康产业发展活力

加快转变政府职能，推进健康相关领域简政放权、放管结合、优化服务，消除不利于大健康产业高质量发展的行政规制与市场壁垒，着力打造法治化、国际化、便利化的营商环境，进一步激发大健康产业发展的活力。

建立和完善健康产业领域权力清单、责任清单、负面清单制度。继续深化药品、医疗机构等审批改革，规范医疗机构设置审批。全面深化商事制度改革，实施一照通办、一码通用、证照分离、照后减证改革，推进企业登记全程电子化和电子营业执照发放。采取流程再造、分类审批、提前介入、告知承诺、多评合一、多图联审、同步审批、限时办结等举措，优化健康服务业投资项目审批流程。社会办非营利性医疗机构实行在民政部门按先证后照登记，营利性医疗机构在市场监督管理部门按先照后证登记。

加快建立更加成熟定型的基本医疗卫生制度。建立健全覆盖城乡的基本医药卫生制度，维护公共医疗卫生的公益性，理顺药品价格，实行医疗、医保、医药“三医”联动。推进政事分开、管办分开，理顺公立医疗卫生机构与政府关系，建立现代医院管理制度。深化医药价格改革和药品、医疗器械流通体制改革，落实医师多点执业等改革措施。

加快破除社会资本进入医疗领域的显性和隐性壁垒，探索建立混合所有制医疗机构，鼓励社会资本参与公立医院改制，鼓励公立医院与社会办医疗机构建立协议合作关系。支持社会力量举办非营利性医疗机构，推进实现非营利性民营医院与公立医院同等待遇。放宽市场准入，支持社会力量提供多层次、多样化医疗服务，发展紧缺型专科医院，举办个性化全科诊所，发展家庭医生服务。鼓励社会办医疗机构参加医疗联合体建设。鼓励社会资本参与医疗、养老、旅游、体育健身设施建设。鼓励开发覆盖家庭医生服务的商业健康保险产品，推广个性化家庭医生服务包，支持上门诊疗、护理、康复等居家服务。

推动国内健康产业融入全球产业链、供应链，积极承接国际健康服务和研发外包，在全球范围内整合优质资源，培育和打造一批具有区域和世界影响力的健康产业集团，不断提升产业国际竞争力和服务能力。扩大外资兴办医疗机构的范围，引进国际医院管理经验，探索建立国际医学中心，打造国际一流平台式医疗服务综合体。根据各国情况，分类实施多层次、多渠道国家间健康合作战略和政策，推动构建全球健康共同体。

（八）加强综合监管和规范有序发展

建立健全综合监管制度，强化政府在医疗卫生、食品、药品、医疗器械等健康领域的监管职责，构建集中、专业、高效的全行业覆盖监管体系，健全政府监管、行业自律和社会监督相结合的监督管理体制。

健全行业法规和标准体系。以规范企业行为、提高健康产品质量和健康服务水平为核心，完善健康产业标准体系，强化标准实施，提高健康产品生产及服务标准化水平。完善国家药品标准体系，实施医疗器械标准提升计划，积极推进中药（材）标准国际化进程。强化社会共治与行业自律管理，落实行为主体责任。鼓励发展健康服务业行业组织，支持行业协会制定推广服务团体标准和企业标准，推行服务承诺和服务公约制度。

加强健康领域监管机制创新。全面深化“双随机、一公开”机制建设。建立卫生健康、医保、工商、民政、食品药品监管、质量技监、公安等多部门联合监管机制。建立与宽进严管相适应的社会办医疗机构事中事后综合监管机制，运用信息化手段，全面实施诚信管理、分类监管、风险监管、联合惩戒、社会监督五位一体为基础的事中事后监管。建设医疗质量管理与控制信息化平台，推进智慧监管体系建设，推动监管部门间实现信息共享。全面加强食品药品监管，形成全品种、全过程的监管链条。加强医疗器械和化妆品监管。推进医务人员 CA 认证，加快平安医院建设。建立和完善医师不良执业行为积分管理制度，以及不良诚信医疗机构黑名单制度，形成医疗市场退出机制。加强对社会办非营利性医疗机构收支监督管理。充分发挥社会力量在监管中的作用，促进公平竞争，推动健康相关行业有序发展。

加强行政部门联合执法。严厉打击非法行医、医疗欺诈，严肃查处租借执业证书开设医疗机构、出租承包科室等行为。推动对涉医违法犯罪行为开展联合惩戒。依法打击知识产权侵权行为、假冒伪劣产品，严肃查处违法经营行为，严格规范药品、保健食品、医疗机构等宣传报道行为，严厉打击虚假宣传和不实报道，促进健康产业有序发展。

区域篇

第十六章

济南动能转换先行区产业发展研究

当前，我国正处在转变发展方式、优化经济结构、转换增长动力的攻关期，新旧动能转换已成为推动经济高质量发展的重要途径。推动济南先行区新旧动能转换，加快培育发展高端新兴产业，实现高质量发展，是贯彻落实国务院、山东省关于加快新旧动能转换的重要举措，意义重大，影响深远。高起点布局和发展济南先行区高端新兴产业，打造新时代全国新旧动能转换的样板，有利于推动山东半岛城市群高质量发展，形成黄河流域生态保护和高质量发展的新示范；有利于加快传统产业改造升级、培育壮大高新技术产业，形成山东新旧动能转换综合试验区的新引擎；有利于探索量水而行、节水为重的城市发展方式，形成绿色智慧宜居的新城区；有利于拓展济南产业发展新空间，调整优化城市空间布局，进一步增强济南综合承载能力和辐射带动区域发展能力。

一、发展背景

规划建设济南新旧动能转换先行区（以下简称济南先行区），是党中央、国务院的重大决策部署，是山东省委、省政府的重大战略安排，是促进济南经济社会发展的重大机遇，其深远的历史意义不言而喻。济南先行区作为承载国家重大使命、具有全国意义的独特功能区，不同于一般的国家新区、经济特区、经济技术开发区、高新区，肩负着为山东全省乃至全国新旧动能转换提供可复制、可推广经验借鉴的时代重任，承载着济南由“大明湖时代”迈向“黄河时代”的百年梦想。重点以新旧动能转换为主题，集聚、集约创新要素资源，发展高端新兴产业，打造开放、合作新平台，建设现代绿色智慧之城，在全省新旧动能转换中打头阵、当先锋、挑大梁，切实把培育壮大高端新兴产业、加快构建现代产业体系摆在核心位置，并尽快取得新进展，实现新突破，迈上新台阶。

为深入贯彻落实党的十九大精神、国务院关于《山东新旧动能转换综合试验区建设总体方案的批复》(国函〔2018〕1号)、山东省委省政府关于《山东省新旧动能转换重大工程实施规划及实施意见》和济南市委市政府关于加快实施新旧动能转换总体部署，迫切需要对济南先行区产业发展进行统筹谋划，按照国际标准、高点定位、高水平规划的要求，坚持新发展理念和高质量发展，突出科学性、前瞻性、针对性和可操作性，统筹宏观、中观和微观三个层次，优化生产、生活、生态三大空间，融合产业、城市、黄河三类载体，对济南先行区产业发展和政策进行深入研究，加快构建现代产业新体系，全面提升产业核心竞争力，打造新旧动能转换主引擎。

二、优势与问题

近年来，济南市委、市政府按照党中央、国务院决策部署，依照省委、省政府关于实施新旧动能转换重大工程的总体要求，紧紧围绕“打造四个中心，建设现代泉城”的中心任务，扎实推进“携河北跨”发展，进一步提升济南省会城市首位度，建设“大强美富通”的现代“泉城”，推动济南加快由“大明湖时代”向“黄河时代”迈进，开创了济南高质量发展的新局面。面向未来，要准确把握济南先行区产业发展的现实基础和环境，全面分析机遇和挑战，厚植发展优势，补齐明显短板，破解发展难题，加快推进济南先行区迈向产业高质量发展新时代，在推动山东新旧动能转换进程中当好先行者。

济南先行区位于济南城区北部，南起小清河，北至徒骇河，西起玉符河，东至临港办事处东边界，涉及黄河沿岸5县区的21个街镇。总面积1030平方千米，总人口约120万人。其中，黄河北岸733平方千米，人口约42万人。良好的政策、区位、载体和文化底蕴，为济南先行区的产业发展奠定了较好的基础条件。

根据济南市统计局和济南市新旧动能转换实施工程规划资料数据显示，济南先行区已进入全面开发建设阶段，基础设施建设取得突破进展，泺口穿黄隧道和齐鲁大桥、凤凰大桥破土动工，“携河北跨”取得实质性进展。“引爆区”和中心区建设拉开序幕，一批高端产业项目签约落地，新产业、新业态、新模式加快孕育，这个承载着国家重大使命的希望之区、未来之区正逐步显露雏形，为新旧动能转换奠定了基础。

（一）竞争优势

区位优势得天独厚。济南先行区地处山东腹地，环渤海经济区南翼，横跨黄河两岸，北接京津冀，南连长江三角洲，西通中原经济区，东承山东半岛城市群，处于全国联通南北、全省承东启西的战略位置，是全国重要的综合性交通枢纽，环渤海经济区和京沪经济轴上的重要交汇点，山东半岛与华东、华北和中西部地区联结的重要门户，在承接产业转移和发展壮大总部经济、智慧物流、现代商贸等方面享有得天独厚的优势。从省内看，济南先行区位于省会城市群经济圈滨淄济聊产业带和德济泰莱产业带“十”字形发展轴节点的核心位置，是省会城市群北部产业转移承接协作区与东部先进制造业协作区的交汇点，便于汇聚创新要素资源。依托胶济沿线产业带，先行区能够辐射山东省中西部，在黄河中下游地区发挥中心带动作用。

可配置科教资源潜力大。先行区所在的济南市科教资源富集、人力资源雄厚，是国家创新型城市试点，已经初步形成较具优势的区域创新体系。2019 年，济南市拥有普通高等院校 46 所，国家级企业技术中心和各类企业研发机构 818 家，各类人才总量约 150 万人，引进院士、高层次专家 140 余人，院士（专家）工作站总数达到 61 个。万人有效发明专利拥有量达到 25.6 件，连续多年位居山东省首位。在交通装备、机械装备、新材料、电子信息等产业领域，共拥有国家工程实验室、国家级企业技术中心、国家工程技术研究中心等国家级创新平台 29 家，主导制定了多项国际标准，企业创新能力建设取得较大进展。浪潮“高端容错计算机系统关键技术与应用”、宏济堂“人工麝香研制及其产业化”荣获国家科技进步一等奖；世界首个商用量子通信专网正式运行，国内首台氢燃料电池重卡成功下线，微软全球首家金融科技孵化器、全国首个大数据流通与交易技术国家工程实验室落户济南。目前已建成国家超级计算济南中心、国家重大新药创制平台、国家信息通信国际创新园等一批重大科技创新平台；山东大学微生物技术国家重点实验室和晶体材料国家重点实验室、浪潮集团高效能服务器和存储技术国家重点实验室以及 3 家国家级工程技术研究中心坐落于此，集聚了山东工业技术研究院、山东信息通信技术研究院、济南国际医学科学中心等一批新型高端科研机构。高新技术企业数量突破 1000 家，众创空间和科技孵化器数量增长 59%，国家健康医疗大数据中心、中德技术研究及产业转化中心、中关村领创空间等重大创新平台落户，山东工研院首批 5 家创新中心成立。先行区作为济南市重要组成部分，可以充分利用全市的科教资源和科技成果，实现就近转化应用，为高端新兴产业发展提供技术支撑和人才保障。

产业发展空间容量充裕。济南老城区发展已拥挤不堪，每平方千米人口平均达到 3.5 万人，可开发后备土地资源十分紧缺，亟需拓展新的发展空间。约占济南市域面积 1/8 的先行区，地势平坦，建设用地充裕，开发程度低，建设成本和开发费用低，便于整体规划，产业承载潜力大、能力强，是济南新智造、新服务等高端新兴产业的理想发展地。高耗能、高污染企业较少，原有大型污染企业“济钢”已经关停，尤其黄河以北地区地势开阔，污染物扩散条件好，环境容量大、承载能力强，能够满足总部经济、现代金融、信息产业、智能制造、医疗康养、文化旅游等高端新兴产业项目的发展需要。

黄河生态文化特色优势突出。黄河文化是中华文明最具代表性和影响力的主体文化，与先行区百年铁路桥、鹊华秋色、扁鹊“药文化”等历史文化资源交相辉映。同时，先行区位于黄河两岸，沿岸植被繁茂，生物种类多样，湿地、林地等沿河密集分布，自然风光优美，原生态良好。先行区通过活化黄河自然资源，创建黄河国家湿地公园，将黄河生态景观带、鹊山龙湖、北部水系和生态资源统一整治和综合开发，并充分挖掘黄河地理文化元素，系统开发齐鲁文化、鹊山文化等特色文化资源，加强对传统黄河文化的遗产整理、挖掘、保护、宣传、开发利用，有利于构建极具特色的黄河文化走廊，培育发展精品旅游、文化创意等产业。

（二）矛盾问题

产业配套体系与新动能培育要求不适应。济南先行区产业发展整体处于初级阶段，特别是黄河以北地区，产业功能相对单一，大部分产业处在产业链和价值链低端，传统动能占主体地位，转型升级压力大。改造提升传统产业，培育壮大高端新兴产业，需要有比较完善的区域产业配套体系。目前，先行区产业链上游研发、配套服务等环节缺失，除物流外，金融服务、信息服务、科技服务等现代生产性服务业发展滞后，新材料、智能制造等新兴产业项目多处于孵化培育和成长期，缺乏引领型龙头企业带动，小巨人企业集群发展态势尚未完全形成，制造业与生产性服务业融合难度大，影响承接产业转移和重大产业项目落地。

基础设施与北跨新需求不匹配。济南先行区不仅承担全省新旧动能转换试验的重任，也担当落实济南市“北跨”战略的历史使命，需要配套更高标准、更高水平的生产生活基础设施。由于济南长期隔河发展，市政基础设施规划建设主要集中在黄河南岸中心城区，先行区基础设施投资偏少，与中心城区的交通设施互联互通性不够，尤其是跨河通道建设滞后，黄河大桥交通拥堵现象频发，各种运输方式衔接性差，通达能力难以满足需求，医教文体等生活服务设施短缺、覆盖面小且质量不高，产业工人跨河职、住分离。落后的基础设施已成为当前制约先行区产业发展最迫切的问题。

创新链与产业链升级不协同。济南先行区尽管与人力资源富集的老城区只有一河之隔，但缺少根植性的民营科技企业和高新技术领军企业，汇聚创新资源要素的能力不足，对全球高端创新资源的聚集与链接利用能力有待提高。济南其他县区、开发区和全国大中城市正在掀起一轮“人才争夺战”，先行区面临更大的招才引智压力。同时，济南市重要科教机构和重大科研设施大多已落地济南老城区和高新区，对先行区产业发展有一定的辐射带动作用，但由于先行区自身科技资源短缺，限制了科技成果的转化应用，重新调整布局或在先行区新增科教机构不仅需要时间，也面临不少竞争和协调的难题。

改革创新与试点赋权不对等。济南先行区已成立管委会，但人员编制紧缺，行政管理体制改革还处于探索阶段。行政区划上涉及天桥、济阳、槐荫、历城等多个县区，只管地域不管县区，只有规划区而无行政管辖区，这就导致办事环节增多、协调难度加大、工作效率降低、经济成本提高。在公共事务管理、规划审批、财政收支等方面权限很小，面临繁杂的统筹协调难题；在科技创新、营商环境、对外开放、金融服务等制度创新，也需要向上争取改革试点授权。而且改革创新中大胆探索、容错免责的体制尚未建立，也缺乏有效的风险防范机制。

三、机遇与挑战

当前，国内外发展环境和条件正在发生深刻变化。全球新科技革命和产业变革步伐加快，我国经济已转向高质量发展阶段，产业竞争和科技创新正在重塑区域经济格局。济南先行区产业在制度、技术、市场的交织影响中开启发展的新征程，面临重大战略机遇，也存在诸多严峻挑战。

（一）发展机遇

新一轮科技革命和产业变革正在重构全球创新版图、重塑全球经济结构，“一带一路”倡议及京津冀协同发展、黄河流域生态保护和高质量发展、军民融合、医养结合健康示范省建设、山东半岛自主创新示范区建设等国家和区域发展战略深入实施，特别是山东新旧动能转换综合试验区建设加快，为济南先行区产业发展带来新的历史性机遇。

新一轮科技革命和产业变革孕育“四新”经济加快发展机会。当前阶段，全球科技创新进入密集活跃期，前沿领域新技术加快推动产业发展的颠覆性变革，生物技术、新能源与新材料技术等领域创新成果不断涌现，众多重要科学问题和关键核心技术已呈现出革命性突破的先兆。以大数据、云计算、物联网等为先导和以智能软（硬）件为核心的信息技术，以 3D 打印、智能制造、新材料为核心的制造技术，以基因工程为核心的新一代生物技术，以分布式能源和第四代核能为核心的能源技术将率先引领变革，不断取得重大突破，以前所未有的力度催生新兴产业，重构国际分工和贸易格局，为先行区高起点布局、集聚全球创新资源、推动产业发展带来弯道超车的机会。济南先行区可以借助先行先试优势，通过科学谋划、前瞻布局、补齐短板，推动前沿技术研发和新技术广泛渗透，探索形成更多、更灵活的商业模式和产业组织方式，拓展新兴产业全新领域，引领全省甚至全国新旧动能转换进程。

国家重大战略实施营造高端新兴产业发展良好环境。我国经济已由高速增长阶段转向高质量发展新阶段，国家坚定实施制造强国战略、创新驱动发展战略、乡村振兴战略、健康中国、军民融合发展战略，为先行区产业动能转换带来新契机。国家创新驱动发展、军民融合等战略的实施，营造了适应创新驱动发展的制度环境和政策法律体系，加快了“军转民、民参军”和军民科技协同创新步伐，推进了新一代信息技术和制造业深度融合进程，为先行区实现高端高新产业跨越式发展带来新契机。健康中国战略的实施，为先行区打造全方位、全周期健康服务产业链带来了新契机。国家乡村振兴战略的实施，为先行区现代高科技农业和农村一二三产业融合发展带来了新契机。随着“一带一路”倡议及黄河流域生态保护和高质量发展、京津冀协同发展等重大战略的深入实施，自由贸易区改革试点经验的引进，为先行区发挥区位和枢纽优势、加快集聚要素资源、全面推动开放创新、深度参与国内合作提供了重大历史机遇。

山东新旧动能转换综合试验区建设政策红利助推产业转型升级。国务院关于《山东新旧动能转换综合试验区建设总体方案的批复》（国函〔2018〕1号），明确提出高水平规划建设济南新旧动能转换先行区，集聚、集约创新要素资源，发展高端新兴产业，打造开放、合作新平台，建成现代绿色智慧之城。各级政府高度重视，正着力将先行区打造成为制度改革和政策创新的富集地。先行区被赋予构建开放型经济新体制和现代行政管理制度改革的使命，将率先形成审批事项最少、办事效率最高、发展服务最优、行政收费最少的高效开发管理体制，享有用地指标倾斜和用地政策改革权。国家和省市诸多支持政策的叠加，不仅有利于推动新能源、新能源汽车、新材料产业等项目在先行区落地，也为先行区营造了良好的产业发展生态。

山东新一轮交通基础设施大发展重塑产业发展空间新优势。当前山东正进入交通大投资、大提速的新时期，基础设施建设步伐明显加快。济南国际机场、京沪高铁济南西站、济南新东站等交通枢纽位于或毗邻先行区，京沪、京福、济青等高速公路在此汇集，奠定了先行区交通网络的坚实基础。航空方面，将要启动建设位于先行区辐射区范围内的济南国际机场二期扩建工程。铁路方面，山东省正在加快京九高铁、郑济高铁、鲁南高铁、京沪二通道山东段、环渤海高铁山东段等高铁项目建设，打造“三环四横六纵”高铁网络。济青高铁、郑济客专、石济客专、济滨城际、济莱高铁、济泰城际等快速铁路网和未来济南北站的建成，将先行区融入全国高铁网络。公路方面，加快济青高速扩容改造，枣庄至菏泽、潍坊至日照、淄博至临沂等高速公路项目建设，高速公路网将进一步完善。济南市制定实施了“三环十二射”公路交通网络，现有黄河大桥已面向济南市民免费通行，沟通先行区与黄河南岸主城区之间的“三桥一隧”工程即将动工，济南轨道交通也将跨河北延。全省交通基础设施建设网络化、智能化水平不断提高，为先行区发挥区位和枢纽优势、加快集聚要素资源、全面推动开放创新、深度参与国际竞争合作创造了有利条件。周边交通设施的大发展不仅有利于先行区现代物流产业发展，也将扩大先行区产业辐射腹地，加速创新要素集聚。

山东省及济南市重大战略开启黄河北岸产业发展新时代。“两区一带一圈”战略、山东半岛城市群规划和山东重大区划调整的实施，山东半岛国家自主创新示范区、山东医养结合健康示范省、济南市开放型经济新体制试点等相继获批，为先行区拓展了产业发展空间。同时，近年来围绕“打造四个中心，建设现代泉城”的中心任务，济南市先后出台若干政策，发起成立了总规模不低于2500亿元的新旧动能转换基金，新旧动能转换先行区总体方案和空间战略规划编制完成，储备项目总投资达4000亿元，为推进产业发展提供了良好的政策环境。目前，济南市正在全力实施“北跨”与“中疏”协同推进战略，以“中疏”支撑“北跨”，以“北跨”带动“中疏”，先行区不仅能够借助“北跨”以最快的速度、最高的标准、最美的生态提升城市功能，补齐基础设施短板，强化对人才和产业项目的吸引力，还能借助“中疏”积极承接济南老城区过密的产业、人口和公共服务等的转移，并能在济南产业空间格局调整中享受人才、土地、资金、科创、行政等改革探索和支持政策便利，有利于先行区产业加快发展。

（二）面临挑战

全球贸易保护和技术封锁，制约高端产业发展空间。国际金融危机以来，世界主要发达国家和地区为振兴经济、获取发展新优势，纷纷加快新技术的研究开发，加紧新产业战略布局，抢占未来科技和产业发展制高点，全球高技术产业领域的竞争更加激烈。同时，以贸易战为首的逆全球化思潮和国际贸易保护主义重新抬头，发达国家为巩固在高新技术领域的控制权，对我国实行贸易战和更加严格的知识产权保护和技术封锁，这对济南先行区引进先进技术、消化运用国际产业革命最新成果、发展高端新兴产业带来严峻挑战。

京沪雄“虹吸效应”强化，滞碍创新资源要素集聚。随着京津冀、长三角城市群建设的推进，特别是京沪高铁二线等重大交通基础设施投入运营，北京、上海依靠行政资源、创新创业、营商环境等方面的领先优势，会对沿线人才、技术、资本等形成更强的“虹吸效应”，不利于济南先行区集聚创新资源要素。规划建设中的雄安新区，作为北京非首都功能疏解集中承载地，在创新载体、运行机制、人才支撑等方面获得无可比拟的优惠政策，创新创业资源势必优先向雄安新区集中，对先行区创新要素和新兴产业项目引进的负面影响显而易见。

周边地区产业竞争激烈，抑制新兴产业快速壮大。目前，全省各地对产业、资本、人才、技术、创新资源的争夺更加激烈，以青岛西海岸新区为代表的新区、高新区、经济技术开发区的资源集聚能力日益提升，对先行区构成了直接竞争。从市内看，与先行区毗邻的中央商务区、国际医学科学中心、高新区等重点产业功能板块，都在加快发展高端新兴产业，产业配套能力优于先行区，彼此之间的竞争更加激烈。

济南市综合实力偏弱，对先行区辐射带动力受限。目前，济南市总体实力偏弱，在全省首位度不高，城市规模与拥有亿人大省的省会地位很不相称。与全国比较有影响力的经济圈的中心城市相比，济南规模偏小、人口偏少、实力偏弱，对省会城市群经济圈辐射带动不够，对先行区高端新兴产业发展助力不足。根据济南市统计局数据资料测算，2021年，济南市经济总量 11432.2 亿元，列全省第 2 位、副省级城市第 11 位、省会城市第 10 位，较青岛少近 3000 亿元。经济首位度在副省级城市中倒数第一，进出口总额占生产总值比重不足 10%，对外依存度倒数第二，实际利用外资在同类城市中排名靠后。中国社会科学院发布的中国城市竞争力排名显示，济南市综合经济竞争力排第27位，低于郑州9个位次，低于青岛10个位次。

面对新形势新任务，济南先行区作为山东新旧动能转换综合试验区主引擎，肩负高标准建设国家新旧动能转换的历史重任，按照“国际标准、世界眼光、山东优势、泉城特色”要求，抓机遇、勇作为，先行先试、领先领跑，努力实现“弯道超车”“变道换向”，在产业新旧动能转换中做表率、打头阵，在高端新兴产业发展中树标杆、做样板，加快开启产业高质量发展新时代，打造新旧动能转换主引擎，推进省会城市更好发挥龙头、领跑、带动、示范、辐射作用，为新时代全国产业新旧动能转换提供新经验和新方案。

四、战略定位

按照国务院对济南先行区提出的“集聚集约创新要素资源，发展高端新兴产业，打造开放合作新平台，建设现代绿色智慧之城”的总体要求，围绕先行区总体规划确定的“建设城河共荣、绿色低碳的生态新区，动能转换、产业创新的智慧新区，传承文脉、以人为本的宜居新区，开放引领、协调共享的现代新区”的“四个定位”，切实在全省经济高质量发展中树标杆、做样板，确定济南先行区产业发展的战略定位如下：

（一）山东新旧动能转换领跑区

济南市作为山东新旧动能转换综合试验区主引擎和山东新旧动能转换“三核引领”的重要“一核”，肩负高标准建设国家新旧动能转换先行区的历史重任，应积极发挥区位、科教资源、医疗资源、金融支撑等优势条件，抢抓新一轮技术变革、产业转移、消费升级趋势，充分利用好先行先试的改革权、试验权、先行权，着力推动先行区在创新、智慧、绿色、改革开放等方面先行先试、领先领跑，聚焦以“四新”促“四化”，探索建立创新引领新旧动能转换的模式和路径。全面对接国家自由贸易区、金融改革创新试验区试点政策等，积极争取“先行先试”政策，大力推进土地、人才、技术转化、融资等方面的体制机制创新，努力探索适合先行区高端新兴产业发展的体制机制，充分释放市场活力，激发发展新动能，将先行区打造成为全省新旧动能转换的领跑区，在全省新旧动能转换中打头阵、当先锋、挑大梁。

（二）黄河流域产城河共融发展样板区

坚持“产业＋城市＋黄河（生态）”共融，充分发挥先行区黄河资源和“泉城”水资源优势，大力推进产业发展与城市功能契合、发展空间整合、黄河文化融合，创新“以产促城，以城兴产，黄河文化共融”的发展模式。坚持生态优先、绿色发展，合理确定建设规模，完善生态功能。统筹产业、居住、公共服务设施用地和设施规划建设，增强居住和生活功能，构建“三生”（生产、生活、生态）融合、功能完善的城市综合功能组团，推进职、住空间有效耦合与“三生”空间有机交融，重塑产业与城市、经济与生态、城市与自然的关系，建设一座绿色生态、低碳环保、产城融合、智慧宜居的现代化新城区。深度挖掘黄河文化内涵，把深厚的文化优势转化为强劲的发展动能，加强公共文化产品和服务供给，更好地满足人民群众的精神文化生活需要。着力保护泺口黄河铁路大桥等文化资源，在起步区建设一批综合性文化体育设施。推动文化和旅游融合发展，培育创意设计、影视、演艺、工艺美术等业态，积极发展旅游业，建设一批展现黄河文化的标志性旅游目的地，讲好新时代下的黄河故事。加快推进济南发展由“大明湖时代”走向“黄河时代”，打造黄河生态景观风貌带，加强水系、湿地、林地等自然资源的保护利用，加快建设黄河国家湿地公园，打造黄河两岸的“绿带”和城市发展“绿芯”，全力将先行区建成两岸互动、蓝绿交织、水城共融、产城融合、人地和谐的极具活力与魅力的现代化生态新城区，打造黄河流域产城河共融发展样板区。

（三）省会城市群经济圈产业转型升级引领区

济南作为省会城市群经济圈的核心城市，要探索建立先行区与济南周边城市的协同发展机制，努力建成省会城市群经济圈北部产业转移承接协作区。密切跟踪国际科技、产业发展趋势，瞄准智能化、绿色化、服务化发展方向，在先行区搭建战略性新兴产业合作平台，推动产业体系升级和基础能力再造，打造具有较强竞争力的产业集群。推进新一代信息技术与先进制造业深度融合，加强关键技术装备、核心支撑软件、工业互联网等系统集成应用，发展民用及通用航空装备、高档数控机床与机器人等装备产业，加强新材料、智能网联汽车等前沿领域布局。发展技术转移转化、科技咨询、检验检测认证、创业孵化、数据交易等科技服务业，支持起步区创建检验检测高技术服务业集聚区、知识产权服务业集聚发展试验区。培育设计、咨询、会展等现代商务服务业，建设总部商务基地。推进金融创新，布局下一代金融基础设施，在科技金融、征信等领域开展试点，支持建设国家金融业密码应用研究中心。积极发展航空物流、冷链物流等，打造区域性物流中心。发展健康管理等服务业，搭建健康产业信息服务体系；推动起步区家政服务业高质量发展；创新发展服务贸易和服务外包。培育形成新动能主体力量，率先构建现代产业体系，发挥对圈层产业转型升级的辐射带动和引领作用。

（四）国家科技成果转移转化示范区

围绕济南市区域性科技创新中心建设目标，把创新作为引领先行区产业发展的第一驱动力，深入贯彻落实国家、山东省促进科技成果转化的法律法规和政策规定，鼓励开展“先行先试”，制定相关配套细则，积极构建激发创新活力、推动创新成果转化的体制机制。布局国家重点科研院所、大科学装置、重大科技项目等，加强科技成果转化中试基地建设。大力引进国内外人才、项目和资金，开展“产学研”深度合作，构建新型创新链和产业链。鼓励优秀创新型企业牵头，与高校、科研院所和产业链上下游企业联合组建创新创业共同体，建设技术创新中心、制造业创新中心、重点实验室。完善创新激励和成果保护机制，支持先行区科研机构开展赋予科研人员职务科技成果所有权或长期使用权试点。开展黄河生态环境保护科技创新，聚焦水安全、生态环保等领域加强科学实验和技术攻关。前瞻布局基于人工智能的计算机视听觉、智能决策控制、新型人机交互等应用技术研发，开展氢能技术研发。积极对接国内外大型科技企业集团，促进其区域总部、研发中心落户先行区，形成知识、技术、人才和资本密集的创新资源高地和成果转化高地。进一步整合成果转移转化、设备共享、信息咨询、交流合作等各类科技服务，建设科创交易大平台，发展线上线下结合的科技成果交易，积极打造集成果转化、技术交易、金融服务等于一体的并且具有全国影响力的科技金融和成果转移转化服务中心。加强技术研发和转移交易、成果孵化转化，推动产业发展加快由要素驱动向创新驱动转换，争创国家技术转化中心，打造国家科技成果转移转化示范区。

（五）衔接全国南北区域经济的战略节点

济南先行区位于京津冀城市群和长三角城市群的京沪连接线上，地处南北经济过渡带，是我国由南向北扩大开放、由东向西梯度发展的重要战略节点，要充分利用南北区域经济交汇和京沪线节点处的独特地理区位，发挥作为试验区的政策叠加优势、土地资源优势、科教资源优势以及黄河文化特色优势，同京津沪等地创新资源及产业功能积极协同，同郑州等城市错位竞争，积极吸纳和集聚创新资源要素，主动承接京津和长三角等地的创新资源及产业转移，加速推进知识、技术、信息、数据等新生产要素与现代产业深度融合，大力培育发展新产业、新业态和新模式，重点发展智能制造、以氢能源为主导的新能源新材料、科技服务、智慧物流、总部经济等高端新兴产业，打造京沪之间现代产业发展新高地，构筑南北区域协同发展的经济新动能战略节点。

（六）环渤海地区开放型经济发展新高地

济南先行区作为环渤海地区南翼中心城市的重要组成部分，要顺应经济全球化和区域一体化发展潮流，依托国家开放型经济新体制综合试点试验城市的优势，创造便利化、法治化、国际化的开放环境，积极融入“一带一路”倡议，提高全球产业链、创新链、资金链的吸引力和参与度；要发挥对山东乃至环渤海地区的辐射带动作用，促进城乡区域、经济社会、资源环境协调发展。加强与京津冀协同发展和雄安新区规划建设对接，深入参与区域产业分工合作，努力推动与周边地区的人才、技术、资本等高端要素的合理流动，培育开放的合作、竞争新优势，打造环渤海地区开放型经济发展新标杆。

五、发展思路

新使命需要新作为，新使命引领新征程。济南先行区担当新旧动能转换国家使命，要深刻把握中国特色社会主义进入新时代的丰富内涵，以高远的历史站位、超前的战略眼光，推动产业率先升级、高质量发展，创造产业新旧动能转换“济南模式”，引领全国新旧动能转换新实践。

（一）指导思想

坚持以习近平新时代中国特色社会主义思想为指导，全面贯彻党的十九大精神，坚决落实习近平总书记视察山东重要讲话、重要指示批示精神，按照国务院、省委省政府和市委市政府关于新旧动能转换重大工程战略部署，立足新发展阶段，贯彻新发展理念，构建新发展格局，全面落实高质量发展要求，坚持世界眼光、国际标准、山东特色、高点定位，围绕济南市“打造四个中心，建设现代泉城”的中心任务，紧紧把握全球新科技革命和产业变革重大机遇，立足黄河畔，服务大济南，融入环渤海，放眼全世界，深入推进产业结构、企业所有制结构和区域空间结构转换，围绕“新智造、新科技、新服务、新消费”，加快汇聚新技术、新产业、新业态、新模式，构建实体经济、科技创新、现代金融、人力资源协同发展的现代产业体系，促进产城河融合、一二三次产业融合、军民融合、南北区域融合，促进产业向高端化、智慧化、集群化、融合化、绿色化、国际化方向发展，显著增强产业竞争力、影响力和辐射力，构建济南“携河北跨”的产业中枢，京沪之间智造、智创、智服产业新高地，全国具有重要影响力的科技创新及成果转化示范区和山东省高端新兴产业策源地，打造全国新旧动能转换的排头兵、现代化经济体系新引擎、产业高质量发展的新样板，走出一条绿色、可持续的高质量发展之路，为提升省会城市首位度、打造“四个中心”、建设“大强美富通”的现代化国际化大都市、推动济南由“大明湖时代”向“黄河时代”迈进、由赶超型城市向引领型城市转变提供重要支撑，进一步增强省会城市龙头、领跑、带动、示范、辐射作用，在全省新旧动能转换中当先锋、打头阵、挑大梁，为全省乃至全国新旧动能转换提供可复制、可推广的借鉴经验。

（二）基本原则

坚持高点定位、高端发展。立足全省新旧动能转换重大战略需求，瞄准全球高端产业和产业链高端，聚集高端人才、技术和资金，选择战略性、前瞻性、引领性和有望引发产业格局重大变革的领域，积极发展“互联网 +”、数字经济等新技术新模式，主动“弯道超车、变道换向”，培育一批具有核心竞争力的产业集群和企业群体，引进发展一批引领方向、跨界融合、带动效应强的高端新兴产业，抢占产业发展战略制高点，快速打造高端新兴产业发展集聚区，率先构建现代化经济体系，推动高质量发展。

坚持体制高效、创新驱动。围绕“引领全省新旧动能转换”的使命要求，对标深圳等一流城市，坚持组织架构创新、体制机制创新、建设模式创新、产业发展方式创新和政策措施创新，激发市场活力，培育良好发展环境。紧抓济南市加快区域性科技创新中心建设契机，把创新作为先行区产业发展的第一动力，实施创新驱动发展战略，布局建设一批创新创业平台，着力推动要素供给创新，既注重颠覆式创新、原创性创新，又注重聚合创新、集成创新；既注重“弯道超车”，又注重“变道换向”，推动大众创业、万众创新，加快形成以创新为主要引领和支撑的产业体系。

坚持产城河共融、协调发展。遵循“世界眼光、国际标准、山东优势、泉城特色”要求，坚持产、城、河融合发展。加快聚集高端创新要素，同步推进高端新兴产业培育与现代城市建设，促进产业布局与城市功能空间融合，建设国际一流、绿色、智能城市，打造一流城市设施和配套服务，以完善的城市功能集聚高端人才，以创新要素支撑高端产业发展，以高端产业培育推动产城共生、共兴、共荣；打造黄河生态景观风貌带，挖掘黄河文化，提升城市文化品位，促进文化旅游、创意设计等产业发展。

坚持低碳环保、绿色发展。坚持生态、绿色、可持续发展，贯彻“绿水青山就是金山银山”的理念，设置产业准入、项目引进环保门槛，推进产业生态化和生态产业化，构建低碳、节能、节水、环保、生产空间集约高效、生产生活相得益彰、人与自然和谐相处的绿色产业体系。统筹以黄河生态保护带为重点的绿色廊道和景观建设，完善生态功能，推进生态产业化；推广先进实用的污染治理、资源高效利用和生态环保技术，构建科技含量高、资源消耗低、环境污染少的产业结构，建设蓝绿交织、水城共融的生态新区，促进生态系统与产业发展良性循环。

坚持内外开放、共建共享。实施新一轮全方位、高水平双向开放，推进构建开放型经济新体制综合试点试验，完善法治化、国际化、便利化营商环境，积极探索新形势下对外开放的新模式，塑造全方位、多层次、宽领域的大开放新格局，高效利用全球创新资源，加快推进产业链、创新链、价值链合理配置，全面提升高端新兴产业发展能力。全面融入“一带一路”倡议及京津冀协同发展、长江经济带等国家重大战略，强化与济南老城区、环渤海其他地区之间的产业合作，与周边市县制造业和服务业横纵错位发展，打造产业发展共同体。

（三）战略导向

济南先行区必须改变以往产业发展的方向与路径，着力突破能够有效提升价值链层级的研发设计、营销网络、品牌培育、供应链管理等制约高端新兴产业发展的关键环节，推动产业由加工制造向创新创造转变，由比较优势向竞争优势转变，促进产业高端化、智慧化、集群化、融合化、绿色化、国际化发展，加快构建现代产业新体系，打造济南产业转型升级版，全面提升产业核心竞争力。

“质量兴区”战略。牢牢把握经济高质量发展要求，坚持质量第一、效益优先，突破依赖要素投入、规模扩张的传统产业增长模式，探索以创新为引领、绿色为特质、协调为特点、开放为手段的产业高质量发展之路，创造“先行区质量”。强化创新驱动，抢占产业发展前沿制高点，培植先行区产业核心竞争力；深入推进质量、标准、品牌、信誉“四位一体”建设，瞄准新兴产业发展前沿，加快创建一批国内领先、国际先进的标准，推动优势技术领域成为国际标准，进一步增强创新供给，引导产业链、价值链向高端延伸，打造全省经济升级的标杆。突出协调特点，推进区县协调、黄河南北协同，提升资源要素配置力。彰显绿色特质，构建绿色生产生活方式，塑造绿色经济发展优势，大力推动质量变革、效率变革、动力变革，做实做强做优实体经济，力争在产业高质量发展上走在全省前列，成为新时代推动高质量发展的样板。

“智能崛起”战略。以智能制造作为产业发展的主攻方向，以人工智能、虚拟现实、量子计算、精准医疗、数字生命、分布式能源、增材制造等前沿领域为切入点，提前布局发展智能经济和数字经济，促进产业智慧化、智慧产业化，打造全国智能经济发展的城市样本。围绕新一代信息技术、高端装备制造、生物医药、先进材料等重点领域，推进智能化、数字化技术在企业研发设计、生产制造、物流仓储、经营管理、售后服务等关键环节的深度应用，提高智能制造水平；推进云计算、大数据、移动物联网等新一代信息技术与服务业各领域的融合应用，大力发展智慧物流、智慧旅游、互联网金融等；推进农业在线化和数据化，大力发展智慧农业，逐步实现生产数字化、产品智能化和生活智慧化。

“民营活区”战略。坚持把优化所有制结构放在先行区发展的突出位置，加大民营经济改革发展力度，做大做强做优民营经济，打造民营经济创新区，将民营经济培育成先行区高端新兴产业体系建设的中坚力量，为济南实现多种所有制经济共同发展探索新路子。加快推动民营经济发展支持政策在先行区率先落地，破除市场准入的种种限制，健全民营企业公共服务体系，着力构建“亲”“清”新型政商关系，创造更加公平的市场环境、政策环境、法治环境、社会环境，厚植民营经济发展沃土，大力培育科技型、创客型企业，充分释放民营经济活力和创造力。

“产业共生”战略。基于先行区和周边产业基础，按照特色化、差异化、融合化发展原则，着眼共建产业链、共构价值链，建立区域产业分工合作的协调机制，推进先行区与高新区、天桥区、济阳县、槐荫区、历城区的产业资源整合，搭建高水平协同创新平台和专业化产业合作平台，促进创新和产业要素在区域之间合理重组、高效流动、有机衔接，推动区域间产业链梯次布局，构建循环链接的产业体系，打造产业共生体，形成合理分工、互利共赢的产业协同发展新格局。

“文化润区”战略。坚持以文聚人、以文兴业、以文塑城，深入挖掘利用泉文化、舜文化、山文化、黄河文化、民俗文化等，加强文化传承和创新，塑造充满活力的城市文化空间，促进文化产业发展，推动文化与科技、旅游深度融合，构建“文化+”产业体系，积极发展文化旅游、创意设计等产业，强化文化凝聚力、文化创新力和文化竞争力，提升产业层次和附加值，建设更有魅力、更具活力的人文之区。

第十七章

常州经开区转型升格可行性论证

为深入贯彻党的十九大精神和长江三角洲区域一体化发展国家重大战略，全面落实国务院关于《推进国家级经济技术开发区创新提升打造改革开放新高地的意见》(国发〔2019〕11号)、《促进国家级经济技术开发区转型升级创新发展的若干意见》(国办发〔2014〕54号)、《完善国家级经济技术开发区考核制度促进创新驱动发展的指导意见》(国办发〔2016〕14号)、《促进开发区改革和创新发展的若干意见》(国办发〔2017〕7号)、《省级开发区升级为国家级经济技术开发区的审核原则和标准》《长三角地区一体化发展三年行动计划》等文件要求，加快推进常州经济开发区（以下简称常州经开区）升格工作，进一步发挥跨区域产业合作的载体作用，进一步发挥经开区的窗口、示范、辐射和带动作用，建设成为带动地区经济高质量发展和实施区域发展战略的重要载体，构建开放型经济新体制和培育吸引外资新优势的排头兵、科技创新驱动和绿色集约发展的示范区，具有重要意义。[①]

一、推动常州经开区升格重大意义

常州经济开发区是目前常州市实力最强、体量最大、发展最快、空间最广、创新创业最活跃的省级开发区。2021年，常州经开区地区生产总值

① 费洪平、戴公兴：《经济开发区产业规划与管理》，科学出版社，1999年，第1—3页。

首次突破千亿元大关。工业经济总量、集聚集约水平、质量效益、持续发展能力跨越提升，多项经济指标增幅名列全市第一，已成为常州市开放合作的前沿阵地、经济建设的主战场、深化改革的桥头堡和招商引资引智引技的重要载体。经开区综合经济实力大幅提升，生态环境优越，对外开放优势明显，新兴产业特色鲜明，科技创新水平较高，城市化建设加快推进，已成为具备明显优势的多功能创新型现代化产业园区，在长三角区域一体化中发挥了重要作用。

江苏省商务厅资料显示，常州市是江苏省 13 个地级市中唯一没有国家级经开区的城市，也是长三角地区唯一没有国家级经开区的地级市。南京和镇江分别有国家级经开区 1 家，苏州、无锡分别有 9 家和 2 家。常州创建国家级经开区，意义重大。

一是有助于从更高层次上参与国际竞争。常州经开区地处我国东部对外开放前沿地带，升格成为国家级经开区可极大提高其对外形象，可在更高层次上参与国际经济合作和竞争，提高在全球价值链中的地位，有效地分享国际资本、技术、资源和市场机会，进一步提升国际竞争力。

二是有助于引领国家级开发区转型创新发展。常州经开区许多指标已超过一些国家级经开区，升格后更有助于推进经济结构转型、发展方式转变、功能转换、创新成果转化和管理体制转轨，加快构建现代产业体系，建设成为全国产业转型升级示范区。

三是有助于打造成为长江经济带转型升级示范开发区。常州经开区作为长江经济带的重要产业园区，升格后更有利于朝着绿色生态、创新驱动、产业优化、开放引领、服务高效的方向发展，在引领示范长江经济带开发区转型升级中发挥更大的作用。

四是有助于推动长三角区域一体化。常州经开区作为苏南地区联结上海经济圈的重要门户，是长三角地区重要的产业集聚高地，升格后必将以更加强烈的使命担当、更高的工作标准，紧紧围绕规划体系、产业分工协作、创新要素培育、区域交通一体、生态协同治理和体制机制创新等方面，深度融入长三角，促进长三角区域一体化发展。

五是有助于率先推动苏南模式转型升级。常州经开区是近代民族工商业的发祥地和“苏南模式”的发源地之一，也是苏南国家自主创新示范区和苏南现代化建设示范区的重要建设节点，是国家产城融合的重要改革试点区域，升格后有利于加快提升现有生产要素，增强产业核心竞争力，促进产业转型升级，再创产城融合发展新优势，打造苏南产业转型升级版。

二、常州经开区升格具备基础和条件

近年来，常州经开区积极践行新发展理念，紧紧围绕创建国家级经开区总目标，以高起点规划、高标准建设、高效能管理、高水平服务，工业经济总量、集聚集约水平、持续发展能力跨越提升。根据江苏省商务厅公布的资料，常州经开区主要经济指标增幅名列常州市第一，在 92 家江苏省级开发区综合排名第 4 位，部分指标甚至超过一些国家级经开区，综合实力相当于全国 219 家国家级经开区第 66 位的水平，相当于江苏省 27 家国家级经开区（含保税区）第 16 位的水平。可以说，常州经开区升格国家级经开区条件完全具备，时机已经成熟。

（一）符合国务院关于国家级经开区的发展方针，以及国家产业结构调整、区域协调发展、科技创新、资源集约节约利用、生态环境保护和可持续发展的要求

按照国家级经开区的发展目标和要求，常州经开区牢固树立新发展理念，创新运营模式，完善空间布局，健全公共设施和服务体系，引导项目集聚，构建促进开发区发展的长效机制，符合国务院关于国家级经开区发展的基本方针。

一是符合国家产业结构调整方向。常州经开区提供的数据资料显示，常州经开区沿着效益导向、高端取向和集约化方向，加大转型发展推进力

度，以绿色集约为核心推动产业动能转换，以智能制造为核心推动产业层次提升。一二三次产业比重从 2015 年的 0.35∶65.96∶33.69 调整为 2018 年的 0.38∶63.26∶36.36，高新技术产值占工业总产值比重达 34%。先进交通装备、功能新材料、智能电机、绿色家居等四大特色产业产值占规模以上工业总产值的比重突破 65%，在轨道交通领域进入国内第一方阵，有关牵引传动系统、内饰产品的国内市场占有率分别达 45%、65%，变压器市场占有率居国内首位。新型特种材料产业链“小巨人”云集，玻纤、光刻胶、特种金属管材等产品拥有较高的国际市场占有率。

二是符合区域协调发展要求。常州是江苏省 13 个省辖市中唯一没有国家级经开区的地级市，通过创建国家级经开区，加快融入长三角区域一体化，有助于实现江苏城市间的协调发展。常州经开区作为江苏省产城融合示范区试点，坚持以产促城、融合发展，以构筑城市东部综合功能为核心，以综合服务和生态创新为轴带，促进中心片区、横林片区、横山桥片区差异化发展。积极推进“多规合一”，统筹推进总体规划与土地利用、乡镇、产业、生态、基础设施等专项规划，产业业态合理布局、城市形态精心塑造、环境生态持续优化的良好局面初现。规划建设轨道交通等八大专业园区，打造形态多样、特色鲜明、优势互补、产城融合的现代化新型产业园区。镇、街道、园区等多层次的产城融合规划体系相继制定，实现规划全域覆盖，为区域协调发展提供了强有力的规划支撑，为产业城市从简单“自然融合”向“高效融合”转变奠定了坚实基础。

三是科技创新实力雄厚。深入实施创新驱动发展战略，全面提升科技创新能力，基本形成“集聚一流创新要素、营造一流创新环境、实现一流创新产出”的创新发展态势。财政科技投入保持高速增长，年均增长 30%。建成国家级企业技术中心 2 家、国家级博士后科研工作站 3 家、院士工作站 9 家。新增创新载体面积约 46 万平方米。2018 年专利授权量 2361 件，其中发明专利 1313 件，万人有效发明专利拥有量全市第一。汇集高新技术企业 135 家、科技服务机构近 30 家、行业“隐形冠军”“单打冠军”“科技小巨人”企业 30 余家，荣获“中国工业大奖”“国家科学技术进步奖”等多项国家级荣誉称号。引进培育领军型创新创业人才 63 名，其中国家“千人计划”专家 14 名。

四是生态文明建设取得显著成效。坚持“绿水青山就是金山银山”的发展理念，加快建设宜居宜业生态新城。出台生态文明建设提升行动实施计划，深入推进土地集约化利用改革，不断提升土地产出率。加大生态化、循环化改造，推动园区向绿色低碳转型。不断完善大气污染监测系统，初步实现国控站点周边一体化管控，累计关停化工、印染、电镀企业 130 家，削减煤炭消费总量 42.8 万吨，关停取缔“散乱污”1012 家。完成企事业单位污水接管 3293 家、黑臭河道整治 49 条、河道清淤疏浚 162 条，22 个水质监测站投入使用，常态化科学调水活水机制逐步健全。三级河长制实现全覆盖，国控五牧断面水质达到 IV 类水标准。三山港生态廊道规划启动编制，环境综合整治初见成效，一大批城市绿肺、干线绿廊、乡村绿脉加快形成。

（二）经省级人民政府推荐，具有精简高效的管委会体制和机制，规划用地“四至”范围明确，符合国家土地管理和城市总体规划的有关规定和要求

1. 管委会体制和机制精简高效

常州经开区是全省唯一兼具相对集中行政许可权和处罚权、省金融改革等多项试点的开发区。成立之初即推进实施大部制改革，党政群机构按职能“合并同类项”，努力体现精简、高效的体制特色。改革后，工作机构和事业单位分别为 15 个和 14 个，与改革前相比，精简率分别达 60% 和 65%。通过科学设岗、竞争上岗、合同管理，打破身份界限，转换用人机制，推行岗位聘任制，营造有利于人才脱颖而出的选人用人环境。完成了投融资体制、财政体制、专业园区管理体制等改革。坚持“互联网 + 政务服务”理念，深入推进“放管服”改革，持续优化营商环境。积极推进综合执法领域横向扩容、执法力量向镇（街道）纵向延伸，基本实现“一支队伍管执法”。相对集中办理许可事项 142 项，真正实现了“一枚印章

管审批”。2018年日均办理68件，实现人员、材料、办理时限压缩比率分别达53%、35%、65%以上。加快推进“一网通办”，实现139个行政许可子项“全程网上办”。全力实现“2345”改革目标，即2个工作日内完成注册开业、3个工作日内获得不动产权证、45个工作日内取得工业建设项目施工许可证。构建多评合一、多图联审、并联审批、容缺预审等全新审批模式。按照“国家级”标准，打造审批事项最少、办事效率最高、投资环境最优的地区，努力实现管理体制高效运转。

2.“四至”范围明确

常州经开区地域面积181.3平方千米，下辖戚墅堰、丁堰、潞城街道和横山桥镇、横林镇、遥观镇。“四至”范围明确，东至剑横路，南至沪宁铁路，西至丁塘港、北至潞横路以北100米。“四至”范围属于土地利用总体规划、城镇体系规划、城市总体规划确定的城镇建设用地，位于允许建设区域内，不属于限制开发区域。注重加强用地规划管控，严格落实生态保护红线、环境质量底线、资源利用上线和环境准入负面清单约束。

（三）具有区位优势，可成为国家区域发展战略规划新的城市圈、经济带的重要支撑点

常州经开区位于常州市区东部，南枕太湖，西衔滆湖，地处苏南中心腹地，属于苏锡常都市圈重要组成部分，是沪宁创新走廊与长江经济带的重要战略节点，是承东启西、承接南北的重要节点区域，是长三角“一小时”经济圈的核心，距南京、上海分别为120千米、140千米。对外交通形成包括高速公路、高速铁路、城际铁路、运河航道等在内的网络结构。沪宁高速、沿江高速、京沪高铁、沪宁城铁、沪宁铁路等干线穿境而过，京杭大运河横贯东西，京杭大运河、新沟河等河道连通太湖、长江。距离常州奔牛国际机场、无锡苏南硕放国际机场分别仅30千米、45千米。

无论从主动对接“一带一路”和长江经济带、长三角区域一体化国家战略要求看，还是从实现新形势下国家级经开区转型发展目标看，常州经

开区都应该尽快成为国家级经开区，在长江经济带和长三角中找坐标、争先行，尽快打造成为实施区域发展战略的重要载体，成为苏锡常都市圈、长三角和长江经济带的产业转型升级示范区、机制创新试验区、先进制造业聚集区、绿色低碳循环经济经开区、产城融合区和生态宜居新城区，真正发挥出窗口、示范、辐射和带动作用。

（四）同一城市原则上只允许申报一家，对在已有国家级经济开发区的城市申报省级开发区升级的申请一般不予审核办理

根据国家发展改革委、科技部、原国土资源部、住房和城乡建设部、商务部、海关总署《国家级开发区四至范围公告目录（2018年版）》，国家级开发区共552家。常州市作为苏南地区重要的中心城市，目前还尚未有1家国家级经开区。

三、升格国家级经开区指标体系分析

按照国办发〔2016〕14号文件，对申请新设立或升级为国家级经开区的，应给予2年培育期，待培育期满后进行实地考察，经综合评价，其各项指标在被培育的省级经济开发区中位居前列的，启动新设或升级办理程序。《省级开发区升级为国家级经开区的审核原则和标准》的18项量化考核指标中，常州经开区2016—2018年14项指标已连续3年达标，4项指标预计近两年达标。与东部地区98个国家级经开区比较，7项指标中有4项指标达到东部地区国家级经开区中游水平，3项指标超过部分东部地区国家级经开区（见表10）。综上，常州经开区符合国务院关于对经开区发展与考核的相关意见和最新要求，完全具备升格为国家级经开区的基础和条件（以下数据根据常州经开区提供的数据资料测算）。

表10　常州经开区升级为国家级经开区的审核标准及指标

类别	名称	单位	标准	2016	2017	2018	东部
经济发展	人均地区生产总值（GDP）	万元	12	16.4	18.8	19.9	19/55
	人均工业增加值	万元	15	9	10.6	10.5	6/35
	现代服务业增加值占 GDP 比重	%	10	35.69		36.4	42/81
	年度税收收入	亿元	8		78.04	91.92	69/80
	年度进出口总额	亿美元	5	34.44	41.28	44.55	7/33
	累计实际吸收外商直接投资	亿美元	7	1.002	1.569	1.503	37/86
科技创新	高新技术产值占工业总产值比重	%	≥ 20	34.6		34	
	万人拥有专利数	个	≥ 50	40	40	49	
	科技研发（R&D）经费支出占 GDP 比重	%	1—2.5	2.79	2.86	2.81	4/26
	大专以上学历就业人口占就业总人口比重	%	10—20	43.5	45.9	45.3	
集约节约	用地符合所在城市土地利用总体规划，土地集约节约利用水平应符合相关要求，由原国土资源部按有关规定和要求进行审核			符合相关要求			
	建设用地范围和用地性质应符合所在城市总体规划，由住房和城乡建设部进行审核			符合相关要求			
	单位工业增加值能耗	吨标煤 / 万元	≤ 1（每年适当调整）			1.308	
	单位工业增加值水耗	立方米 / 万元	≤ 15（每年适当调整）	12.44	11.04		
生态环保	建设项目环评执行率	%	100	100	100	100	
	单位生产总值二氧化硫排放量	千克 / 万元	≤ 1.5（每年适当调整）	0.47	0.35		
	单位生产总值化学需氧量（COD）排放量	千克 / 万元	≤ 0.7（每年适当调整）	0.12	0.09		
	开发区污染事故发生率	%	0	0	0	0	
社会责任	社保覆盖率	%	80—100		99	100	
	亿元 GDP 安全事故死亡率	%	≤ 1	≤ 1	≤ 1	≤ 1	

注：1. 单位工业增加值水耗：2016—2017 年为市区数据。

2. 单位生产总值二氧化硫和化学需氧量排放量：2016—2017 年为市区数据。

3. 最后一列为常州经开区与东部地区国家级经开区比较：常州经开区超过参与比较的东部地区国家级经开区的个数 / 参与比较的国家级经开区数量。

（一）经济发展指标

1. 人均地区生产总值（GDP）

2016—2018 年，人均地区生产总值由 16.4 万元提高到 19.9 万元，连续 3 年高于升级国家级经开区的 12 万元标准。2018 年，人均地区生产总值超过参与比较[①] 的 55 个东部地区国家级经开区中的 19 个。

2. 人均工业增加值

2016—2018 年，人均工业增加值由 9 万元提高到 10.5 万元。2018 年，人均工业增加值虽低于 15 万元的标准，但仍超过参与比较的 35 个东部地区国家级经开区中的 6 个。

3. 现代服务业增加值占 GDP 比重

2016—2018 年，现代服务业增加值占 GDP 比重由 35.69% 提高到 36.36%，连续 3 年高于 10% 的标准。2018 年，现代服务业增加值占 GDP 比重超过参与比较的 81 个东部地区国家级经开区中的 42 个。

4. 年度税收收入

2017—2018 年，税收收入分别达 78.04 亿元和 91.92 亿元，远超 8 亿元标准，超过参与比较的 80 个东部地区国家级经开区中的 69 个。

5. 年度进出口总额

2016—2018 年，年度进出口总额分别达 34.44 亿美元、41.28 亿美元、44.55 亿美元，连续 3 年高于 5 亿美元的标准。2018 年，进出口总额超过参与比较的 33 个东部地区国家级经开区中的 7 个。

6. 累计实际吸收外商直接投资

2016—2018 年，实际吸收外商直接投资分别为 1.002 亿美元、1.569 亿美元和 1.503 亿美元。实际吸引外商直接投资虽低于标准要求的 7 亿美元，但 2018 年仍超过参与比较的 86 个东部地区国家级经开区中的 37 个。

---

① 2018 年国家级经开区综合排名前 30 位以内的 21 个东部地区国家级经开区各项指标高于常州经开区。常州经开区仅与东部地区综合排名 30 位之外的 77 个国家级经开区中可获取数据的经开区相比较。

（二）科技创新指标

1. 高新技术产值占工业总产值比重

2016—2018 年，高新技术产值占工业总产值比重由 34% 提高到 34.6%，高于 20% 的标准。

2. 万人拥有专利数

2016—2018 年，万人有效发明专利数由 40 项提高到 49 项，高于泉州台商投资区等东部地区国家级经开区。预计 2019 年，万人拥有专利数将达到 50 项的标准。

3. 科技研发（R&D）经费支出占 GDP 比重

2016—2018 年，R&D 经费支出占 GDP 比重分别为 2.79%、2.86% 和 2.81%，高于 1%—2.5% 的标准。2018 年，超过参与比较的 26 个东部地区国家级经开区中的 4 个。

4. 大专以上学历就业人口占就业总人口比重

2016—2018 年，大专以上学历就业人口占就业总人口比重由 43.5% 提高到 45.3%[①]，远高于 10%—20% 的标准。

（三）集约节约指标

1. 用地范围和性质

具有经依法审批且经“四至”范围公告目录确定的范围，用地性质符合常州市城市总体规划等相关规划要求。包括主区和发展方向区，主区是指开发区经依法审批且经“四至”范围公告目录确定的范围。依据《中国开发区审核公告目录》（2018 年版），常州经开区核准面积 500.03 公顷（核准时间 1993 年 12 月），“四至”范围为：东至剑横路，南至沪宁铁路，西至丁塘港，北至潞横路以北 100 米。发展方向区分为 3 个区块，区块一

① 按新增就业大专以上学历比重折算。

“四至”范围为：东至湾城北路，南至沪宁铁路，西至青龙港，北至龙城大道。区块二“四至”范围为：东至潞城街道行政边界和新河路，南至沪宁铁路，西至华丰路和丁塘河，北至龙锦路。区块三“四至”范围为：东至潞城街道行政边界，南至东方二路，西至五一路，北至东方东路。

2. 集约节约用地水平

土地集约利用总体水平较高，土地利用集约度综合分值 97.40 分。土地利用结构相对合理，用地结构集约度分值 95 分。土地利用程度较高，土地供应率、建成率、开发率等土地利用程度指标集约度分值均在 96 分以上。土地利用强度符合监管要求，各指标高于国家级开发区 2016 年度土地集约利用更新评价成果东部开发区均值，综合用地效益较高。初步测算，常州经开区以全市 4.13% 的土地面积实现了 8.56% 的一般公共财政预算收入、11.48% 的地区生产总值、16.61% 的规划工业产值。无有偿使用到期但未处置或尚未处置的闲置土地。土地管理绩效指标集约度分值 100 分，市场化程度较高，土地价值得到充分体现。综上，常州经开区土地集约利用水平达到国家和江苏省规定的依法、合理、集约用地标准，满足申请升格的条件。

3. 资源消耗强度水平

①单位工业增加值能耗。2018 年，单位工业增加值能耗 1.308 吨标煤 / 万元。随着去产能、产业转型升级和结构调整力度不断加大，工业能耗强度将进一步降低。

②单位工业增加值水耗。2016—2017 年，包括常州经开区在内的常州市区单位工业增加值水耗分别为 12.44 立方米 / 万元和 11.04 立方米 / 万元。随着工业节水要求提高，2018 年工业水耗强度进一步降低，低于 15 立方米 / 万元的标准。

（四）生态环境指标

1. 建设项目环评执行率

认真、有效地贯彻执行环境保护的各项法律、法规和政策，严格落实环保第一审批权和环保一票否决制度，严格把握项目入驻环境评价关，控制新污染源的产生。没有一例“先建设后环评”违规审批现象，满足标准要求。

2. 单位生产总值二氧化硫排放量

2016—2017 年，包括常州经开区在内的常州市区单位生产总值二氧化硫排放量分别为 0.47 千克 / 万元和 0.35 千克 / 万元。随着大气污染防治行动深入推进，2018 年工业二氧化硫排放强度低于 1.5 千克 / 万元的标准。

3. 单位生产总值化学需氧量（COD）排放量

2016—2017 年，包括常州经开区在内的常州市区单位生产总值化学需氧量排放量分别为 0.12 千克 / 万元和 0.09 千克 / 万元。2018 年，大力推进治太及治黑臭工程，化学需氧量排放强度低于 0.7 千克 / 万元的标准。

4. 开发区污染事故发生率

持续加强环境监管，深入推进节能减排和环境治理，严格防控环境风险，未发生大的污染事故，有力保障了人居环境安全。

（五）社会责任指标

1. 社保覆盖率

城乡基本养老保险、医疗保险覆盖率均保持在 99% 以上，新农合参合率达 99% 以上，城乡居民最低生活保障面达到 100%。

2. 亿元 GDP 安全事故死亡率

加强安全监管，强化安全生产，牢牢守住安全底线，未发生大的安全事故。

四、常州经开区区域范围和空间布局

（一）区域范围及区位

常州经开区前身是江苏省常州戚墅堰经济开发区。2015年6月，常州市撤销戚墅堰区和武进区，成立新的武进区。设立常州经开区，作为市委、市政府的派出机构，委托武进区管理，武进区将横林、遥观、横山桥三个镇和潞城、丁堰、戚墅堰三个街道委托给常州经开区管理。

常州经开区地处常州市区东部，向西、向北与天宁区雕庄街道、郑陆镇相连，向西、向南与武进区湖塘镇、礼嘉镇、洛阳镇相接，向东与无锡市区及江阴市相邻，地域面积181.3平方千米。地处常州东大门，是沪宁创新走廊与长江经济带的重要战略节点、长三角“一小时”经济圈的核心，与南京、上海等距相望。境内对外交通设施密集，沪宁高速公路和沿江高速公路交叉穿过，沪宁铁路、沪宁城际路、京沪高铁和规划沿江城际铁路通过，拥有京杭大运河和三山港两条内河航道。

（二）空间布局

结合常州城市总体规划、常州经开区发展现状及趋势，按照现代园区发展理念和产城融合发展思路，以重要交通干线和生态景观廊道为支撑，结合重大基础设施建设，促进产业平台、城镇、重大基础设施相配套，兼顾生产、生活、生态协调，统筹形成“一心引领、一轴集聚、一带提升、组团协同、多点支撑”的“一心一轴一带三组团多支点”的总体布局结构，优化空间结构，促进产业分工合作，完善城市功能，推动由产业区向新城区转变（见图2）。

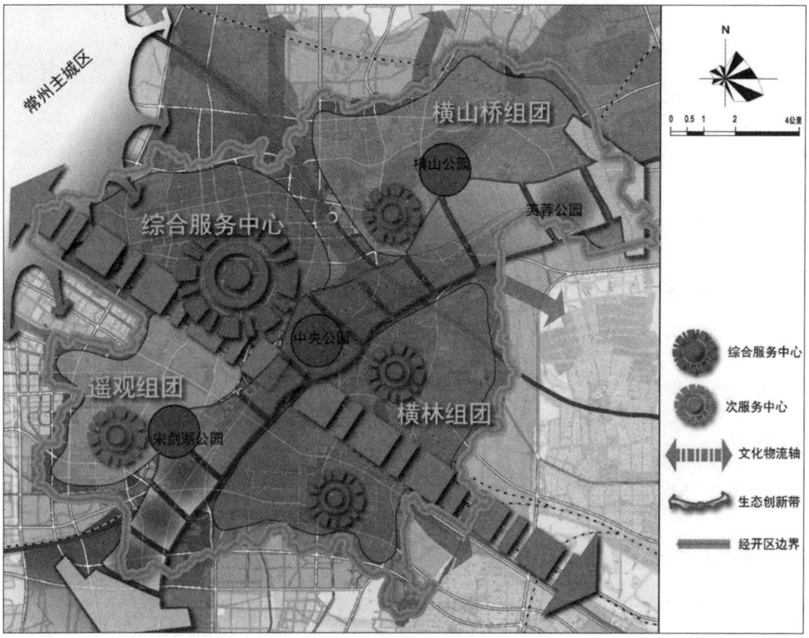

图 2　常州经开区空间布局示意图

1. 一心：加强“综合服务中心”引领服务作用

综合服务中心是以常州经开区管委会、东方东路沿线地区和城际站周边区域为核心，建设现代服务业集聚区，将其打造成服务全区的综合服务中心、常州东部城市副中心的核心载体。重点加强基础设施和市政设施配套建设，加快完善公共服务设施，高水平规划建设一批城市综合体、工业设计中心等功能载体，完善商务办公、休闲购物、政务服务等功能。着力引进一批大型企业区域总部和研发中心、功能总部，强化研发创新、科技孵化、总部经济等功能。

2. 一轴：发挥“运河文化与现代物流发展轴”集聚作用

强化沪宁走廊与常锡一体格局，构建沿沪宁城际高速铁路、京杭大运河、规划经开大道的综合服务走廊，沿轴线于西北方向加强对接常州主城区，于东南方向加强与无锡、上海的经济联系。深入挖掘运河文化资源，打造特色化运河段码头、商贸、民俗娱乐等文化群，重点发展商贸流通、现代物流、文化创意、休闲娱乐等业态，形成“运河文化与现代物流产业带”。充分发挥沪宁高铁戚墅堰站优势，促进大运河航道升级，布局建设集海关、疏运、仓储等于一体的常州运河港口现代物流园，重点培育城市物流、商品仓储等功能。

3. 一带：提升“生态与创新发展带”绿色发展能力

依托河湖水系资源，做足“水”文章，主打“生态牌”，发挥生态保护功能，谋划发展生态经济，凸显生态价值，提升城市功能、形象和品质，构建横山—宋剑湖生态绿廊，打造成为常州经开区“绿肺”。完善生态文化旅游设施和功能，重点发展文化旅游、体育休闲、观光休闲农业等绿色经济。

依托沿江城际高速铁路、沿江高速公路、三山港，吸引企业总部、商务服务、研发中心、孵化器、创客空间、众创平台等要素资源，打造常州东部以生态为先导的创新发展廊道。重点打造以横山—东方路创业服务中心、城际枢纽站总部商务中心、宋剑湖研发创新中心等核心节点，沿线布局众包研发、众创金融、总部商务等创新服务。

4. 三组团：促进遥观、横林、横山桥三个组团协同发展

按照分工协作、有效集聚、功能互补和产城融合的思路，推动各类资源整合、优化和提升，促进资源、要素、产业和项目合理配置，实现功能分区优化和职住平衡。利用沪宁高速、常合高速及山水林田湖为间隔带，形成遥观、横林、横山桥三个产城融合发展组团。

遥观组团。运河以南的遥观组团定位为高品质的产研融合空间，借助与常州科教园便捷联系的区位优势，利用宋剑湖生态景观资源，打造生产与多元研发服务相结合的产城单元。以先进轨道交通、新材料和绿色机电为产业特色，重点建设新材料产业园、绿色机电产业园。

横林组团。沪宁高速与沿江高速相交的东南部组团，主要为横林镇辖区。以绿色家居、绿色能源为产业特色，全力打造绿色家居产业园、绿色能源产业园。

横山桥组团。沪宁高速与沿江高速相交的北部组团，主要为横山桥镇辖区。积极修复、保护并充分发挥青明山、三山港等山水资源优势，引导

产业空间园区优化整合，构建生态优美的产城融合组团。以智能电力装备为产业特色，规划建设智能电力装备产业园。

5. 多点：培育特色产业园区、特色小镇、美丽乡村等多个节点支撑能力

依托特色产业园区、特色小镇及美丽乡村建设，支撑全区协调发展。对原有分散破碎化分布的产业用地进行园区化整合，保留生产经营状况好、用地效率高的龙头企业，推进落后、低效企业转型升级和用地置换。深入实施镇街产业园区体制机制改革创新，打破以行政区划为界限的传统园区发展模式，整合资源重点建设轨道交通产业园、新材料产业园、绿色机电产业园、智能电力装备产业园、绿色能源产业园、绿色家居产业园、丁堰科技园、高铁商务区八个特色园区，打造产城融合的重要载体。

五、政策措施

面对国际国内的新形势，常州经开区要坚持新发展理念，推动高质量发展，紧抓长三角区域一体化等国家战略实施的重大机遇，按照国务院关于推动开发区改革创新和转型发展、打造对外开放新高地的部署和要求，以轨道交通、智能电网、绿色家居、绿色电机等特色制造业为重点，健全完善产业链，培育和发展千亿级、百亿级特色产业集群。加快发展现代服务业，推动先进制造业和现代服务业深度融合。强化体制机制创新，加快园区管理和运营模式创新，推动经开区向集成产业、生态、制度创新功能以及部分生活服务功能的现代产业园区转型，努力建设成为有全球影响力的先进制造业基地、国家产城融合发展样板区、长三角地区开放型经济排头兵、苏南最具创新活力的体制机制改革先行区和长江经济带绿色发展示范区。

加强工作沟通，健全工作机制，明确责任分工，制定具体实施方案，协调解决具体问题，狠抓各项工作落实，形成协调推进机制，协同发展合力。进一步增强产业、科技、规划、土地、环保等部门的分工协作，进一步增强产业支撑能力和辐射带动能力，进一步增强经开区功能优势，进一步增强年度工作考评，将改革任务清单化、项目化，把常州经开区建设成为新型工业化发展的引领区、高水平营商环境的示范区、大众创业万众创新的集聚区、开放型经济和体制创新的经开区，共同开创经开区高质量发展的新局面。

（一）积极拓展投融资渠道

创新多元化投融资工具。探索开工项目实行先建后验的管理模式，开展企业投资项目承诺制试点。鼓励开发性和政策性金融机构在基础设施、公用事业、高端产业发展等方面给予经开区的中长期信贷支持。加强与投资机构、保险公司、担保机构及商业银行的合作，探索建立投保贷序时的融资安排模式。借鉴发达地区经验，探索开展知识产权贷款、信用保险和科技保险等金融创新。推进投融资体制机制改革，构建政府资产证券化、政府投资基金、政府投资公司等多元化的投融资体制和资本运作机制。制定完善社会资本参与重大项目建设运营的配套政策和监管机制，建立市级政府合作（PPP）项目推进联审机制。探索设立城市发展基金、创业创新风险投资引导专项资金，推动重点领域资产证券化。

研究设立产业投资引导基金。建立完善以“产业引导基金＋股权投资＋天使投资”等为主要内容的金融支撑体系。加快构建财政资金与金融资源、社会资本系统联动机制，成立专业机构管理、市场化方式运作的新兴产业发展政府引导基金，设立面向创新创业和成果转化的各类股权投资基金，探索构建涵盖母基金、产业基金、创投基金、公募基金等协同发展的基金群。通过子基金群带动社会资本投资，重点投向重大产业项目、战略性新兴产业、创新创业企业等，形成“重大项目带动、产业集群发展、产业基金支撑”的产融一体化发展模式。

全面拓展企业融资渠道。积极构建融资、担保、信息综合服务平台，完善金融中介服务体系，强化财政贴息、补助或奖励，允许具备条件的经开区开发运营企业依照国家、江苏省有关规定上市和发行企业债券、中期票据、短期融资券等债券产品。支持社会领域企业用股权进行质押贷款，推动社会领域企业用收益权、应收账款以及法律和行政法规规定可以质押的其他财产权利进行质押贷款。探索设立行业风险补偿金等市场化增信机制，推动金融机构扩大社会领域产业信贷规模。扩大企业直接融资规模，鼓励符合条件的企业到主板、中小板、创业板、科创板、中小企业股份转让系统等多层次资本市场上市、挂牌募集资金，支持符合条件的企业利用融资租赁、票据、债券等工具进行融资。

（二）创新运营模式

推动运营公司运行机制现代化。推进经开区运营公司与管委会实行政企分开、政资分开，加快推进运营公司建立现代企业制度、完善法人治理结构。探索政资分开的运行模式，建立经开区一级财政，设立金库。把经开区资产运营管理职能从管委会中剥离出来，建立专门的园区资产运营管理公司，负责经开区的建设、运行和服务。把经开区资产运营管理机构与一般的建筑和服务商区别开，资产运营管理机构主要负责融资和组织实施。探索混合所有制改革，支持运营公司通过上市融资、发行债券、设立产业投资基金、股权投资等方式开展资本运作，打造资本实力强、运作水平高的产业园区投资运营商。运营公司承担园区开发建设、招商引资、投资运营、专业化服务等功能，可独立或合作运营科技企业孵化器、创新工场、众创空间、加速器等创新创业载体。

创新多种模式的开发建设方式。支持以投资公司运作开发区建设。按照建立现代企业制度的要求，鼓励经开区加快设立多家投资公司，投资公司参与土地收储和土地一级开发，以市场化方式进行开发建设。鼓励以专业招商模式开发建设。在经开区内划出土地和闲置资源及厂房，全权委托给第三方进行专业化招商和开发运营项目。鼓励以股份合作模式开发建设。经开区与第三方合作成立合资股份公司，在经开区中划定共建园，由股份公司负责园区规划、投资开发、招商引资和经营管理等工作，收益按照双方股本按比例分成。

开展跨区域合作共建。支持经开区采取股份合作、委托招商、“飞地”经济和“园中园”等多种方式，开展跨区域合作共建。积极探索多样化管理模式和利益分享机制，着力推进区域间的广泛合作。加大对合作共建园区政策支持力度，推动合作共建园区快速、有序发展。有序加快推进拓园扩区，充分发挥经开区在推进苏南发展中的示范和带动作用。

（三）健全充满活力的人才支撑体系

出台力度更大的招才引智措施，打造最惠人才引进政策和区域人才高地，建设人才改革试验区，大力培育人才第一资源，为经开区高质量发展提供智力支撑。

加快引进高层次人才和团队。实施“城市合伙人”计划，重点引进一批世界顶级产业科学家、创新创业领军人才、“海归”人才和职业经理人，推动高层次人才跨越式增长。在人才培养引进、评价使用、流动配置、激励保障等方面“先试先行”，集聚引进一批新技术、新产业、新业态、新模式等新兴经济领域的高层次人才。以市级重点人才工程为依托，加快引进和培养高层次创新创业人才。大力引进“诺贝尔”奖获得者、国家最高科学技术奖获得者以及中国或发达国家院士等顶尖人才，对顶尖人才和团队的重大项目采取“一事一议”方式给予政策和资金支持。大力引进海外留学人才来经开区创新创业。

支持企业创新人才队伍建设。实施创新型企业家培养计划，加大优秀民营企业带头人、高层管理人员培养力度。鼓励企业创建国家级技能大师、市级技能专家、企业首席专家等高层次人才工作室，建设院士专家工作站。完善企业领衔专家、首席技师、特聘技师等技能带头人制度。根据企业产业领域、规模、税收贡献等综合因素，在人才评价、入户、子女入学、购房等方面，给予企业一定的自主权。聘请知名企业家、行业专家、科研学术带头人等担任招才引智大使，委托行业协会、社会团体等专业机构，开展政策宣讲、招才引智、人才交流和对接服务等活动，鼓励用人单位自主或通过猎头公司等人力资源服务机构引进高端人才。

大力拓宽招才引智渠道。通过创新创业大赛渠道发掘引进高端人才和优质项目，定期在海内外科技人才密集地举办创新创业大赛。鼓励支持柔性引才，支持企业通过开展项目合作、技术指导、联合技术攻关、协同创新等方式，引进市外专家短期来经开区工作。支持经开区企业在国（境）外设立研发中心、孵化载体等离岸创新中心，就地吸引使用人才。支持引导人才中介服务机构发展，发挥其在人才评价、人才交流、权益维护、专业培训、咨询服务等方面的作用，对运行规范、贡献较大的中介机构给予奖励补贴。

（四）大力提升招商引资质量和水平

提升精准招商引资能力，创新招商引资方式，优化招商引资工作机制，提升招商引资工作国际化、专业化、市场化水平。

提升精准高效招商能力。明确招商引资方向，按照经开区产业定位，确定招商引资重点产业方向，做好招商引资供需研究，研究制定招商引资产业指导目录，并适时优化和更新目录。坚持"招大引强"，策划包装一批总投资亿元以上的招商大项目，建立科学、规范、完备的招商项目库。加强招商引资队伍建设，强化招商引资机构设置和人员配备，选调、选聘一批具有专业背景、招商经验的人员充实到招商队伍。制定招商人员培训计划，建立常态化专业招商培训制度。健全完善招商引资容错纠错制度，鼓励招商干部探索创新，创造性开展工作。建立驻外招商联络机构，在北上广深等重点区域设立驻点招商分局（小组），聘请专业人士或中介机构作为招商代理，积极开展专业化精准招商。汇聚多元化招商力量，组建产业招商联盟和招商引资智库，建立公司化、专业化招商机构，鼓励政府购买社会招商服务。

创新招商引资方式。强化产业链招商，按照“做强优势链条、补齐短缺链条、拉长上下游链条”的思路，聚焦主攻产业，明确链化延伸和补缺方向，细化完成重点产业链招商线路图。探索资本链招商，招引扶持重点产业领域投资规模大、科技含量高、拥有核心技术的重大产业项目，与园区平台及社会资本合作设立若干产业子基金，采用市场化运作方式引进新兴产业领域的科技型、龙头型、成长型企业。推进创新链招商，大力引进国内知名的创新载体运营商和科技服务商，吸引高科技成果转化落地。突出主题招商与定点招商，选择有招商价值的地区和企业，进行集中跟踪攻关。做好环境招商，完善招商引资产业配套基础设施、环境建设和政策支持，建立招商引资一站式服务平台。加强平台载体招商，采取中介招商、委托招商、顾问招商、回归招商等多种方式，吸引本地外出客商回归本地投资。积极探索“互联网+”招商、大数据招商等新方式，通过微博、微信等新媒体平台，发布“软”“硬”广告，向外界广泛宣传本地资源、优势和政策，吸引有投资意向的客商咨询或参观考察。

健全招商引资工作机制。按照经开区产业发展规划，建立“一个重点产业、一名班子领导、一个责任部门、一套工作班子、一个实施方案”的工作机制，每个重点产业成立由主要领导或有关领导分工负责的产业招商办公室，由一个部门、单位牵头，抽选精干力量，负责重点产业招商工作的统筹协调和组织推进，编制重点产业招商指导目录，策划重点产业招商项目，统筹产业项目布局及产业政策支持。做好重点招商项目服务保障，重大产业招商项目统一配发“重大产业招商项目服务保障卡”，为重大产业招商项目开辟绿色通道，建立全程跟踪服务制度。建立完善招商服务信息系统，做好“产业电子地图”系统更新和功能拓展，形成统一的招商服务平台和投资项目在线并联审批服务平台，实现与审批服务管理系统互联共享。建立对经开区各专业化园区投资环境和招商成果评估的指标体系，委托第三方专业机构对招商引资的成效和质量进行综合评估。强化招商引资经费保障机制，设立招商引资专项经费，鼓励和吸引社会投资者积极参与投资促进工作。

（五）加强区域分工合作

按照长三角实现更高质量的一体化发展、更好引领长江经济带发展、更好服务国家发展大局的要求，积极优化常州经开区的形态和布局，在创新驱动、经济转型升级、改革开放和区域一体化发展等方面提升合作质量。进一步完善软硬件环境，按照优势互补、产业联动、市场导向、利益共享的原则，加强与周边地区合作，建立与长三角开发区协同发展联盟的交流沟通机制，推动经开区转型升级的能力建设，提高行政管理新效能，建立协调发展新机制，增强经济发展新动能，引导产业优化布局、分工协作和良性互动发展。强化区域协同发展，着力创新区域开放合作模式，积极融入全国创新和产业网络，在先进技术、高端人才、重大项目引进等方面实现新突破。

积极参与融入全国创新网络。参与全国各类科技创新信息平台建设，推进科技信息资源与其他地区的对接与共享，推动先进科技成果在经开区转化。与北京、上海全面开展科技成果信息平台对接与共享合作，积极承接高新技术成果转移转让，开展知识产权保护和技术交易合作，推进经开区与中关村开展合作。加强与长江经济带、长三角等区域在电子信息、生物医药、智能制造、新能源、节能环保、科技金融、商贸会展等重点领域的科技创新合作，推进与上海、杭州、南京等长三角地区积极开展共享经济、平台经济、智能经济等新模式的交流与合作。

加强与国内重点区域产业合作。积极融入长江三角洲区域一体化建设，促进区域产业梯度转移和协作配套。重点推动京沪以总部经济、高端服务业、高新技术产业等为主体的产业迁移落户经开区，主动融入京沪产业链、价值链分工，形成产业链配套、创新链互补、价值链共享的区域协同发展格局。建立常态化的沟通协调机制，跟踪了解国内重点园区、企业的外迁意向和合作条件，学习京沪两市产业园区管理经验，引进优秀园区管理人才，推动产业承接和转移机制的规范化和长期化。鼓励京沪高校科技园在经开区内建立园区，探索与京沪共同发展“飞地经济”，建立基数不变、增量分成的利益分配机制。密切与长江经济带、粤港澳大湾区等的经济联系。

（六）集约利用土地

加大土地开发强度。在符合规划、安全及环保要求，且不改变用途的前提下，在工业园区内原有用地上进行厂房加层改造，增加用地的容积率，不再增收土地价款。在原址扩建的工业项目所需新增工业用地，符合工业用地各项控制性指标的前提下，可按程序采取协议出让方式供地。

盘活利用存量土地。通过实施“腾笼换鸟”“退二进三”政策，积极盘活闲置、低效利用等存量土地，提高土地节约集约利用和投入产出水平。支持园区内低效用地进行整体兼并或分栋转让，用于发展新兴产业及常州市鼓励发展的生产性或高科技服务业，相关部门给予办理过户变更手续，支持优势企业优先兼并或购买。

创新土地利用模式。对新增工业用地，根据不同行业生命周期、不同类型工业项目特点及企业实际需求，实行“弹性出让、先租后让、分期供地”等灵活的土地供应政策，弹性出让年期原则上不超过 30 年，确保土地资源向用地少、产出高、效益好的项目倾斜。

（七）推动绿色低碳发展

统筹人口资源环境发展，建立健全绿色发展的政策和制度体系，促进生态修复和环境治理、绿色城市建设、绿色交通建设、产业绿色化转型，提升经开区功能品质。

构建促进绿色发展的利益导向机制，认真执行国家关于控制高耗能、高污染产业发展的税收政策，全面落实资源综合利用、节能环保、生态修复与建设、绿色科技创新等税收优惠、奖励政策。构建绿色制造体系，推进产品全生命周期绿色管理。强化节能环保标准约束，严格行业规范、准入管理和节能审查，对高耗能、高排放等行业中环保、能耗、安全等不达标或生产、使用淘汰类产品的企业和产能，要求依法依规、有序退出。积极争取中央、省级财政资金在大气、水、土壤等环境治理项目方面加大对经开区的支持力度。发挥地方财政杠杆作用，对经开区高污染企业征收额外地方环境保护税，所征税收用于大气污染和水污染的治理。完善支持绿色信贷的政策体系，健全绿色信贷统计制度，大力发展绿色信贷。完善各类绿色债券发行的相关业务指引、自律性规则，积极推动金融机构发行绿色金融债券，支持符合条件的绿色企业上市融资和再融资，引导各类机构投资者投资绿色金融产品。在环境高风险领域建立环境污染强制责任保险制度，鼓励和支持保险机构创新绿色保险产品和服务。

积极培育和发展环境权益交易市场，构建环境权益交易平台，创新有偿使用、预算管理、投融资等机制，推进排污权、碳排放权、节能量（用能权）、水权等有序交易。研究制定碳排放权交易总量设定与配额分配方案，推进碳排放权交易试点。加快实施排污许可制，建立企事业单位污染物排放总量控制制度，对经开区现有排污单位分行业逐步开展主要污染物初始排污权有偿使用。研究建立用能权交易系统、测量与核准体系，推进用能权有偿使用和交易。探索建立水权交易平台，研究制定水权交易管理办法，明确可交易水权的范围和类型、交易主体和期限、交易价格形成机制、交易平台运作规则等。

第十八章

潍坊高新区转型创新发展研究

潍坊高新区作为国家创新型科技园区、国家知识产权试点园区、国家可持续发展实验区和国家高新区创新驱动发展示范工程、中国（潍坊）创新创业孵化示范基地，经过“一次创业”和“二次创业”，目前正迈向产城融合和科技产业新城转变的“三次创业”的新征程。加快实施国家高新区创新驱动示范工程、国家战略性新兴产业知识产权集群试点、国家科技服务业区域试点，着力由硬环境见长向软环境取胜转变；由“形态开发”向“功能完善”转变；由单纯的产业功能向产城融合发展方向转变；从生产型园区经济向综合型城市经济转型；从要素集中、企业集聚的产业基地向打造具有国际竞争力和影响力的创新型产业集群跨越。必须做好“高”和“新”两篇文章，不断提升高新区创新发展水平，率先形成有利于“大众创业、万众创新”的创新创业生态和高效率的创新体系，率先形成具有竞争力的创新型产业格局，率先形成绿色协调发展的科技产业新城区，率先形成开放共享、深度融入全球产业价值链的发展平台，进一步发挥高新区的引领示范、辐射带动作用。①

---

① 费洪平：《当前我国产业转型升级的方向及路径》，《宏观经济研究》，2017 年第 2 期，第 3—8 页。

一、基础与环境

（一）发展现状

潍坊高新区成立于1991年，1992年获批国家高新区，辖区面积123平方千米。经过30多年的开发建设，潍坊高新区的产业发展规模和效益实现双提升，综合实力稳步上升。目前正在建设国家自主创新示范区、国家创新型科技园区、国家知识产权示范园区、国家可持续发展实验区和中国（潍坊）创新创业孵化示范基地，加快实施国家高新区创新驱动发展示范工程、国家战略性新兴产业知识产权集群试点、国家科技服务业区域试点，被科技部评为“国家高新区20年先进集体”，是山东省潍坊市重点打造的高新技术产业引领区。

1. 竞争优势

主导产业拥有国内外领先技术、主要产品占有较大市场份额以及已抢占转型升级先机是潍坊高新区最主要的竞争优势。

综合经济实力显著提升。2020年实现人均GDP20000美元，是全市平均的2倍以上，达到世界发达经济体的水平，对全市的引领带动作用持续增强。潍坊高新区利用全市不到1/100的土地，贡献了全市1/10的GDP、1/6的工业增加值、1/7的税收收入，亩均经济效益全市领先。2020年综合考核在全省160个开发区中居第4位、全省国家高新区中居第2位、全国169个国家高新区中居第24位，成为引领全市高新技术产业发展的“领头羊”“排头兵”。

拥有一批掌握核心技术的本土领军企业。潍坊高新区拥有一批在动力装备产业与声光电子产业掌握核心技术的本土企业。动力装备是高新区规模最大产业，2020年实现规模以上上工业总产值733.22亿元，占全区规模以上工业总产值的53.5%。在动力装备产业领域，蓝擎发动机和前置前驱 8 档自动变速器，代表着国家同行业核心技术能力和水平；龙头企业潍柴集团内燃机可靠性国家重点实验室先后通过了中国合格评定国家认可委员会（CNAS）和德国技术监督协会（TüV）认可，设备达到国际先进、国内领先水平。潍柴集团通过推进国际并购，先后收购凯傲公司、美国德马泰克，成为世界最领先的智能物流集团，拥有全球最先进的林德液压技术。拥有全国最大、国际知名电声产业集群，2020 年实现规模以上工业总产值 388.96 亿元，占全区规模以上工业总产值的 28.37%。在声光电子产业领域，行业领军企业歌尔搭建世界一流研发供应平台，在声学、无线、软件、光学、系统集成等多技术领域积累了丰富经验，处于行业领先地位，申请专利超过 10000 万项。在微型麦克风、智能穿戴设备、高压芯片集成电路设计 LED 灯管、新一代半导体照明驱动器等细分领域，具有较强竞争优势，先后荣获“国家半导体照明工程高新技术产业化基地”“国家火炬计划潍坊电声器件特色产业基地”“国家火炬计划潍坊光电特色产业基地”“山东省信息技术产业园”“山东省战略性新兴产业示范基地”等称号。

一批战略前沿领域形成先发优势。在动力装备产业领域，潍柴集团开始布局新能源动力，承担了氢燃料电池国家重大项目，已突破了一批关键核心技术。未来 5—10 年，潍柴将投资 500 亿元打造涵盖混合动力、锂电池、氢燃料电池、电机、动力总成系统、整车整机的新能源动力产业链，投建新能源驱动电机制造基地、氢燃料电池制造基地、商用车新能源动力总成系统制造基地等。在声光电子产业领域，以歌尔股份为代表的企业较早在智能家居、智能穿戴、VR、智慧城市、智慧汽车等智能物联相关产业布局，从器件到终端应用产品均有涉足。

一批重大创新载体形成创新活力。高新区已建成国家级、省级孵化器 12 个，科技企业孵化器数量在全国高新区中名列第 18 位，在省内仅次于青岛高新区。当前国家级孵化器、省级孵化器、市级孵化器在孵企业数量达到 654 家，超过全国高新区孵化器在孵企业数量平均数近 150 个，显示出强劲的创新活力。

一批主导产品占有较高市场份额。在动力装备产业领域，潍柴集团柴油机全国销量位居前十，占有近9%的市场份额，2017年名列中国企业500强第155位、中国制造业500强第60位和中国机械工业百强企业第2位。在声光电子产业领域，歌尔股份手机用微型扬声器（受话器）领域市场占有率居全球第2位，蓝牙耳机ODM业务量居国内第1位、全球第2位；浪潮华光LD激光器产量和市场占有率居国内第1位，全色域（红黄蓝绿）LED外延和芯片市场占有率居国内前列。

2. 矛盾和问题

近30年来，潍坊高新区经济社会发展成绩显著，在全省、全市引领示范作用明显，但对标世界一流高科技园区，仍存在一些问题和不足，主要表现如下：

产业集群化程度不高。主导产业独大的产业结构亟需优化，产业配套能力及上下游协同效率不高。歌尔声学、潍柴动力等龙头企业占高新区总产值一半以上，中小企业的数量与规模明显不足，企业纳税能力从100亿元级直接下降至十几亿元级，缺少接续的中间力量，企业结构呈现出明显的倒三角型。以盛瑞传动配套零部件生产为例，生产的8AT零部件60%依赖进口。企业群体发育不足，科技中小企业尚未形成铺天盖地之势。内生培育的高新技术企业数量较少，园区上市企业数量较少。2020年年底，全区拥有高新技术企业350余家，只有7家企业8支股票上市，8家新三板挂牌企业，近5年仅有1家企业主板上市。济南“独角兽企业”数量达到2家，青岛“独角兽企业”高达6家，潍坊高新区“独角兽企业”仍未实现零的突破，高成长“瞪羚企业”数量偏少，仅7家，不到全国高新区平均水平的40%，瞪羚率仅有1.27%，不到全国平均水平的一半。

创新要素资源集聚不够。高端创新资源相对不足，创新要素资源集聚整合能力偏弱，特别是高端人才严重不足，全区大专以上从业人员占比58.4%，低于北京中关村科技园近20个百分点，留学归国人员占比大大低于全国平均水平；主导产业光电产业院士级人才几乎空白。产业培育体系与创新能力不适应产业发展需求，如动力装备产业尚未搭建起集“研发—

孵化—加速—产业化”于一体的完整体系，在政策引导、企业孵化、加速膨胀方面滞后于其他产业园区；已建成的技术服务平台因缺乏开放性和共享性，对高新区汽车动力装备产业整体研发创新的支撑作用和影响不够明显。

城市服务功能不强。产业融合不足，尤其是生产性服务业发展不足，商务服务、物流集散、仓储转运等生产性服务配套保障有待发展。潍坊生物园在资本支撑、信息支撑等生产性服务业方面处于省内末位，对比上海张江生物医药基地、江苏泰州医药城等国内知名园区，差距很大。城市发展及公共服务的覆盖延伸滞后于产业发展需求，科技、教育、交通、文化、卫生、体育等配套设施建设不足。如员工规模 5000 人的福田汽车厂区，两千米范围内仅有 1 路公交车，娱乐休闲、住宿餐饮、商场购物、卫生医疗等生活服务滞后。这些严重影响和阻碍了高端人才等要素的引进。

产业发展空间不足。高新区经过多年开发建设，目前可供开发利用的土地资源十分有限，特别是主导产业发展布局的空间严重受限。汽车动力装备产业已有的配套项目不得不在区外建设，潍柴动力供应商天润曲轴入驻寒亭区建厂，福田汽车供应商北汽远东入驻坊子区建厂。光电产业园也因发展空间不足，加速器空间布局多年来始终处于饱和状态，配套厂商难以入驻，错过了许多投资项目。

3. 机遇与挑战

当前，世界经济格局深度调整，全球科技革命和产业变革加快，我国经济迈向高质量发展阶段，潍坊高新区已进入推进“三次创业”、跨入国家一流高新区行列的关键时期，既面临重大战略机遇，也存在严峻挑战。

全球新一轮科技革命和产业变革呈加速趋势，以人工智能、生命科学等为代表的颠覆性技术将全面爆发，并加速与其他行业跨界融合融通，不断催生创新型的新产业、新业态、新模式。我国经济由高速增长阶段转向高质量发展阶段，转变发展方式、转换增长动力成为区域高质量发展的迫切要求。以国内大循环为主体、国内国际双循环相互促进的新发展格局加快构建。新时期，国家高新区进入创新驱动高质量发展新阶段，承载着建设创新驱动发展示范区和高质量发展先行区的重要使命。“一带一路”倡议及山东半岛国家自主创新示范区、山东新旧动能转换、山东“一群两心三圈”区域发展格局等国家、省委大战略提速加码，为潍坊高新区产业转型升级带来历史性机遇。

当前世界经济深度调整，发达国家纷纷回归实体经济，产业转移呈现新变化。在全球政治经济格局加速重构及结构变迁的背景下，美国实施战略东移，加快重返亚太，加紧对我国进行战略围堵，全球贸易保护和技术封锁加剧，制约潍坊高新区高端产业的发展空间。京沪雄“虹吸效应”强化，对潍坊高新区集聚创新资源要素带来挑战。产业同质化与区域竞争加剧了潍坊高新区产业转型升级的压力。在高新区与潍坊市的财税管理体制上，市级财政每年拿走高新区大部分税收，导致高新区用于发展产业的财政资金严重不足，产业转型升级的财力支撑较为有限，亟需突破当前财税管理体制对高新区发展的制约。

面对新形势、新任务，潍坊高新区必须准确把握战略机遇期内涵和外部环境的深刻变化，以创建国家一流高新区、全域国际化城市示范区为目标，加快推进科技创新能力的再突破，努力在新旧动能转换中做表率、打头阵，在高新技术产业发展中树标杆、做样板，加快开启产业高质量发展新时代，打造新旧动能转换主引擎，进一步发挥引领示范、辐射带动作用，为山东新旧动能转换提供新经验和新方案。

二、基本思路

（一）指导思想

坚持以习近平新时代中国特色社会主义思想为指导，深入学习宣传贯彻党的二十大精神和习近平总书记对山东工作的重要指示要求，坚持新发展理念和高质量发展，按照国务院关于支持山东深化新旧动能转换、推动绿色低碳高质量发展的工作部署和国家高新区战略总体部署，紧抓加快形成以国内大循环为主体、国内国际双循环相互促进新发展格局的重大机遇，按照新时代国家高新区是“创新驱动发展的示范区和高质量发展的先行区”定位，抢抓全球新一轮科技革命和产业变革历史机遇，紧紧围绕打造山东新旧动能转换引领示范区、争创一流国家自主创新示范区和建设“潍坊四个城市”，坚持科技创新和制度创新双轮驱动，以创建国家一流高科技园区和打造全域国际化城市示范区为目标，以提高自主创新能力为核心，重点打造世界级产业集群，建设创新创业新生态、推进数字高新建设，建设高品质生态园区，加快推进由企业集中向产业集群转变、粗放拓展向精明增长转变、产城分离向产城融合转变、产业制造向智造转变、政策优惠向体制优势转变，实现创新功能、产业功能和城市功能的融合发展。全力打造成为全市产业升级引领区、高端新兴产业集聚区、创新驱动引领区和新旧动能转换示范区，奋力争当国家一流高新区，全面提升集聚、示范、辐射和带动能力，为潍坊全域创新发展、转型升级提供新动力，为山东半岛国家自主创新示范区建设作出新贡献，为全省新旧动能转换提供可复制、可推广的新经验。

（二）基本原则

坚持创新驱动。充分把握好山东半岛国家自主创新示范区建设的历史机遇，深入实施创新驱动发展战略，坚持把科技成果产业化作为产业升级的重要推动，深化政产学研合作，着力研发突破一批产业核心关键技术。夯实企业创新主体地位，突出引育高端人才，强化科技金融支撑，激发大众创新创业活力，提高产业创新驱动力。以创新引领产业，以创新拓展市场，充分发挥高新区在全市创新驱动中的示范引领作用。

坚持改革引领。推出一批创新性改革举措，进一步破除影响科技与经济结合、影响科技创新效能发挥的体制障碍。落实国务院、省、市关于放宽市场准入“只进一扇门”“最多跑一次”等“六个一”相关要求，深入推进削权减证、精准监管、优化服务改革，推动产学研用协同创新，加快释放创新动能。在深化科技体制改革的实质性措施上“先行先试”，进一步转变政府职能，营造服务“大众创业、万众创新”政策和制度环境。强化高新区管委会的综合服务功能和科技创新促进功能，提高管理服务效率。

坚持产城融合。加强园区产业发展与城市功能间的融合，推动形态、业态、文态、生态“四态合一”，实现产城融合发展。完善基础设施，提升科技创新、金融服务、总部经济、人才集聚配套的功能，增强产业承载能力，提升城市功能品质，建设现代化、国际化、人性化的精品宜居城区，营造产业发展的良好支撑环境，形成产业与城市互动发展、科技与文化相互渗透、生态与人居相得益彰的格局。

坚持集群化布局。着眼于整个区域产业链的完善，围绕以打造国际动力城、光电城、健康城为目标，培育、引进、延伸相关产业链条，加快中小企业发展，充分发挥中小企业在技术创新和产业配套中的关键作用，形成大企业与中小企业分工合作、协同发展的企业生态群落。完善公共技术平台、公共服务平台及中介机构等各类服务配套，实现要素集中、功能集成、产业集聚，形成专业化、特色化、规模化的创新集群，提高区域产业竞争力。

坚持开放合作。瞄准全球产业链重点领域、技术链主流方向和价值链高端环节，深度融入全球产业分工体系和创新体系，深度参与共建“一带一路”，引导企业积极开展境外投资、承揽工程、设立研发中心，全面提升经济外向度。推动对外贸易优化升级，抓好外贸综合服务平台、跨境电商等新业态、新模式提升，扩大先进技术、关键设备和零部件进口，加快发展新兴服务贸易。瞄准重点国家和地区，推动先进技术、高端人才、重大项目引进等实现新突破，打造世界级园区、产业、企业、产品和模式。深化区域合作，跨领域、跨地区统筹发展要素，深化区域协同创新和联盟协作，不断开拓创新空间，发挥引领示范与辐射带动作用。

坚持绿色发展。践行绿色发展理念，强化资源节约和环境保护，制定节能减排标准，严格控制企业能耗和污染物排放量。营造生态绿色环境，提高整体绿化覆盖率，打造绿色生态格局。发展高附加值、低污染、低能耗的绿色产业，打造绿色发展、循环利用、低碳集约的生态园区，加快构建低碳绿色发展的生产生活方式，率先实现可持续发展。

三、战略定位

按照山东新旧动能转换综合试验区、山东半岛国家自主创新示范区、国家高新区发展战略等总体部署，顺应产业高端化、智能化、绿色化、国际化发展趋势，坚持全球视野、国际标准、高点站位、高新特色，以“智造新区、国际新城”为总定位，加快构建现代化产业体系，厚植产业发展新优势，培育发展新动能，全面提升高新区在国家重大发展战略和产业竞争格局中的位势，着力打造产城融合的国际化现代科技产业新城。

（一）全国知名的创新型产业集聚新领地

潍坊高新区作为具有引领作用和影响力的创新高地，要抢抓全球科技革命和产业变革的历史机遇，集聚创新资源，积极承担国家重大专项，加强国内联系和合作，以科技创新驱动智造转型，建立一批具有国内领先水平的产业基地，培养若干个具有国际竞争力的企业和品牌。瞄准产业链价值链中高端，以全国唯一的创新型半导体发光产业集群试点、山东省物联网应用技术产业集群示范为引领，强化高新区资金、人才、信息等创新资源汇聚扩散的枢纽功能，加快布局虚拟现实、人工智能、氢燃料电池等未来产业，围绕汽车及装备制造、声光电子、生命健康、软件信息、新材料等主导产业链，全面部署创新链、服务链和资金链，大力培育创新型企业特别是创新型龙头企业，加快推动创新要素向科技型小微企业集聚，发展多种形式的协同创新，加强关键核心技术研发和重大技术集成与应用示范，探索形成创新驱动等产业发展模式，提升产业集群的创新力、影响力和可持续发展能力，培育壮大一批产值过千亿、布局结构优、规模体量大、延伸配套性好、支撑带动力强的现代产业集群，实现部分集群在创新成果及转化、研发实力等方面达到国内领军水平，带动全产业、全区域产业创新能力的整体提升，助推高新区跻身国家级高新区“第一方阵”。

（二）山东新旧动能转换综试区重要增长极

潍坊高新区作为山东新旧动能转换的重要载体，要抢抓新旧动能转换这个“牛鼻子”，以高质量发展为导向，主动担当、积极作为，在新旧动能转换中先行先试、大胆探索，加快构建促进新动能加快成长、传统动能改造提升的政策体系和制度环境，依托潍柴、歌尔、福田汽车、盛瑞、特钢等骨干企业和华滋自动化、天瑞重工等高成长性中小企业，推动钢铁、纺织、化工等传统产业在改造中提层次、强实力，向高端化、绿色化方向发展；推动汽车及装备制造、声光电子、生物医药等主导产业在升级中提质量、增效益，向智能化、服务化方向发展；推动智能硬件、海洋科技、文化创意等新兴产业快成长、上规模，实现颠覆式、爆发式增长。培育壮大一批优势产业集群，加快形成实体经济、科技创新、现代金融、人力资源协同发展的产业体系，探索优化存量资源配置和扩大优质增量供给并举的动能转换路径，争开新旧动能转换体制机制创新的试验田，成为全省新旧动能转换的重要引擎。

（三）环渤海经济圈智能制造产业新高地

潍坊高新区作为环渤海经济圈的重要节点，要将智能制造作为产业转型升级的主攻方向和“两化”融合的突破口，探索云制造、数字化车间、智能工厂等制造新模式，大力实施智能制造工程，发挥潍柴、歌尔、盛瑞等骨干引领作用，以潍柴柴油机智能制造综合试点示范、歌尔可穿戴设备智能工厂试点示范、盛瑞年产15万台新能源汽车用8档自动变速器技术改造和山东赛马力发电机组云监控智能化平台等智能制造试点示范项目为牵引，围绕动力装备、新一代信息技术、新材料、生物医药等重点领域，推进智能化、数字化技术在企业研发设计、生产制造、物流仓储、经营管理、售后服务等关键环节的深度应用，提高设计、制造、工艺、管理水平。支持龙头企业试点建设数字化车间或智能工厂加快智能制造关键技术装备的集成应用，促进制造工艺仿真优化、数字化控制、状态信息实时监测和自适应控制。引导企业发展系统集成与总承包、定制化服务、供应链管理、产品全生命周期管理、创新设计、融资租赁、服务外包、信息增值等服务型制造模式，构建新型制造体系，提高制造业附加值和竞争力，打造环渤海经济圈新兴的智能制造产业基地。

（四）山东半岛国家自主创新核心区

潍坊高新区作为山东半岛自主创新示范区的战略高地，要围绕区域科技创新和产业转型升级需求，深入推进国家高新区创新驱动发展示范工程和国家科技创新服务体系试点示范，加快国家创新型科技园区、国家知识产权示范园区、中国（潍坊）创新创业孵化示范基地等建设。深化与胶东经济圈在产业发展、科技创新、公共服务等领域合作，强化与济南、淄博等国家高新区在科技成果转化、知识产权保护与运用、人才培养引进、区域协同和开放合作创新等方面的合作。强化企业创新主体地位，支持龙头企业组建创新战略联盟，加强蓝色智谷、众创空间、制造业创新中心、工业设计创新服务平台等创新载体建设。促进科技资源优化配置和开放共享，创新产学研合作模式，立足动力装备、新材料、新能源、声学光电等优势领域，强化重大科研项目研发攻坚，增加原创性科技成果供给，大力促进创新成果转化，构建以科技创新为核心的全面创新体系，全面提升高新区自主创新能力和竞争力，努力打造成为山东半岛自主创新示范区的核心引领区。

（五）潍坊国际化现代产城融合样板区

潍坊高新区作为潍坊市主城区的核心部分，要加大全域国际化机制模式探索力度，打造全域国际化示范区和产城融合的现代化新城，为“品质城市”“文化名市”建设树起样板典范。必须坚持“产业＋城市”共融，大力推进产业发展与城市功能契合、发展空间整合，创新“以产促城、以城兴产”的发展模式。围绕全市“科技创新高地、科学发展引擎”的主体功能定位，构建激发创新活力、推广创新成果、支持业态创新的体制机制，完善“众创空间＋孵化器＋加速器＋产业园区”四位一体、涵盖“研发—孵化—加速—产业化”全过程的孵化服务链条，着力打造全市新产业新业态发展策源地。坚持以产兴城、以城促产，突出国际化导向，有序布局生产生活生态“三生”空间，完善城市基础设施和公共服务设施，培育壮大现代服务业，全面提升高新区城市能级。按照生产生活生态“三生融合”理念，进一步优化新钢、新昌片区空间布局，打造若干功能组团、特色小镇。布局建设田园综合体、郊野公园和度假农庄，高标准建设一批城市公园、口袋公园和城市雕塑。实施东三河综合整治工程。建设特色街区和“八小企业”，打造现代体验式消费商业街，推进海绵城市建设。完善城市服务功能，提高城市宜居水平，推动社会事业繁荣发展，加快推动高新区向城市综合功能区转型，打造国际化科技产业新城。

四、创新管理体制和服务体系

（一）创新管理体制

优化高新区管理体制，依法行使开发建设、经济管理、社会管理与服务等权限。深化简政放权、放管结合、优化服务等重点改革，探索灵活实用、市场化激励的人事机制，提升园区管理服务效率。

1. 推进管理机构职能转变

按照“精简、统一、高效”的原则，优化调整内部职能部门设置，消除部门职能交叉，提高工作质量和效率。坚持精简高效和服务型政府的管理理念，优化“小机构、大服务”“小政府、大社会”的管理和服务体系；坚决撤并不需要独立设置的部门和机构，实行“一栋楼办公、一站式服务”和“一个窗口对外”的集中管理模式和科学规范、便于社会监督的行政管理制度。在立法和制度安排方面，赋予国家高新区必要的经济、社会、行政等管理权限和职能，强化高新区管委会的综合服务功能和科技创新促进功能，提高管理服务效率。加强法治政府建设，全面推行综合执法，不断提高政府执行力和公信力。

推进简政放权、放管结合、优化服务三管齐下，全力建设服务型政府。实行“政务公开”“权责统一”“限时办理”等制度，使企业在高新区内得到高效、便捷、优质的服务和管理；推行“公开招聘、竞争上岗、年度测评”制度，实行“干部聘任制”和“员工聘用制”，建立岗位、能力和绩效结合的市场化薪酬制度。

2. 构建高效运营体系

深入推进潍坊高新区“一区多园”协同体制机制改革，深化园镇融合管理机制创新，构建权责一致、事权与财力相匹配的园镇之间、园区之间职能划分体系。建立重大项目评价和统筹落地联合审议机制，尝试建立管委会和各办（局）领导直接联系企业制度。推动各分园创新平台信息资源开放共享、人才跨区行政服务一体化，拓宽园区之间创新动态信息、行政办公信息互联互通渠道。加强园区之间产业用地统筹协调，切实帮助企业拓展发展空间。完善规划调控引导机制，推动园区与周边区域并线规划建设。

3. 创新开发建设模式

适应高新区作为区域经济发展主阵地的功能定位，在政府引导、政策支持的前提下，进一步发挥市场对资源配置的决定性作用。一是充分利用“管委会 + 平台公司”“园区办 + 服务公司”的组织架构，把政府职能和企业化融资运作结合起来，本着“谁投资谁受益”的原则，进一步明确高新区管委会投入边界，实现“投资—收益”“事权—财权”的匹配，完善土地开发、基础配套、产业发展、园区服务同步推进、滚动开发的建设模式。二是改变单纯依赖财政投入的园区开发建设模式，鼓励高新区通过引进社会优质资本，探索政府合作（PPP）、股权合作等多种方式，将园区、园区中的某个区域交给市场化机构整体建设运营，推动高新区开发建设上速度、上规模、上档次。三是借鉴国内外经验，积极探索实行“实体化管理、企业化运作”，逐步由管理园区向经营园区转型。支持以各种所有制企业为主体，按照国家有关规定投资建设、运营高新区。按照政府负责公共管理、企业负责开发运营的分工协作思路，采取政府产权管理、间接调控和企业经营相结合的方式，探索高新区托管办法，开辟尚未开发的园区土地，招引国内园区运营品牌企业在高新区中投资建设、运营特色产业园。

4. 加强改善社区管理服务

随着区内企业和从业人员的不断增加，高新区必须把创造优良的社区环境提到重要议事日程。要避免走“政府办社会”的老路，根据本地情况，在当地政府支持下因地制宜地建立社区服务体系。建在城区内的高新区要充分利用当地的环境、卫生、医疗、文化、教育等社区服务组织，“不求所有，但求所用”，通过区内外共建等方式提高社区服务水平。对高新区内新建区，要对社区建设进行总体规划，给予必要的投入，并在社区建设与管理中通过招标等方式引入市场机制，加快建设步伐。

（二）健全平台体系

整合高新区优质资产、资金、资源、资本，分类注入区属平台公司，赋予其更多的开发建设、管理运营权限，支持平台公司做大做强。坚持政企分开、政资分开，进一步厘清管委会与平台公司的业务关系，支持平台公司健全公司法人治理结构，规范“三会一层”的权责关系和运作机制。

紧扣产业转型升级需求，坚持以大平台招引大项目、集聚大产业，推动现有各类产业平台资源共享、融合发展，建设新型产业功能平台，支撑高新区产业加快向中高端迈进，实现高质量发展。

1. 提升产业园区承载力和竞争力

围绕打造具有国际竞争力的现代产业集群，发挥潍柴、歌尔、福田、盛瑞等龙头企业带动作用，按照特色化、差异化发展原则，实施园区能级提升专项行动，以转型升级、提质增效为重点，加强园区整合，推动优质资源要素向园区集聚，促进产业集群上规模、上特色、上水平，打造一批具有重要影响力和竞争力的品牌产业园区。优化园区发展体系，根据现有园区资源禀赋、环境容量和产业定位等，聚焦优势特色产业发展，推进园区整合升级，构建空间集约高效、功能格局互补、发展路径清晰的园区发展布局。加强园区基础设施和配套建设，强化闲置和低效工业用地处置，健全园区综合服务体系，鼓励和支持企业参与园区公共信息、公共试验、公共检测、技术创新、物流、人才培养等公共服务平台建设，提升园区服务集成化水平，增强园区综合承载能力。完善园区体制机制，推进部分功能相近、定位相似的园区适当整合，创新开发和运营模式，探索园区市场化开发、园区一体化管理、园区互联共建、园中园开发等模式，提高市场化运营水平。大力推进园区绿色转型，建立健全园区分类生态化管理机制，严格产业环境准入，加强园区环境基础设施建设和清洁生产改造，支持推行园区综合能源资源一体化解决方案，促进园区绿色发展。加强智慧园区建设，新建和提升园区信息基础设施，支持企业智慧化建设，推进园区智慧化发展。

2. 推进创新创业载体共享发展

立足产业转型升级需求，以开放共享为核心，以整合集成为主线，推进现有创新载体和公共服务平台共享发展，促进创新要素有序自由流动、创新资源高效配置。完善众创空间建设模式，促进云思六度、凤岐茶社等众创空间向投资促进型、培训辅导型、媒体延伸型、专业服务型、创客孵化型等新形式转变。健全孵化器体系，完善蓝色智谷、软件园、3D 打印技术创新中心等现有孵化载体及相关硬件设施，提升空间承载能力和服务能力，建设具有专业特色的国家级孵化器。围绕光电、软件信息、中介服务、人力资源服务等领域，打造一批专业孵化器。完善科技企业加速机制，引入专业加速器运营商，强化加速企业“一对一”定向服务。探索建立高效、可持续的科技创新资源共享机制，通过设立绩效评估“后补助”专项资金、中小科技企业“创新券”等多种方式，优化有偿使用机制，鼓励企业、科研院所打造开放实验室等创新公共服务平台，创新仪器设备共享、企业测试认证、产业化中试、委托研发等产学研服务模式，促进创新资源高效共享。

3. 加快培育新型产业功能平台

顺应技术变革和产业变革的新要求，坚持培育新平台、激发新活力，在提升发展已有产业平台的基础上，积极培育新型产业功能平台，支撑产业转型升级发展。加快相关产业创新资源整合，采取市场化运营方式，建设声光电子、汽车装备等新型产业技术研究院。坚持企业主体、政府引导、市场运作模式，推进潍坊金融小镇、VR 梦幻小镇、人文生态特色小镇等建设，打造若干个产业特色鲜明、功能集成完善、示范效应明显的特色小镇。推进新钢街道恒益生态农庄等田园综合体建设，利用“旅游 +”“生态 +”等模式，打造若干个集循环农业、创意农业、农事体验于一体的田园综合体。按照国家建设国际创新园标准，坚持产业国际化、人才国际化、公共配套服务国际化的原则，集聚国际创新资源，规划建设国际创新园。深化产业国际合作，加强与国外企业、知名大学、研究院所合作交流，建设海外孵化器、加速器、科研平台。

4. 完善服务体系

整合高新区公共服务资源，建设产业公共服务体系，强化产业服务，推动产业转型升级。

强化产业集群公共服务。围绕动力装备、声光电子、生物医药、新材料等产业集群发展需求，按照“政府引导、市场化运作，面向产业、服务企业、资源共享、注重实效”的原则，加快产业集群公共服务平台建设，强化信息查询、技术创新、质量检测、法规标准、管理咨询、创业辅导、市场开拓、人员培训、设备共享等服务，促进企业提升创新能力和核心竞争力。创新公共服务平台建设方式和发展模式，鼓励政府部门、骨干企业、院校、科研机构、中介组织、社会团体等各类主体参与建设产业公共服务平台。加强业务培训和人才培养，不断增加专业服务人员比例，提高服务人员的素质和水平，增强整体服务能力。

健全中小企业服务体系。以中小企业需求为导向，健全中小企业公共服务平台，加快构建与中小企业创业、成长和发展相适应的服务体系，优化中小企业发展环境。实施工业“瞪羚计划”，推进中小企业加快规模膨胀，着力打造一批“专精特新”“小巨人”企业和“隐形冠军”企业。优化中小企业服务资源，打造公共服务网络平台，引入国内外知名的专业化服务机构和中介组织，健全创业服务、法律服务、人才服务、管理服务、信息服务、融资服务、市场服务、技术服务等功能，围绕中小企业成长的不同阶段，提供全方位、多层次、专业化的公共服务。探索建设小微企业服务站，创新运营和服务模式，提升人才培训、创业辅导、信用担保、法律维权、技术创新、市场开拓、管理咨询等服务能力和质量。

完善科技金融服务体系。围绕争创科技金融试点园区的要求，进一步深化科技金融改革，依托科技金融园区、潍坊金融小镇、金融广场等平台建设，发挥潍坊高新区金融投资控股有限公司的积极作用，大力引进和培育各类金融机构，加快金融资源聚集，创新金融产品和服务，提高科技金融服务能力，促进金融、科技、产业三者有机结合，着力打造区域金融资源聚集区。围绕主导产业发展需求，提升壮大各类基金规模，积极引进创投机构、交易所、金融服务外包等新型金融组织和金融中介机构，构建种子期天使基金、成长期风险投资基金、成熟期产业发展基金等完整的闭环基金群，加大对高科技企业在金融资本、产业资源、商业机会和金融辅导等方面的服务支持力度。加快健全多层次资本市场，构建“线上+线下”“股权+债权”常态化融资路演机制，提高规范化企业资本市场持续融资能力。引导金融机构加强与专业园区、科技孵化器、产业技术创新联盟、技术交易中心等投融资服务平台的合作，开展贷投、贷租、贷债、贷保等多种金融工具结合、有实际推广效益、适合科技发展的金融业态组合，促进科技成果转化和新兴产业发展。

加快各类金融资源聚集。紧紧围绕金融服务实体经济本质要求，在聚集金融资源、优化金融服务、防控金融风险等方面狠下功夫。壮大金融总部经济。充分利用金融小镇、金融广场等平台资源，加快引进一批在国内具有影响力的银行总部、证券公司总部、基金总部，打造区域金融高地。提速建设潍坊金融小镇，高效运营科技金融园区，吸纳更多金融资源落户。突出抓好异地银行、保险、证券等金融机构招商，大力发展基金、互联网金融等新型金融组织，审慎发展村镇银行、融资性担保公司、小额贷款公司、民间资本管理公司等民间金融机构。

强化创新创业金融支持。积极培育引进服务“双创”的金融机构，重点支持互联网金融、私募股权投资（PE）、风险投资（VC）机构等新型金融机构在高新区集聚发展。广泛吸引国内外知名的总部型金融机构、股权投资机构、地方准金融机构、第三方金融服务机构等入驻高新区。继续分 A、B、C 三类（支持、关注和观察）对不同类别企业实施精准扶持，拓宽企业融资渠道，全方位提高金融供给能力。筛选培育更多优质企业，进入新三板、中小板、创业板以及主板上市融资，扩大资本市场直接融资规模。支持有实力的领军企业登陆资本市场，力争盛瑞传动、华丰动力在主板上市。加快融资模式创新，探索设计覆盖创新、创业及不同发展阶段企业的科技金融服务模式，完善“政府引导基金 + 产业资本 + 成功企业家导师”创新创业扶持新模式。强化盈创动力的科技金融资源聚集与企业信息汇聚“双平台”功能，打造全国性科技金融服务示范平台，承办各类投融资对接活动。创新发展创业投资、科技保险、融资租赁，降低创新创业企业的融资成本。

规范运作政府创业投资引导基金。继续与国内外知名风投机构对接，运用政府创业投资引导基金吸引各类社会资本聚集，对符合条件的优质企业进行股权投资，更好地引导企业将社会资金投向科技领域。健全完善创业投资体系，形成“以政府引导基金为杠杆、国有创业投资公司为示范、市场产业基金为主导、政府风险补偿为保障、外部市场环境建设为基础”的多层次创业投资体系，满足科技型中小企业融资需求。依托政府创业投资引导基金，加快引进各类创投、风投公司，实现产业化资本招商，在此基础上成立创投联盟，推动产融结合。引导国内外知名风险投资机构、私募投资基金向新兴产业链条聚集，向企业成长周期的两端延伸，重点支持企业发展前端的种子期、初创期、成长初期风险投资和企业成熟期的战略并购重组投资。

创新金融产品和服务。完善金融创新奖励评价机制，鼓励金融机构积极为科技成果转化和新兴产业发展提供投融资服务，引导金融机构加强与专业园区、科技孵化器、产业技术创新联盟、技术交易中心等投融资服务平台的合作，创新机制批量支持科技型企业，同时积极探索多种新型融资模式。一是投保贷模式，针对处于上市前期尚未进入上市审批阶段的中小企业，采取直贷、资本运作以及统贷的模式进行具体操作。二是信保贷模式，针对中小企业贷款信用担保难的问题，由企业向保险公司购买信用保险，保险公司对具有发展潜力的小企业提供信用保证，协助其获得银行贷款。三是债权融资模式，针对单个企业发行债券规模过小的问题，由高新区出资、专业基金公司管理，设立中小企业集合信托债权基金，利用杠杆效应撬动社会资金加入。

推动企业进入多层次资本市场。引导区内企业树立规范发展意识，鼓励企业进行规范化股份制改造，建立现代企业制度，为参与多层次资本市场打好基础。统筹区内科技、金融、企业资源，依托深圳证券交易所、齐鲁股交中心等专业投融资机构为科技型中小企业提供金融辅导和融资服务。在中证资本全国私募平台设立潍坊高新区专栏，通过证监会旗下的全国性投融资平台为科技型中小企业提供服务。统筹运用多种融资方式，努力扩大资本市场直接融资规模，不断完善企业融资结构，降低企业融资成本，满足企业多元化融资需求。通过政策扶持、主动服务、深挖资源、中介合作、科学引导等措施，积极推动企业上市挂牌。

第十九章

推进胶东经济圈产业协同发展

2020 年年初，山东省委、省政府提出构建“一群两心三圈”区域发展战略布局重大举措，省政府出台《关于加快胶东经济圈一体化发展的指导意见》，提出要加快胶东经济圈青岛、烟台、威海、潍坊、日照五市一体化发展，打造全省高质量发展强劲引擎。2021 年 8 月，山东省发改委印发《胶东经济圈“十四五”一体化发展规划》，为胶东经济圈做优做强做大、在经济圈半岛城市群高质量发展中当好先锋、在黄河流域生态保护和高质量发展中争当排头兵，明确了发展方向。说到底，实现胶东经济圈高质量发展，核心和关键是实现区域产业协同发展。

一、竞争优势与劣势

胶东经济圈是中国近代工业的发祥地，经济基础雄厚，产业门类齐全，是构建新发展格局的战略枢纽，具备成为我国经济新增长极的综合实力和发展潜力，是山东省乃至我国北方地区极具发展活力、开放程度极高的地区，是经济圈经济发展的“火车头”、对外开放的“领头雁”。胶东经济圈青岛、烟台、潍坊、威海、日照五市地区生产总值占全省比重逐年提高，由 2019 年的 42.3% 上升至 2021 年的 42.8%。胶东经济圈对全省经济增长的贡献率达到43.2%，较2019年提高了1.3个百分点；对外贸易和利用外资占全省超六成，财政收入占全省比重超四成；坐拥全国百强县9个，占全省近七成；全国百强区6个，占全省六成；“千亿区县”10个，占全省2/3。

近年来，胶东经济圈在山东半岛城市群中的龙头地位进一步增强，产业协同发展具有优势基础。一是地理区位优越。地处东部沿海地区，向东与日韩隔海相望，向西背靠黄河流域广阔腹地，向南连接长三角，向北对接京津冀，是我国对日韩开放最前沿、“一带一路”交汇的关键区域、沿黄省份和上海合作组织国家主要出海口。二是新旧动能转换和产业转型升级加快。新旧动能转换初见成效，工业体系完备，工业产值超4万亿元，服务业主营业务收入超5万亿元，汽车、轨道交通、石化、家电、机械、医药、金融等产业链达到千亿级；轨道交通装备、节能环保、生物医药、先进结构材料4个集群入选国家级战略性新兴产业集群，在新旧动能转换和产业转型方面积累了强大的技术实力和丰富的经验。三是海洋资源和科技优势明显。陆地海岸线约占全国的1/7，海洋生产总值约占全国的1/8。拥有青岛、日照、烟台3个货物吞吐量过4亿吨的大港。海洋生物、能源、矿产资源丰富。海洋科技创新能力全球领先，部级以上涉海高端研发平台占全国的1/3，涉海两院院士占全国的1/3；现代海洋渔业、海洋生物医药、海洋盐业、海洋新能源、海洋交通运输5个产业规模全国领先。四是科技力量雄厚。经济圈是国家自主创新示范区重要组成部分，人才资源丰富，创新平台富集。拥有青岛海洋科学与技术试点国家实验室、烟台核电研发中心、潍柴内燃机可靠性重点实验室等200余家国家级科技创新平台。“蓝鲸2号”钻井平台、“蛟龙号”载人潜水器等大国重器世界领先。高校院所、行业领军企业等200余家单位联合成立半岛科创联盟，已促成300余项产学研合作。其中国家重点实验室11家、国家工程（技术）研究中心74家、国家企业技术中心97家、国家级科技企业孵化器50家，公共研发平台16个。盛瑞传动8AT项目、潍柴动力“商用车动力总成关键技术及应用”等项目先后荣获国家科技进步一等奖。五是对外开放优势凸显。地处我国对日韩开放的最前沿，是“一带一路”交汇的关键区域，叠加了黄河流域生态保护和高质量发展、中国（山东圈）自由贸易试验区、中国—上合组织地方经贸合作示范区、山东圈新旧动能转换综合试验区、中韩自由贸易区地方经济合作示范区等多个重大战略。经济圈内开放载体丰富，现有 8 个国家级经开区、4 个国家级高新区、8 个海关特殊监管区。与全球交往网络发达，同全球 125 个城市建立友好合作城市关系，与 151 个城市建立经济合作伙伴关系。对外贸易利用外资占全省比超过六成。七是基础设施全面提升。拥有 300 多条全球航线、69 条海铁联运集装箱班列，建成青岛胶东国际机场。高速公路通车里程 2400 多千米，铁路运营里程 2500 多千米，初步形成高速铁路“半岛环”。新能源和可再生能源发电装机量达到 1865 万千瓦。黄水东调、引黄济青改扩建等工程相继建成。

在看到优势的同时，也要清醒地认识到，胶东经济圈还存在不少问题亟待解决：各城市间的产业结构相似系数大，产业趋同度较高，各城市间产业规划缺乏有效对接，产业同质化问题突出，产业差异化、高端化发展任重道远；新旧动能转换任务依然艰巨，资源环境约束趋紧，创新效能提升、新动能培育、实现碳达峰碳中和等压力较大；产业链供应链安全稳定亟待加强，港产城融合水平不高，海洋资源、科技、人才、港口等综合优势尚未充分转化为产业优势。需要实现资源的合理配置，优化产业空间布局，平衡各市之间的利益关系，破解城市间产业“盲目竞争”，全面提升整个区域产业竞争力。

二、发展思路与战略定位

坚持以习近平新时代中国特色社会主义思想为指导，深入学习宣传贯彻党的二十大精神，全面落实习近平总书记对山东工作的重要指示要求，立足新发展阶段，贯彻新发展理念，融入新发展格局，统筹发展和安全，以推动高质量发展为主题，以新旧动能转换为突破口，进一步挖掘胶东经济圈区位、港口、产业和开放优势，推动胶东经济圈一体化进程。构建畅通国际的互联互通大通道，积极融入新发展格局，按照打造国际海洋创新中心、中国经济新增长极、黄河流域开放门户三大战略定位，搭建协同创新平台，集聚创新要素，加大产业创新力度，建立产业协同机制，完善创新体制机制，努力构建横向错位发展、纵向分工协作的现代产业体系。打造以青岛为龙头、湾区经济为带动、临港经济为支撑的经济圈产业功能布局，积极深化区域分工，实现由产业分工向产业链分工转变；不断创新协同模式，实现由利益冲突向利益共享转变；努力完善动力机制，实现由外在推动向增强内生动力转变；加快产业公共服务平台建设，实现由简单链接到深度融合转变。构建特色鲜明、优势互补的现代化产业体系，共建产业发展共同体，形成新动能主导产业发展的新格局，促进胶东经济圈产业高质量发展。

国际海洋创新发展高地。深入实施科教兴海战略，打造胶东滨海科创大走廊，建设海洋科技海洋科技创新中心、海洋教育核心区，协同布局重大科技创新平台，开展关键核心技术攻关，集聚全球高端海洋科教要素资源，支持青岛建设全球海洋中心城市，努力在经略海洋中走在前列，在海洋强国建设中发挥示范引领作用。

国际海洋航运贸易金融中心。推进港口岸线资源统一规划，突出特色，高效开发，提升现代港口功能，加快建设世界一流港口。大力发展大宗商品交易、船舶交易、航运保险等高端航运服务，推动从装卸港向枢纽港、贸易港、金融港升级，增强海洋航运、贸易、金融全球影响力和竞争力。

新经济发展先行区。以“四新”经济为引领，构建新动能为主导的现代化产业体系，提高产业链供应链创新链竞争力，打造全国新科技与新产业引领区、世界领先的现代海洋和装备制造产业集聚区，为促进南北经济协调发展作表率、作贡献。

高水平改革开放引领区。持续推进一体化发展体制机制改革，创新区域间、城市间合作方式，构建要素有序流动的一体化发展大市场，全方位、宽领域、多层次、高水平参与国际合作，打造深化改革试验区和对外开放桥头堡。

海洋生态文明示范区。坚持开发和保护并重、污染防治和生态修复并举，巩固生态基底，建设山海湾岛林田河生命共同体，维护黄渤海生态平衡和生态安全，率先将生态优势转化为经济社会发展优势。

三、重点任务

面对国际产业分工格局调整、全球经济贸易环境变化、新一轮科技革命和产业变革加快的新形势，为适应我国经济进入高质量发展的新阶段，胶东经济圈产业协同发展必须改变以往模式和路径，推进实体经济、科技创新、现代金融与人力资源协同发展，着力突破能够有效提升国际分工地位和价值链层级的重要领域、关键环节，进一步强化创新链、延伸产业链、提升价值链、完善供应链，加快促进产业向高端化、智慧化、集群化、融合化、绿色化、国际化方向发展，加快提升产业发展能级和核心竞争力，全面推动经济圈产业转型升级。

（一）全力提升产业链现代化水平

面对西方发达国家技术封锁和贸易保护主义对全球产业链供应链构成的严重威胁，要以夯实产业基础能力为根本，以自主可控、安全高效为目标，以数字化发展为方向，以绿色低碳化发展为要求，以提高国际合作为途径，加强产业链、供应链与创新链深度融合，打好产业基础高级化、产业链现代化的攻坚战，积极培育本土企业成为价值链的“链主”，增强产业链韧性，提升产业链现代化水平。重点支持产业基础再造及各领域产业基础能力的薄弱环节，包括基础关键技术、先进基础工艺、基础核心零部件和关键基础材料等工业“四基”和人工智能、工业互联网、5G 等新型基础设施建设，支持关键核心技术、“卡脖子”技术、前沿引领技术和颠覆性技术创新，支持营销网络、品牌培育、供应链管理等制约产业转型升级的关键环节，推动先进制造业与现代服务业融合发展，促进产业迈向中高端。

推动产业链供应链融合迈向新高度。着眼于提升产业关联度，整合提升区域内优势产业，聚焦“十强”产业发展的共性需求和瓶颈制约，加快补齐关键短板，增强全产业链优势，形成特色鲜明、相对完整、安全可靠的区域产业链供应链体系。推动产业链国际延伸、供应链全球整合、价值链高端提升。要加强产业全球化布局，在全球范围布局产业链供应链不同环节，着力促成“你中有我、我中有你”的国际产业链供应链合作新格局，打造世界级产业集群，不断提升胶东经济圈产业的全球影响力、竞争力，从根本上保障产业安全。

（二）加快构建优势互补的现代化产业体系

以“十强”产业为引领，加快新旧动能转换，巩固壮大实体经济根基，推动产业高效分工、错位发展、有序竞争，构建战略性新兴产业为引领、先进制造业和现代服务业为支撑的现代化产业体系。

一是联合建设国际先进制造业基地。做强国际一流制造业集群。聚焦动力装备、轨道交通装备、工程机械装备等领域，加快建设青岛轨道交通关键装备产业园、中国北方风电母港、潍柴新百万台数字化动力产业基地、威海医疗器械和生物医药产业园等，打造世界级装备制造集群。以智能网联和新能源为主攻方向，加快建设青岛、烟台、潍坊、日照新能源汽车产业园，共建高水平汽车产业研发生产制造基地。推动炼化一体化产业发展，打造炼油—化工—化工新材料高端完整产业链，加快建设山东裕龙石化产业园、烟台万华新材料产业园，形成万亿级绿色化工产业基地。大力发展海洋特色创新药、生物技术药物等新医药产业，壮大高分子材料、高性能合金等新材料产业，超前布局核能、氢能、海洋能等新能源产业。

培育壮大海洋新兴产业，推进第七代超深水钻井平台、深海空间站、核电装备、海上光电等关键装备研发生产，打造世界领先的海洋高端装备制造基地。合力共建海洋新兴产业园区。

二是建设未来产业重要策源地。聚焦生命健康、量子信息、深海极地、空天信息、区块链等前沿领域，加强应用技术研究和技术转移转化，引导各类资本持续投入，组织实施未来产业孵化与加速计划。支持青岛建设未来产业先导区和未来产业研究院，搭建基础研究平台，引进核心技术和人才团队。建设山东测绘地理信息产业基地、烟台卫星互联网应用产业园等，丰富未来技术应用场景。共建工业互联网一体化发展先行区。

三是打造全国现代服务经济中心。加快制造服务业高质量发展，推进青岛、日照国家先进制造业与现代服务业融合发展试点建设。推动服务业业态模式创新。推进生产性服务业向专业化和价值链高端延伸，加快生活性服务业向高品质和多样化升级。大力发展总部经济，培育壮大创意经济，提升商贸物流发展水平，推进现代金融与实体经济协同发展。培育发展医养健康产业高地。加快发展现代海洋服务业。探索开展离岸金融、航运保险等金融业务，拓展涉海融资租赁品种和经营范围。共建智慧海洋大数据平台，开展环境监测、预报减灾等大数据产品研发。共塑胶东文化旅游品牌。支持青岛打造国际邮轮母港，推进烟台、威海、日照开展邮轮无目的地公海旅游试点。联合推出滨海休闲度假、海洋民俗、沙滩运动、帆船体验、海洋垂钓等海洋体验旅游产品，共同打造国际滨海旅游度假目的地。

四是建设全国现代农业引领区。实施现代种业提升工程，大力发展现代高效农业。建设现代农业产业园，构建“领军企业 + 产业集群 + 特色园区”的现代高效农业发展模式。共同打造智慧农业生态圈。

五是构建数字经济新高地。推进数字产业化。强化人工智能产业共同体引领集聚效应，成立人工智能产业联盟，支持创建国家新一代人工智能创新发展试验区。发展核心电子器件、传感器、高端通用芯片和基础软件，推动物联网技术研发应用，加快建设青岛、烟台、潍坊等物联网产业基地。打造青岛、潍坊虚拟现实产业基地及威海全球激光打印机基地，构建烟台“8K+5G+人工智能物联网”全产品生态链。推进产业数字化，加快数字赋能产业升级，建设人工智能应用与服务产业高地。支持企业“上云用数赋智”，加快发展“信创”“5G+”智慧产业。突破智能化生产线、工业机器人、视觉检测及智能化集成技术，推动制造业智能化转型。推进智慧赋能、跨界融合、线上线下互动、实体经济与虚拟经济互补发展。推动智慧城市建设与产业相结合，在惠民、兴业等领域开放智慧城市应用场景。

（三）统筹优化产业空间布局

加强省级统筹，引导胶东五市产业错位协同发展，培育形成以青岛市为龙头、湾区经济为带动、临港经济为支撑的产业功能布局。

引导产业错位发展。提升青岛产业创新发展能力，发挥烟台、潍坊等装备制造优势，高效配置区域产业资源，提高全产业链区域配套能力，形成研发在中心、制造在周边，链式配套、梯度布局的产业分工体系。依托青岛西海岸新区和青岛蓝谷，建设东部沿海重要的创新中心和海洋经济发展示范区。支持胶东五市依托重点港湾，协同发展以先进制造业、海洋新兴产业、高端服务业为重点的湾区经济，打造泛胶州湾黄海经济带和泛莱州湾渤海经济带。推动港产城融合发展，打造以航运贸易、现代金融、商务会展为特色的临港经济区。

突出地区优势特色。以青潍日、烟威同城化为突破口，促进青烟威海洋经济、青烟潍临空临港经济、青潍日循环经济产业协作带和交界地带融合发展。支持烟台提升新旧动能转换综合试验区核心城市功能，建设先进制造业强市；支持潍坊打造全国农业开放发展高地和国际动力名城，建设现代化高品质城市；支持威海打造中日韩地方合作重要支点，建设宜居、宜业、宜游的精致城市；支持日照打造先进钢铁制造基地、北方能源枢纽，建设现代生态活力港城。

创新产业合作模式。青岛作为圈内核心城市，应担负起“带头大哥”的责任，跳出原有的城市定位，以都市圈的思维和视野，提升自身城市能级，把一般要素往外疏解，辐射带动胶东经济圈发展。支持龙头企业跨市设立生产基地或产业园区，推进跨市产业协作带和毗邻区融合发展，推动各类开发区和产业集聚区政策叠加、服务体系共建。

（四）聚力打造协同创新共同体

深入实施“科教强鲁、人才兴鲁”战略，发挥山东半岛国家自主创新示范区引领作用，统筹布局重大创新平台，共同培育创新联合体，打造协同创新高地，为一体化高质量发展注入强劲源动力。

建设高端创新平台和研究基地。构建以青岛市为科技创新策源地，烟台、威海、潍坊、日照等市为支点的创新共同体。鼓励国家、省各级重点实验室围绕产业链基础和关键环节，加大对应用基础研究和产业关键共性技术研究的投入，打造全国或行业领先的高端创新平台。

共同培育创新联合体。坚持“平台化聚合 + 互联网化服务 + 市场化运营”，依托半岛科创联盟，搭建供需对接平台，推进产业链、资金链、人才链、技术链深度融合。鼓励有条件的企业联合科研院所，组建行业研究院，提供公益性共性技术服务。鼓励依托产业集群创办混合所有制产业技术研究院，服务关键共性技术研发。强化企业创新主体地位，支持领军企业牵头组建创新联合体，推动产业链上中下游、大中小企业融通创新。支持青岛建设产业协同创新基地，合力引进高水平创新资源和功能机构。

联合研发关键共性技术。瞄准深地深海、医养健康、生物育种、人工智能、集成电路等前沿领域重大科技计划，联合申报国家科技重大专项、科技创新重大项目、自然科学基金等重大科技项目。聚焦高端装备、新材料、生物医药、新能源、现代种业等重点领域，联合编制关键核心技术攻关清单，集中突破一批“卡脖子”技术。

（五）深度融入新发展格局

立足国内大市场，融入全球经济体系，以一体化发展激发经济增长新动力，以高质量供给创造市场新需求，打通生产、分配、流通、消费循环堵点，推动胶东经济圈在新发展格局中率先突破，走在前列。

“北上”“再闯关东”，谋划建设环渤海大湾区。利用胶东经济、技术、人才等比较优势和新旧动能转换的先行优势，以数字化、智能化、绿色化改造提升传统装备制造业和重化工业为重点，推动经济圈与东北地区的全方位、多层次经济技术合作，为新一轮东北振兴注入新动能，提升经济圈在国内经济大循环中的地位和作用。借助东北参与中蒙俄经济走廊建设，拓展在东北亚国际经贸合作中的发展空间。超前谋划青岛—烟台—天津—唐山—大连环渤海大湾区经济圈，以北京、雄安科技创新能力为后盾，择机推动建设环渤海大湾区新兴高科技产业带，形成比肩粤港澳大湾区和大杭州湾区的北方经济引领区和新增长极。

“南下”策划“新的经济淮海战役”，建设北方连通海上丝绸之路的前沿阵地。联合苏北、豫东、豫中、皖北，整合提升工程机械、农用机械、农产品生产加工等区域优势产业，深化产业分工协作，形成相对完整、自主可控、竞争力强的产业链供应链，优化区域产业布局。进一步加强经济圈、中原城市群和长三角城市群对接，形成联通京津冀、黄河下游和长江下游的黄淮高质量发展区，助力经济圈深入融合国内循环。拓展与21世纪海上丝绸之路沿线国家和地区的经贸往来和友好合作，推动欧亚大陆桥与西部陆海新通道无缝连接，将经济圈打造成为中国北方对接东盟的主力军。

“西进”引领黄河流域生态保护和高质量发展，推进欧亚大陆桥东西两端合作共赢。强化经济圈龙头作用，依托青太高铁、银太高铁、日兰高铁等国家综合立体交通网，加强与黄河中上游省区合作，提升黄河流域生态保护和高质量发展的能级。进一步加强与欧亚大陆桥主要节点城市合作，推进同中亚、东欧及西欧的开放合作，不断提升欧亚大陆桥东西两端开放合作水平。

“东出”持续推进中日韩地方经贸合作，深度融入区域全面经济伙伴关系协定（RCEP）实施。打造中日韩地方经贸合作示范区，充分发挥经济圈在对东北亚开放的桥头堡作用。建设 RCEP 地方经贸合作先行区。依托黄渤海港口群，继续推进与美洲国家和地区的经贸往来和交流合作。

（六）联手推动新旧动能转换

胶东经济圈土地、能耗、环境容量已接近“天花板”，周期性、体制性、结构性问题叠加，新老矛盾交织，新旧动能转换已进入“攻坚期”：旧动能出清、改造提升，需要“断臂之勇”；新动能培育、发展壮大，需要“接骨之能”。要坚定不移地把新旧动能转换作为贯彻新发展理念和推动高质量发展的“牛鼻子”，全力实施新旧动能转换重大工程，攻坚克难，砥砺前行，持续推进“腾笼换鸟、凤凰涅槃”，顶住动能转换的“阵痛”，坚决淘汰落后动能，坚决改造提升传统动能，坚决培育壮大新动能，以实体经济为着力点，以知识、技术、信息、数据等新生产要素为支撑，探索形成新旧动能转换模式，努力在转方式、调结构、增效益上发挥“领头雁”作用，加快发展新动能主导的现代化经济体系，努力建设成为山东新旧动能转换样板区。

（七）全面推动港产城深度融合发展

“以港促产、以产兴城、以城育港”，构建港产城之间互动共生的发展格局，实现“港产城”深度融合发展，是全球港口城市发展演变的普遍规律。围绕山东省“港产城”总体发展目标，统筹推动经济圈港口、产业、城市的一体化规划建设。统筹港口、产业和城市关系，科学谋划产业布局，注重港口与产业、城市发展的有机结合，不断增强港口辐射带动能力。

深化沿海港口一体化改革成果，优化经济圈港口功能布局和重点货类运输系统，促进各港合理分工、错位发展。青岛港发挥综合性强港优势，重点打造世界一流的国际集装箱干线港、国际邮轮母港、全球大宗散货接卸中转港和物流基地、全国最大的原油接卸中转港及长输基地、中国北方生活消费品分拨中心，建成东北亚国际航运枢纽中心。日照港发挥湾阔水深、铁路和管道集疏运发达、临港工业集聚优势，重点打造以能源、大宗原材料和集装箱运输为主的国际物流枢纽港，建成全国最大的大宗散货集散混配基地、全国重要的液体散货接卸中转中心。烟台港发挥辐射日韩区位优势和国际全程物流链优势，重点打造以能源、原材料、客滚、商品车运输为主，集装箱和其他货物运输为支撑的国际物流枢纽港，打造全球最大的铝土矿中转基地、中国北方重要的 LNG 等能源储运基地。威海港发挥中韩经贸桥头堡优势和东北亚港口群中心位置的区位优势，畅通国际物流大通道，重点发展日韩班轮和集装箱转运，打造东北亚海上航运中转枢纽、日韩近洋干线港和内贸中转基地港。潍坊港中港区以集装箱、散杂货、成品油及液体化工品运输为主，积极发展滚装运输；西港区积极发展海河联运。

进一步增强港口整体发展水平，构建具有国际竞争力的现代临港产业体系，提升城市服务能级，建设“港产城”互动共融新生态，突出青岛市和青岛港的城市与港口核心带动作用，充分发挥青岛、烟台、日照、威海港口体系完备、产业基础较好、城市区位优越等综合优势，着力推进临港产业升级，大力发展战略新兴产业和高端服务业，打造胶东世界级临港产业带。

（八）联合推进碳达峰碳中和

科学研判 2030 年碳峰值和碳强度，联合制定实施经济圈碳达峰碳中和行动计划，加强可再生能源应用技术研发推广，确保完成 2030 年碳强度下降任务。制定实施二氧化碳排放达峰行动方案。摸底调研各城市不同行业发展情况，因地制宜、因业制宜开展碳达峰行动，制定积极稳妥的碳达峰目标，明确时间表、路线图和施工图。支持开展空气质量达标与碳达峰“双达”试点示范，支持重点行业开展大气污染物和温室气体协同控制试点示范，推动率先碳达峰的地方和行业进一步降低碳排放，支持建设低碳城市、低碳社区试点和近零碳排放区。有序推动规模化、全链条二氧化碳捕集、利用和封存工程建设。加快碳排放权交易市场制度建设、系统建设和基础能力建设，逐步扩大市场覆盖范围，充分利用市场机制控制和减少温室气体排放。落实国家适应气候变化战略，加强气候变化风险评估与应对，推动应对气候变化工作融入生态环境管理体系。

四、加强组织实施

加强党对胶东经济圈产业协同发展的全面领导，建立健全规划实施保障机制，确保规划主要目标和任务顺利实现。

（一）加强部门协调

在省委、省政府的领导下，“五市”党委、政府强化主体责任，明确工作分工，完善工作机制，推动各项任务落地落实。省有关部门按照职责分工，加强对规划实施的指导协调，在体制创新、政策制定、项目安排等方面给予支持，将更多重大事项纳入省专项规划，争取纳入国家专项规划。省发改委会同省有关部门适时组织开展规划实施情况评估，重大问题及时向省委、省政府请示报告。

（二）加快经济圈产业协同发展专项规划编制工作

建立健全规划衔接协调机制，加快“五市”联合编制产业协同发展专项规划，并与总体规划在主要目标、发展方向、总体布局、重大政策、重大工程、风险防控等方面保持一致。细化各市（区）优先承接发展的产业目录和引导优化调整的产业目录，优化重点产业项目区域布局，选择重点突破的产业链环节，吸引培育一批企业主体，促进产业链上下游企业协作配套，构建大中小城市优势互补、协同发展的产业体系。研究出台公共服务、人才培育、投资、金融、财税等配套政策，推动形成完善的规划政策体系。

（三）完善区域协同发展机制

牢固树立“一体化”意识和“一盘棋”思想，破除行政壁垒和体制机制障碍，完善政策制定协同互商机制。健全一体化议事协调机制和日常工作制度，确保制度统一、规则一致、执行同步。围绕土地管理、财税分享、投融资、环保、公共服务等领域，建立协商推进机制。建立完善GDP分计、税收分享和企业资质互通互认等制度，实行重大行政决策联合听证、专家论证等制度，建立健全科学民主决策机制，建立市场主体协同联动机制，深化国资国企改革，加强国资运营平台跨区域合作，鼓励民营经济跨区域并购重组和参与重大基础设施建设，鼓励行业组织、商协会、产学研联盟开展多领域跨区域合作。建立跨区域产业转移、重大基础设施建设、园区合作成本分担和利益共享机制。建立区域互利共赢的税收利益分享和征管协调机制，完善区域投资、税收等利益争端处理机制。探索建立重大经济指标协调划分机制。

（四）切实加强合作机构建设

探索区域合作执行委员会机制，相关城市可让渡部分权力联合建立区域合作执行委员会，负责区域合作中的制度创新、改革事项、重大项目支持政策的具体实施。青岛市牵头建立胶东五市联席会议制度，定期召开会议，研究推进一体化发展重大事项。联席会议对省领导小组负责，每半年向省领导小组报告一次工作。胶东五市抽调工作人员组成联席会议办公室，在青岛市集中办公，承担联席会议日常工作。联席会议下设基础设施、科技创新和产业发展、对外开放、生态环保、公共服务等专班，负责研究提出并落实本领域的合作事项。各相关市要明确工作推进机构，与联席会议办公室加强协作，合力推进各项工作任务。

（五）抓好督促落实

加强规划实施的跟踪分析、综合协调，全面掌握规划实施情况和效果，适时组织开展评估，协调解决实施中存在的问题。产业协同发展工作列入绩效评估重点内容，按照时间节点及时督办、考核。完善规划实施公众参与机制，广泛听取社会各界的意见和建议，引导各类市场主体积极参与胶东经济圈产业协调发展，形成市场化、社会化推进机制和全社会共同参与的良好氛围。

第二十章

湘潭老工业城市产业转型升级研究

加快老工业城市产业转型升级，是推进经济高质量发展、提高产业竞争力的战略举措，也是促进区域协调发展、培育新经济增长点的重大任务。[①] 为贯彻落实《中共中央国务院关于全面振兴东北地区等老工业基地的若干意见》和国家有关部署，按照《关于支持老工业城市和资源型城市产业转型升级的实施意见》和《老工业城市和资源型城市产业转型升级示范区管理办法》的要求，国家发展改革委、科技部、工业和信息化部、原国土资源部、国家开发银行 2017 年联合印发了《关于支持首批老工业城市和资源型城市产业转型升级示范区建设的通知》，湖南中部（株洲、湘潭、娄底）经济区被列为首批产业转型升级示范区，并明确了下一步重点探索的示范领域。为贯彻落实这一要求，切实做好株洲—湘潭—娄底老工业城市产业转型升级示范区的工作，贯彻落实新发展理念、推动高质量发展，下面就湘潭老工业城市产业转型升级问题进行深入研究。

① 费洪平：《我国老工业基地改造的基本情况及应明确的若干问题》，《宏观经济研究》，2000 年第 5 期，第 30—46 页。

一、基础优势及问题

湘潭作为一个历史悠久、人杰地灵、闻名遐迩的老工业城市，是我国中部地区重要的老工业基地，是“一五”“二五”时期全国重点建设的23个工业城市之一，拥有湘钢、湘电、江南、江麓等中央和省属企业。国有企业数量较多，在湖南省工业地位突出，为国家经济建设和国防安全作出了重要贡献。近年来，湘潭作为长株潭一体化和长株潭国家自主创新示范区的重要组成部分、国家现代农业示范区、全国污染减排协同示范城市、新能源示范城市和国家可持续发展试验区，在产业转型升级中取得了突破性进展。2017年4月，湘潭与株洲、娄底三市联合获批首批全国老工业城市和资源型城市产业转型升级示范区。

（一）主要优势

区位优越。湘潭地处“一带一路”东向通道向西辐射的中心节点，位于长株潭金三角地区，是长江以南四大中心城市上海、广州、重庆、武汉的唯一地理中心，是长株潭城市群重要的战略节点，在株潭娄产业转型升级示范区中处于中心地带。竹埠港老工业区、湘乡城西老工业区等老工业区多布局在城市中心区域内，虽然改造搬迁难度大，但是由于地理位置优越，具有较大的转型升级空间。随着共建“一带一路”倡议、长江经济带发展等战略的纵深推进以及长株潭一体化的提速，湘潭加快崛起为全省开放发展的新高地，成为长江中游城市群的战略支点，区位优势日益凸显。

人文资源独特。湘潭人杰地灵，作为湖湘文化源头和红色文化圣地，历史名人灿若群星，拥有十分丰富而珍贵的人文景观，通过挖掘独具特色的人文优势，能够培育新的经济增长点。目前，湘潭是全国红色旅游融合发展示范区和全国红色旅游国际合作创建区。

科教资源丰厚。根据湘潭市统计局数据资料，湘潭科教综合实力位居湖南省第2位，目前拥有大中专院校17所，在校大学生超过14万人，科技人员总数超过11万人，全市专业技术人员占规模以上工业企业从业人员的比例达13.9%，产业技术工人规模居全省前列。专利授权量一直位居湖南省前列，部分高校和重点企业拥有一批国内甚至国际领先的技术。

交通运输便捷。近年来湘潭交通基础设施不断完善，内部网络化和外部通达性显著提高。境内现有京港澳、沪昆、韶山、长潭西、潭衡西、长湘、长韶娄高速公路，G107、G320国道，S208、S209、S311、S312、S313省道及数十条县乡公路；有铁路169千米，包括京广高铁、沪昆高铁、京广铁路、湘黔铁路、韶山铁路、洛湛铁路及厂矿专属铁路35条；通航河流有湘江、涟水、涓水，航道里程共计260千米，其中等级航道69千米。

生态环境优美。湘潭山清水秀、环境优美，拥有丰富的山、水、林等生态资源。通过退耕还林、长江防护林、林业生态示范、城市绿荫行动等重点工程建设，生态体系逐步完善，森林固碳、放氧、水土保持等生态效益明显。目前已经成为国家园林城市和国家及“两型”社会建设综合配套改革实验区。

平台载体齐全。湘潭拥有2个国家级开发区、1个综合保税区和5个省级园区，先后获批国家现代农业示范区、长株潭国家自主创新示范区、全国首家红色旅游融合发展示范区，在农业、工业、服务业领域均拥有国家级重大战略平台。2016年，湘潭与长沙、株洲共同获批“中国制造2025”试点示范城市群、长株潭国家自主创新示范区，参照执行中关村国家自主创新示范区的优惠政策，在用地、财税金融、高新技术产业发展、创新创业服务体系等多个方面获得国家层面的支持。这为加快转型发展提供了大平台，为湘潭老工业城市产业转型升级带来了新的机遇。

（二）矛盾和问题

产业结构性矛盾突出。湘潭服务业占比偏低，工业内部重化特征仍然明显，产业抗风险能力较弱，加上当前面临“传统产业动能不足、新兴产业带动不足”的两难困境，在经济深度转型调整的大背景下，结构性矛盾越来越凸显，现有的产业结构与当前和未来需求明显不相适应。一是产业结构不合理。服务业发展相对滞后，2021 年服务业增加值占 GDP 的比重仅为 41.7%，低于全省和全国平均水平。服务业内部结构层次偏低，主要以商贸、餐饮等传统服务业为主，金融保险、信息服务、现代物流等新兴服务业还有待进一步提速。工业中重工业占比偏高，重工业增加值占规模以上工业比重超过 70%，工业重型化特征明显。工业发展仍较粗放，优势产业主要集中在原材料工业上，主导产品仍以初级加工和中间产品为主，带动性强、适应市场需求和消费结构升级的精深加工、高技术含量产品与最终消费品比重较低。二是产业链条短、集群化水平不高。全市具有比较优势的产业带动效应较弱，特别是大型企业多处于产业链上游，产业集群效应不强，关联度不高，抗风险能力较弱。

体制机制问题依然存在。湘潭作为老工业基地，国有经济比重偏高，民营经济活力不足以及企业办社会和厂办大集体等体制机制问题突出。同时，老工业区的搬迁改造需要投入大量的人力、物力资源，需要协调各方的利益关系，这些因素都不同程度地制约着产业转型升级。

资源环境制约明显。虽然生态基础良好，但随着工业化、城镇化进程加快，能源需求呈刚性增长，持续推进节能减排面临较大压力，能源消耗过大，单位 GDP 能耗明显偏高，远远高于全国、全省平均水平，在湖南省内仅低于娄底。长期的重化工生产，企业排出的废水、废气、废渣，特别是重金属污染离子对湘江、土壤和地下水造成了严重污染，生态环境问题较为严重，适合规模开发的土地资源减少，工业化、城镇化发展已挤占大量农林用地，人地矛盾锐化。

城市改造搬迁升级难度大。湘潭老工矿区如竹埠港老工业区、湘锰独立工矿区、谭家山采煤沉陷区、湘乡城西老工业区、湘乡棋梓独立工矿区、湘乡壶天镇采煤沉陷区等多布局在城市中心区域。由于老城区配套设施陈旧、城中村和棚户区改造面积较大、市域交通网络支撑不够等历史原因，这些老工业区改造搬迁难度大，制约着城市品质的提升。

地区竞争加剧。随着高铁、高速路、机场等交通设施建设，邻近的长沙和株洲获得了更便捷的对外交通途径，在相似的产业结构基础上，成为湘潭强势的竞争对手。长沙、株洲、娄底的发展势头依然强劲，湘南作为承接东部产业转移示范区，正在加速发展。湘潭作为湖南省面积最小、人口倒数第三、中心城区面积倒数第一的地级市，转型发展将面临更加激烈的竞争。

二、基本经验

近年来，湘潭在产业转型升级方面开展了大量富有成效的工作，与全国同类城市相比，基础条件好、工作力度大、改革创新举措实、示范作用明显，特别在推进老工业区搬迁改造、加快工业污染治理、提升装备制造业核心竞争力等方面取得了突破性进展，积累了一些经验和做法，对全国同类城市产业转型升级具有重要的指导意义。

（一）坚持规划先行，为老工业城市转型指明了方向

为加快推动老工业城市转型升级，湘潭相继编制完成了《"十三五"新型工业化发展规划》《湘潭市"十三五"园区发展规划》《湘潭市"十三五"军民结合产业发展规划》等各类专项规划，明确传统产业升级、生态环境建设、城市服务功能完善的目标和重点。为进一步推进制造业转型升级，湘潭印发了《湘潭市智造谷三年行动计划》《湘潭市制造强市五年行动计划（2017—2021年）》《湘潭市智能化改造三年行动计划（2017—2019年）》等行动方案，这些方案的出台为湘潭以智能制造为主攻方向，实现湘潭制造业由大到强的转变指明了方向。

（二）坚持信息化与工业化深度融合，全力打造中部“智造谷”

湘潭大力促进信息化与工业化深度融合，推动传统产业向高端化、高新化转型，着力构建“智能技术 + 智能装备 + 智能服务”产业创新生态系统，并通过现代信息技术与制造业融合、制造业与服务业的融合提升，推动产业融合和科技交叉创新，全面引导传统制造业的转型升级。近年来，湘潭重点发展了新能源装备、海工装备、先进矿山装备和工业机器人等四大特色优势智能制造产业。目前，智能装备制造产业产值规模达到千亿级，湘潭成为名副其实的中部“智造谷”。

（三）坚持“优二进三”，大力提升城市品位和功能

湘潭对第二产业不断进行优化升级，“十二五”期间重点实施了“3+3”工业发展战略，即培育壮大先进装备、新能源、电子信息三大战略性新兴产业，改造提升精品钢材及深加工、汽车及零部件、食品三大传统优势产业，“十三五”规划中优化调整为“1+4”产业战略，即一个重大支柱产业（智能装备制造业）和四大重点产业（汽车及零部件、食品医药、新一代信息技术、新材料），第二产业逐步优化升级。第三产业也成为发展重点，以商贸物流和文化旅游为重点的现代服务业快速发展。伴随第三产业的快速发展，老工业区的市政基础设施、老旧小区以及学校医院等公共服务设施都得以完善，城市品位和功能大幅度提升。湘潭经济技术开发区和湘潭高新技术开发区等新城快速崛起，城市功能更加完善，生态环境更加优美，逐步成为湘潭城市的新名片。

（四）坚持生态修复，大力提升城市宜居水平

湘潭市政府先后实施湘江保护与治理省政府“一号重点工程”和“三个基本”（基本关停污染企业、基本拆除城区烟囱、基本解决城区污水直

排湘江）行动，严格控制污染排放。对竹埠港地区受重金属污染影响严重、需要搬迁的分散居民进行集中安置，对企业搬迁后遗留的污染场址及其周边重污染土地进行有计划的无害化处理或修复，对竹埠港湘江沿岸堆积的数百万吨的含重金属废渣，采取综合利用、无害化处理等技术措施实现安全处置。通过实施竹埠港片区重金属治理生态修复项目，根本上解决了该区域长期以来的化工污染问题，区域生态效益极为显著，有效保障了湘江流域中下游地区居民饮用水安全。

（五）坚持军民融合，大力培育特色产业体系

一方面，湘潭充分利用本地军工企业与民用企业的军品制造优势，紧抓军民融合发展上升为国家战略的机遇，大力推进“军转民”与“民参军”的融合进程。另一方面，湘潭十分注重军民融合产业的研发创新。目前，湘潭军民融合产业企业拥有自主知识产权的技术达 300 多项，省级企业技术中心和工程技术研究中心 17 家，总数排名全省第 2 位，许多企业在国内高校建有学生创业实习基地。军民融合特色产业体系的形成，为湘潭产业转型升级提供了源源不断的动力。

（六）坚持深化改革，强化产业转型升级的内生动力

湘潭多轮清理行政审批事项，及时出台《关于全面深化改革的实施意见》，有序推进了 10 大类 59 项重点改革。行政体制改革加快推进，顺利组建了市政务服务中心和市公共资源交易中心，取消和下放了一大批行政审批事项；国资、国企、商事制度改革取得重大进展，市属国企改制全面完成，驻潭央企省企分离办社会职能工作积极推进，全面实行了“先照后证”工商登记前置审批制度，“三证合一”登记制度正式实施。行政管理体制的不断改革为产业转型升级提供了强大的内在支撑动力。

三、总体思路

（一）指导思想

坚持以习近平新时代中国特色社会主义思想为指导，深入学习宣传贯彻党的二十大精神，坚持贯彻新发展理念，按照高质量发展和现代化经济体系建设的新要求，积极融入新发展格局，积极参与共建“一带一路”和长江经济带建设，围绕湘潭城市功能定位和产业发展战略，全力推进供给侧结构性改革，以构建产业新体系、培育转型新引擎、健全发展新体制、建设示范新园区为目标，以发展智能制造装备、全力打造“智造谷”和“军工城”为重点，以提高经济发展质量和效益为中心，以产业转型升级、城市功能提升、产城融合发展为突破口，依托承接产业转移和产业合作，推进制造业与服务业融合发展、工业化和信息化融合发展。加快传统优势产业改造，培育以新技术、新产业、新模式、新业态为主要特征的高新技术产业和服务业，积极探索符合本地实际、独具特色的产业转型升级路径和模式，推动产业比较优势向竞争优势转变，加快促进产业向高端化、信息化、集群化、融合化、绿色化、国际化方向发展，进一步拓展延伸产业链、提升价值链、完善供应链，加快构建现代化产业体系，再创产城融合、军民融合新优势，积极打造湘潭产业转型升级版，不断提升老工业城市发展活力、内生动力和整体竞争力，加快建设成为全国老工业城市产业转型升级示范市，全面提升湘潭产业核心竞争力，努力在株潭娄示范区产业转型升级中发挥更大的作用。

（二）基本原则

湘潭市老工业城市转型升级是一项全局性、综合性、战略性的工作，要立足当前、面向未来，统筹兼顾，正确处理局部与整体、产业与科技创新、产业与社会发展、产业发展与资源环境保护、产业与城市发展之间的关系，按照高质量发展的要求，实现经济增长从以投资为主向投资和消费协同拉动转变，产业结构从以工业为主向先进制造业和现代服务业双轮驱动转变，开放格局从“小进小出”向“大进大出”“优进优出”转变。切实把握国际国内产业发展新潮流和分工格局变化新趋势，顺应产业演进规律，切合本地实际，着眼转型跨越，应坚持以下原则。

1. 坚持创新发展

实施创新驱动发展战略，要把提升自主创新能力作为老工业城市转型升级的核心推动力。加快培育创新主体，集聚创新资源，打造创新平台，优化创新环境。依托湘潭科教资源优势和长株潭两型试验区、自主创新示范区和湘江新区等国家级创新平台，加快建设中部崛起“智造谷”，主动对接“制造强国”“互联网 +”战略，打造新引擎，增强产业技术基础创新能力，加大高新技术和先进适用技术的研发和应用推广力度，加大技术改造和技术研发投入，发挥信息化在转型升级中的支撑和引领作用，大力推进以智能制造为核心的两化深度融合，加快发展以新一代信息技术、人工智能技术为支撑的“互联网 + 制造”产业发展模式和新业态。积极开展智能制造试点示范，打造数字化车间、数字化工厂，提升制造装备和产品智能化水平，提高产业融合水平和智能化水平。大力推动军民融合，积极推动装备制造、有色、钢铁等传统优势产业改造升级，加快高端装备、通用航空、新材料、新一代信息技术等新兴产业发展步伐。围绕先进制造业、现代农业、现代服务业等重点领域，加强产业共性关键技术攻关，加强高起点上的引进消化吸收再创新，加强核心技术、知名品牌、自主知识产权建设。加大人才培养引进力度，建设创新型人才队伍，充分发挥企业家在产业转型升级中的示范引领作用。

2. 坚持深化改革开放

围绕全面创新改革试验率先突破，要在体制机制创新上先行先试、率先改革、率先探索，力求有所突破，为产业转型升级提供强大体制动力支撑。要坚持问题导向，突出重点，持续推进重点领域、关键环节改革，进一步转变政府职能，协同推进简政放权、放管结合、优化服务，提高办事效率，使市场在资源配置中起决定性作用和更好发挥政府作用，加快形成有利于产业转型升级的体制机制。完善老工业城市创新创业条件，鼓励先行先试，依托城区老工业区或其搬迁改造承接地，发挥试点示范工程作用。深入推进老工业城市全面创新改革试验工作，持续开展军民融合创新发展，加快构建全要素、多领域、高效益的军民深度融合发展格局，打造国家级军民融合创新示范基地。要进一步扩大对外开放，积极融入共建“一带一路”倡议、长江经济带发展等重大战略和湖南省“一带一部”、长株潭一体化发展战略，以新的视角综合运用国际国内两个市场、两种资源，广泛开展经贸技术合作，大力引进战略投资者，积极承接产业转移，积极推进国际产能合作，加快“走出去”步伐，构建更高层次、更宽领域、更高水平的对外开放格局。

3. 坚持区域协同发展

按照“区域集中、产业集聚、开发集约、能量集合”的要求，优化配置区域各类要素资源，强化分工协作，优势互补和区块联动，形成各具特色、功能互补、布局合理的区域产业协作体系。搞好与毗邻城市产业分工协作及协同发展，加强与长沙等中心城市的产业合作、创新合作，要与长沙、株洲、娄底等地区避争求合、错位发展，遵循趋同下的“互补发展”和“错位发展”，形成“异质同构”的差别化竞争，避免低水平产业同构中的市场争夺。构建“两谷一区多园”的产业布局，打造中部崛起“动力谷 + 智造谷 + 协作区”，形成与长沙“麓谷”协同发展的产业新格局。依照人口资源环境相协调、经济社会生态效益相统一的原则，调整空间结构，促进生产空间集约高效、生活空间宜居适度、生态空间山清水秀。加快实施主体功能区战略，突破行政区划限制，调整产业空间布局，优化资源配置，促进生产要素集聚，将优化产业布局与集约利用土地、水和各类资源结合起来，加强产业园区规划布局，完善基础设施与公共服务平台建设，主动承接国内外产业转移，增强产业配套能力，促进产业向园区集聚。要着眼长远、统一规划，既要符合城市总体规划建设规划的要求，又要搞好与交通建设规划、土地利用规划、环境保护规划以及其他相关规划相衔接，实现多规合一。

4. 坚持产城共融

积极推动产城融合，全力建设宜居宜业城市，增强城市承载功能，打造产业转型升级新载体，实现城市转型与产业升级互促互进、有效融合。加大城市设施建设和更新改造力度，有序推进老厂区、旧街区、棚户区改造，增强城市新区产业支撑。合理规划并加快建设新型商业街区、城市综合体，优化城市空间布局，推动新旧城区错位互补发展，突出老工业城市特色和风貌塑造，提升城市整体品位和服务功能，提高城市综合承载和辐射能力，加快构建产城融合发展的产业体系，引导产业和城市同步融合发展，打造高品质国际化现代产业新城。

5. 坚持集群化建设

按照“大项目—产业链—产业基地—产业集群”的发展路径，统一整合资源，依托大企业、大集团、大项目，以各类产业园区、产业基地和项目组团建设为载体，引导产业布局向特定优势区域集聚，引导生产要素向优势企业集聚，推进产业集中，促进产业集聚，打造产业集群，深化产业链上下游互补关系以及企业横向合作互动关系，形成完整的产业链，实现产业链专业化集聚、上下游配套和高端化发展，将“小产品”做成大产业，变传统产品优势为产业集群优势，发挥产业链的协同效应。培育和引进龙头企业及上下游配套企业，力争在若干细分产业领域形成具有规模效应和市场影响力的产业集群，推动产业集聚向产业集群转型升级，推动产业集群向高端化、高质化、高新化方向发展，整合打造出创新能力强、关联度大、带动力强、辐射面广、集约化高的优势产业集群。

6. 坚持绿色低碳发展

以“双碳”目标为牵引，树立尊重自然、顺应自然、保护自然的生态文明理念，切实把绿色低碳发展融入产业转型升级的各个环节和全过程。以“两型”社会建设为着力点，强化资源环境倒逼机制，大力发展循环经济和清洁生产，推进节能减排，淘汰落后产能，推动资源利用向节约集约、绿色低碳、环境友好转变，实现有限资源能源价值放大倍增，增强可持续发展能力。坚持“生态保护红线、环境质量底线、资源利用上线”和环境准入负面清单的环境管理要求，强化环境容量控制，突出绿色低碳发展，推行企业循环式生产、产业循环式组合、园区循环式改造，建设绿色工厂，发展绿色园区，打造绿色供应链，实现老工业基地绿色振兴。积极稳妥推进钢铁、有色、化工、建材等行业绿色改造，加快传统制造业绿色转型，建设一批循环经济试点示范项目，推动形成共生互动的循环产业项目，加快把产业园区建成生态产业园区、循环经济示范园，努力实现资源可循环利用、环境可循环净化。大力推广清洁生产、节能技术，深入开展清洁生产示范试点和绿色企业创建工作。坚持开发与保护并重、保护优先，大力发展节能、节地、节水的新产业，不断提高土地、能源、水等重要资源利用效率，实现经济与社会、人与环境的和谐发展。

（三）发展目标

综合判断国内外发展环境和未来发展大势，经过努力，逐步建立起支撑产业转型升级的内生动力机制、平台支撑体系，构建特色鲜明的现代产业集群。

到 2025 年，形成高科技、高质量、高增值、低能耗、低物耗、低排放的先进制造业、战略性新兴产业、现代服务业协同转型发展格局，城区老工业区搬迁改造和资源枯竭、产业衰退地区转型发展任务基本完成，老工业城市发展活力和公共服务水平显著提高，实现全面转型，成为全省经济发展的重要增长点，真正发挥老工业城市转型升级的示范引领作用（见表 11）。

表11　湘潭市老工业城市产业转型升级目标测算

类别	指标	单位	2016	2020	2025
总量规模	地区生产总值	亿元	1703	2620	4000
	地方公共一般收入	亿元	174	267	400
	人均 GDP	万元	6	9	12
产业结构	第三产业比重	%	36.9	40	45
	非公经济占比	%	68.1	72	80
	上市公司数	家	4	10	20
	高新技术产业增加值占 GDP 比重	%	31.5	36	40
	百亿元企业数	家	1	3	5
自主创新	R&D 经费支出占 GDP 比重	%	1.83	3	3.5
	全员劳动生产率	万元 / 人	8.8	12	15
	高技术企业总数	家	—	150	300
	每万人发明专利拥有量	件	4.72	8	12
绿色发展	万元 GDP 能耗下降	%	—	17	25
	万元 GDP 二氧化碳排放下降	%	—	18	25
	空气质量达标天数比例	%	78	80	82

四、加快构建现代化产业体系

深化供给侧结构性改革，全面推进经济结构优化升级，大力推进产业向高端化、信息化、集群化、融合化、生态化、国际化发展，推动战略性新兴产业和传统制造业并驾齐驱、现代服务业和传统服务业相互促进，拓展延伸产业链、提升价值链、完善供应链，实现信息化和工业化深度融合、产城融合、军民融合，推动产业发展质量变革、效率变革、动力变革，将先进电传动及风电装备产业链、先进装备制造产业链等 4 条产业链打造成为在国内具有竞争力的国家级产业集群；将新能源和汽车制造产业链、高端医疗器械及生物医药产业链、生态绿色食品和槟榔产业链、绿色建材和装配式建筑产业链等 4 条产业链打造成为省内有影响力的产业集群；大力培育壮大新一代信息技术及“5G+”大数据应用产业链、人工智能及传感器产业链 2 条产业链；进一步融入长株潭一体化发展，加快推进省级新兴优势产业配套产业链建设，打造湘潭产业转型升级版。

（一）突出发展智能制造产业

建设智能制造产业创新示范区。以市场需求为导向，依托现有产业基础和优势，促进新一代信息技术、人工智能技术与关联产业渗透融合，培育发展增材制造、个性化定制、网络化协同、仿真模拟等智能制造产业，推动智慧能源、数字医疗、智能交通等领域创新发展，加大智能汽车、机器人等智能终端产品产业化力度。加强与国内其他智能制造优势地区产业合作，以“智能技术、智能装备、智能生产、智能服务”推进工业化与信息化融合发展。以泰富重装、吉利汽车、威胜电气、湘钢、江麓、江南、江滨等企业为重点，实施智能化管理、智能化服务等试点示范及应用推广，推动建设智能示范企业（车间），推动智能制造核心技术装备和核心制造工艺的集成应用，大力发展服务型智能制造，推动智能制造产业“走出去”，高水平、高起点、高标准建设智能制造产业创新示范区。

攻关突破工业机器人关键技术。重点引进在机器人本体、精密减速器、控制器等机器人核心部件上掌握关键技术的企业或团队。重点研发具有深度感知、智慧决策、自动执行功能的机器人，在新型传感器、工业控制、伺服电机及驱动器、减速器等领域进行攻关突破。围绕机器换人、过程控制、智能生产线建设，重点实施江南工业数字工厂、江冶机电资源化技术装备远程管理平台、宏大真空产品智能监控远程服务平台、迅达智能制造中心等项目。

积极推动海洋工程装备“走出去”。加强与长江经济带地区的产业合作，积极引进重大海工装备项目，强化对泰富重装的产业配套支持，完善海工装备产业链，建设海工装备零部件生产基地。对接国家“海洋强国”战略和共建“一带一路”倡议，支持泰富重装等海工装备企业走出去，拓宽海工装备海外销售和生产布局。以湘潭经开区为载体，以泰富重装为龙头，重点发展智能海上过驳平台、智能深海作业机器人、智能深海探测装备、智能港口成套装备、智能散料运输装备、船舶电力推进系统、5–8MW 智能直驱海上风电机组等产品，大幅提升海工装备关键智能部件、装备和系统自主化能力。支持泰富二期引入智能化生产技术，推动打造智能工厂。

完善新能源装备产业链。围绕风电装备和光伏两个重点领域，重点支持湘电、湘电风能、海诺电梯、铁姆肯、世优电气等龙头企业，面向海上风力发电机，完善产业链条。依托兴业太阳能、威胜电气开展太阳能利用技术的研发，重点研发新一代太阳能光伏设备，形成成套制造设备的能力。支持发展生物质能及核电配套产业，推进智能化综采设备、风机主轴承和风机控制软件等核心领域的突破发展。

推动先进工程矿山装备智能化改造。围绕智能装备、柔性加工单元、加工生产线、装配生产线、试验检测等生产智能化应用，重点实施江麓机电箱体智能制造单元、智能加工生产线，恒欣实业智能化生产线，高翔重工智能化改造项目。以湘潭高新区为载体，依托湘潭电机、平安电气等骨干企业，重点发展大型电动轮自卸车、大型散料运输装备、智能风机、牵引电机、矿山电机车无人驾驶技术、大型电动轮自卸车、大型冶金轧制成套设备等，着力打造矿山提升运输装备、矿山安全装备、矿山挖掘设备、矿物加工设备四大产业链。

（二）大力培育特色新兴产业

以湘江沿江、京广铁路和湘黔铁路沿线为重点，以湘潭国家高新区、经开区为主要载体，加强产业统筹布局和分工协作，主动承接资金、技术、人才和产业转移，以吉利、江南众泰、桑顿新能源、湘潭电化等大型企业为骨干，加强产业配套，提高重大关键技术攻关、重大技术产业化能力，加快科技成果转化，培育壮大一批精益集约、开放创新、特色明显的产业集群，打造全国有影响力的新型工业化基地。

集聚发展汽车及零部件产业。突出以吉利、江南众泰和恒润高科等核心企业为重点的整车带动战略，着力打造自主品牌汽车整车出口基地。积极对接和大力支持吉利，推动建设吉利汽车南方区域总部，大力引进丰田、通用等汽车整车生产企业，丰富产品结构，引进新平台，进一步扩大生产规模。支持吉利汽车、江南汽车、恒润高科等新能源汽车的研发、推广应用，支持桑顿新能源、湘电莱特、银河新能源等动力电池、高效驱动电机的技术创新及产业化，大力引进国内外新能源汽车整车和核心零部件生产企业。加快发展核心零部件企业，打造湖南汽车零部件产业基地。鼓励屹丰、江滨、湘潭地通、威斯特等零部件生产企业为长株潭现有整车企业配套，推进舍弗勒汽车零部件及精密轴、新能源电池产业园等项目建设。

推动新材料产业创新发展。以湘潭高新区为载体，重点打造精品钢材及深加工产业园。依托桑顿新能源、湘潭电化，打造先进储能电池材料产业基地。重点发展改性海泡石等产品，突破海泡石提纯和改性等技术。强化政策导向，加强与军工单位的对接，建立利益共享机制，促进智能材料联合研发、产品试用，联合申报国家科技部、工信部相关重大工程项目。

壮大新一代信息技术产业。瞄准移动互联网、智能终端整机制造、电子元器件、汽车电子、装备电子五大领域，重点发展智能终端、4G 通信终端、车载系统、网络电视、手机电视等消费类产品。加快传统企业应用电子商务，积极推进湘潭高新区电子商务产业基地等电子商务重点项目。

（三）改造提升传统优势产业

发挥湘钢、湘电等龙头企业带动作用，积极推动钢铁、装备制造、有色金属等产业改造升级。加强与长沙、株洲等地区先进企业战略合作，鼓励企业跨区域兼并重组，推动资本、技术和市场嫁接，发挥新技术、新产业、新业态对传统产业改造升级能力，鼓励传统产业企业找准自身定位，发挥自身优势，延伸产业链，加快对新产品的研发、生产和销售，提高产业核心竞争能力。

改造升级钢铁行业。推动湘钢"城企融合"转型升级，深化供给侧改革，聚焦钢铁主航道，优化布局，打造世界一流的钢材综合服务商。支持湘钢等钢铁企业实施绿色生产改造提升工程，加大余热回收利用强度，推动焦炉节能改造，提高污水处理水平。支持湘钢建设汽车零部件用钢生产基地，加快建设现代钢铁物流综合服务平台。鼓励湘钢实施减量提质工程，推动智能钢铁工厂建设，更新高效率发电设备，升级优质特种合金钢铁棒生产线，推进高强度级别钢材研发及产业链延伸。推动融入长株潭产业体系，瞄准轨道交通、汽车、工程机械、矿山装备等主要钢材需求领域，鼓励发展海洋钻井平台用钢、船舶用钢、桥梁用钢、特种工程用钢、专用管线、钢丝制品、紧固件、汽车用材等钢材深加工产业。

提高装备制造行业创新能力。支持湘电、江麓等装备制造企业重点建设国家级企业技术中心等国家级公共服务平台，提升企业创新能力。以高新技术企业、技术创新企业、湖南省军民融合装备技术创新中心为依托，加强与海军工程大学、北京理工大学等科研院所深度合作，推动组建股权多元化军工企业，突破国防特种产品关键技术。鼓励开展创新设计示范，全面推广应用以绿色、智能、协同为特征的先进设计技术。大力推广"互联网+装备制造"模式，加大装备制造企业信息化建设支持力度，推动产品研发、制造、管理数字化，促进生产方式转型。

推动有色金属行业提质增效。支持湘铜、湖南有色环保建材等重点有色企业重组整合，鼓励产业链条延伸，推动有色产业集约化、高端化发展。鼓励有色金属企业围绕资源科学勘探、资源集约开采、资源综合回收、资源清洁生产、资源深度加工、资源循环利用等产业环节，通过生产工艺、工序和管理手段改进，降低企业成本和提高企业效益。以轻质、高强、大规格、耐高温、耐腐蚀、低成本为方向，积极推动发展有色金属精深加工和新型合金材料。

（四）积极发展现代服务业

深化服务业体制机制改革，推动生产性服务业向专业化和高端化延伸，生活性服务业向精细化和高品质转变，加快构建先进制造业与现代服务业双向驱动的现代服务业发展体系。

建设中部地区重要的商贸物流基地。依托湘潭综保区、荷塘现代综合物流园、湖南一力物流公路港、湘乡神龙万里行综合物流园等重点园区，顺应长株潭一体化趋势，构建区域内一流的商贸物流体系，对接长江经济带和长江中游城市群战略，打造中部地区重要的商贸物流基地。加快中国（中部）岳塘国际商贸城一期、二期建设，建设完善市场交易区、物流区、加工区、电子商务区、会展区等。加速湘潭综合保税区建设，引导支持物流企业设立跨国采购中心、进口分拨中心、出口集运中心，重点建设保税物流区和保税出口加工贸易区。以省级商贸物流示范区湘潭市岳塘经济开发区为依托，打造金阳农产品商贸物流中心，建设涵盖水果蔬菜、粮油干货、生鲜水产、糖酒副食、农产品深加工与仓储配送在内的农产品交易与物流专业市场（基地）集群。推动大型连锁企业开拓农村市场，强化配送中心和乡镇级商贸中心建设，推动长株潭城际配送、城市配送和农村配送的有效衔接，建立健全以城带乡、城乡互动、便捷畅通的供应链。

创建全国知名生态旅游休闲度假区。发挥沪昆高铁旅游带和湘江旅游带区位优势，以全国红色旅游融合发展示范区、全国红色旅游国际合作创建区建设为载体，构建以韶山、昭山、水府庙景区为核心的湘潭特色旅游圈，发展红色旅游、生态观光、休闲度假、水上娱乐、绿道自驾等多样化旅游产品。在仰昭山天湖以南，以热带海滨风情为主题，推动建设集人造沙滩、水游乐设施、度假木屋、室内温泉、特色餐饮等多功能于一体的复合型水上乐园，通过市场宣传和推广、完善旅游交通设施建设，加快市场培育力度，后期逐步引导向成熟、全新的水上综合艺术品阶段转变。以昭山镇为核心，通过加快生态景观和休闲设施建设，推动帐篷区、森林探险区、垂钓区、球类运动区、活水泳池、滑草区、户外拓展区、木屋区等建设，打造集露营、露天烧烤、湘潭特色美食、卡拉 OK 等于一体的汽车营地。以国家 5A 级旅游景区毛主席故居为中心，依托韶山特有的山水景色，整合韶山市旅游资源，积极打造集红色教育、生态观光旅游、特色旅游产品商业、美食娱乐于一体的红色生态旅游社区。借助毛主席故居红色旅游吸引力，发挥政府资金对社会资本的撬动作用，加快引进专业建设、管理和经营团队，修建游客集散中心、主席故居游览拍摄区、山水美景游览拍摄区、革命故事生态游览拍摄区、怀旧纪念浏览拍摄区，推动建设红色影视城。以水府庙景区开发产业联盟为依托，与长沙、娄底等周边地区在水府庙景区联合开发、旅游线路设计、旅游宣传等方面展开深度合作，促进水府庙景区旅游发展。培育和推广体育赛车文化旅游产业，推动打造汽车文化产业园和 F2 国际赛车文化产业园，创建全国知名赛车体育文化旅游聚集区，以长株潭 F2 国际赛道和汽车文化主题乐园为载体，打造赛车 + 旅游文化平台，实现现代服务业和旅游业转型升级。

打造生态健康养老胜地。发挥青山绿水、绿色食品、中国湘莲之乡等优势，推动健康养老与生态观光、休闲度假、医疗旅游、中医保健等领域融合互动，打造全国知名的大健康产业基地。鼓励民间资本和外资进入健康养老领域，发展特色化健康服务产业集群。以昭山示范区为依托，鼓励民间资本和外资进入健康养老领域，推进恒大健康医联体、国寿嘉园、北大未名国际民族医学园、康昕瑞医学中心、惠景生殖与遗传专科医院等签约落地，促进健康产业展示馆开馆营业，推进湖南健康产业园核心区建设，鼓励发展特色化健康服务产业集群。

充分利用旧城改造发展现代服务业。有序推进老厂区、旧街区、棚户区改造，合理规划并加快建设新型商业街区、城市综合体，提升城市总体服务功能。优先支持服务业项目和集聚区建设，重点发展设计咨询、科技信息、商务服务、现代会展等生产性服务业和养老健康、文化体育等生活性服务业。注重工业遗产资源的保护和合理利用，支持利用老厂区、老厂房、老设施发展文化创意、工业旅游等产业，加快工业遗址项目保护和建设，形成具有历史意义和地域特色的工业文化传承体系。

（五）大力提升现代特色农业

加快发展休闲观光农业。提升完善盘龙现代农业示范园核心景区，加快建成高标准的种植、养殖基地，推动建设加工仓储、物流、配送中心。以创建“美丽、生态、宜居”村为目标，积极引进国内外高水平团队，对村庄进行总体规划设计及指导，通过村庄规划、文化艺术景观建设、居民改造、生态保护、农耕文化修复、特殊传统产业和民俗文化弘扬等，吸引长株潭周边地区游客，大力发展农家乐和景观小品等，推动昭山美丽乡村示范建设。

培育一批知名农产品品牌。依托骨干企业，重点发展以现代农业为支撑的肉禽副产品深加工、湘莲深加工、粮油加工、大米深加工、茶油深加工等食品加工产业，向精细化、小包装化、高附加值方向发展。推进农业与文化、科技、生态、旅游的深度融合，发展农产品精深加工，做大做强绿色食品工业，推进农村一二三产业融合发展。大力发展无公害农产品、绿色和有机食品，支持农产品申报地理标志和注册商标，鼓励农业企业申报和推介绿色环保产品和原产地标记，培育一批知名农产品品牌。

第二十一章

青岛蓝谷海洋经济示范区转型发展研究

为深入贯彻落实习近平总书记视察山东、视察青岛蓝谷重要指示精神和党的二十大作出关于“发展海洋经济，保护海洋生态环境，加快建设海洋强国”的重大决策部署，青岛蓝谷要充分发挥海洋科学与技术试点国家实验室等重大创新平台支撑引领作用，抢占全球海洋科技制高点；以国家深海基地等为依托，建设全国深远海战略保障基地；大力发展海工装备、海洋生物医药、海洋文化旅游等优势产业，高水平规划建设海洋经济发展示范区。无论从对接共建“一带一路”倡议和海洋强国战略看，还是从推动新形势下海洋科技创新与高质量发展要求看，青岛蓝谷肩负着参与“建设国内领先的海洋经济发展示范区”的责任和使命，应努力加快打造成为国家海洋经济发展示范区。

一、优势基础与问题

青岛蓝谷核心区位于崂山北麓、黄海之滨、鳌山湾畔，包括即墨区鳌山卫街道和温泉街道，总规划面积443平方千米，其中陆域面积218平方千米，海域面积225平方千米。该区域海洋资源丰富，区位优势突出，海洋科教实力富集，产业基础较好，体制机制灵活，在全国海洋经济发展中具有重要地位，已列入全国海洋科研示范区，是山东首批区域创新中心建设试点区。

（一）主要成效

1. 综合经济实力明显增强

经过多年发展，青岛蓝谷综合经济实力显著增强。根据青岛市统计局和青岛蓝谷提供的数据资料测算，2012—2020 年，青岛蓝谷地区生产总值由 44.8 亿元增长到 95.6 亿元；公共财政预算收入由 4.4 亿元增长到 16.8 亿元；海洋经济生产总值由 4.3 亿元增长到 35.4 亿元；高技术企业数量由 1 个增加到 42 个，科技型企业达到 500 多家。在海洋科技创新、海洋新材料、海洋生物医药、海洋工程装备等持续发展的同时，以文化旅游为主的现代服务业快速发展。

2. 海洋科技研发能力全国领先

青岛蓝谷具有强大的海洋科技创新能力，海洋科研水平在全国领先并在多个领域具有国际竞争力，是全球海洋科技创新和发展的重要策源地，拥有全国唯一、世界第七的海洋试点国家实验室，全国唯一、世界第五的深海技术支撑基地国家深海基地，是我国第一个从事可燃实验模拟研究的实验室。山东大学、北京航空航天大学、西北工业大学等 24 所高等院校在这里设立校区或研究（生）院，国家海洋设备质检中心、海洋水下设备试验与检测技术国家工程实验室等 70 余个国家、省、市级科技创新平台在这里落户，初步形成海洋科技及产业生态圈。核心圈层由 22 个国家级海洋科研平台构成，中间圈层是 22 所高等院校设立的海洋科研领域的校区、研究院和创新园，外围圈层是已落户的 280 余家各类科技型企业，以及不断积聚的众多高端海洋创新创业项目。中国科学院海洋大科学研究中心获批筹建，国家深海基地初步形成“三龙”系列深海运载装备体系。国家海洋技术转移中心正式运营，与中科院知识产权运营管理中心开展战略合作，科技成果转化服务机构发展到 20 多家。

3. 海洋科技孵化载体建设成效显著

随着各类海洋科技创新资源的集聚，青岛蓝谷海洋科技孵化加速发展，孵化器、众创空间等科技孵化载体建设有序推进。青岛蓝谷打造国家海洋技术转移中心，聚集22个“国字号”研究机构。总投资36亿元的超算中心落户，国家深海基地成为深海产业孵化桥头堡，“海燕号”滑翔机创下潜深度世界纪录，大洋钻探船大科学装置获国家立项。深远海科考船队实现24条大型科考船和“蛟龙号”载人潜水器等船时（潜次）共享。截至2019年6月底，青岛蓝谷获资质认定的各类创新平台累计达到58家。青岛蓝谷创业中心被认定为青岛市标杆孵化器，组建“海洋+”专业创客空间10家，其中海创众创空间入选国家级众创空间，贝壳创客入选省级众创空间。科学计算与系统仿真平台等5个国家级公共研发平台陆续建成启用。孵化培育科技型中小企业数量达到234家，青岛罗博飞水下机器人等科技型企业投入运营。

4. 交通等基础设施不断改善

随着青岛蓝谷开发建设力度加大，区内交通等基础设施建设不断完善。蓝谷核心区与青岛市区的地铁投入运行，使蓝谷与市区的通勤时间缩短为半小时，进一步促进了蓝谷与青岛交通运输体系衔接。智慧城市、海绵城市和地下综合管廊建设全面展开，市政道路、管网等配套基础设施逐步完善。地铁11号线正式运行，新建市政道路10千米。滨海公园二期基本完工，柴岛路沿线等重点区域环境治理成效明显。涉及13个村庄的10个新型社区建设稳步实施，新民一期、荆疃社区完成回迁。一批学校、医院等基本公共服务平台，以及专家公寓、人才公寓等安居工程相继建成并投入使用。商业娱乐、休闲健身等配套设施日益完善，城市基础设施和公共服务配套能力明显提升，有利于青岛蓝谷产城融合加快发展。

5. 体制机制改革取得新进展

青岛蓝谷成立以来，在体制机制、融资模式、发展模式等方面不断创新。一是创新行政管理体制机制。机构法定化改革和职员化改革稳步推进，建立了青岛蓝谷理事会决策、管理局执行、监事会监督的体制机制，为全市机构法定化和职员制改革进行了先行先试。二是创新融资方式。设立青岛蓝谷金融超市，引进保险、担保、资本管理、证券、中介服务等战略合作机构，打造一站式金融服务平台。青岛蓝谷科技金融服务中心正式挂牌，与12家科技金融机构签署战略合作协议。依托天津大学青岛海洋工程研究院与社会资金共同设立总规模2000万元的青岛市海洋工程与技术智库联合基金。三是创新功能区与行政区一体发展新模式。青岛蓝谷与即墨区在人员配备、财政收支管理、督查考核、产业示范园建设等实行联动。

6. 开放合作步伐加快

近年来，青岛蓝谷科技合作重大平台相继建成，对外合作交流不断深入，国际影响力不断增强。青岛海洋科学与技术试点国家实验室面向全球布局三个海外研究中心，构建全球协同创新网络，并与美国伍兹霍尔海洋研究所等世界海洋强所建立长期合作关系；阿斯图国际技术转移中心获批国家级国际科技合作基地。主办2016年“气候变化及其可预报性研究项目”开放科学大会、2016全球海洋院所领导人论坛，发布“未来海洋青岛共识”宣言书。山东大学青岛校区与德国、美国、英国等世界知名高校和研究机构开展合作办学和科研攻关。青岛蓝谷连续两届举办中俄工科联盟年会，连续两年成功举办中国青岛海洋国际高峰论坛，创建了中国青岛国际海洋科技展览会等品牌，进一步凝聚人气，推动交流，深化合作。

（二）竞争优势

1. 海洋科教资源雄厚

高端海洋科技资源与涉海高端人才聚集是青岛蓝谷的两大鲜明特点，在全国最具优势。累计落户“国字号”科研机构和高等院校近50家，汇集院士、国家“万人计划”专家、“泰山”系列人才等各类高端人才6000余名。青岛蓝谷拥有青岛海洋科学与技术试点国家实验室、国家深海基地、国家海洋设备质检中心、国家海洋局第一海洋研究所蓝谷研究院、原国土资源部青岛海洋地质研究所、国家水下文化遗产保护北海基地、国家海洋局北海分局预警监测基地、国家海洋技术（青岛）中心等以及山东大学、天津大学、武汉理工大学、四川大学等全国知名高校、科研院所、国家级科研平台，形成高端科研平台竞相聚集、创新活力涌动迸发的海洋科研教育高地。

2. 区位优越

青岛蓝谷地处中日韩自贸区中心位置，位于山东半岛东端，也是环黄渤海的中心，是山东省蓝色经济发展战略的重要支撑区域。蓝谷紧邻青岛市中心，距离青岛流亭机场 30 千米，距离青岛火车北站 40 千米，可依托滨海大道、济青高速、青龙高速、青威高速、蓝谷城际铁路、机场高速、港口码头等多条陆海通道沟通与国内外沟通联系，对内面向山东半岛城市群、黄河流域、京津冀都市圈、长三角地区，对外与韩国、日本隔海相望，辐射带动范围广阔，区位条件独特，战略地位十分重要。

3. 生态和海洋资源禀赋良好

蓝谷依山傍海，风景秀丽，气候宜人，环境优美，山、海、湾、岛等自然资源组合优势突出，森林覆盖率达到 50% 以上，人均绿地面积超过 20 平方米。鳌山湾、小岛湾等 8 处海湾共计海岸线长 32 千米，海水水质良好，是青岛最优、最美的滨海岸线之一，具有发展海洋经济的良好生态环境基础。区内拥有滩涂、海岛、岸线、渔类、近海及海岸湿地等多种海洋资源，形成了多元化的陆海自然资源组合特点，为青岛蓝谷发展海洋经济、实施陆海统筹提供了良好的自然资源保障。

4. 文化旅游资源丰富

青岛蓝谷拥有独特的海洋文化资源，温泉街道拥有国内唯一的海水溴盐温泉，区内有渔家宴、农家宴等特色海洋饮食文化，有鹤山、天柱山等道教文化，王吉墓群、丁戈庄遗址和东京山神应殿等历史文化，还有马山文化旅游山会和天井山庙会等民俗文化节庆活动，具有发展文化旅游的资源优势。

（三）问题及挑战

1. 开发模式制约着新城的快速发展

青岛蓝谷目前采取建设开发资金内部平衡的管理运作模式，由于教育科研用地比例高、前期出让土地较多等因素，造成当前的土地出让收入不足以支撑基础设施巨额投入，对产业发展带来不利影响。同时，政府资源为一些孵化、创业服务载体的项目建设提供了有力支撑，但在转入运行和运营期后退出不及时，充当市场参与者，这可能会影响相关服务市场的正常发育。

2. 海洋科技成果转化率低且外流严重

青岛蓝谷海洋科技产业发展与其优越的科研资源、平台条件极不相称，海洋科技力量配置不合理，企业与大学、科研院所的合作研发成果较少，中介服务机构缺乏市场化管理与服务机制，科研资源、成果转移与青岛蓝谷规划的海洋产业链接较少，海洋科研成果本地转化率不高，甚至还存在高端人才乃至重点学科流失现象。青岛蓝谷“国字号”科研机构主要为国家战略及可持续发展服务，基础性研究项目具有长期性、公益性，一些研发成果难以实现产业化，进入中试及规模生产阶段时达不到预期效果。虽然海洋科技人才力量强大，但分属国家、省市等不同部委管辖，“产学研资介用”之间人才断链，缺乏综合集成。

3. 基础设施有待完善

青岛蓝谷与高速路、流亭机场以及青岛市区的交通快速通达还不够便捷。居住、生活、通勤、医疗、教育等生活配套设施建设滞后于创新创业载体建设，影响创新人才及机构的导入，在一些载体中已出现签约但不迁入的情况。水电气暖基础设施仍显不足，尤其是污水管网等基础设施，一些关键点位尚未连通，影响项目投产运营。

4. 产城融合尚需加强

青岛蓝谷整体产业发展还处于起步阶段，产业基础薄弱，无法支撑青岛蓝谷城市功能发挥。城市化水平偏低，城市服务功能不健全，消费、休闲、居住等各类服务设施供给水平与产业发展要求不适应。如何提升产城融合水平是青岛蓝谷发展必须要尽快解决的问题。

二、战略定位

面向未来，青岛蓝谷建设海洋经济示范区应坚持“科技立谷、创新强谷、体制活谷、产业兴谷、生态建谷”的原则，坚持新发展理念，深入实施海洋强国战略，按照“世界蓝谷”目标定位，坚持陆海统筹和高质量发展，以新旧动能转换重大工程为统领，加快海洋科技成果孵化和产业化，突出创客空间、孵化器建设，完善科技成果转化的公共服务平台，提高创新型企业培育能力，以发展海洋高端技术和产业为核心，聚焦新技术、新产业、新业态、新模式，培育一批具有核心竞争力的优势海洋产业集群，构建现代化海洋产业体系，建设海洋新兴产业引领区，建设国家海洋经济发展示范区和国家海洋科学城核心区，努力在发展海洋经济和海洋科技上走在全国前列，当好海洋强国、海洋强省建设的生力军，在山东新旧动能转换中发挥海洋科技产业的主引擎作用。

（一）全球知名的海洋科技创新高地

青岛蓝谷作为国内知名的海洋科技创新高地和海洋战略性新兴产业创新发展策源地，有基础、有条件、有能力建设成为“世界蓝谷”，进一步突出科技创新驱动，突出青岛海洋科学与技术试点国家实验室的龙头引领作用，整合涉海高校、科研机构和科考平台等创新资源，积极参与国际大科学计划，开展协同攻关，争取国家重大科技基础设施落户蓝谷，建设世界一流的国家海洋重大科技基础设施集群，打造成为“青岛骄傲、中国推崇、世界瞩目”的世界著名海洋科技新城。完善海洋科技创新平台，面向全球集聚一流的海洋科研院所、高等院校和科技领军人才，强化与海洋科技大国科研院所交流合作，引进和培育具有国际水平的研发机构和海洋科技领军人才团队，不断在海洋科学领域获得原创性新知识、新理论、新方法，为海洋产业发展提供新技术、新工艺、新材料、新产品设计等科技创新成果。

（二）共建“一带一路”重要海洋合作平台

青岛蓝谷位于太平洋西海岸中心地带，北接东北亚，南连东南亚，隔海相望美洲，具有融入共建“一带一路”得天独厚的优势条件。围绕21世纪海上丝绸之路建设，面向全球拓展海洋发展的战略空间，主动联通远海、深海、大洋和两极，多种渠道、多种平台、多种方式推进开放合作。加强在海洋科技研发、海洋产业发展、海洋开发保护、海洋人文交流等方面的开放合作，实施具有示范性、带动性的合作项目，在全球整合海洋创新链、布局海洋产业链、提升海洋价值链，提高海洋经济国际化水平。

（三）国家海洋高新技术产业开发示范区

青岛蓝谷优势在海洋科技，潜力在产业发展，关键在于科技成果转移转化。青岛蓝谷要打造成为海洋科技创新高地和海洋经济引领区，必须依托涉海高校院所和领军企业，构建全国领先的海洋技术转移转化服务体系，完善“创新链、孵化链、产业链、服务链”布局，探索市场汇聚、市场配置、载体承接、载体扩散的转移转化路径，实现“源头供给—转化服务—产业培育”协同发展，进一步释放作为海洋科技创新高地的增长辐射作用，逐步建成国家海洋产业科技服务的北方辐射中枢，打造成为国家海洋科技成果转移转化集聚示范区和国家高新技术产业开发区。

（四）国家智慧海洋战略重要支撑地

智慧海洋是信息与物理融合的海洋智能化技术革命，是经略海洋的“神经系统”和我国海洋强国建设实施的重要抓手。青岛海洋科学与技术试点国家实验室正围绕“透明海洋”开展相关工作，智慧海洋建设已有基础。青岛蓝谷要以海洋综合感知网、海洋信息通信网、海洋大数据云平台等信息基础设施建设为主体，将新一代信息技术与海洋环境、装备和活动深度结合，逐步实现海洋信息透彻感知、通信泛在随行、超算互联互通、数据充分共享、应用服务智能，搭建智慧海洋服务支撑体系和应用示范体系，系统性构建智慧海洋完整产业链，打造全球领先的智慧海洋示范基地和具有国际影响力的海洋信息智能化应用服务群。

（五）山东省海洋经济新动能发展领航地

基于海洋科研机构、创新资源、产业化空间等优势，青岛蓝谷在海洋强省建设中发挥着不可替代的核心作用。青岛是我国海洋科技资源最为雄厚的城市，蓝谷是我国唯一以海洋为特色的高科技研发及高技术产业集聚区。青岛蓝谷要提升在重大海洋科技创新、海洋战略性新兴产业发展等方面的引领辐射作用，打造海洋强省建设主引擎。同时，通过青岛蓝谷海洋新动能发展领航地建设，形成能够整合资源、集聚产业、协同布局的海洋经济增长中心，实现山东沿海城市间的海洋产业协同发展，对山东海洋产业转型升级、实现高质量发展起到示范引领作用。

（六）青岛海洋产城融合发展示范区

新时代青岛发展战略为蓝谷赋予了更加重大的责任，也提出了更高的要求。建设国际海洋名城关键要靠海洋产业，产业兴则蓝谷兴，要把发展壮大海洋产业作为蓝谷建设的重点。环境宜居、功能完善的城市片区是青岛蓝谷发展的主定位之一，实现科教产城深度融合是青岛蓝谷发展的核心议题。青岛蓝谷要将产业发展、城市建设和生态保护有机融合，按照以产聚人、以产兴城、产城结合的要求，既要夯实城市发展建设的产业载体，也要提供适宜创新创业发展的城市功能和空间载体，打造成为具有海洋特色的产城融合发展示范区。

三、发展方向与重点

坚持世界眼光、国际标准，按照新发展理念和高质量发展的要求，发挥青岛蓝谷海洋科技资源富集优势，完善海洋产业链体系，培育高端品牌，加快引进培育海洋科技研发服务、海工装备、生物医药、海洋新材料、高端滨海旅游、健康养生等海洋经济相关的高技术产业和现代服务业，推动海洋产业智能化、绿色化、集约化发展，努力将青岛蓝谷建设成为国际一流的海洋科技研发服务高地、国家重要的海洋新兴产业集聚区和国际一流的滨海服务业强区。

（一）做强做优有竞争力的海洋科技服务业

突出青岛蓝谷科技引擎地位，围绕建设国际一流的海洋科技研发中心，继续加快山东大学青岛校区、青岛海洋科学与技术试点国家实验室、设备质检中心等重点项目建设，大力引进海洋科研机构，推动涉海科研机构、大院大所、社会化新型研发机构集聚，开展海洋科学探索、涉海基础研究和应用技术研究，提升海洋基础性、前瞻性和关键性技术创新与研发能力，提高我国海洋自主创新能力，完善科技与资本深度结合、多元化投资并存的创新生态系统，不断提升青岛蓝谷科技研发和现代服务业的辐射力、影响力，使青岛蓝谷成为山东省海洋科技研发中心、我国北方海洋科技服务业辐射中枢，努力打造我国重要的海洋科技创新中心和国际知名的海洋创新高地。

1. 科技研发服务业

依托国家级海洋科技研发平台，建立多元化投资运作模式，加强海洋动力过程与气候、海洋生物医药、海洋矿产资源评价与探测、透明海洋、海洋新材料、深海探测、深海开发等重大海洋技术攻关，加快突破一批重大海洋技术，加快建设海洋产业创新中心（北方基地）和国家高新技术产业开发区，为青岛市、山东省乃至全国海洋经济创新发展提供科技研发服务，建设辐射能力强的海洋科技创新高地。

2. 教育培训服务业

围绕国际一流的蓝色文化教育和人才集聚中心建设，积极推广媒体与网络等高新技术手段，设立“海洋 +”高端人才工作站，建设研究生院和中外联合学院，开展高水平海洋创新人才培养，建设一批世界一流的海洋类高等院校和特色学科，打造一批高端海洋科普文化载体，发展成为具有国际影响力的海洋创新创业人才富集地区。

3. 检验检测服务业

依托青岛海检集团国家海洋设备检测中心和国家海洋设备质量监督检验中心等国家级检测机构，开展面向社会和产业发展的检验认证、计量校准和标准化服务。聚合国内外一流检验检测创新资源，搭建政、产、学、研、检、用、金、介等多方参与的海洋设备质量协同创新网络，加快建设国家检验检测产业创新中心，围绕高端装备检验检测、传统检验检测、互联网 + 智慧检测、仪器设备研发制造等开展检测技术研发、技术标准修订制定和相关服务，不断提升适应海洋产业发展需求的国际一流检验检测和研发能力。

4. 知识产权服务和技术转移服务业

引进和重点支持发展一批高水平、专业化的知识产权代理机构和技术转移服务机构，推动知识产权服务机构开展知识产权评估、价值分析、运营等商用化服务，进一步拓展知识产权质押融资。支持领军企业凭借技术优势和产业整合能力，搭建开放的创业孵化平台，围绕产业链聚集、培育企业，形成衍生创业群落。

（二）加快发展壮大有潜力的海洋新兴产业

把握科技革命和产业变革趋势，突出海洋经济特色，发挥青岛蓝谷海洋科教资源丰富优势，加强海洋科技研发成果与风险投资、产业资本的对接，积极引进和培育海洋科技型领军企业，大力发展海洋高技术产业和海洋新兴产业，推动青岛蓝谷从单一科研城向产学研融合城转变，推动新兴产业加速崛起、扩容倍增，打造具有国际先进水平的海洋新兴产业发展基地。

1. 海工装备和先进机器人

积极拓展全领域覆盖的产业孵化平台，促进平台、技术、资金、人才、市场等产业发展资源整合，加快在特种船舶、工业机器人、服务机器人、特种机器人和相关海工装备领域培育细分行业龙头企业或科技创新型领军企业，推动产业化加速发展。围绕产业链做大做强和产业集群建设，积极引进国内行业龙头企业落户蓝谷，推动造船和先进装备产业高端化发展，提升海洋制造业发展能级。

2. 海洋药物和生物制品

依托海洋科技产业园，重点引导企业发展海洋创新药物、海洋生物活性物质和天然产物、海洋生物功能材料、海洋生物酶制品等，逐步打造完整的海洋药物和生物制品产业链条，促进特色海洋药物和生物制品产业集聚。坚持自主研发和引进消化相结合，形成一条研发、养殖、加工、应用紧密连接的产业链。

3. 海洋新材料

把握海洋防腐材料等海洋新材料市场需求快速增长机遇，重点开展海洋涂料、重防腐涂料、功能性涂料（材料）、环保型涂料和高性能胶黏剂的研发和生产，培育海洋涂料及功能材料产业集群。注重产学研结合，推动海洋新材料研发和成果转化。

4. 海水淡化和海水利用

加大海水淡化国产化技术的研发投入，积极拓展与美国、日本、以色列、阿联酋等海水淡化发展领先国家合作，不断提高自主创新能力，发展海水淡化和海水直接利用产业示范工程，推进海水综合利用技术产业化，形成人海和谐的良好局面。逐步扩大海水直接利用领域，推广海水源热泵技术，优化提升海水化验、脱硫、除灰、除渣等技术工艺，提高科技对海水直接利用的贡献率。

5. 推动海洋新兴产业融合发展

培育“海洋＋新模式”，促进海洋产业融合发展，大力推进海洋与互联网、众创空间等深度融合。发展“海洋＋新业态”，以业态创新拓展海洋经济发展领域，延长产业发展链条，实施“透明海洋”工程，发展海洋大数据服务、涉海现代物流、海洋文化体验、海洋体育休闲、蓝色金融服务等业态。壮大“海洋＋新产业”，以产业创新促进海洋生物育种和健康养殖、海洋生物医药、海洋高端装备制造、海洋新材料、海洋新能源、海水淡化等海洋战略性新兴产业加快发展。

（三）积极培育有特色的滨海服务业

依托优美的自然风光、滨海岸线、温泉等资源条件和良好的海洋生态环境优势，加快重要基础设施建设，探索相关领域先行先试政策，构筑功能完善、宜居宜业、幸福和谐的良好滨海生态新城发展环境，积极发展高端滨海旅游、健康养生、特色文化和高端海洋会展业，打造国际一流的滨海服务业强区。

1. 高端滨海旅游

加强塑造滨海景观特色，依托港中旅海泉湾等高端旅游平台，重点发展海水温泉、文化旅游、乡村旅游、商贸购物等产业，推动旅游业由传统观光旅游向观光游览与休闲度假并重转型。积极引进国内外知名品牌旅游企业落户青岛蓝谷，引导丰富旅游产品供给，积极发展海洋体育旅游和休闲渔业，加大投资引资力度，进一步优化景区环境和服务配套，努力打造“一村一岛一品”的特色小镇。发挥海洋科教资源丰富特色，联合青岛市区规划 1—2 条精品海洋旅游线路，完善高端海洋旅游产品、健康养生设施和酒店建设，开发涉海科技教育游、海洋科普旅游等特色旅游项目和产品，打造国内重要的海洋科普旅游和滨海休闲娱乐旅游目的地。

2. 健康养生产业

整合区域内优势特色资源，挖掘海洋文化底蕴，开发一批特色旅游项目和产品，打造休闲度假养生旅游基地。吸引爱康国宾、美年健康等知名健康管理机构在青岛蓝谷设立分支机构，为蓝谷及周边市民和国内外游客提供高品质健康体检、健康咨询和健康管理服务。结合温泉养生优势，大力发展高端滨海养老养生服务。

3. 特色海洋文化产业

深入挖掘海洋历史文化底蕴，推动优秀海洋文化创造性转化、创新性发展，打造一批特色鲜明、功能完善、内容丰富的多功能海洋科技文化馆、图书馆、博物馆、展览馆等文化设施，全面增强海洋文化软实力。重点建设国内首座以海洋为主题、以前沿海洋科技和海洋文化展示为特色的中国海洋科技文化馆，开发一批海洋主题文化休闲旅游度假项目。加快集海洋科技发展、成果展示、文化交流、互动体验等功能于一体的科普教育和科技文化平台建设。

4. 高端海洋会展业

依托青岛国际博览中心等资源优势，不断完善会展服务功能，加强与国内外会展机构的交流合作，积极承办国家、山东省和青岛市涉海会议、展览等活动。加强与国际涉海机构合作，积极承办国际海洋科技展览、重大比赛和相关高端会议。依托青岛海洋科学与技术试点国家实验室，争取举办世界海洋院士论坛。积极引进各类涉海重大会展项目，以展会为纽带，注重应用现代信息技术提升会展业水平，促进海洋技术、产品、信息交流与交易协同发展，推进会展业与旅游业互动发展。

四、政策措施与建议

2014年年底，国家发改委等五部委批复了青岛蓝谷规划。2016年，国家“十三五”规划纲要明确支持青岛蓝谷等建设海洋经济发展示范区。根据青岛市“十四五”规划，青岛蓝谷将持续发挥青岛市重要战略功能节点作用，建设国家海洋科学城核心区。山东省“十四五”规划已将青岛蓝谷纳入海洋专篇，明确支持青岛蓝谷打造国家级园区。青岛蓝谷已成为我国海洋科技创新资源高度集聚区域，青岛海洋科学与技术试点国家实验室作为我国唯一的海洋科学领域试点国家实验室，经过多年的试点建设，已较好地完成试点任务，基本符合国家关于国家实验室组建的有关要求，建议将青岛海洋科学与技术试点国家实验室尽快纳入国家实验室建设序列。

（一）创新海洋经济体制机制

1. 推进行政管理体制改革

探索推进大部门制改革、实行扁平化管理和综合行政执法，加快形成科学合理的行政管理体制。用足用活法定机构改革政策，充分行使青岛市政府赋予的科技、财政、金融、土地、规划、海域、城建、环保、工商等行政审批权限，探索推进海洋经济领域权责下移试点，争取赋予更多省市行政许可事项。调整优化现有内设机构，争取青岛市国土资源房管局、规划局在青岛蓝谷设立分局。深化职员制改革，建立高效灵活用人机制及薪酬和激励机制，合理设置人员岗位，确定人员结构比例，设定人员聘用条件，优化干部队伍结构。

2. 创建优良的营商环境

按照“取消一批、下放一批、调整一批”原则，进一步精简行政审批事项。推进数字政府建设，推广“互联网+政务服务”，推行“一窗受理”“一网办理”、联审联办、全链条办理等行政审批新模式，实现企业和群众办事“零跑腿”或“最多跑一次”。依托青岛市“双随机、一公开”监管平台，健全完善“一单、两库、一细则”制度，推进跨部门联合监管和“互联网 +”监管，对海洋领域新技术、新产业、新业态、新模式实行包容、审慎监管，支持在部分领域探索实施以触发式为特点的风险监管。

3. 完善区域协调发展机制

加强青岛蓝谷与周边区域融合互动，推进资源要素统筹配置、优势产业统筹培育、基础设施统筹建设、生态环境统筹治理。深化功能区与行政区融合发展机制，建立蓝谷管理局领导班子联系鳌山卫、温泉、金口、田横、田横岛省级旅游度假区的工作机制。实行“一名领导分管、一名处室负责人抓促进、一名街道副职抓落地、一张推进计划表、一抓到底”的重点项目联动推进机制，强化街道副职在重点项目落地中的主体作用，协调做好土地回收、模拟征收、组卷报批、规划设计等各项工作，狠抓项目落地、建设进度及产出效益。

4. 健全陆海统筹发展机制

树立海陆一体的国土空间思想，统筹海岸线、海港、海湾、海岛开发保护，创新发展港湾联动的湾区经济。健全海洋综合管理体制，实现海域和海岸带统一管理及陆海空间、产业布局、基础设施“多规合一”。开展陆海统筹河海共治试点和海域海岸带综合整治试点，创建国家级海洋生态文明建设示范区。设立海域使用权交易平台，推行海域使用权“招拍挂”制度，探索建立海域使用二级市场。

（二）加快涉海人才引进培养

1. 建立科学的选人用人机制

把培养、引进和用好人才作为青岛蓝谷重大战略任务，加强党政人才、企业经营管理人才和专业技术人才三支队伍建设，建立健全市场经济条件下人才培养、引进、使用、激励、保障的新机制。实行“不求所在、但求所用，支持创新、鼓励创业”的柔性用人机制，营造“引得进、留得住、用得好”的人才政策环境。建立蓝谷人才结构调整动态机制，通过对海洋人才资源实施部门协同引进、整合分流，缩小研发、应用、经营、服务等人才之间的政策差距。

2. 创新人才引进和培养方式

加强与“青岛英才 211 计划”和“青岛人才特区”的政策对接，强化蓝谷“国字号”高等院校和科研院所人才引进与培养功能，重点依托“鳌山人才计划”构建领军科学家、卓越科学家和优秀青年学者组成的高端海洋人才队伍。支持设立院士工作站、专家工作站、博士后科研流动站、海外人才工作站、离岸创新创业基地等引才引智平台，通过举办高端学术会议、短期培训、创业大赛等活动，集聚国内外海洋创新人才。鼓励设立海外分支机构，依托海外人才离岸创新创业基地加强柔性引才，引进国际领先的科技创业孵化加速机构，开展跨国孵化。

3. 建立创新人才基金激励机制

每年从青岛蓝谷可用财力增量中，拿出一定比例设立“人才奖励基金”和“人才工程基金”。每年评选一次“十大优秀人才”，并对紧缺专业的留学归国人才，以及在产品、企业和品牌建设方面贡献突出的各类人才，利用“人才奖励基金”给予重奖。对在引进人才工作中贡献突出的机构或人员，为境外高层次人才牵线搭桥的人才中介服务机构，以及从事各类人才培训的机构，利用“人才工程基金”给予奖励，或为其开展培训活动提供部分补贴或事后奖励。

4. 完善创新人才保障服务体系

抓好中国海洋人才市场蓝谷分部、中国海洋人才创业中心蓝谷基地的管理运营，开辟引进高层次人才的绿色通道，打造全国乃至全球海洋人才交流集散中心。实施人才安居工程，实行个人所得税减半征收、三年内免费提供高标准住房、破格进行职称评定等政策，提供完善的居留落户、子女就学、安家补贴、配偶安置、医疗养老等服务保障，营造“感情留人、事业留人、待遇留人”的政策环境。

（三）提升海洋经济招商引资的质量和水平

1. 健全招商引资工作机制

明确青岛蓝谷海洋经济招商引资部门职责，建立项目储备、签约、审批、开工、建设、投产等全环节联动机制。定期研究海洋经济招商引资工作，每季度召开一次招商引资工作调度会议，每月对重点产业招商情况进行调度、通报，协调解决项目投资落地和运营发展的困难和问题。建立“一个重点产业、一名班子领导、一个责任部门、一套工作班子、一个实施方案”的工作机制，每个重点产业成立产业招商办公室，负责重点产业招商工作的统筹协调和组织推进。

2. 推进海洋产业精准招商

实施青岛蓝谷海洋产业精准招商行动计划，发挥专业招商事业部主体作用，通过向上跑、向外走、向内寻等方式，实施精准定向招大引强。瞄准中科系、国海系、央企系、国际系和高等院校，开展“千企招商大走访”，实行“一把手”走访责任制，建立“专业化招商、职能化服务”工作机制。依托境外工商中心、国际经济合作伙伴和友好城市资源渠道，构建全球经贸交流合作网络和联系机制。对蓝谷急缺且发展潜力较大的重大项目一事一议，予以支持。运用新旧动能转换引导基金、海洋产业投资基金等支持海洋产业项目，推动资本招商。

3. 推动重点项目开工建设

按照“储备一批、开工一批、建设一批、竣工一批”要求，抓好青岛蓝谷海洋经济重点项目建设。建立重点项目入库专家评审制度，完善筛选办法和入库标准。加强重点项目库分类管理，实施重点项目退出和增补制度。强化重点项目推进责任制，明确责任单位、实施路径、完成时限。完善重点项目绿色通道，提供“联审联办”审批服务。优先安排土地指标和基础设施配套，择优推荐列入省市重点项目。坚持重点项目领导联系制度，开展“进现场、解难题”活动。

4. 强化产业园区载体支撑

探索突破院所和学科管理限制，建设突出学科交叉和协同创新的涉海科研基地，推动跨界融合的颠覆式创新活动。突出海洋科技创新和成果孵化，支持青岛蓝谷申报升格为国家高新区，重点建设蓝色生物科技港、北航科教新城、蓝谷创新中心、海洋科技产业园、问海路滨海沿线、深蓝孵化园等产业组团。健全区域产业合作利益分享机制，与即墨区建立战略合作关系，通过在蓝谷建设产业孵化园，在即墨省级高新区、经开区建设海洋产业发展示范园，实现多园协同联合，争创国家级海洋新兴产业园区。

（四）强化海洋经济要素支撑

1. 创新财税支持机制

探索财政资金市场化运作模式，成立100亿元青岛蓝谷海洋产业投资基金，组建青岛蓝谷海洋产业发展投资集团，吸引社会资本支持海洋经济发展。推广财政科技资金股权投资、贷款贴息、风险补偿等市场化支持方式，制定创新券、政府采购、研发补助等高新技术企业、科技型小微企业专项扶持政策，支持企业建立研发准备金制度，对符合加计扣除政策且属于蓝谷重点支持的新兴产业领域研发项目给予事后奖补。落实好税收优惠政策。

2. 创新投融资服务机制

发挥财政资金股权投资的导向和放大作用，支持创业投资机构参与科技成果作价入股，构建企业孵化、培育和资本运作“三位一体”创新链。探索政府与专业投资公司或基金合作，将财政专项资金注入总盘子设立引导基金，引导科研机构、企业、投资商联合建立股份基金运作公司，推进产学研资介在研发或中试阶段的对接合作。鼓励社会资本设立涉海金融机构，支持有条件的金融机构设立海洋经济金融服务中心或特色专营机构，支持符合条件的涉海企业在境内外资本市场挂牌上市。

3. 强化产业用地保障

对接山东省十大产业发展及青岛市“双百千”行动和“一业一策”计

划，争取青岛蓝谷海洋经济重点项目耕地占补平衡指标在山东省内统筹，增减挂钩结余指标在山东省、青岛市内调剂使用。在青岛蓝谷用地指标和年度供地计划中优先安排海洋战略性新兴产业重点项目用地，优先保障拟上市公司投资新建产业项目的用地指标，并减免自建自用的生产性建设项目城市基础设施配套费。试点工业物业产权按幢、层等固定界限为基本单元分割出让，优化配套设施比例和容积率，提升开发强度和投资强度。探索工业用地使用权弹性出让、先租后让政策，对山东省、青岛市确定的优先发展产业且集约利用的工业用地，可参照蓝谷同类工业用地市场价的70%及土地成本确定出让起始价。

4. 强化现代基础设施支撑

全面布局5G通信网络，加快布局基于IPv6的下一代互联网，打造“无线蓝谷”和智慧海洋新城。将海洋文化底蕴融入城市道路命名、城市景观设计、艺术雕塑建造等，打造青岛蓝谷地标性城市景观和海洋文化名城。实施城际轨道交通、西外环路、机场快速路、硅谷大道、现代有轨电车试点工程等交通工程，创建以绿色交通体系为主导、快速公交为骨干的交通发展模式。启动海水淡化试点工程，推进天然气管线全覆盖，建立以天然气为主体、清洁能源热源为补充的能源结构体系，打造新能源应用示范区和国家海水淡化应用示范基地。

（五）促进涉海领域开放合作

1. 扩大涉海国际开放合作

争取设立“一带一路”国际合作中心，打造中国青岛海洋国际高峰论坛，推进与海上丝绸之路沿线国家和地区港口城市间交流合作。创办中国海洋科学技术及产品交易会，推动海洋科研产业化，促进海洋渔业和海洋交通等国际交流、展示交易和经贸合作。结合青岛筹划开展的高规格欧亚园区推介活动、“通商青岛新丝路经济合作新伙伴”品牌经贸促进活动、“一带一路”青岛板桥镇论坛等，创建上合组织地方经贸合作示范区及中东欧经贸合作示范区，拓展青岛蓝谷经贸合作伙伴城市网络。

2. 营造高水平开放环境

积极推动青岛申报建设自由贸易港，在投资管理体制、贸易发展方式、监管服务方式等领域实施体制机制和政策创新，塑造开放型海洋经济发展新优势。完善市场准入管理新体制，探索实行外商投资便利化专办员制度，有效引进境外资金、先进技术和高端人才。建立健全与国际贸易通行规则相衔接的制度体系和监管模式，完善海关监管、检验检疫、跨境支付、保税退税、物流配送等国际贸易支撑系统。

3. 推进海洋经济区域合作

探索青岛蓝谷与海南省共建海洋经济示范区、海洋科技合作区，承接北京非首都核心功能的涉海企业及科研机构落户，加强与上海、天津、广州、大连等城市在船舶制造、海工装备、邮轮经济等方面的产业合作，推动涉海领域跨区域产学研合作。牵头创建山东半岛海洋经济发展战略联盟，重点围绕涉海科技研发、产业配套、市场合作、技术标准制定等，强化半岛城市海洋经济错位发展。探索青岛蓝谷与周边区域合作发展“飞地经济”，鼓励建立跨区域海洋科技成果大市场，共建海洋产业合作园区、海洋创新创业园区等重大产业合作平台，创新跨地区产业合作和利益分享机制。

（六）加强海洋生态环境保护

1. 健全资源循环利用体系

推动建立青岛蓝谷绿色低碳循环发展的经济体系，建设一批海洋循环经济产业园区，大力发展以“低碳”为特征的新能源、新材料等海洋新兴产业，通过“生态 + 海洋科技”推动青岛蓝谷海洋产业向精深加工和绿色低碳方向转型。在海洋产业园区、孵化园区内建设一批绿色示范工厂和绿色示范园区，搭建“互联网 + 回收”高端智能化污染处理体系，推进“智慧海洋”建设。

2. 推进海洋岸线保护利用

实施“美丽海岸”和“蓝色海湾”等生态治理工程，创建国家岸线资源保护利用试验区。健全自然岸线保有率管控制度，研究实施海岸建筑退缩线制度，将岸线保护纳入青岛蓝谷城镇与产业园区建设规划。实施重点岸线景观优化工程，严格控制滨海建筑、栈桥码头等海岸设施建设，打造国际一流岸线景观。全面推行“湾长制”，开展入海河流截污处理、湾区水体污染防治、底质修复重建、生物资源养护等治理行动，创建国家级海洋牧场示范区。

3. 健全海洋生态补偿制度

探索建立青岛蓝谷海洋生态功能区财政转移支付制度，支持海洋生态保护事业发展。完善青岛蓝谷海洋污染物排放许可制度，推进排污权有偿使用和交易。实施青岛蓝谷海洋环境智慧监测工程，完善海洋环境在线自动监测系统。建立青岛蓝谷生态环境损害评估和赔偿制度，按照“谁损害谁修复谁补偿”原则，有效恢复海洋生态功能。建立青岛蓝谷海洋生态损害事项举报和听证制度，规范生态损害处罚行为。落实青岛蓝谷海洋生态损害责任追究制度，将损害责任纳入各级领导干部问责范围。

4. 建设绿色低碳海洋城市

加强区域水体、山体和森林植被保护，建设青岛蓝谷城市生态走廊和海岸线生态廊道，构建滨海公园、景观河道、城市绿地、生态湿地和防护林为一体的绿色生态屏障。集中力量突破地铁 11 号线、问海路、滨海公路、柴岛路等重大设施沿线环境综合整治提升，打造彰显青岛国际海洋名城的外部环境形象。深化地下管网建设管理改革，推进青岛蓝谷海绵城市和综合管廊建设。提高青岛蓝谷公共交通和慢行交通出行比例，形成“自行车 + 公交 + 有轨 + 轻轨”的绿色出行模式。

（七）加强组织协调

1. 加强部门协调合作

成立由市政府、蓝谷管理局和市直有关部门等构成的青岛蓝谷海洋经济发展示范区建设领导小组，对示范区建设进行统一规划和部署，协调处理示范区建设中的重大事项。明确市有关部门分工和职责，市发展改革、统计和自然资源等部门分别承担制定蓝谷海洋经济发展战略及重大项目建设、海洋经济数据统计调查及运行情况监测等责任。各有关部门要强化协作、主动作为，组织好青岛蓝谷海洋经济发展规划的落实，确保海洋经济发展与国民经济发展相协调。

2. 突出重点项目带动

科学策划论证一批重点项目，高标准建立青岛蓝谷海洋产业重点项目库，每年充实调整，滚动实施。集中力量组织实施一批关系全局和长远发展的海洋产业和海洋基础设施重大项目，争取纳入山东海洋强省建设重点项目库，争取中央投资和省财政支持。有关部门要加强项目管理服务，强化责任，协调配合，在项目审批、用地用海、资金等方面给予支持。

3. 健全规划实施机制

争取国家相关部委支持，示范区领导小组主要领导和国家发展改革、自然资源、科技等部门领导开展定期会晤和联络协商，通报示范区工作计划和重大行动计划，主动接受监督指导。围绕基础科研、高技术产业化、深海基地等重大创新平台建设，按照职能分工、项目管理及报批程序，与国家有关部门建立长期稳定工作关系，争取长期或制度性政策及资金支持。市政府要建立青岛蓝谷海洋经济发展规划实施与政策落实责任制，加强对规划实施的指导、检查和监督。建立健全容错纠错免责机制，营造鼓励干事、宽容失误的干部考核制度环境，激励各级干部主动作为。有关部门建立健全规划评估机制，加强对青岛蓝谷规划实施情况评估督查，研究解决实施过程中出现的新情况、新问题。

第二十二章

雄安新区建设与保定产业转型升级

设立雄安新区是以习近平同志为核心的党中央在新时代作出的重大历史性战略选择，是深入推进京津冀协同发展的重大决策部署，是千年大计、国家大事。保定市作为雄安新区选址范围的所在地，雄、保互为一体，一衣带水、唇齿相依。加强保定市全域对接雄安新区规划建设与推动产业转型升级，是服务支持雄安新区规划建设的使命担当和重要抓手，是实现保定经济高质量发展和增强产业竞争力的迫切需要，是落实京津冀协同发展、打造世界级城市群的重大举措。不仅关系当前，也关系长远；不仅关系保定，也关系雄安新区建设大局。[①]

为深入贯彻落实党中央、国务院决策部署，必须从全局战略高度统筹谋划雄安新区建设背景下保定产业转型升级，按照新发展理念、构建新发展格局和高质量发展要求，从推动建立更加有效的区域协调发展新机制出发，紧紧围绕雄安新区规划建设的要求，把保定产业转型升级放在雄安新区规划建设大格局中来认识，放在“一带一路”、京津冀协同发展、河北省总体战略中来思考，既从京津冀城市群产业分工去统筹考虑，也从深化京津保、石保廊区域合作、军民融合、产城融合、农村一二三产业融合发展关系上去统筹谋划，就雄安新区规划建设背景下保定市产业转型升级的总体要求、战略定位、目标、重点、方向、路径、空间布局以及产城融

① 肖金成：《依托增长极战略打造雄安新区新产业》，《证券日报》，2019 年 10 月 28 日。

合、军民融合、农村产业融合发展等方面进行深入研究，并提出依据充足、目标明确的政策措施。

一、基础与环境

保定地处京津雄核心腹地，素有“京畿重地”“首都南大门”“京津保金三角”之称，总面积 1.9 万平方千米，常住人口 919.5 万人，经济总量居全省第 5 位，是京津冀地区中心城市和全国人口最多的地级市之一。保定是中国历史文化名城、中国优秀旅游城市，是全国首个创新驱动发展示范市，是国家确定的石保廊全面创新改革试验区的重要节点城市，是科技部确定的河北·京南国家科技成果转移转化示范区的重要城市，也是全国唯一的“国家太阳能综合应用科技示范城市”和全国首批 8 个低碳城市试点中唯一的地级市。

（一）优势基础

保定地缘优势突出、交通条件便利、科教文旅资源丰富、产业基础雄厚、产业平台完善，在对接雄安新区、促进产业转型升级方面最具优势和基础。

1. 地缘优势突出

雄安新区规划范围涵盖河北省雄县、容城、安新等 3 县及周边部分区域，在地理上嵌入保定市域，与保定多个区县接壤。雄保两地一衣带水、唇齿相依，人缘相亲、文化一脉，历史渊源深厚，具有独特的地缘优势。相比河北省其他地市，保定距雄安新区最近，是雄安新区的直接腹地，为雄保相互融合、基础设施和公共服务同城化发展奠定了基础。

2. 交通条件便利

保定地处京沪、京九、京广三大交通走廊的中心点位置，邻近京、津、石三大空港和天津、黄骅两大海港，距离京、津、石三地均在 140 千米左右，与规划建设的北京大兴国际机场相距不远，与京津构成“半小时同城交通圈”。交通基础设施日趋完善，全市高速公路建成和在建里程超过 1000 千米，居全省首位，内部网络化和外部通达性显著提高，为保定对接雄安新区建设创造了便利的交通条件。

3. 科教文旅资源丰富

保定科教综合实力位居河北省前列，是全国首个创新驱动发展示范市。现有 17 所高等院校，在校大学生 25 万人，高校数量和万人大学生拥有量在全国地级市中居首位。同时，保定是全国历史文化名城，文化底蕴悠久厚重，文旅资源十分丰富。现有国家级文物保护单位 69 处、国家 5A 级景区 2 处、4A 级景区 13 处，历史文化遗址、红色文化、皇家文化、生态旅游在河北省文化旅游中占有举足轻重的地位。

4. 产业基础雄厚

保定产业基础雄厚，在服务对接雄安新区规划建设方面具有坚实基础。保定作为新中国第一批老工业基地，初步形成了汽车及零部件、新能源及输变电装备、纺织服装、食品加工、新型建材五个优势产业集群以及以高端装备制造、新材料、生物医药、电子信息、节能环保等为代表的战略性新兴产业集群，其中装备制造、新能源产业在全国占有重要地位。2020 年，保定高新技术产业增加值占规模以上工业增加值比重达到 48.7%，远超全省平均水平。服务业内部结构进一步优化，旅游休闲、现代物流、养老服务、科技服务、信息服务等服务业持续较快发展。农业现代化步伐加快，市级以上现代农业园区突破百个，数量、规模连续 5 年居全省第一，2020 年农业产业化经营率达到 68%。

5. 产业平台完善

经过多年的整合提升，保定已形成较为完善的产业发展平台，具备接承雄安新区重大项目落地的平台条件。“一核、三区、多园”的产业发展格局基本成型，现有省级以上开发区 23 个（含白洋淀科技城），保定高新区、保定市经济开发区、徐水经济开发区跻身千亿级园区之列。各园区功能定位清晰，园区特色逐步呈现，集聚效应初步显现。同时，保定拥有国家、省、市三级科技创新平台300多个，其中，国家级企业技术中心10个，居全省首位；省级企业技术中心50个，居全省第3位；国家级工程实验室3个，省级工程实验室13个，重点实验室43个，院士工作站31个，工程技术中心115个。与中国科协、中国科学院、中关村科技园、清华大学等成立了29个产业技术创新联盟。

（二）面临机遇

当前，新一轮科技革命和产业变革孕育兴起，我国经济高质量发展加快推进，国家重大战略深入实施，京津冀协同发展战略、雄安新区大规模建设、北京大兴国际机场临安经济区建设、京津冀世界级城市群建设，为保定市产业转型升级带来了重大机遇。

1. 雄安新区规划建设加快推进

雄安新区建设将促进包括保定在内的周边地区交通基础设施加快改善，进一步提升保定对外联通水平，有利于保定大力承接优质公共服务和创新资源，提高集聚国内外人才、技术、管理、资金、信息等高端要素的能级，推动高端高新产业发展，为保定产业转型升级注入新的动力。

2. 京津冀协同发展战略深入实施

京津冀协同发展加速推进，服务保障支撑雄安新区取得明显进展，交通、生态、产业对接合作率先突破，雄安—保定—石家庄将成为中国新的经济增长带以及重要的城市群，进而从根本上扭转京津冀三地发展过程中存在的区域不协调问题，进一步提升保定高端要素的集聚能力和中高端产业的承载能力，带动产业转型升级。

3. 我国推动经济高质量发展

党的二十大明确提出："加快构建新发展格局，着力推动高质量发展，构建高水平社会主义市场经济体制，深化科技体制改革，着力破解深层次体制机制障碍。"这有利于保定进一步深化体制机制改革，发挥市场在资源配置中的决定性作用，更好地实现与雄安新区新体制接轨，实现产业高质量发展。

4. 全球新一轮科技和产业变革加速

当前，全球新一轮科技和产业变革蓄势待发，新技术、新材料、新产品更新换代周期加快，科技创新成果层出不穷，特别是无人驾驶汽车、人工智能、云计算、大数据、物联网、3D 打印等新兴技术日趋成熟，催生了巨大的新需求，为保定培育发展战略性新兴产业和推动产业跨越式发展带来新机遇。

（三）问题与挑战

在看到优势基础和机遇的同时，也要清醒地看到：保定正处于转型升级、爬坡过坎的关键阶段，发展速度不快、发展质量不高的问题比较突出，在对接服务雄安新区建设、促进产业转型升级中面临不少问题和挑战。

1. 全球贸易保护和技术封锁加剧

当今世界正经历百年未有之大变局，国际环境日趋复杂，不稳定性、不确定性明显增加，新冠肺炎疫情影响广泛深远，世界经济陷入低迷期，经济全球化遭遇逆流，全球能源供需版图深刻变革，国际经济政治格局复杂多变，世界进入动荡变革期，单边主义、保护主义、霸权主义对世界和平与发展构成威胁。全球高技术产业领域的竞争更加激烈，发达国家对我国实行更加严格的知识产权保护、技术封锁以及贸易战，保护主义、单边主义及逆全球化思潮抬头，对保定引进先进技术、消化运用世界产业革命最新成果、发展高端新兴产业带来新的严峻挑战。

2. 生态环保要求更加严格

《河北雄安新区规划纲要》明确要求“划定新区周边一定范围为管控区，建设新区周边绿色生态屏障，严格产业准入管制，新区周边严禁高耗水、高耗能及高污染项目进入”。保定与新区毗邻的区县，拥有不少高耗水、高耗能、高污染产业，给保定生态环境保护和推动低端产业转移、升级带来巨大压力。

3.“虹吸效应”可能出现叠加

保定毗邻京津，长期以来受两地“虹吸效应”影响，人才、技术、资金等高端要素向京津两地流动。雄安新区作为北京非首都功能疏解集中承载地，在创新载体、运行机制、人才支撑等方面具有保定难以比拟的政策优势，极有可能对保定的高端要素产生新的“虹吸效应”。

4. 高端要素缺乏、新兴产业不强

保定虽然科教资源较为丰富，但高端人才短缺，“千人计划”人才不足 10 人。原始创新和拥有自主知识产权的产品较少，企业自主创新能力不强，研发投入偏低，创新创业基础设施研发中心、设计中心、创业中心、企业孵化器和加速器等难以满足保定承接国际国内产业转移和招大引强的需求。保定在对接雄安新区未来高端高新产业发展中，仍会面临着配套能力不足、创新能力不强等问题。

二、总体思路

当前，保定正处于新时代大发展的历史性窗口期和战略性机遇期，只有主动全域对接、精准对接雄安新区，更好地服务、承接、支撑雄安新区，才能加快促进产业转型升级、构建现代化产业体系，推动保定与雄安新区统筹发展、协调发展、错位发展、融合发展、一体化发展。

（一）指导思想

坚持以习近平新时代中国特色社会主义思想为指导，深入学习宣传贯彻党的二十大精神，坚决落实党中央、国务院决策部署，认真践行新发展理念，全面落实高质量发展要求，按照京津冀协同发展总体部署，紧紧围绕雄安新区规划建设要求，对标《河北雄安新区规划纲要》，立足各自比较优势、立足现代产业分工要求、立足区域优势互补原则、立足合作共赢理念，坚持积极承接与主动服务、精准对接与同步对接相结合。紧紧把握新一轮科技革命和产业变革机遇，汇聚全球高端创新资源，坚持以推动高质量发展为主题，以产业转型升级、城市功能提升、产城融合发展为突破口，积极承接产业转移和产业合作，推进先进制造业与现代服务业融合、工业化和信息化融合、军民融合、农村一二三产业融合，协同改造提升传统优势产业，借势培育壮大战略性新兴产业，配套发展现代服务业和高效都市农业，大力拓展延伸产业链、提升价值链、完善供应链、发展创新链，推动产业发展由比较优势向竞争优势转变，促进产业向高端化、智慧化、集群化、融合化、绿色化、国际化方向发展，全面提升产业核心竞争力。加快构建现代化产业体系，推动保定与雄安新区统筹发展、协调发展、错位发展、融合发展、一体化发展，将保定打造成为对接服务雄安新区建设的高质量、高水平现代化协同发展示范区，努力形成与雄安新区目标同向、措施一体、优势互补、互利共赢的协同发展新格局。

（二）基本原则

1. 坚持统一规划、合理布局

加强顶层设计，重新审视谋划全市经济社会发展，统筹谋划生产、生活、生态空间布局，努力与雄安新区同频共振、借势融合。深入贯彻实施《河北雄安新区规划纲要》，紧盯新区产业规划、启动区控制性详细规划及白洋淀生态环境治理和保护等一批专项规划，及时修订调整保定相关规划，制定各类规划实施方案和行动计划。加快实施“多规合一”，形成定位清晰、功能互补、统一衔接的规划体系，统筹布局生态、产业、交通和基础设施，实行协同规划、产业联动，在总体要求上指向一致、空间配置上相互协调、时序安排上科学合理。

2. 坚持优势互补、产业协同

适应雄安新区产业高端化、集聚化、智能化趋势，调整优化区域产业布局，创新合作模式与利益分享机制，探索总部与研发在雄安、中试与生产在保定的协同创新合作新模式。加快发展新区总部经济的后台支撑产业、高端经济的服务外包产业、大数据为支撑的信息产业，积极承接新区的溢出升级产业，培育一批延伸配套性好、支撑带动力强的现代产业集群，加快促成一批重大产业项目落地，推进两地产业融合、企业融通发展，打造与雄安新区协调联动、错位发展的现代产业共同体。

3. 坚持改革引领、创新驱动

加大改革力度，打破“一亩三分地”思维定式，着力打破条块分割、消除隐形壁垒，建立有利于推动雄保协同发展的体制机制。充分发挥市场在资源配置中的决定性作用，促进生产要素有序流动和优化配置。加大简政放权力度，切实转变政府职能，更好发挥统筹协调、规划引导和政策保障作用。强化创新驱动，积极吸纳和集聚新区创新要素资源，推动产学研深度融合，联合布局一批国家级创新平台，建立健全区域创新体系，培育新技术、新产业、新业态、新模式，形成雄保协同创新共同体。

4. 坚持开放合作、共建共享

以中央支持雄安新区扩大开放为契机，实施新一轮高水平双向开放，塑造全方位、多层次、宽领域的大开放新格局。顺应国际经济新趋势，高效利用全球创新资源，加快推进产业链、创新链、价值链合理配置，提升产业发展能力。积极融入共建“一带一路”倡议、京津冀协同发展等国家重大战略，将保定产业发展与京津雄产业发展统筹规划、统筹推进，实现错位发展、优势互补，与周边市县分工合作、联动发展，形成以开放为引领的产业高质量发展模式。

5. 坚持生态优先、绿色发展

贯彻“绿水青山就是金山银山”的理念，按照雄安新区生态环保要求，坚持以资源环境承载能力为刚性约束条件，统筹生产、生活、生态“三生”空间，严守生态保护红线，严格保护永久基本农田，严控城镇规模和城镇开发边界。推进产业生态化和生态产业化，构建低碳、节能、节水、环保、生产空间集约高效、生产生活相得益彰、人与自然和谐相处的一体化区域生态体系。设置产业准入、项目引进环保门槛，淘汰落后产能，持续推进清洁生产，建设绿色低碳循环的现代制造业体系。打破行政区域限制，联防联控环境污染，建立一体化的环境准入和退出机制。扩大区域生态空间，推进生态保护与建设，实现人与自然和谐共生，建设天蓝、地绿、水清的美丽家园。

（三）主要目标

综合研判国内外发展环境新特点和未来发展大势，按照雄安新区总体规划目标，结合本地实际，保定产业转型升级目标按近、中、远期三个阶段，分步实施、有序推进。

到 2025 年，现代化产业体系初具雏形。产业实现高端化、集群化、智能化，自主创新和科技成果转化能力大幅提升，产业发展质量和效益明显提高，形成一批百亿级和千亿级产业集群。承接一批科研院校、高新技术企业、金融机构转移，引进一批具有影响力、前瞻性的国内外知名研发机构和创新型企业，初步完成传统产业改造提升，培育若干拥有国际领先技术和知名品牌的优势企业，基本建成支撑高端新兴产业发展的智能化基础设施，搭建若干承载新一代信息技术、高端装备、新能源、新材料、高端现代服务、高效都市农业的产业功能区，初步形成生产、生活、生态深度融合和产城有机互动的空间格局，建设成为京津冀产业转型升级示范区。

产业结构层次显著提升。产业转型升级取得新进展，战略性新兴产业占规模以上工业增加值比重高于全省平均水平，现代服务业地位明显提升，传统优势产业中高端产品占比提高，现代高效农业发展取得新进展。

主导产业支撑作用明显。以先进制造业、新能源和智能电网、新一代信息技术、生物医药健康、新材料和节能环保为主导产业的产业体系初步形成。

科技创新能力显著增强。科技创新体系基本建立，科技创新能力明显增强。雄安新区科技成果与保定产业需求实现有效对接，两地科技合作迈上新台阶。

融合发展水平进一步提高。信息技术广泛应用，现代服务业同先进制造业、现代农业深度融合，新产业、新业态、新模式竞相涌现。

协同发展取得新进展。两地协同发展取得重大成效，区域一体化交通网络基本形成，生态环境质量得到有效改善，产业联动发展实现重大突破，公共服务共建共享取得积极进展。

绿色发展取得新成效。天蓝、地绿、水清的生态环境基本展现，绿色低碳循环发展模式初步建立，单位增加值能耗比 2015 年下降 30%、水耗下降 30% 以上、二氧化碳排放量下降 30% 以上，固体废物综合利用率达到 95% 以上，95% 以上企业达到清洁生产标准。

到 2035 年，基本建成现代化产业体系，实现先进制造业、战略性新兴产业、现代服务业协同发展，形成一批有国际影响力的千亿级战略性新兴产业集群，成为现代化经济体系新引擎。涌现一批自主创新能力强的“独角兽”“瞪羚”和“隐形冠军”企业。产业空间布局更加合理，集聚集约效应凸现，成为京津冀高端新兴产业分工格局的重要节点和京津雄科技成果转化转移的新高地。一二三次产业比例达到 5∶35∶60，高新技术产业占规模以上工业增加值比重达到 58%。

到 21 世纪中叶，雄安、保定两地产业发展高度协同，现代化产业共同体全面形成，各项产业发展指标达到国内领先水平。高新技术产业和战略性新兴产业占绝对主导地位，形成一大批有国际影响力的千亿级和万亿级战略性新兴产业集群，成为河北省产业发展新技术、新模式的重要引领者和京津冀高端新兴产业新高地。

三、战略定位

聚焦雄安新区创造“雄安质量”、成为新时代推动高质量发展的全国样板、培育现代化经济体系新引擎和建设高水平社会主义现代化城市的发展目标，按照保定作为北京非首都功能疏解的支撑点、京津产业转移的承接地、外资进入京津雄市场的桥头堡的要求，加快形成与雄安新区要素有序流动、产业配套互动、成果转移转化的协同体系，全力把保定打造成为对接服务雄安新区建设的全国高质量、高水平现代化协同发展示范区，具体定位可以概括为“三区两基地”。

（一）国家科技成果创新转移转化示范区

充分利用雄安新区打造“全球创新高地”的有利契机，主动承担雄安新区高新技术转化功能，积极探索总部与研发在雄安、中试与生产在保定的协同创新合作新模式。鼓励大中型企业和高新技术企业积极参与科技攻关，大力推进科技成果后续试验、开发、应用、推广以及产业化。努力建设一批科技成果孵化转化中心、重点产业技术中试基地，积极争创国家技术转化中心，打造国家科技创新成果转移转化示范区。

（二）京津冀战略性新兴产业集聚区

围绕雄安新区高端高新产业发展需求，超前谋划布局建设一批新一代信息技术、新能源、新材料、现代生命科学、生物技术、节能环保等战略性新兴产业项目。重点攻克一批具有自主知识产权的关键技术，在若干重点细分领域形成先发优势，打造一批具有全球影响力的创新型排头兵企业，建设一批高端高新产业生产制造基地，形成一批高能级战略性新兴产业集群，努力打造与雄安新区协同配套的京津冀战略性新兴产业集聚区。

（三）雄保军民融合产业发展样板区

借助雄安政策优势以及未来强大的技术创新优势，依托保定良好的军民融合基础，促进军民优势资源双向流动、相互转化，培育一批军民融合特色产业集群，形成军民产业相互促进、协同发展的良性循环和全产业链、全价值链集约化发展的崭新局面，加快推动形成雄安—保定共建军民融合样板区，成为全国军民融合产业发展的新典范。

（四）雄安新区生产制造支撑基地

紧紧围绕雄安新区科技创新方向，以基地和项目建设为载体，推动保定与雄安新区高端高新产业上下游企业和关联产业间协同发展，推动传统制造业由加工制造向价值链中高端延伸，做强具有较高附加值和技术含量的汽车制造、高端装备制造业，加快发展与新区高端高新产业相适应的服务功能和配套生产性服务业，加快建设新区重要的生产制造支撑基地。

（五）雄安新区休闲康养及生活服务配套基地

加强保定在雄安新区高品质生活服务配套建设和优质生活圈建设中的支持保障作用，统筹布局教育、商贸、康养和文化旅游等城市功能设施，积极塑造与雄安新区优势互补、互动发展的服务格局，共建雄保优质生活圈，形成高品质高能级、和谐宜居生活城市，着力建设面向雄安新区的高水平健康养老服务、物流、商务、文化旅游基地和服务雄安新区的绿色有机农产品供应基地与休闲观光农业基地。

四、协同共建现代产业体系

雄安新区规划建设对保定产业转型升级提出了新的更高要求，保定必须改变以往产业发展方向与路径，着力推动质量变革、效率变革和动力变革，提升产业链供应链现代化水平，加快锻长板补短板，推动全产业链优化升级，加快促进产业迈向高端化、智慧化、集群化、融合化、绿色化，进一步拓展延伸产业链、提升价值链、完善供应链，加快构建现代产业体系，全面提升产业核心竞争力。

（一）携手打造先进制造业新高地

坚持协同雄安、瞄准前沿、突出特色，按照“错位、承接、配套”发展思路，广聚优质资源要素，强化研发创新引导，推动信息化和工业化深度融合发展形成一批具有引领性的发展领域和优势企业，以汽车、先进装备制造、纺织服装、建材、食品等优势产业为重点，协同雄安新区打造先进制造业基地，建设成为京津冀先进制造业新高地。

做大做强汽车和先进装备制造两大优势支柱产业。抓住雄安新区规划建设的重大机遇，以智能化、绿色化、服务化为发展方向，实施军民融合战略，加快突破汽车和先进装备制造领域的关键技术与核心部件，完善和推广社会资本与政府合作（PPP）开发建设产业新城、产业市镇的做法和经验，鼓励政府、龙头企业与社会资本建立长期战略合作关系，共同打造园区基础设施平台和产业服务体系，加快培育汽车和先进装备制造产业集群。

改造提升纺织、食品、建材三大传统产业。提高纺织服装箱包发展水平，对接雄安新区传统产业改造的新要求，加快推动纺织服装业差别化、品牌化、集约化、绿色化发展，形成一批骨干企业和特色纺织服装产业集群，建成全国重要的家纺、毛毯、箱包生产基地，全国重要的新型纤维素纤维生产基地，国际先进水平特种纤维材料生产基地。配合雄安新区基础设施建设需求，着力提升质量档次和技术水平，构建适应需求、资源节约、环境友好的绿色建材产业集群。以满足雄安新区和京津冀地区需求为重点，瞄准安全、营养、生态、健康发展方向，按照“园区（基地）化、品牌化、国际化”的基本思路，推进食品行业向精深加工制造转变，采用现代营养学技术，改造提升食品加工制造工艺，推动有机食品、保健食品、功能食品等高附加值食品研发，打造区域性绿色食品生产供应基地。

推动制造服务化。实施服务型制造试点示范工程，探索网络协同制造、众包众创、远程服务等新模式，推动企业由生产型制造向服务型制造转变。深化生产和服务企业的专业化分工，支持工业企业将生产辅助服务、研发设计、品牌营销、售后服务、生活服务等外包给社会专业化服务企业。支持有条件的企业分离出非制造环节，组建独立法人企业，提供市场化、专业化服务。加快研发设计、技术转移、创业孵化、科技咨询、节能环保、电子商务、服务外包等生产性服务业专业化发展。面向标准、计量、检验检测、认证认可等领域，搭建质量基础设施“一站式”服务平台，鼓励企业建设供应链管理服务平台，提供供应链规划、物流管理、流程管理、信息支持、融资支持等服务，建设工业云服务平台、金融信用服务平台等公共信息服务平台，增强生产性服务业平台化、集中式服务能力。

促进网络化协同制造。在“制造业＋互联网”方面，加快重点行业互联网平台建设，探索与雄安新区、京津等地协同设计、研发云制造等网络化协同制造模式。支持建设以制造企业为中心的网络化协同制造服务体系，突破资源约束和空间约束，实现企业间协同和社会制造资源广泛共享与集成。提升企业信息化水平。引导制造企业增强信息化方案设计、系统开发和综合集成能力，实现研发设计、生产组织、质量控制和运营管理等子系统互联互通、协同运行。支持软件和信息技术服务企业面向制造企业提供信息化解决方案，开发低成本、高可靠的信息化软件系统，加大应用推广力度，促进两化深度融合。推动云制造服务，支持制造企业、互联网企业、信息技术服务企业跨界联合，实现制造资源、制造能力和物流配送开放共享，提供面向细分行业的研发设计、优化控制、设备管理、质量监控等安全可靠的云制造服务，推动创新资源、生产能力和市场需求的智能匹配和高效协同。鼓励中小企业采购使用工业云服务，承接专业制造业务，外包非核心业务，走“专精特新”发展道路。大力发展工业电子商务，引导大型制造业企业建立在线采购、产品销售和综合服务平台，带动中小企业电子商务发展。支持建设面向重点行业的电子商务平台，有效降低交易成本，提高市场反应速度和资源配置效率。建设覆盖客户需求、研发设计、生产制造、销售服务等全流程，贯穿“产学研金商”等全领域的大数据技术体系和支撑服务体系，引导企业建立信息流、资金流、物流实时并行的数据模型和数据链条，推动大数据产品应用和产业化进程。

（二）借势培育壮大战略性新兴产业

借助雄安新区科技、人才和创新优势，紧紧把握全球新一轮科技革命和产业变革重大机遇，统筹科技研发、产业化、标准制定和应用示范，加快布局协同创新平台与产业园区，不断提升技术创新能力、科技成果产业化能力、产业配套能力，吸引国内外战略性新兴产业领域的企业将中试基地与生产基地落户保定。积极探索发展跨界应用、软硬结合、平台推广、异业联盟、跨界融合、集成创新、并购整合创新等新型模式，加快培育与雄安新区协同发展的新一代信息技术产业，壮大新材料产业和节能环保产业，做优生物医药健康产业，做强新能源产业，超前布局未来产业。人力研发未来网络、太赫兹、可见光（激光）通信、全息显示、自动内容识别、认知计算等技术研发及试验，加强 E 级高性能计算系统、边缘计算（面向物端）、微纳电子器件与集成、光电子（能量光子、信息光子）器件与集成、类脑芯片、超导芯片、量子技术、石墨烯存储等前沿领域研制及产业化，形成一批战略性新兴产业集聚区，打造成京津冀重要战略性新兴产业高地。

（三）配套发展现代服务业

围绕对接雄安新区的需求，着力突出对雄安新区产业发展和生活的服务功能，坚持扩大规模与提高质量并重，创新发展科技服务、现代金融、商务会展、智慧物流等生产性服务业，加快生产性服务业向专业化和价值链高端延伸。挖掘健康养老、文化旅游、现代商贸、居家服务等生活性服务业发展潜力，促进生活性服务业向精细化和高品质转变。大力培育服务业新业态、新模式，加快服务业与农业、服务业与制造业、服务业各领域之间的融合发展，推进相关服务业态和环节整合重组，构建交叉渗透、交互作用、跨界融合的产业协同发展生态系统，培育发展服务业新业态、新模式。完善智能化、高端化、多样化的服务供给，形成优质高效、充满活力、竞争力强、与现代化经济体系相适应的服务业发展格局，把现代服务业培育成为保定市经济发展的重要引擎。结合雄安新区及保定综合交通枢纽、大型公共设施、商业综合体、城中村改造等重大项目建设，加快建设一批商务综合体、产业园区、商务楼宇等功能载体，重点培育一批产业集聚度高、功能完善、辐射力强的现代服务业功能区，开展现代物流、金融服务、科技服务、电子商务、旅游休闲等领域功能区的规划建设，注重对新兴服务业功能区的培育。加强各功能区与雄安新区的互动。对已规划形成的服务业功能区或集聚区，通过优化整合、信息化改造等措施，进一步提升其服务功能。

（四）做精做优现代高效农业

立足保定农业基础，推进农业供给侧结构性改革，对接雄安、京津市场，深入实施乡村振兴战略，融入科技、人文等元素，加快改造、提升、重塑农业功能和形态，做精、做优现代都市农业，大力发展智慧化农业生产、精品化产品加工、O2O 流通体系、体验化田园消费为一体的高端农业，创建一批田园综合体和现代农业园区，着力打造雄安新区优质绿色农产品供应保障基地，建设一二三产业融合发展示范区，形成科技高端、品质高端、品牌高端的现代农业发展新格局。

大力开发农业多种功能，延长产业链、提升价值链、完善利益链，实施农产品加工业提升行动，建设现代化农产品冷链仓储物流体系，实施休闲农业和乡村旅游精品工程，打造“四个农业基地”。一是建设服务新区的绿色农副产品供应基地。适应雄安新区高品质、多元化、个性化消费需求，积极发展高效绿色生态农业，全域开展国内国际标准比对行动，推进农产品标识和质量可追溯，建设一批特优农产品标准化示范基地和无公害、绿色有机食品生产基地，打造以蔬菜、肉禽、特色农产品为核心的绿色农副产品供应基地。二是打造面向京津雄的育种栽培示范基地。充分对接雄安新区的苗木、花卉育种和栽培等研发职能，发挥新区周边区县土地资源丰富、西部山区生态多样性优势，与新区农业部门或农企签订长期土地租赁合同，建设资源共享、信息互联、人才互通、产业联动的育种栽培示范基地。三是建设面向京津冀农业科技成果转化基地。瞄准雄安新区国家农业科技创新中心定位，全面落实农业科技创新战略合作协议，打造面向京津冀、服务雄安，集科研、生产、销售、科技交流、成果转化为一体的农业科技成果转化基地。四是建设服务新区的都市农业休闲基地。按照“市场导向、优势互补、资源共享、特色鲜明、共赢发展”的原则，统筹规划雄保两地休闲农业建设，共同打造一批休闲农业精品旅游线路和主题突出、要素完善、功能丰富的乡村旅游集群片区。建立雄保休闲农业公众服务平台，加强休闲农业品牌合作，开展休闲农业人才培养，策划休闲农业大型推介活动。

五、政策与保障措施

推动雄保产业协同发展是一项复杂的系统工程，要坚持目标导向和问题导向，主动对标雄安新区，积极借鉴国内外先进地区成功经验，从国家、省、市不同层面，统筹研究财税、金融、土地、生态、科技、改革、开放等政策措施，为保定深度融入雄安新区规划建设提供重要保障。

（一）加大资金和项目支持力度

积极争取国家各类专项资金支持，争取中央、河北省支持雄安新区建设资金适当延伸落实到保定，优先支持雄保对接项目建设。对于基础设施、新能源、环保、建材等雄安新区建设初期急需的产业项目，争取中央、省及有关部门在资金及投融资政策等方面的支持。争取将北京疏解的部分国企央企总部、科研、高校、医疗等有序分层次地向保定落地。

（二）解决雄保协同发展体制机制障碍

加快消除限制资本、技术、产权、人才、劳动力等生产要素自由流动和优化配置的体制机制障碍，加快破解行政壁垒和制度障碍，促进生产要素自由流动，建立雄保优势互补、互利共赢的区域一体化发展制度体系。建立和完善促进公平竞争的市场规则体系。落实公平竞争审查制度，促进生产要素在雄保两地顺畅流动，推动金融、土地、技术和信息等要素市场一体化改革。

加快构建行政管理协同、基础设施互联互通、生态环境保护联动、协同创新、产业协同发展等体制机制，探索可复制、可推广的先行先试政策体系。针对基础设施等投资规模庞大、地方财政难以支撑的项目，建议河北省政府放松投融资管制，创新投融资模式，吸引社会资本参与。积极争取省级投融资平台支持，推进重大项目和重点工程建设。对轨道交通、污水处理、收费公路等有一定收益的公益性重点工程，发行转型债券、项目收益债券等专项债券。探索“先建后验”管理模式，开展企业投资项目承诺制试点。鼓励开发性和政策性金融机构在基础设施、公用事业、生态建设、高端产业发展等方面给予保定中长期信贷支持。加强与投资机构、保险公司、担保机构及商业银行的合作，探索建立投保贷序时融资模式。

（三）统筹搞好与相关规划的衔接

坚持以雄安新区规划纲要为统领、以控制性详细规划为重点、以专项规划为支撑，形成全域覆盖、分层管理、分类指导的规划体系。加紧修编保定土地利用总体规划和城市总体规划，树立“规划一张图、建设一盘棋”发展理念，积极开展战略规划、产业规划、城市规划、土地规划等“多规合一”工作，注重产业规划引导，加强产业发展与土地利用总体规划、城市总体规划和主体功能区规划的衔接。切实做好国土空间开发布局，明确划定生态保护功能区、农业功能区、城市功能区、产城互动功能区，切实解决规划交叉、冲突、重复建设和资源浪费等问题。做好与周边区域规划衔接，加强新区及毗邻地区管控，促进协调发展。建立雄安新区与周边县市经常性对接机制，解决好区域协同发展规划建设问题。对新区周边协调发展区实施统一规划、严格管控。加强与新区在城市、交通、产业、生态等规划上的无缝衔接，为服务新区预留提前量，统筹承接北京非首都功能疏解，实现规划协同、产业联动。

（四）争取保定服务新区的项目与新区同享土地政策

为解决保定为新区配套服务的基础设施、相关产业用地问题，争取国家给予保定服务新区的项目和基础设施与新区相同的用地政策，并由省级主管部门统筹解决与新区建设有关的占补平衡指标。争取国家、省增加保定建设用地指标，核减耕地保有量规模和基本农田，建议根据对接新区项目的重要程度给予优先解决，并在年度建设用地指标、农用地转用、城乡建设用地增减挂钩指标等方面对保定给予倾斜。探索土地一次性整体转征、分步开发利用政策，由保定牵头统筹负责，与省部门协调解决下属各县乡的土地诉求。

（五）加强互联互通基础设施建设

配合雄安新区建设，加强基础设施、公共服务设施同城化规划与建设。加强与新区合作，探索保定出地、雄安出资等灵活方式，促进新区与周边区域污水、垃圾处理厂等大型市政基础设施共建共用，避免低效、重复建设。对接新区智慧绿色交通体系，打造保定与新区交通信息共享平台，提升综合交通衔接的智能化水平与服务便捷度。加强与新区交通对接，争取国家为保定服务新区的基础设施建设提供政策支持，解决建材通道等对接新区的交通基础设施落地问题。打造互联互通的对外交通网络，积极争取与北京大兴国际机场、新区周边高速公路、国省干道衔接，并在合适位置设置高速公路互通出入口。

（六）协同建立横向生态补偿机制

加快建立生态保护财政转移支付机制，与新区建立横向生态保护补偿机制和生态建设投入激励机制、生态补偿额度与水环境保护效果挂钩机制。制定跨界断面水质监测方案，科学选择资金补偿、对口协作、产业转移、人才培训、共建园区等补偿方式，促进生态补偿横向转移支付常态化制度化。对新区周边区县因保护生态环境而造成的财政减收，在财政转移支付资金分配时纳入考虑。将大清河水系等与白洋淀紧密相关的上游河流纳入国家公园或省级生态保护区范围，使保定全境纳入新区环境治理重点支持区域，推动新区通过资金补偿、对口协作、产业转移、人才培训、共建园区等方式向白洋淀上游区域生态补偿。

（七）大力改善营商环境

打造现代化政府服务体系。充分借鉴雄安新区在监管体系、审批流程、商事制度建设等方面的经验，加快提升营商环境法制化、国际化、便利化水平。继续推动“放管服”改革，降低市场运行成本，改善投资和市场环境。全面推行清单管理制度，建立健全清单动态调整公开机制。建立集办公、审批、对外服务、监察、信息公开等于一体的全市统一智慧政务平台。

全面深化商事登记改革。开展“证照分离”“多证合一”改革，扩大电子营业执照范围，推进企业登记全程电子化，实行证照联办。实行登记事项限时办结制度，办理时限不超过 3 个工作日，其中名称核准、备案、换照等简单事项不超过 1 个工作日。推动商事登记与银行开户衔接，缩短银行开户时间至 5 个工作日。

切实简化企业投资审批。开展全流程、全覆盖的工程建设项目审批制度改革，通过精简审批事项和条件、下放审批权限、合并审批事项、调整审批时序、转变管理方式、推行告知承诺制等措施，完善审批体系，提高审批效率。

加快创造公平竞争环境。落实国家市场准入负面清单制度，坚决打破“卷帘门”“玻璃门”“旋转门”。清理废除妨碍统一市场和公平竞争政策文件，执行公平竞争审查制度，废除现有政策措施中涉及地方保护、指定交易、市场壁垒等的相关内容，营造更加公平的市场准入环境。实施最严格的知识产权保护，实施侵犯知识产权行政处罚案件信息公开，将故意侵犯知识产权行为纳入企业和个人信用记录。

（八）健全充满活力的人才支撑体系

深入实施人才优先发展战略。设立高级别人才工作领导小组，成立保定市招才局。实行“虚拟机构、实体运行”，对全市人才工作职能、政策、资金、力量进行统筹，实现一个“窗口”对外，一张政策清单，专项基金“一个口子报、一个口子出”。

积极推进人才改革试验区建设。在人才培养引进、评价使用、流动配置、激励保障等方面先试先行，集聚引进一批新经济领域的高层次人才。探索完善人才柔性引进方式，大力吸引“候鸟型教授”“星期天工程师”等为保定发展服务。大力引进海外留学人才来保定创新创业，择优给予留学人才创业项目资助和贴息贷款。

加大人才培养力度。向大型企业下放高、中级职称和高、中级技能人才评审权，鼓励行业协会等社会力量参与人才评价工作，建立从基层单位选拔人才的标准与操作办法。充分借助本地高等院校的便利条件，通过加大创业扶持力度、增加大学生创业贷款、提供灵活就业补贴等方式留住本地人才。探索符合保定实际的校企合作机制，培育高素质实用型技能人才。

打造人力资源服务最优环境。建设人力资源服务基地以及各类高层次人才创业创新基地、留学人员创业园等平台，做好“千人计划”及国际人才交流平台建设。探索新型人口管理制度，实行更加宽松的人才引进政策。支持高水平研究团队整体迁入，团队成员可全部享受高端人才引进政策。优化人才服务保障体系，保障人才住房需求，在子女就学、配偶就业、医疗服务等方面提供便利。

（九）全面提升开放合作水平

加强产业国际深度合作。加快设立开放实验室、产业创新联盟、创新孵化器、集成创新网络等多种模式，加强与跨国企业、研究机构和高校之间的战略合作。面向全球提供产业云、供应链管理、大数据分析、网络协同设计、精准营销、增值服务创新、品牌推广等服务，培育具有全球影响力的“互联网+”应用平台，进一步增强整合和利用国际创新资源的能力，提高国际化经营能力和服务水平。

促进引资引智引技上规模、上水平。加强与世界一流跨国公司的合资合作，吸引资金、先进技术，支持跨国公司在保定设立研发中心、采购中心、管理中心。推动本地企业与世界500强企业、国际知名高端企业开展个性化、“量身定制”项目对接，从产品加工、销售等业务入手逐步深化资本、技术合作。

支持企业走出去。积极融入共建“一带一路”倡议，鼓励汽车、高端装备制造、新能源等优势企业加快发展国际总承包、总集成服务，带动包括装备、技术、标准、品牌在内的优势产能输出。积极引导龙头企业在境外开展并购和股权投资、创业投资、联合经营，设立分支机构和研发中心、实验基地和全球营销服务体系。加快建设境内中外合作产业园，合作建设“两国双园”海外产业园。

探索“飞地经济”合作形态。打破区域行政界限，依托现有园区，与雄安新区开展优势互补、设施共建、利益共享的“飞地经济”合作，建设一批“园中园”“飞地园”“共管园”等产业转移园区。不断创新“飞地”合作模式，推动以资金、技术成果、品牌、管理等多种形式参与合作。

专题篇

第二十三章

关于新旧动能转换问题

当前，国际环境复杂多变，国内经济增长动力、资源要素条件等都发生了较大变化，我国经济已由高速增长阶段转向高质量发展阶段，新旧动能转换的形势迫切、任务繁重。加快推动新旧动能转换问题的研究，探索新时代新旧动能转换的有效路径，加快新旧动能平稳接续、协同发力，能够为我国经济高质量发展打开新通道，不仅关系当前，也关系长远，意义十分重大。

一、新旧动能转换提出的背景

2015 年 10 月 18 日，习近平总书记在接受路透社采访时指出“中国经济发展进入新常态，正经历新旧动能转化的阵痛，但中国经济稳定发展的基本面没有改变”。2016 年和 2017 年国务院政府工作报告中再次提及“新旧动能转换”问题。2017 年，国务院办公厅专门出台《关于创新管理优化服务培育壮大经济发展新动能、加快新旧动能接续转换的意见》（国办发〔2017〕4 号）。2017 年 4 月，国务院总理李克强在北京主持召开“贯彻新发展理念培育发展新动能”座谈会时提出，新动能覆盖一二三次产业，重点是以技术创新为引领，以新技术、新产业、新业态、新模式为核心，以知识、技术、信息、数据等新生产要素为支撑，体现了新生产力发展趋势，是实体经济发展升级的强大动力。发展新动能，一是必须坚持“增量崛起”与“存量变革”并举，既要培育发展前景广阔的新兴产业，也要化解淘汰过剩落后产能，运用新技术改造提升传统产业，实现“老树发新枝”，促进社会生产力整体跃升。二是要推动有效投资和消费升级互促共进，把国内巨大市场需求作为“导航灯”，大力补上短板，促进产品和服务创新，实现更高水平上供需结构的匹配和优化。三是不仅立足国内市场，也要主动参与国际竞争，抓住世界新一轮科技革命和产业变革机遇，积极培育对外开放新优势，拓展发展空间。2018 年 1 月，为更好发挥山东在全国新旧动能转换中的先行先试作用，培育壮大经济发展新动能、加快新旧动能接续转换，国务院批复《山东新旧动能转换综合试验区建设总体方案》，这是全国第一个以新旧动能转换为主题的区域发展战略，探索在新常态下新旧动能转换的有效路径和有益经验，推动山东新旧动能转换率先突破，形成具有可复制、可推广的经验，在全国推动新旧动能转换中发挥示范引领、辐射带动作用。2019 年，中共中央、国务院发布《关于推进贸易高质量发展的指导意见》提出，推动东部地区新旧动能转换，实现贸易高质量发展。2019 年国务院《政府工作报告》指出，坚持创新引领发展，培育壮大新动能。发挥我国人力人才资源丰富、国内市场巨大等综合优势，改革创新科技研发和产业化应用机制，大力培育专业精神，促进新旧动能接续转换。2021 年，国务院办公厅批复《济南新旧动能转换起步区建设实施方案》，要求起步区立足新发展阶段、贯彻新发展理念、构建新发展格局，着力加快新旧动能转换，着力创新城市发展方式，着力保护生态环境，着力深化开放合作，着力完善体制机制，走出一条绿色可持续的高质量发展之路。2022 年，国务院印发《关于支持山东深化新旧动能转换推动绿色低碳高质量发展的意见》提出，支持山东在深化新旧动能转换基础上，着力探索转型发展之路，进一步增强区域发展活力动力，加快推动绿色低碳高质量发展。

我国已步入工业化后期，顺利实现经济发展阶段转变，关键在于新旧动能转换。从当前情况看，制约新动能发展和传统动能改造提升的瓶颈，有技术创新不足的问题，也有体制机制和政策环境方面的问题。应该看到，长期积累的结构性矛盾逐步显现，传统旧动能的支撑力量在消退。①与此同时，新一轮科技革命和产业变革催生了大量新技术、新产业、新业态、新模式，为我国加快新旧动能转换提供了重要机遇。推进新旧动能转换，既要加大力度支持新技术、新模式、新业态、新产业，实现“无中生有”，打造经济增长的新引擎；又要致力于传统产业转型升级，实现“有中出新”，推动传统产业高端化、低碳化、智能化改造，促进“老树发新芽”。只有两者相辅相成、有机统一，才能顺利实现新旧动能接续转换。

二、山东动能转换成效总体评价

山东是经济大省、人口大省、资源大省，产业门类齐全，南北连接京津冀、长三角两大世界级城市群，东西贯通黄河流域广阔腹地，是我国南北过渡、东西双向互济的战略节点，是“一带一路”重要枢纽，在全国发展大局中具有特殊的重要地位，有基础、有能力、有责任率先为全国新旧动能转换探索新路径、创造新经验。但也要清醒地看到，产业层次低、质量效益差、污染排放重的资源型、重化型产业结构，一直是山东发展的“心头之痛”。土地、能耗、环境容量接近“天花板”，周期性、体制性、结构性问题叠加，新老矛盾交织，山东新旧动能转换正处在“攻坚期”，山东新旧动能转换的形势迫切、任务繁重，需要付出长期艰苦努力和代价。

2018 年以来，山东省委、省政府牢记习近平总书记殷殷嘱托，强化担当意识、责任意识和使命意识，践行新发展理念，牢固树立正确政绩观，面对经济下行压力，明确提出要从单一 GDP 增长速度“情结”中解放出来，不竞攀 GDP，不要“GDP 的热闹光鲜”，更不要“带血的 GDP”和“高污染、高耗能、高排放、低产出的 GDP”。坚定不移把新旧动能转

① 白和金：《21 世纪初期中国经济发展的基本战略》，《天津经济》，2000 年第 3 期，第 3—5 页。

换作为贯彻新发展理念和推动高质量发展的“牛鼻子”，全力实施新旧动能转换重大工程，攻坚克难，砥砺前行，持续推进“腾笼换鸟、凤凰涅槃”，顶住动能转换的“阵痛”，坚决挤压水分、夯实数据，坚决淘汰落后动能，坚决改造提升传统动能，坚决培育壮大新动能。深耕“十强”现代优势产业集群，努力在转方式、调结构、增效益上发挥“领头雁”作用，努力建设成为全国新旧动能转换样板区。山东新旧动能转换“三年初见成效”，主要指标好于全国、好于预期，发展环境、经济结构、质量效益、体制机制正在发生脱胎换骨的系统性重塑，奋力蹚出一条高质量发展的新路子，加快形成新动能主导经济发展的新格局，为全面开创新时代社会主义现代化强省建设新局面、建设现代化经济体系、积极融入新发展格局提供了强大支撑。成绩来之不易，经验弥足珍贵，应当给予充分肯定。

（一）综合经济实力稳步提升

2018 年以来，经济总量实现新突破，主要经济指标稳步提高。2020 年，全省地区生产总值和人均地区生产总值分别为 73129 亿元、70653 元，近 3 年年均分别增长 5.1%、5.8%。社会消费品零售总额近 3 年年均增长 4.6%。即便在受新冠肺炎疫情影响的 2020 年，全省经济依然在短暂波动后快速回升、逆势而上，主要指标好于全国、好于预期。2020 年，全省地区生产总值增速由负转正，按可比价格计算同比增长 3.6%，高于全国 1.3 个百分点；固定资产投资同比增长 3.6%，高于全国 0.7 个百分点；工业特别是制造业发展逆势而上，全年规模以上工业增加值增长 5.0%，高于全国 2.2 个百分点。山东严格核实调整统计基数，“去水分”和“去产能”工作力度空前，在扎实推进新旧动能转换过程中始终保持全国第三的经济体量，实现了“促转换”和“稳增长”的双重目标（根据山东省发展改革委和山东省统计局提供的数据资料测算）。

（二）产业转型升级取得新突破

2018 年以来，山东加快构建现代产业体系，新兴产业快速增长，传统产业提质增效加速，新旧动能转换成效逐步显现。一二三次产业结构由 2017 年的 7.7 : 42.7 : 49.6 调整为 2020 年的 7.3 : 39.1 : 53.6。服务业对经济增长的贡献率由 2017 年的 59.6% 提高到 2019 年的 78.4%，服务经济为主导的产业结构持续巩固。以新技术、新产业、新业态、新模式为代表的“四新”经济高速成长，引领山东经济发展动能加速转换，成为强劲活跃增长极。“四新”经济增加值 3 年间年均增速超过 20%，占地区生产总值比重由 2017 年的 21.7% 提高到 2020 年的 30% 以上。新一代信息技术、高端装备、新能源新材料、现代海洋、医养健康、高端化工、现代高效农业、文化创意、精品旅游、现代金融服务“十强”产业做优做强做大，占全省生产总值比重稳定在 50% 以上。2020 年，“十强”产业逆势快速壮大，前三季度实现增加值增长 4.7%，其中五大新兴产业增长 6.7%，五大传统产业增长 3.3%，分别高于同期地区生产总值增速 2.8、4.8 和 1.4 个百分点。截至 2020 年底，全省 73 个“雁阵形”产业集群规模突破 4.5 万亿，7 个集群入选首批国家战略性新兴产业集群，数量居全国首位（根据山东省发展改革委和山东省统计局提供的数据资料测算）。

（三）科技创新能力大幅提高

2018 年以来，山东科技创新综合能力显著提升，区域创新能力居全国第六位。2021 年，全省研发投入占生产总值的比重达到 2.34%。2020 年，PCT 国际专利申请量达到 3013 件，是 2017 年的 2.23 倍；每万人有效发明专利拥有量达到 12.4 件，比 2017 年增加 4.83 件。高新技术产业蓬勃壮大，2020 年高新技术产业产值占规模以上工业总产值比重达到 44.5%，较 2017 年提升近 10 个百分点；2020 年高新技术企业数量 1.46 万家，较 2017 年实现数量翻番。科技强企方阵初具规模，截至 2020 年 12 月，全省拥有国家级科技企业孵化器98家，国家级众创空间242家，分别居全国第三位、第二位；国家级企业技术中心达到198家，位居全国第一；入库国家科技型中小企业18203家，是2019年的1.91倍。产业技术研究院、高等技术研究院等新型研发机构设立运营。一批拥有自主知识产权、打破国外垄断、填补国内空白的重大关键技术实现突破，技术“领跑”领域不断扩大，“蓝鲸2号”“蛟龙号”等“国之重器”世界领先，量子计算、农业、装备制造等领域科技创新能力领先全国，新一代神威E级原型机系统在国家超级计算济南中心完成部署并正式落成启用，潍柴动力“重型商用车动力总成关键技术及应用项目”获得2019年国家科技进步一等奖，威高集团自主研发的血液透析技术打破国外垄断，时速600千米高速磁浮试验样车在青岛下线（根据山东省发展改革委和山东省统计局提供的数据资料测算）。

（四）经济质量效益持续向好

全员劳动生产率从2017年的11.0万元/人提升至2021年的15.1万元/人。全省一般公共预算收入从2017年的6098.6亿元增长到2021年的7284.5亿元，年均增长4.5%，规模居全国第五位；2020年在新冠肺炎疫情严峻冲击下仍实现正增长。在大力实施减税降费政策的情况下，全省一般公共预算收入达到6560亿元，比上年增长0.5%，税收收入达4758亿元，充分反映出经济运行回升的向好态势和新旧动能转换的良好成效。质量品牌声誉稳步上升，2021年全省认定驰名商标804件，数量稳居全国首位，比2017年增加81件；地理标志商标792件，连续10年居全国首位（根据山东省发展改革委和山东省统计局提供的数据资料测算）。

（五）体制机制活力显著增强

2018年以来，山东紧扣动能转换的难点堵点痛点，加快推进国有企业、投资审批制度、开发区体制机制、“亩产效益”评价、扩权强县等重点领域改革。全省形成70多项制度创新和流程再造成果，累计削减省级行政事项4000多项，取消下放省级行政权力847项（次），省、市、县三级行政权力事项分别压减54.4%、42.6%、24.2%，企业开办时间由2016年的20天压缩到目前的1天办结，“一网受理、一链办理、一网通办”全面推开，“掌上办”服务事项突破2000个。营商环境大幅改善，在全国工商联2020年“万家民营企业评营商环境”调查中进入前6强，“全面减权放权授权”“一业一证”改革2个案例入选《中国营商环境报告2020》最佳实践案例。制度改革创新极大地激发市场主体的活力和潜能。2020年底，全省市场主体总数达1185.8万户，近三年累计新增47%，特别是2020年以来克服新冠肺炎疫情影响，全省新登记市场主体221.4万户，其中新登记企业79.5万户，增长11.7%，私营企业数占新登记企业的99.3%。“领航型”企业加快壮大，截至2020年底，全省境内外上市公司总数达到334家，比2017年底增加55家；2016年，全省还没有市值过千亿元的上市公司，2020年底达到8家；全省独角兽企业总数累计达到13家（根据山东省发展改革委和山东省统计局提供的数据资料测算）。

（六）开放型经济迈上新台阶

2018年以来，山东深度参与“一带一路”、中韩自贸区建设，推动高质量“双招双引”，“引进来”“走出去”并行扩大，开放的深度和广度持续提升，为新旧动能转换拓展新空间。经济外向度从2017年的28.29%上升至2020年的30.10%。2020年，全省实现货物进出口22009.4亿元，同比增长7.5%，高于全国5.6个百分点，其中出口同比增长17.3%，高于全国13.3个百分点。2020年，全省实际使用外资达到176.5亿美元，同比增长20.1%，增幅高于全国15.6个百分点；高技术产业吸收外资能力持续增强，实际使用外资29.3亿美元，同比增长93.9%。外资活跃度显著提升，世界500强企业在山东投资53个项目，投资额度达46.5亿美元；新设外商投资企业 3060 家，同比增长 21.6%。国家战略平台集聚效应凸显，自贸试验区吸引注册企业 4.58 万家，青岛上合示范区现代贸易、区域物流、双向投资合作和商旅文交流发展“四个中心”建设初现雏形（根据山东省发展改革委和山东省统计局提供的数据资料测算）。

（七）济青烟“三核”引领作用不断增强

《山东新旧动能转换综合试验区建设总体方案》（以下简称《方案》）实施三年来，山东半岛城市群龙头作用明显提升，完成济南、莱芜行政区划调整，全面启动省会、胶东、鲁南三大经济圈一体化建设，济南、青岛、烟台三个核心城市在新旧动能转换方面率先取得突破，尤其是在新兴产业培育、传统产业改造提升、体制机制创新、要素保障支撑等方面取得了不俗的成绩，辐射带动能力显著增强。2019 年，三市实现生产总值 28838.1 亿元，占全省 GDP 比重为 40.6%，比 2017 年增加 1.1 个百分点；2020 年，三市 GDP 占比达 41.5%。随着“三核”对周边地区辐射带动效应的不断释放，城乡区域发展协调性持续增强，“三核引领、多点突破、融合互动”的发展格局初步形成（根据山东省发展改革委和山东省统计局提供的数据资料测算）。

（八）重大基础设施水平全面跃升

2018 年以来，山东统筹规划和加强对内对外交通基础设施建设，构建高铁和公路网络，推动交通基础设施互联互通。铁路建设取得重大突破，济青、潍莱等 4 条高铁建成通车，新增通车里程 870 千米。截至 2020 年底，全省高速铁路通车里程达到 2110 千米，由 2017 年底的全国第 13 位跃居全国前列。省内高铁实现成环运行，设区市站点覆盖率达到 81%，“四横六纵”高铁网不断完善。“九纵五横一环七连”高速公路网络建设不断提速，2020 年底高速公路通车里程达到 7473 千米，六车道以上占比提升到

26%，通车里程从全国第10位提升到第5位，重回全国第一方阵。2020年底，建成菏泽牡丹机场，全省民用运输机场达到10个，居华东地区第1位。加强水运建设，内河航道通航里程达到1150千米，居北方地区第1位。2020年，沿海港口万吨级及以上深水泊位达到340个，货物吞吐量16.9亿吨，居全国第2位。山东港口与180多个国家和地区、700多个港口实现通航，集装箱航线数量和密度稳居我国北方港口第1位。胶东调水、引黄济青改扩建等水利工程相继建成。新一代信息基础设施建设超前部署，建成开通的5G基站超过5.1万个，居全国第4位（根据山东省发展改革委和山东省统计局提供的数据资料测算）。

（九）绿色生态发展成效彰显

《方案》实施以来，山东能源利用效率大幅提升，2018—2019年，万元GDP能耗累计下降7.74%。以煤炭为主的能源结构持续优化。2020年，全省新能源和可再生能源发电装机达到4791.2万千瓦，是2017年的1.8倍；占电力总装机比重从2017年的19.4%提高至2020年的30.8%；发电量占全社会用电量比重从2017年的6.5%提高至2020年的11.9%。光伏发电和生物质发电装机均居全国首位，风电装机居全国第四位。大力推进“四减四增”，高耗能高排放行业投资持续减弱，环境质量明显改善。2020年，全省优良天数比例平均为69.1%，高于2017年4个百分点；PM2.5平均浓度较2017年下降14.8%，全面完成“十三五”任务。全省16市166条黑臭水体全部消除，2020年国控地表水断面优良水体比例为73.5%，较2017年提高18.1个百分点；达到或优于Ⅲ类标准的城市集中式饮用水水源地比例超过98%。海洋综合治理成效显著。2020年，全省近岸海域水质优良比例达到91.5%以上，累计修复岸线247千米、海域2300多公顷，建设沿海防护林工程7.6万亩，原长岛县获评全国“绿水青山就是金山银山”实践创新基地，青岛、威海、日照三市入选国家“蓝色海湾整治行动”城市，占全国数量的30%。全省三年累计完成造林580万亩，开创了

“山青水绿气清”的美丽山东新局面（根据山东省发展改革委和山东省统计局提供的数据资料测算）。

总的看，山东新旧动能转换实施进展顺利，经济运行逆势而上，高质量发展厚积成势，主要指标完成较好，新旧动能转换“三年初见成效”，成绩来之不易。这些成绩的取得，充分证明党中央、国务院的战略决策是科学正确的，省委、省政府的各项举措是有力有效的，这是坚持以习近平新时代中国特色社会主义思想为指导，深入贯彻习近平总书记对山东工作重要指示要求的实践成果，是全省广大干部群众拼搏奋斗的结果。

三、面临的问题和挑战

改革开放以来，山东经济在较长时期内增速一直高于全国。但从2008年以后，经济增速开始回落，2012年首次回落到9.8%，2021年降到8.3%，地区生产总值达到83095.9亿元，居全国第三位，仅次于广东、江苏两省。无论是总量规模还是质量效益，山东与广东、江苏的差距越来越大，面临着“标兵越来越远、追兵越来越近”的局面。同时，各种矛盾和问题更加凸显，山东经济“大而不强”，突出表现在旧动能减弱、新动能不强，周期性、体制性、结构性问题叠加，新老矛盾交织，新旧动能转换正处在“接续期”“攻坚期”，形势紧迫、任务艰巨，面临不少问题和挑战。

（一）新旧动能接续需持续发力

山东产业结构偏重、层次偏低，传统动能占主体地位，特别是传统重化工业发展积淀深、比重大，多数产业处于价值链中低端，产业基础能力高级化和产业链现代化水平不高，转型升级压力大。新兴产业占比低，新经济规模偏小，新业态、新模式处于起步或跟跑阶段，新动能的成长难以弥补旧动能的下滑。从新经济规模看，2018年山东数字经济占GDP比重为32.8%，而广东、福建、江苏分别为43.2%、39.1%、34.8%[①]。从新经济增长速度看，2019 年山东高技术产业增加值同比增长仅 1.7%，分别低于全国、广东、浙江、江苏同期增速 7.1、5.6、12.6、5.1 个百分点。

（二）财政收支矛盾十分尖锐

山东虽然是我国第三经济大省，财政收支总量较大，但长期以来人均财政保障水平偏低，地方财政一直处于紧运行状态。2019 年，山东人均财政收入居全国第 12 位，而人均财政支出居全国第 30 位，两者落差幅度为全国最大。特别是目前山东新旧动能转换进入攻坚期，尚未形成新动能主导经济发展的格局，新动能贡献的税收难以抵消去产能所减少的财税收入，财政压力持续加大。

（三）资源环境约束日益趋紧

山东作为全国重要的能源和原材料生产基地，能源消耗总量、主要污染物排放总量均居全国前列，节能降耗、污染减排难度加大，资源环境承载力接近上限。能源消耗占全国的 8.5%，其中煤炭消费量占全国的 10.6%；二氧化硫、氮氧化物、化学需氧量排放总量居全国第一位，万元生产总值能耗为 0.58 吨标准煤，高于广东、江苏等省。温室气体排放总量位居全国第一，煤炭、石油等化石能源燃烧排放占二氧化碳总排放量的 78%、消费占比超过 80%，化石能源开发利用造成的环境问题日益突出。山东建设用地后备资源明显不足，新项目落地存在很大压力。水资源极为紧缺，人均水资源占有量不足全国的 1/6，仅为世界的 1/24，属于人均占有量小于 500 立方米的严重缺水地区。山东土地、能耗、环境容量已接近"天花板"，严重制约新旧动能转换。

① 由于《中国数字经济发展白皮书（2020 年）》未统计山东省 2019 年发展情况，出于省际可比的考虑，本报告仍然采用 2018 年数据。

（四）自主创新能力亟需加强

山东研发创新投入不足，创新体制机制不健全，科研成果转化率偏低，自主创新能力亟待提高。研发投入明显低于北京、上海、江苏、广东的水平，基础研究和应用基础研究投入偏少，前沿性关键核心技术的自主创新、原始创新乃至颠覆性创新不足，不少领域的基础材料、关键零部件、先进工艺的“卡脖子”问题远没有得到根本解决。关键装备、核心零部件和基础软件等存在较为严重的进口依赖问题，关键共性技术供给难以满足动能转换的需要。科技成果转移转化率不高，创新产出水平偏低。高端领军人才供给短缺，特别是云计算、大数据、人工智能、机器人等快速发展的行业领域面临高层次复合型人才严重不足的制约。两院院士、长江学者、杰青、青年千人、优秀青年专家数量在全国排名第12位，低于北京、上海、江苏。

（五）深层次改革任务依然艰巨

重点领域改革难度加大，国有企业深层次改革攻坚尚未取得突破，民营经济活力不足，民间投资增长速度一直低于广东、江苏和浙江。要素市场化配置不充分，市场配置资源能力和政府服务水平有待进一步提高。营商环境需要进一步提升竞争力、吸引力。开放型经济优势挖掘不够，开放层次不高，国际化服务体系建设相对滞后。①

从面临的挑战看，当今世界正经历百年未有之大变局。国际环境日趋复杂，新冠肺炎疫情影响广泛深远，全球经济深度大调整，逆全球化思潮持续膨胀，世界经济下行风险明显加剧，不稳定不确定因素显著增多，国际经济秩序和经贸规则面临重大调整，全球贸易保护和技术封锁加剧，全球产业链供应链稳定性安全性受到威胁。国内经济下行压力仍存，区域间

① 费洪平：《企业组织类型与区域经济发展》，《经济研究》，1994年第3期，第71—76页。

竞争更加激烈。山东新旧动能转换面临的外部风险隐患明显增多，任务依然十分艰巨，必须做好充分准备，坚持问题导向和底线思维，提前研判风险点，制定相应预案，认真应对、有效解决。

四、政策措施及建议

当前，山东新旧动能转换正处于“攻坚期”，长期累积的深层次矛盾和问题相互交织、相互缠绕，难以在短时间内解决。外部环境的不确定性不稳定性明显增加，《方案》实施仅靠一省之力难以有效持续推动。为确保山东新旧动能“腾笼”与“换鸟”有序接续，实现“凤凰涅槃、浴火重生”和高质量发展，加快建成全国新旧动能转换示范区，迫切需要国家给予大力支持。

（一）加强科技力量战略支撑

长期以来，国家在山东布局的部属高校和高水平科研机构数量较少，与山东经济大省地位极不相称，需要国家支持山东全面提升综合创新能力，创建高水平创新型省份，提升科技创新对新旧动能转换的重大作用。

一是构筑高能级创新平台。加快创建海洋领域国家实验室，构建“1313”四级实验室体系。实施大科学计划、大科学工程，高标准建设中科院济南科创城、海洋大科学研究中心，创建综合性国家科学中心。加快建设国家技术创新中心、产业创新中心、制造业创新中心、临床医学研究中心。支持国家重大科技基础设施落户山东，将大气环境模拟系统、超高速高压水动力平台、海洋生态系统智能模拟设施、吸气式发动机热物理试验装置等大科学装置纳入国家规划。支持中国科学院在山东设立分院。支持济南国家新一代人工智能创新发展试验区建设，布局建设国家人工智能大科学装置。支持济南建设国家量子信息技术实验室济南基地，创建国家量子大科学中心。推动青岛海洋科学与技术试点国家实验室进入国家实验室序列，加快论证通过《海洋国家实验室组建方案》。支持青岛和中国科学院共建海洋大科学研究中心。支持在山东半岛建设国家军民科技协同创新平台，促进军民科技资源共用共享，为青岛国家军民融合创新发展示范区建设提供支撑。支持山东能源研究院创建国家重点实验室，支持山东天岳以企业为主体筹建碳化硅材料国家重点实验室，支持在分子与纳米探针、矿山岩层智能控制与绿色开发等领域争创省部共建国家重点实验室。

二是实施重大科技项目。支持山东在人工智能、5G、集成电路、生物医药等领域通过央地联动，实施一批国家重点科技计划重大项目，支持在国家重点研发计划中设立“透明海洋”“蓝色药库”重点专项；支持将“滨海盐碱地分类开发利用”作为国家重点研发计划和“第二粮仓”重点专项内容；支持山东围绕盐碱地种业创新领域牵头实施种业自主创新“科技创新2030—重大项目”，在量子通信和量子计算机、脑科学与类脑研究、深海空间站等领域参与实施“科技创新2030—重大项目”。支持青岛海洋科学与技术试点国家实验室承担海洋领域军民融合重大专项，支持创建国家海洋军民融合技术创新中心。支持山东在核电装备、新材料等优势领域开展国家科技重大专项成果转移转化试点示范。

三是支持产业创新平台建设。推动国家先进印染技术创新中心建设，支持具备条件的省级制造业创新中心争创国家制造业创新中心。支持山东燃料电池技术创新中心、高端医疗器械技术创新中心、黄河三角洲现代农业技术创新中心升级为国家级技术创新中心。支持浪潮集团云计算装备及服务创建国家级产业创新中心。支持海尔集团、浪潮集团国家跨行业跨领域工业互联网平台做大做强。支持山东省在放射治疗、急危重症等领域创建国家临床医学研究中心。

四是加快区域创新体系建设。支持淄博、威海、泰安、日照、枣庄等开展创新型城市建设；支持日照、菏泽、聊城、滨州、寿光、东营等省级高新区升格为国家级高新区；支持荣成创建以海洋生物产业为特色、蓬莱创建以葡萄酒产业为特色的国家农业高新技术产业示范区；支持枣庄建设国家可持续发展议程创新示范区；支持山东省与科技部共建黄河三角洲农业高新技术产业示范区。

（二）加大财税金融支持力度

山东财政运行紧张，财政收支矛盾突出，支持新旧动能转换资金筹集压力巨大，建议国家进一步加大对山东财税金融支持力度。

一是财政支持方面。建议财政部加大对山东财政转移支付力度。从2021年起，5年内每年给予山东高质量发展专项财力补助100亿元，主要用于支持产业结构调整和重大基础设施建设。在分配均衡性转移支付、县级基本财力保障机制奖补资金等财力性补助资金时，充分考虑人口规模、人均支出水平因素，增加对山东的补助规模，逐步缩小山东人均支出与全国平均水平的差距，对临沂、菏泽、聊城和德州等山东欠发达地区，单独核算转移支付，将民生补助比例提高到中部省份60%的水平，在今后3年给予阶段性财力补助。同时，在安排黄河流域专项奖补资金方面，加大对山东的倾斜力度。此外，山东是农业大省、海洋经济大省，习近平总书记赋予山东打造乡村振兴齐鲁样板、加强经略海洋的重大使命，建议财政部连续3年每年给予50亿元中央专项资金，支持山东创建乡村振兴齐鲁样板示范区；给予50亿元中央专项资金，支持山东推进国家现代化海洋牧场建设综合试点，加快建设海洋强省；给予50亿元中央专项资金，支持潍坊开放发展综试区冷链物流、检验检测认证、农业大数据等国家农业平台建设。

二是税收支持方面。建议国务院有关部门加大对山东外向型经济税收支持力度，允许山东跨境电商零售出口的货物全面实行无票免税政策；将青岛港确定为离境港并对经青岛港中转出口货物实行启运港退税政策。对山东12个海关特殊监管区域，全部推行增值税一般纳税人试点政策。支持海关特殊监管区域功能创新，建设全国性保税仓储中心，培育进口商品保税展示交易平台。

三是金融支持方面。深化中（鲁）日韩金融合作，支持山东在金融国际合作领域先行先试。建议中国银保监会支持在济南设立全国首家科技保险公司。支持在济南、青岛、烟台、威海等市设立中日韩金融合作互惠区，并对济南区域性产业金融中心、青岛财富管理金融综合改革试验区、烟台区域性基金管理中心、临沂金融服务乡村振兴改革创新试验区、枣庄普惠金融改革试验区等加大支持力度。建议中国证监会支持山东省区域性股权市场探索，开展基金份额转让等创新业务。设立全国性绿色金融产品交易中心，组建知识产权交易所。

（三）纵深推进产业转型升级

在当前国内外经济形势比较严峻的情况下，加强山东重大项目建设事关新旧动能接续，是扩内需、调结构、促转型和保增长的迫切需要。全面提升传统产业。推动规模以上工业企业技术改造全覆盖，加大对老工业城市转型支持力度，建设传统产业转型升级示范区。巩固纺织服装、食品、造纸等产业优势，推动钢铁、化工、建材、有色等产业结构调整、工艺革新，打造世界级先进钢铁、高端铝业、现代轻工纺织基地和绿色化工产业集群。强力突破新兴产业。实施战略性新兴产业集约化发展工程，重点围绕新一代信息技术、高端装备、新能源新材料、现代海洋、医养健康等领域，打造具有核心竞争力的新兴产业基地。前瞻布局未来产业，做强氢能及储能、量子科技、空天信息、磁悬浮等示范园区，建好用好山东未来网络研究院等平台。壮大领航型企业，梯次培育一批专精特新的“瞪羚”“独角兽”“小巨人”和“单项冠军”企业。培育壮大数字动能。大力发展人工智能、大数据、区块链等数字产业，打造先进计算、虚拟现实等产业集聚区，力争数字经济核心产业增加值占生产总值比重翻番。加快山东半岛国家级工业互联网示范区建设，实施“云行齐鲁·工赋山东”专项行动，打造 5G 全连接工厂和全场景数字经济园区。加快数字政府、数字社会、智慧城市、数字乡村建设，打造数字强省、智慧山东。建议国务院对山东乃至全国具有示范带动作用的重大项目给予充分授权，对已列入国家规划的，开辟项目审批“绿色通道”；对尚未列入国家规划的，允许山东在条件具备前提下，自主开展前期工作，条件成熟时调整列入国家规划；对山东具备核准权限的“四新”经济领域项目，允许将审批权限下放到市县，开展权责下移试点。

（四）促进区域协调发展

山东区域发展呈现明显的差异性特征，促进新旧动能加快接续转换、统筹区域协调发展工作既面临重大机遇，也存在诸多挑战，特别是促进区域协调发展的体制机制还不完善，城乡统筹还不到位，城镇化质量和水平还不够高，中心城市辐射带动作用仍需提升。

一是深入推进经济圈一体化发展。加快省会经济圈同城化，省市一体推动济南新旧动能转换起步区成形起势，打造黄河流域生态保护和高质量发展引领示范区。强化胶东经济圈一体发展，支持青岛建设引领型现代海洋城市。大力推动鲁南经济圈转型跨越，培育济青科创智造廊带、沿黄文化旅游生态廊带、鲁南物流能源廊带、运河文化经济廊带。实施新一轮突破菏泽、鲁西崛起行动，高标准建设国家级功能区和省级新区。

二是将山东半岛城市群建设纳入国家规划。建议由国家层面印发实施《山东半岛城市群发展规划》，更好发挥山东半岛城市群龙头作用，加快对接融入国家区域发展重大战略。支持打造国际先进制造中心、现代服务经济中心、全球海洋经济中心、全国数字经济高地、全国现代农业高地、全国文旅融合高地、全国医养健康高地。

三是强化“三核”引领带动作用。支持济南建设国家中心城市。支持青岛建设全球海洋中心城市。支持烟威一体化建设，在高铁、轨道交通、能源、水利等基础设施方面加大统筹协调力度，加快互联互通进程。支持烟台加快中韩产业园、中日产业园等建设，打造成为对日韩开放合作的新高地。

四是支持潍坊国家农业开放发展综试区和潍柴配套国际产业园建设。潍坊国家农业开放发展综试区是国务院同意建设的全国唯一的国家农业开放发展综合试验区，也是全省新旧动能转换重大工程骨干项目，建议中央编办参照全国自贸区体制机制，设置厅级综试区管委会，实施“扁平化”管理，畅通综试区运行管理和推进落实渠道。为深入贯彻习近平总书记在2018年3月两会上关于潍柴集团发展的讲话精神，全面落实国务院关于山东新旧动能转换的战略部署，建议国家支持潍柴国际产业园建设，推动项目尽快落地。

五是坚持全域推动，落实“四水四定”，强化水资源集约节约利用，全力保障黄河长治久安。支持跨区域共建协同创新平台和“飞地园区”，建设智能制造、高效生态农业、滩区综合整治示范带，打造黄河流域生态保护和高质量发展高地。

（五）推动高水平对外开放

山东作为我国首批对外开放的沿海省份之一，与江苏、浙江、广东等省份相比，开放的广度深度有待进一步拓展，塑造全面开放新格局。积极融入共建“一带一路”高质量发展，巩固传统市场，拓展区域全面经济伙伴关系协定成员国、拉美、非洲等新兴市场，创建中日韩地方经贸合作示范区，推动外贸固稳提质。建设更高水平国际贸易“单一窗口”，开展跨境电商、服务贸易跃升计划。实施山东自贸试验区2.0版，加快上合示范区“四个中心”建设。推进高质量“双招双引”，深化拓展与港澳台地区交流合作。山东毗邻日韩，与日韩经贸往来密切，在中美经贸摩擦加剧的背景下，发挥好山东地缘优势和合作基础，全方位提升与日韩合作的层次和水平，对我国构建新发展格局意义重大。加大支持力度，推动山东深度融入新发展格局，重塑更高水平开放型经济新优势。

（六）强化重大基础设施建设

近十几年来，由于山东处于全国综合交通网的末端，全省跨区域干线通道不足，高速公路双向六车道以上占比有待进一步提高，高铁、城际铁路等高标准快速客运铁路建设水平与人口大省、经济大省地位不符。偏煤的能源结构亟需调整优化，新能源和可再生能源占比偏低。山东水资源调配工程体系不完善，防洪减灾能力有待加强，水安全保障能力与经济社会发展还不适应。信息基础设施水平有待进一步提高。建议国家加快支持山东建设系统完备、高效实用、智能绿色、安全可靠的现代化基础设施体系。

一是交通基础设施。支持交通强国建设试点工作，加快山东港口智慧港口建设试点等示范工程建设。打造世界一流海洋港口。积极培育现代航运综合服务体系，建设山东半岛世界级港口群，打造东北亚国际航运枢纽。深化港口资源整合。加快港区、园区、城区“三区互融”，推动海河陆空“四港”联动，加快实施小清河复航工程。支持济南完善“米”字型高铁网，推进城市轨道交通加速成网，构建“三环十二射”高速路网，打造现代化综合交通体系。支持青岛推进轨道交通向海阳等周边区域延伸通达，加快青岛、潍坊、日照和烟台海阳、莱阳同城化发展，打造“轨道上的胶东半岛”。推进烟台港、蓬莱东港扩建等项目的前期准备工作，加快潍烟高铁、莱荣高铁、蓬莱国际机场二期等项目建设进度。争取国家支持德州至商河、莱芜至临沂、枣庄至新沂（徐州）、青岛至聊城至邯郸至长治、滨州（东营）至淄博至莱芜 5 个高铁项目建设，按照 350 千米 / 小时建设标准推进。

二是能源基础设施。建议集中实施一批重大能源项目，保障海阳核电一期稳定运行的同时，支持海阳核电二期、招远核电一期获得核准开工，推动海阳核电三期、荣成石岛湾二期获准开展前期工作。支持启动海上风电融合发展试点示范项目。支持潍坊—临沂—枣庄—菏泽—石家庄 1000 千伏特高压交流输变电、山东泰安抽水蓄能电站二期、青岛 LNG 扩建工程、济南南曹范 LNG 储气调峰一二期、烟台港西港 LNG、龙口南山 LNG 等项目建设。支持滨州推动滨州港航道、油品泊位、液体散货泊位改造提升工程，完善输油管道集疏运体系，扩大对外开放口岸效应。

三是水利基础设施。支持实施烟台老岚、青岛官路、临沂双堠、济南太平、威海长会口 5 座大型水库，20 余座中型水库，以及临沂黄山闸等重大调蓄工程建设。支持南水北调胶东输水干线西段列入国家南水北调东线二期干线工程；支持胶东输水干线中段（引黄济青上节制闸至宋庄分水闸段）、东段（宋庄分水闸至米山水库段）工程作为独立的重大引调水工程尽快启动建设；支持南四湖污染治理工程纳入国家南水北调东线二期工程规划。支持实施引黄灌区农业节水、大型灌区续建配套与现代化改造，以及新建刘家道口灌区、黄河南展宽区灌区等农业节水工程。支持建设东平湖二级湖堤、金山坝加高培厚、黄河分洪入湖通道，以及小清河防洪综合治理、黄河流域重点平原洼地、南四湖水资源北调等重点工程。建议国家在黄河水量分配调整方案中保持山东引黄指标稳定，适当增加滨州等城市引黄指标，充分发挥黄河水最大效益。

四是信息基础设施。支持山东构建泛在高速通信网络，加快 5G 商用和 IPv6 规模化商用部署，建设形成天地一体化信息网络。支持大数据基础设施布局，加快重点领域和区域性大数据中心建设。支持济南国家新一代人工智能创新发展试验区建设，开展 5G 网络规模化商用部署，推动先进电磁驱动、载人航天微重力实验室、固体激光等重大科学设施落地建设。支持烟台创建国际工业互联网先行城市。支持青岛建设“世界互联网之都”，打造 5G 全覆盖全融合应用园区。

（七）加快破解资源环境约束

有序推进碳达峰碳中和，组织实施工业、能源、交通等碳达峰十大工程。建立重点领域能耗、煤耗和碳排放监管体系，严格落实“两高”行业“五个减量替代”。加快构建绿色、安全、高效的能源体系，确保非化石能源消费占比年均提高 1 个百分点以上。推进碳排放权、用能权等市场化交易，建设“近零碳”示范工程和碳达峰试点园区。为破解土地、能源、环境容量等资源要素制约，建议国务院允许山东按照“先立后破”的思路，对事关山东大局和长远的重大项目，给予一定的空间容量指标，允许山东先建起来，同时持续加大落后产能、落后技术淘汰力度，有序推进新旧动能接续转换。按照“上大压小、上新压旧、上高压低、上整压散”的原则，坚持“减量替代是常态、等量替代是例外”，坚决腾出发展空间和容量指标，加快实现“四减四增”，有效缩短“空笼期”。

（八）深度融入国家重大战略

山东地处由南向北扩大开放、由东向西梯度发展的战略支点，在全国发展大局中具有重要地位，要探索落实国家战略新举措，放大国家战略集成效应，为形成战略实施合力提供示范。深度融入“一带一路”建设、黄河流域生态保护和高质量发展、京津冀协同发展、长江经济带建设、雄安新区建设，积极参与实施海洋强国、乡村振兴、健康中国、军民融合发展等国家重大战略，特别要积极对接京津冀协同发展战略和雄安新区建设，主动承接北京非首都功能疏解及京津产业转移。加强环渤海地区合作，繁荣发展湾区经济。密切与长三角、粤港澳大湾区、东北地区等的经济联系，构建区域间协作发展机制。深度融入中原城市群、淮河生态经济带等区域战略。

第二十四章

正确认识我国外贸依存度

经过 40 多年的改革开放，我国对外贸易有了长足的发展，对外贸易规模不断扩大。商务部、海关总署数据资料显示，我国对外贸易总额从 1978 年 206 亿美元增至 2021 年 6.05 万亿美元，43 年完成了 290 多倍的增长，2017 年起连续保持货物贸易第一大国地位，服务贸易突破 8000 亿美元，稳居全球第二。[①] 几十年来，我国外贸依存度的波动变化，引起普遍关注。正确看待我国的外贸依存度，深入分析外贸依存度与经济发展的关系，对于制定合理的对外经贸战略，促进经济高质量发展，具有十分重要的意义。

一、不同的看法

外贸依存度，也叫对外贸易系数或贸易密度，最普遍的计算方法是：进出口总额 /GDP，它是衡量一个经济体对外开放程度大小的指标之一。当一国从封闭经济走向开放经济时，外贸依存度则会逐步提高。一般说来，外贸依存度越高，意味着参与国际竞争和国际分工的能力越强。我国对外贸易在世界排名由 1978 年的第 27 位跃升到目前的第 1 位，外贸依存

① 《党的二十大报告辅导读本》，人民出版社，2022 年，第 319 页。

度从1978年的9.8%提高到1990年的30%、2002年的50.2%，2005年升至63.9%，2007年达到66.2%。我国外贸依存度在经历了入世初期的快速增加后，从历史高点开始逐步回落。2008年以来，受世界经济增长乏力、外部需求不振等因素影响，我国外贸依存度呈现下降态势。2009年我国的外贸依存度为45.01%，2011年为50.1%，2012年再度回落3.1个百分点，降到50%以下，2013年下降到46%，2020年降至31.5%。关于目前我国外贸依存度问题，归纳起来主要有三种看法。

一种观点认为，我国外贸依存度比较合理。①我国外贸依存度的提高与世界经济贸易快速发展趋势相吻合。20世纪90年代，随着经济全球化的快速推进，国际贸易增长速度几乎是世界经济增速的2倍，全球平均外贸依存度不断提高。据测算，1970年全球平均外贸依存度为27.9%，1990年升至38.7%，2003年已接近45%。②按市场汇率计算，我国外贸依存度虽高于世界平均水平，但低于发展中国家平均水平。2002年，世界外贸依存度平均为41%，其中发达国家为38.4%，发展中国家为51%，我国为50.2%。③按货物贸易额与实物生产部门增加值的比率计算，我国一、二次产业的外贸依存度低于世界平均水平。2000年世界一、二次产业外贸依存度平均为111%，我国为66%，高于美国的55%和日本的52%，但明显低于德国的133%、法国的120%和英国的118%。2008年，德、韩外贸依存度分别高达73%和92%，新加坡等贸易立国的国家则超过了300%。作为一个高速发展的发展中大国，我国外贸依存度升高有其特殊性和阶段性，从中长期看，由于我国经济规模及市场潜力大的双重优势，我国外贸依存度也会动态发生变化，如2020年以来我国外贸依存度大幅下降。

我国外贸依存度阶段性上升有其合理性：①工业化进程加快是外贸依存度上升的主要原因。改革开放以来，我国一方面积极深化改革，通过市场化改革和制度创新，引进、消化和吸收先进技术，提升改造传统产业；另一方面加大对外开放，主动承接国际产业转移，积极吸引外资，大力发展出口加工制造业。目前，我国已成为名副其实的制造大国，国际竞争力日益提高，外贸持续发展，外贸依存度也相应不断上升。②经济全球化是外贸依存度上升的重要原因。经济全球化和国际产业转移加速带来的贸易转移，使得外贸依存度在全球范围内都处于迅速提高阶段，1980—2008年，世界平均外贸依存度由34.87%提高到53.3%。同期，我国外贸依存度也从12.5%提高到59.2%，与国际发展趋势基本一致。特别是加入WTO后，我国加速融入全球经济，参与国际竞争能力进一步增强。2001—2008年，我国外贸年均增速比世界贸易年均增速高11.1个百分点，外贸依存度相应上升了20.7个百分点。③加入世贸组织以后，我国的外贸依存度从2006年的64%降至2020年的31.5%，国内供给和国内需求对于经济循环起到主要支撑作用。未来随着中等收入人群进一步增加，中国超大规模市场的优势将进一步凸显，我国外贸依存度将逐步降到25%左右。此外，我国外贸依存度上升还与统计口径、计算方法和汇率有一定关系，是综合因素共同作用的结果，具有结构性、阶段性的特点，是伴随着我国经济发展和全球化进程加快的必然变化过程。

另一种观点认为，我国外贸依存度明显被高估。①国内生产总值被低估。外贸依存度的国际比较，要考虑各国GDP构成的差异。一般而言，服务业的可贸易程度较低，因此，GDP中服务业的比重越高，外贸依存度可能越低。各国GDP结构差异明显，例如，美国服务业占GDP的比重高达75%，而我国服务业占GDP的比重为50%多。如果不考虑各国GDP结构上的差异，直接比较各国的外贸依存度，就会包含不合理的成分。合理的国际比较，应该充分考虑GDP构成的差异。一种方法是将商品贸易额占商品GDP（即第一产业和第二产业的增加值）的比重与服务贸易占第三产业增加值的比重进行加权平均；另一种方法是直接用商品贸易额与商品GDP的比值来衡量各国经济的开放程度。世界银行就是用第二种方法来比较的。由于我国服务业发展滞后且比重低，价格相对低廉，一些本应计入GDP的服务业增加值无法获得统计数据，统计的范围比发达国家明显偏小，货物贸易占GDP的比重就显得比较大，服务贸易进出口额相对较小，由此可得，中国外贸依存度明显低于世界上主要的大国经济，更低于所谓的“小国开放经济”。此外，我国具有明显的城乡二元经济结构，使得农民自产自销的商品价格往往被低估，甚至有的并未被计算在 GDP 之中。②按照现行汇率计算，我国的外贸依存度确实偏高。但若根据世界银行按购买力平价估算，我国现行的人民币盯住美元的汇率制度确有可能使人民币被低估，我国外贸依存度将明显减少，低于世界平均水平。③加工贸易出口额被高估。我国对外贸易中约有一半是加工贸易，2005 年，加工贸易进出口总额 6905.1 亿美元，在进出口总额中的比重上升到 52%，超过一般贸易，成为我国第一大贸易方式。由于加工贸易是利用进口的原材料、零部件加工生产后出口的，国内采购和配套率较低，与国内经济联系并不密切，而海关在出口统计时未剔除进口元器件和零部件的价格。由于加工贸易一进一出重复计算，加之相对于一般贸易，其对国民经济的影响只体现在国内增值部分，这在相当程度上推高了我国外贸依存度。如果扣除加工贸易这一块，我国的外贸依存度也将显著降低。④外商投资企业进出口占有很大比重。我国对外贸易中有一半以上商品是由外资企业生产的，从 2001 年到 2004 年，外商投资企业的出口占我国出口总额依次为 50.1%、52.2%、54.8% 和 57.1%。外商进料加工进出口额在我国加工贸易进出口总额中所占比重分别达到 93.5%、90.2%。尽管它可以计算在我国外贸依存度指标里，但它与完全由国内企业生产出口的外贸依存度是不一样的。因此，如果把上述因素都考虑进来，我国外贸依存度并没有名义上显示的那么高。我们不能被当前外贸依存度所迷惑，仅从总量上考察外贸依存度的高低并不能真正说明问题，考察外贸依存度后面的贸易结构可能更为重要。

还有一种观点认为，我国外贸依存度有些偏高。改革开放以来，我国外贸依存度持续快速增长，特别是从 1994 年开始，我国外贸依存度一直稳定在较高水平上。初步测算，2000—2004 年，外贸依存度分别为 43.9%、43.3%、50.1%、60.4% 和 70.0%，2005 年由于人民币的小幅升值，外贸依存度略有降低，约为 63.9%。根据 WTO 和 IMF 的数据测算，1960 年全球外贸依存度为 25.4%，1990 年升至 38.7%，2003 年已接近 45%。从 1980 年到 2001 年，美国、日本、印度、德国的外贸依存度大体稳定在14%—20%的范围内。我国的外贸依存度已经超过了世界平均水平，而且远远高于美国、日本、印度、巴西等经济大国。按照传统定义计算，2002年，我国的外贸依存度为50.2%，高于美国的18.1%，日本的18.9%；但低于德国的56.0%，加拿大的67.1%；略高于英国的40.3%，法国的46.9%，意大利的41.8%，俄罗斯的48.3%。我国一些重要产业外贸依存度更高，特别是部分大宗轻纺产品在国际市场上的占有率超过临界点，能源原材料等战略性资源对外依存度也在快速提高。目前，我国外贸依存度快速提高虽具有客观必然性，在计算上也有高估的因素存在，但总体上还是偏高的，不仅高于世界主要发达国家，而且也远高于世界平均水平。

总的来看，如何确定外贸依存度的合理水平，目前国际上还没有一个通用的衡量标准。通过简单的数据分析，对我国外贸依存度简单下一个过高或过低的结论，都是不合适的。只有结合我国对外开放的实际效果，分析外贸依存度提高背后的深刻内涵，才能作出正确的判断和选择。

二、外贸依存度的影响

外贸依存度既可反映一国经济的开放程度，也可用于衡量一国经济对国际市场的依赖程度。因此，该指标既不是越高越好，也不是越低越好。一国外贸依存度的高低，既与该国经济总量的大小有关，又与该国GDP的构成和汇率紧密相连，同时还受该国的贸易商品结构、贸易方式、贸易地理方向和贸易竞争力指数的影响。因此，正确认识我国的外贸依存度，首先要全面分析外贸依存度的提高对经济发展产生的影响。

我国外贸依存度的迅速提高，表明我国在国际分工体系中扮演着日益重要的角色，有利于使我们在更大范围、更广领域、更高层次上融入世界经济，更好地利用国内外两种资源、两个市场；有利于推进我国经济结构调整和产业优化升级，提高国民经济的整体素质；有利于创造更多就业机会和增加国家财税收入，促进经济社会持续快速发展。但也应当看到，我国外贸依存度过快增长也会带来一些负面影响。主要表现为以下几点。

（一）过高外贸依存度容易导致国内经济发展过度依赖国际市场

我国外贸依存度过快增长容易出现外需挤占内需、外资排挤内资的情形，不利于扩大国内需求，导致国内经济发展过度依赖国际市场，受外部控制和影响加大，具有一定的风险性。一旦世界经济有大的动荡，就会严重影响我国经济持续快速健康发展，甚至会对国家经济安全构成威胁。一是我国出口主导产业虽然由传统劳动密集型产品向高新技术产业转型升级，但出口产品的质量、档次和附加值仍有待提高。2021 年，我国出口 21.73 万亿元，其中，包括手机、电脑、集成电路等在内的机电产品为 12.83 万亿元，占 59%；而包括服装、鞋帽及箱包玩具等在内的劳动密集型产品只有 3.94 万亿元，占 18.1%。在国际竞争力未能有实质提高的状况下，过度地依赖数量的扩张将会带来更多的国际贸易摩擦和外部不确定性，遭受反倾销和国际技术壁垒重重制裁。二是由于我国过高的外贸依存度，外需波动已成为经济运行中不得不面对的风险，当世界经济出现剧烈波动时，我国经济将受到难以估量的冲击。我国对外贸易进出口总额排名前三的国家和地区，主要集中在欧洲、美国、日本，这三者与中国的贸易额就达到了我国进出口贸易总额的一半，这种过于集中的分布格局使中国对外贸易的风险大幅增加，极易受到他国政策、经济风险的波及。三是外贸依存度不断攀升会加剧财政风险，国际投资、贸易、市场等的变化都会反映到财政上，增加财政运行的不确定性。长期鼓励出口的政策导致财政在出口补贴和出口退税方面支出巨大，加重财政负担。四是我国经济快速增长中并没有完全摆脱“高投入、高消耗、低效率”的粗放型经济增长方式，也使进口依存度的大幅提升，特别是随着中国基础设施建设和重化工业快速发展，钢铁、水泥、电解铝、汽车等行业出现重复建设，国内经济对能源和矿产品的需求急剧增加，我国战略资源的对外依存度不断攀升。2003我国石油对外依存度为35%左右，2004年达45.2%，2005年为42.9%，2020年达到70%多。我国石油供应的一半以上依赖国际供应。重要战略物资、关键产品与技术等对特定国家的依存度过高，国际市场的价格波动及大国间利益角逐，将极大地影响到我国的经济发展，石油安全乃至国家经济安全问题会越来越突出。五是我国对外贸易一直过度依赖于国际市场，形成了一批过剩产能的产业，在国内需求无法消化的情况下，对国际市场形成了很强的依赖性，然而一旦外部环境不利，中国的外贸企业将面临巨大的风险。

（二）加工贸易对外资的依存度过高

外商投资企业在我国加工贸易中采用了大进大出的生产方式，在中国的加工贸易中起着举足轻重的主导作用。在经济全球化加速和新科技革命兴起形势下，世界经济结构调整加快，跨国公司从全球经营战略着眼，把国际产业链条上的部分加工组装环节大规模转移到中国，利用中国要素禀赋优势，在大进大出中获取利益。虽然外商加工贸易对中国外贸出口增长和产业结构调整发挥了很大作用。但应当看到，有些加工贸易产品虽然技术水平较高，但核心技术尚未转移到中国，而绝大部分加工生产企业承接的加工贸易属于低水平的劳动密集型产品。真正的核心技术和高技术难以通过直接引进来获得，“以市场换技术”可以换来比国内先进的技术，但很难换来国际领先技术，更换不来核心技术。值得关注的是，外商主导加工贸易的格局已产生了所谓的“贸易顺差的国际转移”现象。在加工贸易这个国际化生产、流通的过程中，我们只是从事其中部分低端的加工环节，庞大的出口及贸易顺差并不代表我国在贸易过程中获取了相应的贸易利益，但却易被他国利用，成为向我们施加贸易压力的砝码。随着中国经济超高速的发展、经济总量爆发性的增长，风险大量积聚，导致了现阶段中国经济发展增速放缓、居民收入水平上升、人口红利逐渐消失、劳动力成本大幅上升，对外资来华投资的吸引力逐渐降低，一旦发生突发形势，外商特别是从事劳动密集型加工贸易的企业有可能快速撤资，进而投向劳动力成本更低，经济增长潜力更大的新兴市场和发展中国家，对我国产业结构会产生一定冲击，造成不利的影响。

（三）对外贸易市场集中度过高造成对外贸易过度竞争

目前，我国与世界上220多个国家和地区有经贸关系，但出口商品的地理方向主要集中在日本、美国、欧盟、东盟、韩国等国家和地区，对这些市场的出口占我国出口总额的96%以上，其中对日、美、欧盟的出口更是占据我国出口的半壁江山，2003年高达62%，2008—2017年占外贸总体的比重由48%下滑至43.6%。这表明中国出口商品对日、美、欧盟市场有很高的依赖程度。我国对美国贸易依存度由1997年的5.4%上升到2003年的8.95%。如此高的对美贸易依存度，成为近来中美之间不断发生各种形式的贸易摩擦的主要原因。若将中国大陆出口到香港再由香港转口到美日欧的贸易额计上，依赖程度更高。由此可见，中国出口商品流向具有高度的集中性，如此集中的贸易流向需要双边强大的经济和政治关系来维系。过分依赖美、日、欧（盟）等少数国家与地区，导致近年来我国与这些国家地区贸易摩擦频繁发生。

三、对策思路

在经济全球化深入发展的大背景下，在我国经济与世界经济的联系和相互影响日益加深、国内市场与国际市场联系日益紧密的情况下，必须正确把握外贸依存度与经济发展之间的关系，坚持互利共赢的开放战略，统筹对外开放与国内发展，坚持新发展理念，坚持推动高质量发展，以供给侧结构性改革为主线，加快推动由商品和要素流动型开放向规则等制度型开放转变，建设更高水平开放型经济新体制，完善涉外经贸法律和规则体系，深化外贸领域改革，坚持市场化原则和商业规则，强化科技创新、制度创新、模式和业态创新，以共建“一带一路”为重点，大力优化贸易结构，推动进口与出口、货物贸易与服务贸易、贸易与双向投资、贸易与产业协调发展，促进国际国内要素有序自由流动、资源高效配置、市场深度融合，促进国际收支基本平衡，实现贸易高质量发展，开创开放合作、包容普惠、共享共赢的国际贸易新局面。[①] 为此，我们需要正确处理好以下几个关系。

（一）坚持把开拓外需与扩大内需结合起来

近年来，我国外贸依存度的快速增长对经济发展作出了很大贡献。但应当看到，外贸依存度的迅速提高也反映出国内消费需求的不足，内需的不足又反过来强化了我国对国际市场的依赖性。据测算，1980—2002 年，世界最终消费占 GDP 比重平均约为 78%，而我国仅为 60% 左右，低十几个百分点。不仅如此，我国消费占 GDP 的比重还呈下降趋势，从 1981 年的 68% 下降到 2002 年的 58%、2005 年的 52.1% 和 2020 年 55.4%。实践证明，发达国家的经济增长不是依靠增加外贸依存度，而是直接开辟国外市场，或发展金融交易来谋取利润。我国作为人口大国，国内市场潜力大，必须从战略上统筹对外开放与国内发展，坚持保外需与扩内需并举，既要重视开拓 14 亿人口的国内市场，也要重视国际大市场，这就需要我们辩证处理内外需之间的关系，适当调整我国需求结构中的国内需求与国外需求的比重，加快推动内外贸一体化进程，在继续扩大对外贸易的同时，坚持把扩大内需作为经济发展的长期战略方针和基本立足点，依靠扩大内需来保持经济的长期稳定和发展，牢牢掌握经济发展的主动权。要培育新的消费热点，促使消费结构升级；完善社会保障制度，增加低收入居民的收入水平；完善消费信贷品种，健全消费信贷的担保与保险制度；改

① 毕吉耀、张哲人：《推动建设开放型世界经济》，《人民日报》，2019 年 11 月 15 日。

革和规范公务员工资制度，推进事业单位收入分配制度改革；加大整顿和规范市场秩序的力度，为居民消费需求的稳定增长创造良好的市场环境。积极培育内外贸一体化平台，推动外贸企业多渠道拓展内销市场，引导更多国内采购商积极采购出口转内销优质产品。培育一批运营模式与国际接轨的国内商品交易市场。引导外贸企业与物流企业加强业务协同和资源整合，共建共享物流中心等物流基础设施网络，支持国内物流企业发展国际业务。建立健全内外贸企业交流合作机制。发挥国家电子商务示范基地作用，打造更多更好的内外贸一体化线上平台。增强内外贸一体化发展动能，支持发展同线同标同质产品，扩大适用范围至一般消费品、工业品等领域，强化“三同”公共服务。推进商产融合，推动商贸流通业与一、二次产业跨界融合，实现“以销定产”，促进内外贸产业链供应链融合发展。鼓励内外贸资源整合，推动行业组织、企业联合体与国际采购联盟加强对接。完善内外贸一体化调控体系，促进内外贸法律法规、监管体制、经营资质、质量标准、检验检疫、认证认可等相衔接，健全内外贸一体化的政策体系。积极推动国内国际标准转化，提升国内国际标准一致性。

（二）坚持把扩大贸易与改善结构结合起来

无论是外贸依存度还是进出口额，都只是一种简单的数值，无法反映进出口商品结构变化的情况。目前，我国进出口商品结构不合理，出口商品技术含量低、附加值低，不具有较强的竞争力，贸易增长主要依靠量的扩大。通过改善出口结构、提高出口商品竞争力来扩大出口，是我国参与国际竞争的必然选择。我们不能仅追求表面数值的提高，而应加快转变外贸增长方式，把着力点放在调整结构、转变增长方式和国际竞争力上。继续实施出口市场多元化战略，进一步优化进口来源地和出口市场。加强细分市场研究，继续深化与发达经济体贸易合作，积极拓展与亚洲、拉美、非洲等新兴市场贸易。综合考虑市场规模、贸易潜力、消费结构、产业互补、国别风险等因素，引导企业开拓一批重点市场、扩大进口来源。加快贸易畅通建设，建立快速反应机制，消除双边贸易障碍。加大参展办展支持力度，打造国内精品会展平台，鼓励企业利用新技术新渠道开展对外贸易。要在继续保持出口商品低成本价格竞争优势的基础上，切实转变出口增长方式，鼓励优质消费品进口，扩大先进技术、重要设备、关键零部件进口，增加能源资源产品和国内紧缺农产品进口。推动环保、新能源等绿色低碳产品进出口，积极参与国际合作。推动高技术、高附加值装备类企业在更高水平上参与国际合作。推动纺织服装等传统劳动密集型产业转型升级。推进农业国际贸易高质量发展基地建设，提高精深加工和高附加值农产品出口比重。要加速经济增长方式的转变，大力实施节能降耗措施，缓解国内战略资源的供需状况，有效地降低我国战略资源对外依存度。要加强政策协调和指导，加快服务业的发展，扭转服务业发展滞后的局面，带动服务贸易发展，在更高层次上参与国际分工和竞争。

（三）坚持把“引进来”与“走出去”结合起来

要适应国际环境复杂变化的新情况，坚持“引进来”和“走出去”相结合，优化资源配置，拓宽发展空间。要进一步改善投资环境，拓宽投资领域，提高利用外资水平，更多地引进先进技术、管理经验和高素质人才，完善吸引外商投资的法律法规，着力吸引跨国公司把更高技术水平、更大增值含量的加工制造环节和研发机构转移到我国。要大力推动国内企业的加工贸易更多地进入先进制造技术和新兴制造业领域，重点发展电子信息技术、生物医药、新材料和环保型高新技术产业的加工贸易。进一步优化加工贸易产业结构，提高传统加工贸易产品档次和附加值，增强开拓市场、技术创新和培育自主品牌的能力，扩大高附加值产品出口，全面提高出口竞争力。要健全对境外投资的服务体系和监管体系，完善境外投资企业的法人治理结构和内部约束机制，积极推进对外直接投资，鼓励有条件的企业到境外投资办厂。坚持“走出去”与缓解国内短缺资源相结合，抓紧研究境外资源开发风险补偿机制及相关政策措施，积极探讨境外资源开发新模式，把境外资源开发与对外承包工程、对外援助、进出口贸易结合起来，进一步探索“以工程换资源”“债权转股权”“以债抵租”等新型合作方式，开发境外油气、固体矿产等战略资源，保障国家资源安全。加快提高内资企业在加工贸易发展中的主导权，在技术服务、市场开发、信息咨询、人员培训方面加大扶持力度，加大对高新技术产品技改和研发等环节的支持力度，逐步增强自有品牌、自有技术产品的开发能力。

（四）坚持把提高对外开放水平与深化改革结合起来

实现新一轮高水平开放，需要建设更高水平制度型开放。实行更加积极主动的开放战略，全面对接国际高标准市场规则体系，实施更大范围、更宽领域、更深层次的全面开放。重点要通过制度集成创新打造新的高水平营商环境，以助推高水平开放和形成新的开放模式。① 一是进一步转变政府管理经济的方式，积极构建企业承担主体责任、政府依法监管和社会广泛参与的管理机制。健全外商投资准入前国民待遇加负面清单管理制度，推动规则、规制、管理、标准等制度型开放。健全外商投资国家安全审查、反垄断审查、国家技术安全清单管理、不可靠实体清单等制度。健全促进对外投资政策和服务体系。全面实施外商投资法及其实施条例，促进内外资企业公平竞争，建立健全外资企业投诉工作机制，保护外资合法权益。创新对外投资方式，提升对外投资质量。推进国际产能合作，积极开展第三方市场合作。二是建立开放新机制。充分利用国际国内两个市场、两种资源，加快制度创新，推进贸易投资便利化。高度重视数字革命、新科技革命、产业链重组趋势下的监管体制变革，持续简化企业注册登记手续，全面推行登记“全程电子化”和“先证后照”的办事模式，并实现跨部门跨地区信息共享、数据互通、结果互认，以降低准入门槛。三是建立一套与国际高标准规则相互衔接的基本制度框架和行政管理体系。

---

① 毕吉耀、张哲人：《推动建设开放型世界经济》，《人民日报》，2019 年 11 月 15 日。

适应国际经贸规则变革趋势，积极改革创新，建立系统推进与国际贸易投资规则相衔接的改革机制。鼓励大胆试、大胆闯、自主改，积极探索规则、规制、管理、标准等制度型开放，形成更多具有针对性、可操作性的制度创新成果。适应国际经贸规则变革趋势，积极改革创新，建立系统推进与国际贸易投资规则相衔接的改革机制。以国际标准、水平为标杆，努力打造法治化、国际化、便利化的营商环境，建立统一、公平、高效的市场制度环境。四是积极参与世贸组织、RCEP、中国—东盟自贸区升级版等国际和地区组织相关制度的改革，促进贸易和投资自由化便利化。积极支持开放、透明、包容、非歧视性的多边贸易体制，促进贸易投资自由化便利化，推动经济全球化朝着更加开放、包容、普惠、平衡、共赢的方向发展。

（五）坚持把扩大对外开放与维护国家经济安全结合起来

我国作为世界贸易大国，在世界经济联系日趋紧密的环境下，经济社会发展受国际环境变化的影响日益加深，受外来冲击的风险也明显加大。如果中国外贸发展过度依赖国际市场，特别是过分依赖少数国家，将会给我国经济及出口相关产业带来一定程度的影响。如果外贸超出国家掌控的范围，就会对国家经济安全构成威胁。如果过少地依赖国际市场，特别是进口原材料、技术、自然资源等，也不利于我国的可持续发展。目前比较突出的问题是，我国能源和重要资源依赖进口情况日趋严重，对美国的市场依赖程度较高，国际贸易不平衡不断加剧，贸易摩擦频繁发生等。这就要求我们必须始终注意正确处理好对外开放与维护国家经济安全的关系，切实采取有效措施，及时化解外贸依存度提高带来的潜在风险和问题，推动国内国际双循环互促共进。要贯彻总体国家安全观，坚持外贸高质量发展和高水平安全有机统一，加强贸易领域风险防范，增强在对外开放环境中动态维护国家安全的能力。要强化外贸运行监控体系和建立涉外经济预警机制，完善外向型企业风险管理制度，加快完善开放型经济调控机制；

健全国家重要战略物资储备制度，健全对外经济突发事件快速反应机制；加快推进进口来源多元化，避免单一国家经济政治的变化对我国造成的巨大冲击。提升维护贸易通道和关键节点安全能力。培育国际大粮商，支持企业融入全球农产品供应链。支持外贸企业与航运企业加强国际运输战略合作，提升海外能源资源全链条进口保障能力。持续推进完善大宗商品期、现货市场，吸引境外客户参与，加强交易行为监管和风险防控，培育国际化的大宗商品交易中心，完善定价机制。积极参与全球粮农治理，加强能源资源行业规则国际合作。提高运用世贸组织规则和应对国际贸易摩擦的能力，充分利用世贸组织争端解决机制，全方位、多层面地积极应对和化解贸易摩擦，合理保护国内产业和市场，确保关系我国经济安全和重大经济利益的产业稳步发展。

第二十五章

统筹推动城乡融合发展

统筹城乡融合发展是高质量发展的必然要求。经过几十年的探索，我国总体上已进入以工促农、以城带乡的发展阶段，进入着力破除城乡二元结构、形成城乡发展一体化新格局的重要时期。[①] 从党的十六大提出“统筹城乡经济社会”，到党的十八大提出“推动城乡发展一体化”，体现了我国城乡发展战略的进一步深化。党的十八届五中全会提出要重点促进城乡区域协调发展，促进新型工业化、信息化、城镇化、农业现代化同步发展。党的十九大明确提出实施乡村振兴战略和建立健全城乡融合发展的体制机制和政策体系，从全局战略高度明确了工农关系、城乡关系。党的二十大提出要坚持城乡融合发展，畅通城乡要素流动。但应当看到，当前我国城乡要素流动不顺畅、公共资源配置不合理等问题依然突出，影响城乡融合发展的体制机制障碍尚未根本消除，如何进一步推动城乡融合发展，需要深入研究。

开展统筹城乡综合配套改革试点，既无现成的经验可循，又无固定的模式可用，需要先行先试。新津城乡统筹的生动实践是促进城乡互动发展的成功之举。2007 年 6 月，成都市被国务院确定为全国统筹城乡综合配套改革试验区，2009 年 6 月，国务院又批复成都市统筹城乡综合配套改革试

---

① 石忆邵:《城乡一体化理论与实践：回眸与评析》,《城市规划汇刊》, 2003 年第 1 期，第 49 页。

验总体方案，成都由此进入了城乡统筹的纵深发展阶段。新津作为成都市的重要组成部分，多年来，在市委、市政府的领导下，按照城乡统筹、“四位一体”科学发展总体战略和建设成都试验区的工作部署，大胆探索，勇于创新，扎实工作，以统筹城乡一体化发展为主线，把解决“三农”问题作为重中之重，以改革创新为动力，联动推进新型工业化、新型城镇化和农业现代化，积极探索以城带乡、以工促农、城乡互动、协调发展的有效途径，建立和完善城乡公共资源均衡配置、各类生产要素自由流动的体制机制，努力在统筹城乡发展、解决“三农”问题上探索新模式、创造新经验、作出新示范，走出了一条城乡同发展、共繁荣的新路子，已成为西部地区县域新农村建设的先行地，成为全省乃至全国统筹城乡融合发展的先行样板、示范窗口和成功典范。这些成绩应当充分肯定，许多好的做法和经验值得认真总结和推广，为全国特别是西部类似县市统筹城乡融合发展提供了有益参考。

一、主要做法

新津抓住西部大开发历史机遇，以“三个集中”为抓手，按照城乡统筹、“四位一体”科学发展和成都“试验区”建设的总体要求，紧紧围绕“融入大都市、经济再翻番、领先三圈层”奋斗目标，积极探索、大胆实践，重点突破、统筹推进，推进县域经济又好又快发展。由于成绩显著，新津先后被评为全国最具投资潜力中小城市百强、全国浙商投资潜力城市、四川省软环境建设示范区、成都市软环境建设先进单位、全国民营经济最佳投资县、中国著名文化旅游县，位列西部百强县第 53 位、四川省县级综合经济实力评比第 14 位，连续 5 年被省委、省政府评为平原类区先进县。在统筹城乡协调发展实践中，新津进行了大胆的探索、科学的创新和周密的实施，不是城市功能在农村的线性延伸，简单走“新城 + 小城镇 + 新农村建设”，也不是强农惠农政策简单叠加，而是强力推进“三个集中”，大力实施“六个一体化”，深化“五项改革”，强化“三个保障”，形成有特色的统筹协调发展模式。主要做法大致可归结为，“3653”模式。

（一）统筹推进“三个集中”，着力提高规模效益

从打破城乡分割的二元格局、解决“三农”问题入手，大力实施“工业向园区集中，农民向社区集中，土地向业主集中”战略，有效地带动了工业与农业、城市与乡村发展的良性互动。

一是强力推进工业向园区集中，促进新型工业化。坚持品牌引领、集聚发展，高起点、高标准抓好园区规划布局的编制，努力打造特色鲜明的工业园区，引导企业向工业园区集聚发展，培育产业集群，拓展和延伸产业链，形成集聚效应，辐射和带动全区工业加快发展。依托省级新津工业园，大力推进工业集中、集群、集约发展。同时，在全省率先实施了跨区域合作，与毗邻的眉山市彭山县共同开发建设“新彭工业园”。2008 年，新津工业集中度已达 62%，园区占了新津 85% 的工业投资、72.3% 的规模工业增加值、50% 的工商税收，吸纳了新津 36% 的劳动力。

二是稳妥推进农民向城镇集中，促进新型城镇化。通过完善县城、中心镇、中心村一体化的规划建设体系，全力打造创业宜居的区域次中心城市，增强城市的辐射带动作用。集约发展县城和重点镇，扎实推进新农村建设，吸引农民梯度向城镇集中，引导农民从零星小村向大村集中，推动大村向社区发展，形成农民向城镇集中的“低成本进入、低成本发展”新格局，不断提高城镇化水平。以土地整理、拆院并院和土地综合整理为载体，新建成了清凉、袁山、岷江等农村新型社区。新津场镇、中心村、农村新型社区和农民聚居点共聚集农民 5.4 万人，占新津农业人口的 28%。2005 年以来，先后实施完成了金华镇云峰社区、回龙村等 6 个土地整理项目，总投资约 1.94 亿元，涉及 4 个镇乡 17 个村（社区），面积达 63780 亩，新增耕地 933.76 亩，修建了 6 个农村新型社区、10 个农民聚居点，搬迁集中农户 2063 户、6444 人。通过土地整理，妥善解决了土地规模流转、

农民集中居住区公共设施建设、农民比较充分就业等问题，打造了以“方兴镇花碑社区”“金华镇清凉社区”“普兴镇袁山社区”等为代表的新型土地整理典范，走出了一条以工促农、以城带乡的城乡统筹发展之路，成为全省新农村建设的典范。

三是积极推进土地向规模经营集中，促进农业产业化。通过建立健全土地承包经营权流转市场，积极推进土地向农业龙头企业、农村集体经济组织、农民专业合作社和种养大户集中，提高农业集约化程度。以农村土地股份化改革为突破点，积极探索符合实际的土地流转新模式，推进规模经营。新津从2005年开始实施以土地整理和城乡建设用地增减挂钩为主要内容的“金土地”工程，推进土地规模经营，建设农业示范园，培育龙头企业，着力发展现代农业。通过土地综合整治，新增规模流转土地2095万亩，土地规模流转率达64.8%，初步建立了成规模的粮、油、菜等特色农田保护区，实现了耕地数量稳定、质量上升。制定各项优惠政策，全力发展农业龙头企业和农民专业合作社，大力推进农业产业结构调整，构建现代农业产业体系，鼓励农民洗脚上田成为“新型产业工人”，稳步增加农民工资性收入。

（二）大力促进“六个一体化”，构筑统筹城乡互动新格局

一是城乡规划布局一体化。强化规划的引领作用，对新津的产业、用地、人口空间布局、生态环境、基础设施、公共服务等进行了一体化规划。统筹规划中心城、小城镇、中心村、基层村布局。按照“全域新津”的理念，主动把新津置身于成都“南部新城”考虑，加强与市域规划的衔接，不断深化和完善县域规划体系。先后进行了区域经济社会发展战略策划、“全域成都”理念下的新津区域规划、新津概念规划与城市设计、“水城新津”新城建设规划及文化旅游发展规划。县城、重点镇、工业集中发展区控规覆盖率达100%，制定了以县城为中心，花源镇、普兴镇为次中心，8个初具规模的现有镇乡集镇为集中区，8个撤乡并镇前的场镇所在

地和新型社区为聚集点的“1288”城乡全域发展新格局。结合县域城镇体系规划、土地利用总体规划和城市总体规划修编，高起点、高标准、高质量地编制了县域12个小城镇总体规划，重点完善了“三大新城”和花源、普兴、兴义三个区域中心镇的总体规划，制定和完善了包括城镇居民安置小区及农民新村规划在内的分区规划和各项专项规划，把纯阳、邓双、花源、兴义四个小区建成四个农民新村示范点，建立了城乡一体规划的管理新体制。建立和完善农村规划监督管理体系，加强对规划的监督和管理，确保规划刚性执行。

二是城乡产业发展一体化。积极引导各级发挥自身优势，探索大企业带动、产业化带动、园区带动等各具特色的发展路子，推动城乡资源的对接整合，促进城乡一二三次产业融合。在工业方面，引进了一批集聚效应强、带动作用大、资源消耗少、环境污染小的大项目、好项目，并围绕这些项目延伸拉长产业链，形成资源的集约利用和经济的良性循环。在短短几年时间里，先后吸引了东南网架、天威硅业、中国化工集团西部基地等大型项目，逐步形成了以食品、机械制造、化工、新能源和新材料为主的格局。在农业方面，制定出台《新津现代农业招商引资促进办法（试行）》，引进森泰农牧公司现代种养殖基地项目，建成四川大陆水产“工厂化多功能养殖中心”。积极推进农业产业化经营，农业产业化带动农户面达80%以上。启动实施每个乡镇现代农业示范园建设，袁山白獭兔、岷江社区特色蔬菜等农业产业化基地初具规模。初步建成了特色水产、水果、小家禽等特色基地，推动了农村集体经济的多元化发展。油菜农业标准化示范区成为国家级农业标准化示范区。在服务业方面，按照“融入都市、跨越发展、领跑三圈”的发展战略，以打造成都南部以及周边地区人流、物流、信息流、资金流的“洼地”为目标，加快实现产业配套、延伸产业链条、提升产业层次、丰富产业内涵，成功举办了梨花节、龙舟会、国际风筝节以及国际美食节新津分会场等活动，加强了宾馆、房地产、专业市场和物流等一批大型三产项目。

三是城乡基础设施建设一体化。加快城市公交、供水、供电、供暖等基础设施向农村延伸，对境内的山川、河流实行一体化的规划、治理和保护，加强农村环境综合整治，优化农村人居环境。按照城乡一体化的要求，加快城乡公路网建设和完善新津域“一刻钟”公路交通圈。2003 年以来，累计新改建公路 104 千米。加强城乡生态建设，完善城乡一体的水资源管理体系，健全供水，防洪和水生态环境保障体系，重点抓好江河防洪安全工程、节灌工程和人畜饮水工程建设。2003 年以来，累计完成江河堤防整治 5 千米，完成标准化渠系建设 305 千米，完成 4 万亩山地区做水治旱任务。针对农村垃圾处理难问题，采取政府引导、社会参与、配套联动、市场化运作的办法，建立了“村收集、镇清运、市区集中处理”的工作机制，各村配齐了保洁员，各乡镇都通过招投标方式选定了垃圾清运公司，通过以奖代补的形式进行补助，农村已像城市一样做到了垃圾日产日清。

四是城乡公共服务一体化。近年来，新津最大限度地让政务、教育、卫生医疗、劳动保障、社会管理等更多的城市公共服务通过制度途径“上山下乡”，加快城市资源向农村延伸、公共服务向农村覆盖、城市文明向农村传播，对新津 12 个镇乡、106 个村（社区）进行城市公共服务全延伸和满覆盖，进一步推动城乡公共服务均等化和城乡均衡发展。在医疗卫生方面，积极推进新型农村合作医疗建设，加快建立以中心卫生院为核心的乡村卫生服务网络，加强乡镇、村卫生院（站）建设，探索建立了农村卫生医疗事业发展和管理的新模式、新机制，构建了覆盖到每个自然村的县、乡、村（社）三级医疗卫生公共服务体系。对建立“三级医疗卫生网络”的硬件建设、功能定位和人员配备等方面作出规定，初步形成了以县级医疗卫生机构为龙头，以乡镇公立卫生院、村卫生站、农村新型社区卫生服务站为网络的三级预防保健医疗网络，农民在家门口就能享受到和城里人一样的基本医疗卫生服务。启动乡镇卫生院规范化建设及信息化建设。通过整合城乡卫生资源，引导城市医院对乡镇卫生院进行兼并、托管、合作，促进城市卫生资源向农村延伸，乡镇卫生院发展活力明显增强，农村医疗卫生服务水平显著提高。同时，引导乡镇卫生院领办村卫生室，对村卫生室的人、财、物实行统一管理，全市 90% 的村级卫生室由乡镇卫生院领办。除卫生事业之外，新津还健全完善了城乡一体的文化、教育、科技、体育、精神文明建设体系，促进了城乡公共服务均等化。让农村学校率先达到标准办学条件，甚至条件优于城市学校，通过率先实施农村中小学标准化建设工程、乡镇中心幼儿园标准化建设工程、农村学校学生宿舍建设工程，有力改善了农村学校办学条件，妥善解决了留守儿童入学难的问题。积极探索文化管理体制和运行机制创新，扩大城市先进文化向农村的辐射，以传播先进文化、丰富农民文化生活为重点，加强农村优秀广播电视节目制作播放。抓好农村公共文化设施建设，因地制宜建设乡村宣传文化服务中心和服务室。广泛开展创建“文明村镇”“文明户”等群众性精神文明活动和文化、科技、卫生“三下乡”活动。加快县文化馆、图书馆改扩建和 5 所镇乡综合文化站建设，农村新型社区全面建成了“四室、三站、两店、一中心、一广场”等公用配套设施。

五是城乡就业和社会保障一体化。重点抓好就业和社会保障服务工作平台下移工作，做到平台建设“六个落实到位”，做到就业社保与企业和老百姓保持“零距离”。在城乡就业方面，重点完善城乡统一的劳动就业政策体系、服务体系和人力资源市场，积极开展城乡劳动力就业培训，多渠道扩大就业途径，促进城乡劳动者平等充分就业。取消了对农民进城就业的限制性规定，建立农民工工资支付监控管理制度。整合各种职业培训教育资源，加强对农民的职业技能培训教育，提高农民的就业能力。加大“以创业促就业”力度，大力开展“全民创业”活动。突出抓好农民集中居住区和困难就业人员的就业服务工作，建立就业援助长效机制，开展送岗位、送培训入社区、进乡村等活动，大力推行“村企结对、车间进社区、加工进农户”新型社区就业模式，采取“三个一点”（财政补助一点、公交公司让利一点、企业出一点）的办法，开通园区企业到农村新型社区上下班车。以“劳动者自主择业、市场调节就业、政府促进就业”为指导，制订了《建立城乡劳动力市场制度》，建立集求职登记、职业介绍、职业培训、办理社会保险于一体的新津人力资源市场。2009 年 1—9 月，新津城镇新增就业 2600 人，农村劳动力新增转移就业 4010 人，新津 12 个乡镇基本实现比较充分的就业。

在城乡社会保障方面，按照“广覆盖、保基本、多层次、可持续”的方针，全面实施全民社会保障工程，建立以养老保险、医疗保险和最低生活保障为主要内容的农村社会保障制度，并与城市社会保障制度逐步接轨，推进城乡居民医疗保险、建立农村养老保险制度等，基本实现了制度建设、覆盖范围、保障水平的城乡统筹，初步建成了保障新津农村居民的“安全网”“保护伞”。探索建立包括养老、医疗、工伤、生育、失业等保险在内的一整套农民工社会保障制度，逐步使农民工与城镇职工享受同城待遇。先后制定了《农村最低生活保障制度》《农村养老保险制度》《农村基本医疗保险制度》《农村失业保险制度》《农村妇女生育保险制度》《农村社会救助制度》，注重服务保障实现。在新津 12 个乡镇建立劳动保障所，在 20 个社区建立劳动保障工作站。积极开展农民养老保险试点，大力推行征地拆迁强制入保，新征地农转非人员参保率达 100%；全面落实新型农村合作医疗补助新标准；大力推进廉租房建设。新津已于 2004 年将土地被征占农民全部纳入社保，享受城市社保标准。健全社会救助体系，不断提高农村优抚和五保供养标准。

六是城乡社会管理服务一体化。重点是建立健全城乡一体的教育预防、诉求表达、矛盾调解、司法保障、社会治安、安全生产等工作机制。大力推行农村社区化管理与服务，在集中居住区、中心村规划建设农村社区服务中心，为农村居民提供社区警务、计划生育等“一揽子”服务。推行“便民服务全程代理制”，设立县、镇、村三级代理机构和代理员，对与群众生产生活相关的几十个服务项目实行全程代理，使群众只跑一趟路、只进一个门、只找一个人就能办成事。

通过县、乡、村三级联运的内部协作，依托“村村通”电子信息政务网络平台，在全省率先实现镇镇通光纤、村村通宽带，并开发出专门的便民服务软件，由设在各村（社区）的代理员在承诺时限内负责全程跟踪、无偿代理农村（社区）群众办理审批服务事项和公开农村（社区）群众信息需求。按照“延伸、共享、服务、实用”的原则，建立106个村（社区）便民服务室，实现了村、社区全覆盖，为基层农村（社区）群众提供培训、便民办事、信息查询、数字娱乐等多种服务。农村（社区）群众可以在其属地村（社区）便民服务室通过代办员或通过网上便民服务中心办理事项，享受到政府提供的“办事不出村，鼠标一点服务来”的高效快捷服务。在全省率先推行镇乡政府（机关）开放式集中办公。即整合新津12个镇乡2340平方米办公场地，将与群众有密切联系的党政办、计生办、社会事务办、劳动保障所、经济发展办、城管办、残联、综治、信访等办事机构，整合前移到便民服务中心统一集中办公，为群众提供窗口“柜台式”优质服务。

积极探索“2+2”基层治理结构试点，即在原有村（居）党组织、村（居）民委员会的基础上，新成立议事监督委员会、村（社区）经合组织（公司），实现了公共管理服务职能与经济发展职能分离、执行职能与监督职能分离，形成了以党组织为领导核心，村民自治为基础，民主议事监督为保障，经合组织公司为利益纽带的基层治理结构。在基层民主政治建设方面，深入开展开放县级“三会”和部门乡镇“五会”活动，探索创新了“网上公开”“入户公开”和“点题公开”等村务公开制度。实施党代表提案制，完成了方兴、安西、邓双3个镇党委书记公推直选工作。探索从县级机关选派专职党务干部到非公企业开展党建工作，非公党建工作受到中组部、省委组织部充分肯定。认真开展“双带双促”“村企结对共建新农村”等活动；建立村社区干部“双月培训制度”，形成了村社区干部能力建设的长效机制。

（三）深化“五项改革”，增强统筹城乡发展的动力

以体制机制创新和市场化配置资源为动力，深化土地制度、财政体制、户籍制度、农村房产权制度、农村金融制度等改革，进一步增强统筹城乡发展的动力和活力。

在土地制度方面，以农村产权制度改革为核心，把农村集体建设用地流转作为突破口，认真做好城镇建设用地增加与农村建设用地减少挂钩试点工作，积极探索农村宅基地空间转移的路子。既为新农村建设改造提供了资金，增加了改造村的耕地面积，又有效地解决了城镇建设发展用地紧张问题，最大限度地释放农村建设用地生产力。

在财政制度方面，调整优化财政支出结构，初步建立起加大对农村投入的长效机制。近年来，各级公共财政对农村的投入增幅均高于同级地方财政收入增幅。研究制定《关于深化财政体制改革的意见》，探索进一步改革财政分配体制，改善农村公共产品供给和公共服务，增加农民的转移性收入，让公共财政的阳光普照到广大农村。

在户籍制度方面，按照“降低门槛、放宽政策、简化手续”原则，建立城乡统一的新型户籍管理制。在城乡统一的户口登记制度基础上，重点是逐步消除附加在户籍制度上的养老、医疗、计划生育等各种城乡差别，探索剥离这些城乡不平等待遇的办法，逐步对本县户籍人口取消农业和非农业户口性质的划分，按实际居住地登记为“居民户口”，实行一元化户口登记制度。对本县户籍已登记为“居民户口”的人员，在村有承包土地的，其土地承包经营权可保留，同时依法享有和承担农村集体经济组织成员应有的权利义务。对县外迁入人员实行准入条件的管理办法，加速城镇人口和人才、资金等生产要素集聚。对外地符合政策迁入农村登记为“居民户口”的人员，依法享有和履行当地居民应有的权利及义务。

在房产权管理方面，着力探索完善城乡居民房屋统一管理制度，实现城乡居民住宅产权属性和社会功能等同化，加快完善新型农村宅基地和房屋产权管理制度。实行集约用地政策，对岷江新城、南河新城、河鲜美食城“三大”新城及川浙合作工业园区内推行统一规划、集中建设。对符合城市规划已集中改建的农民居住房用地被依法征用或县政府依法确认为国有土地后，直接纳入城市房屋管理，直接发放房屋产权证和国有土地使用证。农民自愿退出原农村宅基地进入城镇购买公寓房的，享受相邻地区经济适用房的优惠政策。

在金融制度改革方面，一是建立健全农村金融服务体系，鼓励城市商业银行到乡镇设立分支机构，探索建立村镇银行、小额贷款公司、农村资金互助社等新型农村金融机构。二是构建农村保险体系，主要是积极开发涉农小额贷款险种，健全政策性农业保险制度。三是积极搭建农村投融资平台，探索建立经济开发投资公司，切实解决城镇基础设施建设和社会公益性项目建设资金不足的问题。2004 年以来，先后建立了县国有资产投资经营有限责任公司、担保有限公司，新组建了“城乡建设投资有限公司”“现代农业发展投资有限公司”“水城文化旅游投资有限公司”等投融资平台。通过银行融资及引进民间资金，参与旧城改造、新城开发、基础设施及拆迁安置房建设等。制定出台《关于推动企业上市的意见（试行）》《关于鼓励企业新创知名品牌的奖励办法（试行）》等文件，鼓励和引导民营企业提升层次、做强做大。

（四）强化“三个保障”，营造统筹城乡融合发展的良好环境

近年来，新津大力加强服务型政府建设，积极探索有利于统筹城乡发展的政策措施，为统筹城乡发展营造更加良好的环境。

一是加强组织协调。新津加快规范化服务型政府建设，调整部门机构设置，把管理服务延伸到农村和基层。结合自身实际，先后成立了县城乡统筹推进委员会和县文化旅游发展党工委、管委会，负责城乡一体化发展的总体运作和综合协调，确保县委、县政府的决策部署落到实处。由县推进城乡一体化工作领导小组总牵头总协调，各乡镇推进城乡一体化工作领导小组负责本乡镇建设社会主义新农村工作。领导小组建立了决策部署、组织推进、督查考核等工作制度。为了解决目标缺乏科学性、前瞻性、系统性的问题，新津委、县政府制定明确了城乡统筹的农村工作目标体系，并将统筹城乡建设作为一级目标分解下达到各乡镇和有关部门，实行“一把手负责制，一级目标管理制，一票否决制”的制度。在县级各部门中抽调 50 名工作人员，组建 12 个“深入推进城乡一体化、建设社会主义新农

村”督导小组，深入乡镇进行督导工作，明确目标。把构建和谐社会和统筹城乡发展的成绩作为考核干部政绩的核心内容，考核评价的结果在干部选拔任用、奖励惩戒上要得到充分的体现。加快计划、规划、国土、建设、城管、环保、工商、劳动保障等部门职能向农村延伸。实施乡镇机构职能权、责、利配套改革，探索建立权责明确、行为规范、公正透明、廉洁高效的行政管理体制。

二是实施相关政策配套。从2004年起，新津就出台了《关于统筹城乡经济社会发展推进城乡一体化的意见》，作为统领新津推进城乡一体化工作的纲领性文件，明确了推进城乡一体化的思路、目标和措施。在此基础上又相继出台了涉及城乡规划、基础设施建设、公共财政、户籍管理、乡镇机构改革、就业、社会保障、教育培训、医疗卫生等一系列配套政策文件，搭建了推进城乡一体化的政策框架，提高了统筹城乡发展的主动性、规范性和实效性，为顺利实施城乡统筹提供了政策保障。

三是优化环境。创新政府服务方式，健全决策机制，建设高效的政务服务环境，努力提高政府效能。以规范化服务型政府机关建设和基层民主政治建设为保障，在全省率先建立村村通电子信息政务网络平台，率先推行乡镇机关开放式集中办公和村社区为民办事代理制，方便群众办事。设立社会事务服务中心、非紧急救助服务中心，实施行政许可向行政许可科集中、行政许可科向政务中心集中，现场办结率达到86%，按时办结率为100%。大力加强“三中心”建设，促进规范化服务型政府建设向党群机关和人大、政协机关延伸，服务网络向农村、企业拓展，努力打造西部乃至全国一流投资软环境。大胆改革工业园区管理体制，采取县级部门授权审批、派员入驻等方式，将18个部门的23个审批事项交由园区管委会办理，实现了工业园区“封闭式”管理、开放式运作。设立了项目“绿色通道”和“马上办”办公室，大幅缩短项目建设手续办理时限。

同时，以基层民主政治建设为保障，积极探索政务公开和村务公开的有效实现形式，努力实现政府行政管理与基层群众自治的有效衔接和互动。其主要做法是：一是加强政务中心建设，探索行政管理体制改革的新途径。2005 年 3 月，新津将政务中心明确为正科级行政机构，负责对入驻单位工作人员实行月度督查和年终综合考核。新津 23 个具有行政审批权的单位全部成立了行政许可科，并将 190 项县级审批事项授权政务中心窗口集中办理。按照“许可预告、服务前移、一窗受理、内部运转、并联审批、限时办结、监控评测”的思路，建立了建设项目“三分（政府审批、中介服务、企业自理）三段（选址用地、报建、竣工验收）式”并联审批新模式。二是实行乡镇开放式集中办公，构筑均衡化公共服务平台。在不增加行政办公经费的前提下，对各乡镇现有办公场地进行标准化改造，实行了名称设置、视觉标识和科室设置“三统一”。把与群众联系紧密的党政办、计生办、社会事务办、劳动保障所、经济发展办、城管办、残联、综治、信访 8 个办事机构整合集中到便民服务中心，各科室工作人员整体搬到服务中心实行开放式办公，为群众提供“柜员式”服务。三是推行村（社区）为民办事代理制度，使服务型政府建设理念进村入户。农村税费改革以来，先后转移支付财政收入 1000 多万元，为新津 106 个村（社区）配备了宽带光纤、电脑、电视等终端设备，构建了直通每个村的电子信息政务网络平台。每个村（社区）建立便民服务室，配备 1 名大学生为代办员，将群众常办、难办、急办的农房建设、就业保障、民政、计生、残疾人服务等 6 大类 28 项行政审批事项和计生药具发放等 10 项服务事项确定为代办的服务范畴，在承诺时限内由代办员前往乡镇便民服务中心全程无偿办理，保证了村民办事不出门。四是推进政务、村务公开，不断深化基层民主政治建设。新津建立“三会”（县委常委会、县人大常委会、县政府常务会）和“五会”（县直部门党组会、局务会以及乡镇党委会、人大主席团会、政府工作会）开放制度，定期邀请社会各界代表列席，主动听取他们对政府工作的意见建议。同时，从县直部门抽调得力干部组成基层民主政治建设工作组，派驻到有关乡镇和农村（社区），宣传落实党的农村政策，帮助解决当地的热点难点问题。在村（社区）班子换届中全面推行公推直选制度，明确候选人不受身份和户籍限制，并由县有关部门组织对候选人进行有针对性的培训考试，提高其政治素质和业务水平。通过民主推荐、考试考察等程序，选拔优秀村（社区）党组织书记进入乡镇党政领导班子任（兼）职，发挥其在沟通乡镇和村（社区）工作中的桥梁纽带作用。

二、基本经验

近年来，新津立足本地实际，坚持以科学规划为基础，以产业发展为支撑，以建立健全市场化配置资源机制为动力，以完善配套政策为保障，以转变农民生产生活方式为落脚点，大力推进“三集中”和“六个一体化”，在发展中推进统筹，在统筹中促进发展，发展重心不断下移，真正做到了工业反哺农业、优势资源向农村有效延伸。可以说，新津在统筹城乡发展方面取得了明显成效，积累不少好的经验，从中可得出很多启示。

（一）坚持规划先行，注重各项规划的延伸和衔接

新津在推进统筹城乡发展中，始终遵循先规划后发展的原则，坚持把规划放在首位，超前做好规划，把科学规划布局作为推进城乡一体化发展的立足点，着眼于统筹城乡各种要素，打破城乡规划分割的局面，高起点、高标准、高质量地编制城乡一体发展规划，并把城市各项专业规划向农村延伸，以规划一体化引领城乡一体化。

切实转变规划理念，从最初的“城市规划”变革为“城乡规划”，再到深化为“全域新津规划”，新津在全国率先将城市规划变为城乡一体化规划。以科学规划建设现代化山水田园城市，构建新津新型城乡形态，这是新津推进城乡一体化的一个鲜明特色。紧紧牵住规划这个“牛鼻子”，着眼于城乡经济、社会、自然和人的协调发展，在尊重规律、尊重科学的基础上超前搞好系列规划，从城区郊区到乡镇村落，从工商业到农业再到文化旅游业，统一编制城乡统筹发展总体规划和产业发展、土地利用、城

镇和居民新村建设、基础设施建设、生态环保等专项规划，打破城乡规划分割的格局。大力拓展中心城区、加快发展骨干中心镇、培育一批中心村、逐步减少自然村，着力建设“中心城区—中心镇—一般镇—中心村”梯度结构分明、功能分区科学的现代城乡体系。这一系列规划的制订和实施，既充分显示了政府尊重发展规律和科学的态度，从起点上提升了城乡一体化的质量，又避免了政府工作的盲目性。

（二）坚持以产业为支撑，夯实统筹城乡发展的基础

在统筹城乡发展中，坚持以做大做强产业为支撑，科学配置城乡资源，调整优化产业结构，推动城市资源“下乡”和农村资源“进城”，努力促进资源要素“双向对进”和城乡产业融合发展、联动发展。

新津顺应城乡经济融合和一二三次产业联动发展的趋势，以提高产业竞争力为核心，提升一产、优化二产、扩大三产，形成一二三次产业相互促进、协调发展的新型产业体系，有力促进了经济健康有序、平稳较快地发展。按照集聚发展的原则，新津引导工业向园区集中，在乡镇大力推动为工业园区配套和以特色农副产品深加工为主、具有较强就业吸纳能力的中小企业发展，努力构建中小企业发展园或发展带，积极发展现代农业，着力打造特色农业基地和现代农业示范园区，努力培育一批骨干农产品。新津实现城乡产业资源整合，加大工业园区建设力度，不仅从根本上解决了本地农民的就业问题，还缓解了其他劳务输出县市的就业压力，实现了与其他地区的优势互补，走出了一条“农民变市民、农民变产业工人、就地城市化”的统筹城乡发展路子。

（三）坚持以土地综合整治为载体，推动新农村建设

多年来，新津把“金土地工程”作为统筹城乡发展的一个重要抓手，并把土地开发整理项目与统筹城乡发展、新农村建设和现代农业园区建设

有机结合起来，对“金土地工程”的认识，已上升到“成为城乡统筹发展和推进城镇化、农业现代化的重要启动点和现实载体”这一层面，不再是简单的土地整理。

新津从2005年开始实施“金土地工程”，将土地整理与城乡建设用地增减相挂钩，实施土地规模流转，既充分利用政策盘活土地资源，筹集新农村建设所需资金，又推进土地规模经营、建设农业示范园、培育龙头企业，着力发展现代农业。通过土地综合整治，新增耕地9338亩，初步建立了成规模的粮、油、菜等特色农田保护区，实现了耕地数量稳定、质量上升。同步配套建设农民集中居住区，推进公共服务向农村延伸，多渠道推动农村劳动力转移就业，促进农民生产生活方式转变。新津“金土地工程”与四川省“金土地工程”实施时间表同步，已经完成了规划中的38个农村新型社区（含聚居点），因此城镇化水平大幅提高，农业产业化加速推进，农民变市民成效显著，许多集中居住的农民就地转变为产业工人。农民生产生活方式明显转变，生活水平大幅度提高。总之，通过“金土地工程”，有效改善了农业基础条件，解决了“三农”发展投入难题，达到了富民惠民、改善民生的良好效果，让农民拿到了通往致富之门的金钥匙。

（四）坚持政府引导、市场运作，增强统筹城乡发展活力

为整合城乡资源和解决制约统筹城乡发展的“瓶颈”问题，新津坚持政府引导与发挥市场机制作用相结合，确立政府在推进统筹城乡发展中的作用，强化政府在市场经济条件下的社会管理和公共服务职能，避免发生“缺位”“越位”“错位”等现象。同时，重视发挥市场机制的作用，利用市场手段把资源配置到最能发挥作用的地方，释放城乡经济社会发展的巨大潜能。

新津坚持以统筹城乡综合配套改革试验为工作抓手，在重要领域和关键环节率先突破，破除制约城乡发展的体制机制障碍。深化公共财政和

农村金融制度改革，推进多元化投入，建立农村产权流转担保股份有限公司、小城镇投资有限公司和小额贷款公司，促进农村土地承包经营权、林权、宅基地、房屋等生产要素进入市场流通，采取以资源换取资金等办法，有效缓解了农户和涉农企业的资金难题。从改革投融资体制着手，通过整合政府资源，搭建投融资平台，获得金融机构贷款，吸引民间资金进入等途径，较好地解决了统筹城乡发展中的资金瓶颈问题。深化土地制度改革，推进农村土地流转。在土地集约利用上，重点实行了“增减挂钩”的办法，将城市建设用地增加与农村建设用地减少相挂钩，鼓励农村通过土地整理、拆院并院等措施，将节约的集体建设用地指标等量挂钩到城市规划区以有偿使用，从而实现了农村土地资源价值的最大化。在对“三农”的投入上，采取“改补为投”的方式，组建现代农业发展投资公司，通过担保贷款、政府贴息、直接投资等方式，促进了结构调整，带动了农民增收。在土地流转上，以“确权赋能”为着力点，实现了农村资产资本化。同时，新津还深化户籍制度改革，大力推进农民变市民；深化就业管理制度改革，推进农村劳动力转移；围绕建立城乡统一、开放的劳动力市场，先后就失地无业农民安置、失地无业农民再就业、农村劳动力培训和就业工作，以及与农村剩余劳动力流动转移密切相关的征地农转非人员社保、城乡居民最低生活保障、一元化户籍管理等城乡一体化工作要点出台了系列配套政策。

（五）坚持以民生为本，推进和谐社会建设

新津统筹城乡发展，始终坚持以人为本，把民生问题放在首位，把公共财政投入向教育、卫生、就业、社会保障等领域倾斜，认真解决一些与群众利益密切相关的问题，促进和谐社会建设。

坚持城乡统筹和“工业反哺农业、城市支持农村”的理念，在工业快速发展的同时，大力改善农民生产生活条件，努力促进城乡同发展、共繁荣。一是整县推进城乡一体化。从 2009 年开始，新津以统筹城乡综合配

套改革试验区建设为契机，推进城乡统筹，率先在中远郊区实现城乡一体化。二是同步改善农村居住条件。结合土地综合整理项目，加快农村新型社区建设，成建制地推进农民集中居住。制定了农村新型社区配套建设标准，农村新型社区全面建成了“四室、三站、两店、一中心、一广场”等公用配套设施，农村人民与城市人民一样享受着连锁超市、休闲广场、草坪绿地。三是同步促进农民就业增收。依托工业基础较好的优势，开展“送岗位、送政策、送培训、送服务”的“四送”活动，探索实践了“村企结对、车间进社区、加工进农户”的生产就业模式，将就业岗位送到农户“家门口”，引导农村劳动力向二、三产业转移，帮助农民实现灵活充分就业，所有乡镇均实现了比较充分的就业，20 个新型社区全部实现了充分就业。四是同步提升农村公共服务。积极推进公共服务向农村和农村新型社区延伸，让农村百姓共享城市文明。实施农村中小学、乡镇中心幼儿园标准化建设工程，农村留守儿童寄宿工程和农村中小学安全饮水工程，完成了所有乡镇公立卫生院和村卫生站规范化建设。积极推进“全民社保”，逐步建立城乡一体化、多层次、广覆盖、保基本、可衔接的社会保障体系。大力实施劳动保障业务职能下移，将社保、医保、就业经办业务全部向乡镇延伸。通过“村村通电子信息政务网络”，在村级将 28 项涉农行政审批事项确定为为民办事代理制的免费全程代理事项，在承诺时限内为群众无偿代理审批服务。

三、未来发展之路

坚定以习近平新时代中国特色社会主义思想为指导，深入贯彻党的二十大精神，立足新发展阶段，贯彻新发展理念，服务新发展格局，全面增强“南部区域中心城市、高端产业创新城市、城南门户枢纽城市、现代滨江公园城市”职能，加快建设“一心三城五镇”城市组团和“两园两区”产业功能区，推动高质量发展、创造高品质生活、实现高效能治理，加快建设现代化创新活力新区、现代化产业新区、现代化宜居宜业新区，成为成都市乃至四川省和整个西南地区充满发展活力、城乡繁荣、生活富裕、社会和谐、生态环境优美的统筹城乡发展示范区。

深入实施乡村振兴战略，促进农业高质高效、乡村宜居宜业、农民富裕富足。以中国天府农业博览园建设为核心牵引，推进国家城乡融合发展试验区拓展区建设，健全城乡融合发展体制机制和政策体系，建立城乡有序流动的人口迁徙制度，推进宅基地制度改革，探索“国有建设用地＋集体建设用地＋农用地”综合利用模式，深化农村金融综合服务体系改革，有序引导农民回流和市民逆流，促进城乡要素双向自由流动，推动农商文旅体科教融合发展，不断激发和释放乡村发展活力。塑造“产业功能区＋特色小镇＋林盘聚落”新型城乡组织形态，实施新时代示范乡村建设，高水平推进美丽家园、绿色田园、幸福乐园建设，高标准推动农村基础设施建设和环境综合整治，引导各类主体参与城乡公共服务投建运管，加快补齐基本公共服务短板，促进城乡基本公共服务均等化、普惠化、优质化发展。

第二十六章

西部发展特色经济问题

当前，西部发展面对的内外环境不同于20世纪60年代的“三线建设”，也不同于20世纪八九十年代东部沿海地区的开放发展。既不能走过去的老路，也不能照搬东部沿海的发展模式，更不能再走重复建设的弯路。因此，新时代发挥西部竞争优势，走特色经济之路，形成具有独特竞争力的特色产业体系，促进资源优势向经济优势转化，对推动西部地区高质量发展、加快形成西部大开发新格局，具有重要现实意义和深远历史意义。

一、对发展特色经济的理论认识

（一）基本内涵

当前，我国许多地区相继都提出了发展特色经济的问题，但由于对特色经济的内涵普遍缺乏深入的理解和认识，从而将“特色经济”与“优势经济”或“支柱产业”相混淆，甚至把特色经济与地方经济、特色产业与优势产业等同起来。[①] 有人认为特色经济就是地方经济；有人认为特色经

① 宋金平：《区域经济学》，科学出版社，2009年，第16—17页。

济是效率经济；也有人认为特色经济就是市场经济。这些说法都有一定的道理，也有一定的局限性。特色经济的提出主要以优势理论为基础，最早的理论是斯密的绝对优势理论，主要观点是每个国家都有其绝对有利的、适宜于某些特定产品的生产条件。如果利用这些绝对有利生产条件来进行专业化生产，各国的资源就能得到正确的分配和有效的利用。继斯密之后，李嘉图根据绝对优势理论提出相对优势理论，认为只要成本比率在各国存在差异，各国就能够生产各自的比较优势产品，并在国家间进行交换，通过贸易增进利益。其后，赫克歇尔和俄林又以李嘉图比较优势理论为基础，提出了要素禀赋论，解释了比较优势理论中比较成本差异的来源，认为各国国内商品价格比例或比较成本的不同是由于各国之间生产要素禀赋的不同和生产各种商品使用的各种生产要素的比重不同。根据这些理论，我们认为，特色经济应是具备特有竞争力的优势经济，是一种以市场为导向，以特殊资源或关键资源为基础，以特色工艺或高新技术为支撑，以体制创新作保障，以特色产品为载体，以高市场容量、高附加值及产业化运作为特征的独特的经济发展模式，形成具有规模化、异质化的特色产业群，能将产前、产中、产后诸多环节连接起来，从而带动本行业本地区的发展。

特色经济的核心是特色产业，而特色产业的核心又是特色产品，其内涵主要包括：一是发展特色经济必须与当地的具体情况相吻合，充分体现“情”，即体现省情、区情，这是特色经济形成的基础。二是特色经济与其他区域经济相比，在产业结构方面存在显著的区别和差异，应当具有当地特色的产业，这是特色经济形成的核心。三是“特”必须以“同”为基础，是建立在“同”上面的“特”，应当体现当地的竞争优势，具有较强的竞争力，这是特色经济形成的根本。四是特色经济要具有较强的关联性和带动性，不仅能支撑当地经济的发展，还能带动其他相关产业的发展。实质上，特色经济的发展关键，并不完全取决于当地的特色资源状况，不仅要有技术开发作支撑，有体制创新作保障，而且还要具有较强的市场竞争力和较大的市场前景。从某种意义上讲，产品的市场竞争力、占有率和赢利率应当是衡量特色经济的主要指标。因此，发展特色经济必须将本地的竞争优势、科技水平、市场功能、体制创新四者有机结合起来，缺一不可。一般说来，地区特色经济有不同类型，其形成的主要原因也各不相同。有些主要依托特色资源而形成的特色经济，如大庆的石油工业，山西的煤炭工业；有些主要依托特色的工艺或高新技术而形成的特色经济，如贵州的茅台，北京的电子工业；有些主要依托市场开拓而形成的特色经济，如温州模式；有些主要依托体制创新而形成的特色经济，如深圳特区经济。五是由于特色经济是比较而言的，特色经济也是可以转化的。今天视为特色的，明天就不一定有特色；这方面有特色，其他方面就不一定有特色；这一层次上或范围内有特色，在另一层次上或范围中就不一定有特色。从这个角度来讲，特色经济又是不断开拓进取、创新的经济。特色经济是扬优成势的经济，是追求高起点、高质量、高效益、高水平的经济。

（二）判断特色经济的价值标准

识别与判断特色经济需要科学的价值标准，我们设定了产业垄断、产业规模、产业专业化、产业竞争力等指标。[①] 概括起来，识别与判断西部特色经济的价值标准有以下四个方面。

产业独有标准，即是“你无我有”。特色经济是以特色产品为核心，以特色资源为基础，以特色技术为主导，以特色产业为依托的一个系统工程。因此，所谓“产业独有”标准就是指拥有“独有资源、独有技术、独有产品”三个方面的优势元素，而这三个方面的优势元素往往是中部和东部所不具备的，而且是不可替代的，难以迁移的。换句话说，凡是建立在“三个独有”优势元素基础上的产业，或者具有三个独有元素综合优势的产业，均可以列入西部特色产业范畴之内。

产业规模标准，即是“你小我大”。所谓“你小我大”标准是指西部产业拥有“可开发的资源储量大、形成的生产能力大、主导产品市场占有

① 费洪平：《中国区域经济发展》，科学出版社，1998 年，第 116—118 页。

率大”三个方面的规模经济比较优势元素。换句话说，在同等条件下，如果西部某产业现实或潜在的“资源储量、生产能力与市场占有率”均大于中部与东部产业，那么西部产业的特色优势就将体现出来。因此，凡是建立在“三大”优势元素基础上的产业，或者具有三大综合优势潜能的产业，均可以列入西部特色产业范畴之内。

产业专业化标准，即是“你泛我专”。西部特色经济是建立在产业专业化分工基础之上的，而产业专业化分工又是通过地区经济在一定的市场空间范围内通过区际交换的商品加以体现的。由于市场半径不同，西部产业专业化分工通过三级区际交换商品加以体现：一级是以全国市场为半径的区际交易商品（参与全国产业大分工的西部产业），二级是以西部区域市场为半径的区际交易商品（参与西部产业大分工的西部产业），三级是以西部地区内部市场为半径的区际交易商品（参与西部小区域产业分工的西部产业）。凡是建立在“三专”产业分工基础上的西部产业，或者在三级市场上实现区际交换价值的西部产业，均可以列入西部特色产业范畴之内。

产业效益标准，即是“你弱我强”。西部经济能否由资源优势转变为经济优势，最关键的还是在于西部产业能否实现相对较高的社会经济效益目标。在特定的情况下，相对于东中部地区而言，西部产业可以取得“人弱我强”的比较效益优势。用产业比较效益作为判断和识别西部特色经济的标准，其含义包括三个方面的内容：一是产业成本比较效益较高。二是产业关联比较效益较高。三是产业品牌比较效益较高。凡是建立在“三高”产业分工基础上的产业，或者在市场上实现“三高”价值的产业，均可以列入西部特色产业范畴之内。

（三）西部特色经济的基本特征

西部特色经济具有“特长性”特征。一般来说，特色经济是以特长性为基本特征的，主要体现在资源上的不可替代性、不可迁移性，产品上的特殊品质，技术上的特殊工艺、专有技术和人才积累，产业发展上由特色资源支撑的生产规模和相应的经济效益，以及在市场竞争中表现出的品牌效应和竞争力，等等。西部特色经济理应定位在“特长”型经济范畴，也就是说要从西部的资源优势、技术优势、生产优势等方面对特色经济进行定位。但也要看到，相对东部地区，广大的西部地区缺技术、缺资金、缺基础设施；西部发展特色经济，除了应当关注“扬长型”产业以外，还应当高度重视“特短”型经济的存在。

西部特色经济具有“多样性”特征。无论从狭义还是广义的角度，在界定特色经济要素时，都应强调特色产品。特色产品是一个地区特色经济的最基本要素或标志。因此，从这个意义上讲，西部特色经济具有单一性特征。然而，特色经济又是多种多样、多层次的。在文化层面上有特色的经济，可以称为文化型特色经济；在资源层面上有特色的经济，可称为资源型特色经济；在科技含量层面上有特色的经济，可以称为高科技型特色经济；在生态环境层面上有特色的经济，可称为环保型特色经济，等等。

西部特色经济具有“优势性”特征。特色经济主要是指建立在优势资源基础上的特色经济形态，它既包括已经发展到具有竞争优势的主导产业或支柱产业，也包括目前仅具有资源优势、未来有可能发展成产业优势的经济形态。一方面，特色经济应当是优势经济。区域特色经济是区域产业优势、资源优势、市场优势的延伸，从一定意义上讲，也就是优势经济。另一方面，特色经济不一定是现实的优势经济。特色经济有利于转化为优势经济，但是不排除非优势经济（潜在优势经济）形态的存在。因为优势经济也存在由小到大、由弱到强的发展规律。特色经济与优势经济之间存在着很多的中间条件，取决于各种生产要素的优化组合。因此，特色经济是优势经济的必要条件，但不是充分条件。

西部特色经济具有“地域性”特征。特色经济是根植于特定地域的经济形态，它与行政区域是有区别的。然而，人们往往从西部省、市、县区行政管辖权的空间范围内来探讨特色产业形态，从而把西部特色经济简单划分为若干类特色经济，如宁夏若干类特色经济、甘肃若干类特色经济等。从区域经济角度来看，西部特色经济的形成与发展是以经济地理的自然形态分布的，不可能完全限制在行政区划的空间范围内，而是以跨行政区域的产业形态存在的。当然也不排斥行政区划范围内有特色经济存在的客观条件，比如“一黑一白”（内蒙古的煤、新疆的棉花）等。但是总的来看，西部特色经济将会以跨区域产业形态存在与发展的。因此，发展特色经济必须打破行业、部门和地区乃至所有制的界限，冲破自成体系、门类齐全的地方经济格局，筛选出能够支撑经济大局的特色产业布局。

西部特色经济具有“动态性”特征。特色经济是有特定时空限制的。然而，又不是固定不变的，而是动态的。随着市场供需格局变化和科技发展，现在是特色的东西，以后也会逐步失去特色。

二、西部发展特色经济评价

（一）西部特色经济发展初具规模

西部依托当地优势，基本上形成了以资源开发为主的特色经济雏形。一是特色农牧业发展较快，在经济发展中的作用逐步增强。但从总体上看，西部特色农业发展尚处于起步阶段，规模小而分散，深加工利用程度低，农业社会化服务不配套，缺少带动力、辐射力强的龙头企业，离农业产业化尚有很大的差距。二是资源型特色工业初具规模，成为经济发展的主体和突破口。西部依托本地优势资源，形成了以水电、石油天然气、煤炭开采为主的能源工业，以磷、硫、盐湖资源开发为主的化学工业，以有色金属和钢铁工业为主的冶金工业，以农畜产品加工为主的轻纺工业，以机床、工程机械制造为主的机械工业和国防科技工业等格局，培育了一批优势骨干企业和具有竞争力的名牌产品，初步形成了具有西部资源开发与加工相结合的特色产业雏形。但由于工业技术进步缓慢，技术创新能力差，加之结构不合理，特别是采掘、原材料工业的比重过大，技术密集型和高新技术产业的比重过小，使特色工业竞争力不强。三是大力开发旅游资源，特色旅游业发展迅速，日益成为西部新的经济增长点之一。但由于旅游景点分散，交通不便，旅游服务体系不健全，使旅游资源的开发建设严重不足，旅游业的潜力和优势未能真正得到有效发挥。

（二）西部发展特色经济具有竞争优势

西部地区是我国的资源富集区，矿产、土地、水等资源十分丰富，旅游业十分旺盛，而且开发潜力很大，这是西部形成特色经济和优势产业的重要基础和有利条件。要使这种潜在的优势转变为现实的竞争优势，关键是要对某些关键性资源深度开发利用。从宏观全局和长远发展来看，某些关键性的能源矿产资源、生态农牧业和生态旅游业仍将是西部重要的竞争优势所在，直接决定西部未来特色经济的发展方向，应当不失时机地加以综合开发利用。

1. 能源、矿产资源丰富，竞争优势明显

根据国家统计局和西部大开发规划数据资料，西部地区是我国重要的能源及原材料基地，具有能源、矿产和发展基础产业的相对优势。[①] 西部的能源资源非常丰富，特别是天然气和煤炭储量，占全国的比重分别高达87.6% 和 39.4%。在全国探明 137 种矿产中，西部有 126 种，储藏量占全国 80% 以上的有 26 种，占 50% 左右的有 10 种，占 30% 左右的有 16 种，其中钒、钛、铜、汞、铅、锌、钴、镍、铂、钯、锈、硒、锂、锶、铍、钾盐、镁盐、池盐、云母、钠硝石、石膏、重晶石、硅石、铸型粘土、陶瓷粘土等近 30 种矿产储量居全国首位。诸如四川的天然气、硫铁矿、芒硝、碘，贵州的汞矿、富磷矿，云南的铅、锌、高锰矿、锗矿，西藏的铬铁矿，陕西的铼银钽砂、甘肃的钴、钽族，西部的钾盐、池盐、石棉、硅石，新疆的绿柱石、银钽砂、钠硝石，宁夏的石膏，广西的锰矿等，在全国均占有重要地位。这些丰富的资源，开发潜力大，具有较强的竞争优势，是

① 李文彦：《地区开发与工业布局》，科学出版社，1999 年，第 90—95 页。

西部发展特色经济的重要基础。

2. 农牧业及生物资源丰富，发展潜力巨大

西部人均占有耕地 2 亩多，是全国平均水平的 1.3 倍。耕地后备资源总量大，未利用土地占全国的 80%，其中有 5.9 亿亩适宜开发为农用地，适宜开发为耕地的面积 1 亿亩，占全国耕地后备资源的 57%。森林面积占全国的 36%，西部草地面积占全国的 62%，西南部生物资源非常丰富，特色农牧业和生物资源开发利用前景十分广阔。西部还具有丰富的光热资源，是全国日照时数最长的区域。西部地区的总体污染程度低，适合发展生态农业和特色农业，具有良好的生态环境基础，利于发展有机、绿色农业和农产品加工业。独特的地形地貌和气候条件，适于发展特色农林牧副业。农产品消费市场空间巨大，有着强大的资金吸纳和升值潜力，以及人才和技术需求能力。

西部农业在全国农业发展中占有重要地位。西部草场占全国的 60% 左右，粮食产量占全国的 20%，水果产量占全国的将近 18%，肉类总产量占全国的 21%。西部地区还是我国羊毛、棉花、烟草、中药材等重要产地。因此，西部农业的发展不仅是实现全国农业可持续发展的基础，更是西部大开发顺利实施的重要保障。

从总体上看，西部特色农业的优势主要有：一是部分经济作物和园艺作物产品有发展优势，如西南的烤烟、茶叶、蚕丝、蔗糖、菜籽油、柑橘、麻类、中药材，滇桂热区的香料、饮料和水果；西北的优质棉花、瓜果、甜菜、糖和某些油料作物。二是畜产品发展优势。西部是我国主要草原畜牧业生产基地，可利用天然草场占全国可利用草场面积的 90% 以上。我国著名的新疆、西藏、甘肃、四川、内蒙古等牧区均分布在西部地区。西部畜禽品种资源丰富，牛、羊和羊绒产量占全国一半以上，其中牦牛、藏羚羊等牲畜在国内外有较高的声誉。三是林产品有发展优势。除西南一些传统的经济林产品以外，西部地区林业也是一大潜在发展优势。此外，西部地区的生物资源也很丰富，动植物品种多样，有许多经济植物和经济动物，可利用价值高，其中许多是国家一类保护动物，像青海、云南等地区都是生物资源的富集地带。

3. 独具特色的文化旅游业，开发潜力巨大

西部旅游资源总量大、类型多、功能全、组合优良、科学内涵丰富，不少指标位居全国前列，更有不少旅游资源属全国独有或稀有类型，为“中国之最”乃至世界之最。诸如四川的峨眉山和熊猫自然保护区，甘肃的敦煌，新疆的天山和塔克拉玛干沙漠，贵州的黄果树瀑布，青海的塔尔寺和青海湖鸟岛，陕西的黄帝陵、兵马俑，等等，都是世界著名的旅游景点。西部旅游资源类型全、品位高、特色与垄断性强。独特的地理环境造化出西部地区多样的气候类型和完整的生物体系，西部地处长江、黄河源头，是中华民族的发祥地，拥有悠久丰厚、灿烂辉煌的古文化遗存和独特的文化习俗与民族风情。青藏高原等高山良好生态环境和西藏、新疆、云南边陲的沿边旅游资源也为西部地区旅游产业的发展提供了广阔的前景。在西部地区的旅游景区中，拥有一批为数可观的世界级遗产、国家级重点风景名胜区、历史文化名城、重点文物保护单位、中国旅游王牌景点。因此，西部地区旅游资源种类之全，不仅超过东中部地区，在世界上也都是罕见的，呈现出巨大的开发潜力，为旅游业发展奠定了坚实的基础。随着西部大开发的实施和西部交通条件的改善，将有利于西部旅游业的发展。

（三）西部发展特色经济面临的问题

西部目前特色经济总量规模还不大，尚未体现对国民经济的带动和支撑作用，产业门类也较为分散，缺乏竞争力。总体上看，目前西部特色经济发展面临不少困难和问题，主要有以下几个方面。

原有的资源优势相对弱化，资源型特色产业发展面临新的挑战。随着经济结构调整、高新技术快速的发展，产生了一系列弱化西部资源优势的因素。一是技术进步对西部资源优势产生了冲击。随着科技快速发展，资源相对短缺的东部地区在原材料、能源需求方面有了更多的选择机会，这既降低了其对资源丰富的西部的依赖程度，也对西部依赖资源优势的发展模式提出了新的挑战。二是进口资源的逐步扩大给西部带来了挑战。随着国内加工业的快速发展和国内资源价格逐步向国际市场接轨，东部沿海地区利用国外资源的规模逐步扩大，使资源短缺的东部在满足初级产品需求方面有了更为灵活的选择性，必然对资源丰富的西部产生冲击和影响。

基础设施相对薄弱，制约特色经济的快速发展。基础设施的落后和不足已成为制约西部发展特色经济的一个“瓶颈”。西部地区每百平方千米土地面积铁路里程和公路里程，不仅低于东部的平均水平，也远低于全国的平均水平。总体上看，西部交通运输处于不完善状态，尚未形成现代化的交通运输体系，难以适应西部发展特色经济的要求。

自然条件较差、生态环境脆弱，发展特色经济受到影响。西部自然条件差，植被覆盖率很低，水土流失面积大，草地退化、土地沙化和碱化严重，水资源的短缺和时空分布不合理，这既是西部地区生态环境的主要矛盾，也是西部地区发展的主要障碍。一些地区为眼前的经济利益，对草场、森林乱垦滥伐，对矿产资源乱开乱采，使水土流失、土地荒漠化、草原退化更加严重。与此同时，西部作为原材料生产基地，工业“三废”排放量大，环境污染问题日益突出。

科技教育落后、人才短缺，发展高新技术产业受到制约。西部是全国科教最不发达的地区，也是劳动力素质最差的地区。同时，科技创新能力不强，2019 年，西部地区规模以上工业企业研发（R&D）经费占全国的比重仅为 11.13%。西部的科技基础设施相对落后，难以吸引和固留人才，不少地方出现了人才断档现象，人才流失十分严重。

资金短缺、资金投入力量严重不足，制约着特色经济的发展。西部是经济基础薄弱，财政困难，资金匮乏，属于典型的“补助财政”“吃饭财政”。长期以来，基础设施建设、生态环境建设、科技教育投入、人民生活水平改善等欠账很多，加上自我积累能力弱，难以拿出一定的资金用于经济建设，严重影响了西部特色经济发展的规模。

产业结构不合理且层次低。与东部地区相比，西部地区产业层次较低。农业内部结构不够合理，农业产业化水平不高，农业基础设施薄弱，科技等社会化服务相对滞后，服务业发展水平不高。重工业比重过大，工业结构同构化问题突出，过于依赖资源开发，产品附加值较低，资源环境压力大。

三、西部发展特色经济的基本思路

在新形势下，西部发展特色经济要坚持新发展理念，坚持推动高质量发展，坚持以供给侧结构性改革为主线，立足比较优势，促进结构调整，完善体制机制，优化发展环境，着力自主创新，提升竞争能力，突出重点区域，保护生态环境，走具有西部地区特色的优势产业发展道路，为西部经济发展奠定坚实基础。一是必须从宏观全局高度出发，全面考虑西部与东部、中部之间的关系，既要体现出西部的特色，又要与国民经济发展规划、国家产业政策及相关区域发展相衔接。二是坚持“有所为、有所不为”的原则。要选择有限目标，根据市场需求、产业基础、开发能力，突出重点，由点到面，逐步扩大规模。三是依靠科技和人才，为特色经济发展提供强有力的智力与技术支撑。西部具有全国特有的能源、矿产资源、高原生物资源，特色经济的形成很大程度上将取决于相关高新技术及其产业化的突破。采取特殊的政策和灵活的机制，吸引人才，引进技术，运用相关的高新技术促进特色经济的发展。四是强化特色产业竞争力。围绕提高质量和效益、增强国际竞争力，加大结构调整力度，把改造传统产业同培育高新技术产业紧密结合起来，营造特色品牌的核心竞争能力，突出抓好技术开发与创新、市场的营销策划两个最主要的环节，培育特色产业新的优势。五是实现创新带动。除去特殊矿产资源及相关产品外，西部许多的资源和产业在全国并不完全具有独占性，只有不断创新才能保持特色经济优势。要通过深化改革，充分发挥市场机制的作用，突破影响生产力发展的体制性障碍，为特色经济的壮大提供创新动力。六是重在深度开发。西部发展特色经济重在对优势资源的深度开发。加工提炼技术的突破是深度开发的关键。要特别突出加工提炼技术的突破和产业化应用，通过新技术延展加工深度，形成产业链，增加附加价值，提升产业层次，增强竞争力。七是坚持实施可持续发展的原则，避免有增长而无发展，或以牺牲生态环境为代价发展。

西部发展特色经济的核心和关键是培育特色产业和特色产品，它要求在生产的社会化过程中形成自己的专门化产业和产品，在市场需求多样化过程中形成自己的差别化产品，在激烈的市场竞争中形成自己的优势产业和产品。西部特色产业发展应该遵循“市场导向、比较优势指向、竞争定位、区域关联导向和可持续性原则”。①

（一）市场导向下选择具有“增长优势”的行业，促进经济持续发展

特色产业的选择首先需要从市场需求出发，寻找需求收入弹性较大的行业，尽量避免新办企业时或企业进行产品结构调整时陷入市场衰退性行业。

从全国来看，在投资需求方面，对机械设备尤其是现代化与机电一体化设备需求增长，将对以机械、电子为中心的重化工产品的需求份额上升。西部大开发战略的实施，使基础设施和一些适合西部发展的加工业进入大发展时期，将对适合高原及山区特点的工程机械、铁路机械和其他专用机械产生很大需求。

在消费需求方面，随着收入水平的提高，呈现出消费升级和多样化的趋势。一是表现在消费重心由“千元级”商品（如家电、通信设备、办公设备）向“万元级”商品（如电脑、住房及装饰、汽车）的转变；二是休闲、旅游、教育在消费结构中的比重也越来越大；三是在“千元级”商品

① 王岳平：《中国产业结构调整和转型升级研究》，安徽人民出版社，2013年，第40—41页。

和日常生活用品上进一步呈现出对质量、品质的高要求以及对品种和档次的多样化需求。

在中间需求方面，随着工业化水平的不断提高和产业链条的延长，生产建设对那些过去靠直接从自然界获取的资源，如铁矿、煤矿等方面的需求比重下降，而用工业品作为中间原料的比重上升，原材料的加工层次增加，出现了所谓迂回化生产。这就导致了具有中间需求型特征的重化工业如化工、钢铁、建材、机电产业的比重也呈上升趋势，尤其是对铝材、化工等新型原材料产品的需求增长更快。

近几年来的行业增长数据表明，与新的需求关联较强的电子电气等机电产品（主要是通信、办公设备、新兴耐用消费品等）、汽车、石油化工、建筑建材（尤其是新型建材）及医药、旅游、信息服务等发展很快，其次是服装、皮革、出版印刷，而与消费联系密切的食品、纺织、烟草、煤炭等产业地位趋于下降。

（二）强化区域之间的分工与协作，选择具有“比较优势”的行业

对区域间的分工协作和比较优势的分析，是要区分不同层次的，既要考虑到西部与全国进行比较，也要考虑到与东部地区的比较。

从已经形成的专门化分工来看，通过对西部 40 个行业区位商的计算分析，可以看出，专门化程度最高的有 6 个部门：黑色金属采选、有色金属采选、采盐业、木材及竹材采运业、烟草加工业、有色金属冶炼及锻压加工。这些部门具有比较大的份额和市场占有率，在全国范围内具有显著的专门化地位，其中 4 个部门是建立在自然资源采掘基础上，仅有色金属冶炼及烟草加工业属中间投入型的制造业，前后向联系效应较大。西部地区作为我国重要的能源及原材料基地，具有能源资源、矿产资源和发展基础产业的相对优势。而在其他方面，如藏药、绿色食品、毛纺、民族服饰等产品方面，还只是潜在的比较优势。即使是能源、原材料工业，也只是

在产出比重方面具有专门化分工地位，在经济效益方面的优势还不突出。

（三）选择具有“竞争优势”的行业，以适应我国经济高质量发展阶段的形势，提高企业和区域经济的竞争力

特色产业的培育也必须是具有竞争优势的产品和行业，通过这些产品和行业来壮大地区经济。这种竞争优势主要体现在区域的产业基础、产业的技术、管理和市场开拓能力等方面。

从西部工业行业之间的比较来看，医药制造、烟草、有色冶金、电力和食品饮料等行业的经济效益较高，但只有与全国进行比较，相对效益高的行业才是具有竞争能力的行业。数据计算分析表明，与全国相比，西部的行业经济效益相对较低，即缺乏具有市场竞争力的行业，或者说只是个别企业具有优势，但没有形成有明显竞争力的行业。像有色冶金、电力、医药制造等行业尽管具有比较优势，烟草、饮料等行业尽管在区内各行业中具有较高的经济效益，但与全国相比并不具有明显的竞争优势。相比之下，西部的钾盐、牧业、旅游业等行业则具有一定的竞争优势。

（四）选择与地区关联度大而技术制约小的产业，增强对区域经济的带动能力

从技术关联的角度来看，地区内一些主导部门之所以具有推动产业升级和结构转换的功能，主要是由于它具有将其技术创新向其他部门扩散、带动其他产业实现技术进步的能力。主导部门的技术扩散和带动程度与主导部门的技术进步速率和关联度大小分别成正比，即技术进步越快，其技术扩散的势能也就越大；部门的关联度越大，技术经济联系越广，其技术扩散的范围也就越远。反之，如果这些部门的技术要求超出地区的消化吸收能力，这种技术关联将成为技术约束。

国内外经验数据分析表明，机械工业、冶金、交通运输设备、化学

工业、纺织、电子工业、造纸及文教、食品饮料、电气、金属制品等行业经济关联度较大；相对于西部而言，电子、机械工业、化学工业、交通运输设备、电气等部门既具有较高的产业关联度，同时还具有较高的技术约束；而冶金、纺织、食品饮料等部门则具有较高的经济关联度，较低的技术约束。

（五）做好生态环境保护工程的大文章，走经济、社会、生态相互协调的可持续发展道路

走可持续发展道路是我国重要的发展战略。一是从西部的实际出发，西部既有很多地方属于尚待开发的“处女地”，又有天然、无污染的良好环境。生态环境保护任务十分艰巨，要大搞生态保护工程。因此，那些污染比较小的行业应该成为优先鼓励发展的领域，尤其是应注重与广大农牧业相关联的绿色食品的发展。二是从全国的发展趋势来看，用水电等清洁能源取代火电，同时将东部高耗能工业向西部能源富集地区转移是必然之举。

四、西部特色产业发展重点

面对日趋激烈的竞争态势，充分发挥西部地区比较优势，推动具备条件的产业集群化发展，在培育新动能和传统动能改造升级上迈出更大步伐，促进信息技术在传统产业广泛应用并与之深度融合，构建富有竞争力的现代化产业体系。推动农村一二三次产业深度融合，促进农牧业全产业链、价值链转型升级。加快推进高标准农田、现代化生态牧场、粮食生产功能区和棉油糖等重要农产品生产保护区建设，支持发展生态集约高效、用地规范的设施农业。加快高端、特色农机装备生产研发和推广应用。推动发展现代制造业和战略性新兴产业，积极发展大数据、人工智能和“智

能+”产业，大力发展工业互联网。推动“互联网+教育”“互联网+医疗”“互联网+旅游”等新业态发展，推进网络提速降费，加快发展跨境电子商务。支持西部地区发挥生态、民族民俗、边境风光等优势，深化旅游资源开放、信息共享、行业监管、公共服务、旅游安全、标准化服务等方面的国际合作，提升旅游服务水平。依托风景名胜区、边境旅游试验区等，大力发展旅游休闲、健康养生等服务业，打造区域重要支柱产业。加快发展现代服务业特别是专业服务业，加强现代物流服务体系建设。

西部特色经济发展是通过产业化方式实现的，西部具有比较优势和特色产业构成的六大特色产业群。

（一）西部特色矿产资源及加工产业群

从全国来看，西部地区矿产资源开发的潜力巨大，有色金属、化工等矿产资源极为丰富，因此，国家决定在塔里木、陕甘宁、四川、柴达木等十大矿产集中区内加强铜、锌、镍、优质锰、铬、金、银、铂族金属、钾盐、磷等优势矿产资源的开发，这样既为东部经济发展提供资源保障，又带动西部矿产相关产业的发展，从而为西部特色矿产产业群的形成创造了条件。集约利用西部地区的矿产资源，积极利用境外矿产资源，建设西部地区特色优势资源加工基地。加大铝土矿开发力度，提高综合利用水平，扩大广西、贵州等地氧化铝生产能力，优化电解铝结构，延长铝加工产业链，建设广西、贵州、重庆、兰州、西宁、包头等铝加工基地。建设云南铜、铅、锌，四川钒、钛，甘肃镍等有色金属综合开发利用基地。加快推进内蒙古、四川稀土开发，产品深加工基地建设。继续发展磷钾肥工业，建设青海柴达木、新疆罗布泊等大型钾肥基地和云南、贵州大型磷复肥基地。建设四川、新疆、青海等地氯碱化工基地。增强攀钢、包钢、酒钢等钢铁基地的竞争力，重点发展高速铁路用重轨、大口径优质无缝钢管、优质合金钢材和精密合金钢材等特殊钢材。[①]

（二）西部特色能源及化工产业群

西部的水能、煤、油及天然气等资源极为丰富，因而应该对西部丰富的能源进行合理开发。西部各地在水能产业、地热能产业、太阳能与风能产业、石油天然气产业的资源储备与产业开发方面有很大的潜力，有条件形成西部高效益的能源产业群。同时，依托煤炭、石油、天然气、水能等多种能源开发为龙头，以能源加工利用为重点，可以逐步形成强大的能源工业和石油化工、天然气化工、精细化工等产业群。充分利用西部地区水能资源、煤炭资源、石油天然气资源丰富的优势，积极有序开发水电，集约开发煤炭，加快勘探开发石油天然气，大力发展新能源。因地制宜发展石油化工、天然气化工和煤化工。建设黄河上游、金沙江、澜沧江、红水河、怒江等流域大型水电基地。加大新疆、川渝、陕甘宁、青海、内蒙古等地石油天然气资源勘探开发力度，建设石油天然气开发及相关产业基地。建设广西沿海地区炼油及相关产业基地。建设陕北、宁东、内蒙古西部、贵州毕节、新疆哈密等地煤炭生产、煤电一体化基地，择点建设煤制油等煤化工基地。大力发展新疆、内蒙古、甘肃、宁夏等地风能、太阳能和其他新能源。

（三）西部特色制造业产业群

尽管西部制造业在整体上不具有优势，但在某些行业细分领域独具优势。特色制造业产业群主要有：一是西部工程机械产业。由于西部地区多为高原和丘陵，而高原型工程机械的动力、液压系统、制造及其所用的原材料等均与平原地区的工程机械有很大的差别，西部可以发展特殊工程

① 李文彦：《地区开发与工业布局》，科学出版社，1999年，第60—62页。

机械产业。二是利用西部地区现有产业基础，依托重点工程，努力突破核心技术，提高西部地区重大装备制造的整体水平。重点发展核电装备制造、重型燃机、大型冶金化工成套设备、重型机械和大型工程施工成套设备、汽车、摩托车、内燃机、环保成套装备、输变电成套装备、大型数控机床、数字智能型仪器仪表、轨道交通设备、工程机械、水利及风力发电成套设备等，形成重庆、成都、西安、兰州、贵阳、包头、柳州、宝鸡、德阳等重大装备制造业基地和国家级研发生产基地。三是西部特色轻纺工业。发展明胶、毛纺、皮革、地毯和民族用品等轻纺工业，开发民族服装、民族饰品、民族用品。

（四）西部高技术产业群

加强自主创新能力建设，推进科技成果产业化，重点培育和形成若干聚集效应突出、在全国具有技术优势和特色高技术的产业基地。加强重庆、四川成都和绵阳、陕西关中等地的集成电路、软件、网络通信、新型电子元器件、信息安全、数字家电等信息产业的核心竞争力，扩大产业规模。大力促进云南生物资源、四川成都与陕西西安医药产业、陕西杨陵现代农业、重庆生物医学工程等生物产业的发展，形成新的经济增长点。西部国防科技工业不仅门类齐全，航天航空、核、电子、兵器等在军工行业领域占有特殊重要地位，而且国防科技院所、骨干企业、资产存量与职工人数均居全国前列。优先推动陕西阎良国家航空产业基地、四川成都民用航空产业的发展，特别是大力促进支线飞机、大型干线飞机、航空发动机、民用飞机零部件生产，民用飞机维修等产业的快速发展。鼓励陕西、贵州、广西、新疆、云南等地结合资源优势，大力发展航空航天、能源、信息、交通等领域急需的铝、钛、超导、复合、稀土等高性能材料。

（五）西部特色农业及加工产业群

西部应发挥气候带多、生物资源多样性的优势，积极挖掘当地农产品的营养保健内涵，紧扣市场需求，大力发展绿色产业。充分发挥西部地区独特的农牧业资源优势，加快发展现代农业，培育和壮大特色农牧业，推进农牧业产品深加工，提高增值能力。提高西部地区重点商品粮基地的综合生产能力，建设“双低”油菜、啤酒大麦、小杂粮、马铃薯等生产基地及玉米、油菜、球茎花卉等制种基地。继续建设新疆优质棉花生产基地，提升新疆、陕西棉纺织加工水平。以内蒙古、新疆、甘肃、青海、宁夏、西藏的羊绒、驼绒、牦牛绒及毛纺加工为依托，建设有特色的毛纺织生产基地。进一步增强云南、贵州、四川等地烟草、酒类、茶叶生产加工基地的品牌竞争力。云南、广西、四川、重庆等有条件的地区大力发展林（竹）浆纸一体化工业。建设内蒙古、新疆等地乳品和四川、重庆、云南、内蒙古、广西、陕西等地肉类生产加工基地，建设陕西、四川、重庆、新疆等地果蔬加工和广西、云南糖业生产基地。提高中药材和藏、蒙等民族药材栽培、养殖和加工水平，发展特色药品和新产品。甘肃、宁夏等干旱的省区要转变资源观，变劣势为优势，开发生产旱地西瓜、旱地大蒜、反季节食用菌、沙生药材等农产品，以优良的品质占领广阔市场。青海、西藏、四川等省区可利用青藏高原、云贵高原的冷凉气候，开发高山苦荞、优质豆类、马铃薯以及具有高原优势的各类花卉种植，重点培育山区“冷凉”作物种植。地处我国最西端的新疆在壮大以棉花生产为主的“白色产业”的同时，还可利用光照长、温差大的气候特点，重点培育“红色”“金色”和“蓝色”产业，不断扩大特色农产品的生产、加工规模，以独特的“色彩经济”参与市场竞争。

（六）西部特色文化旅游产业群

由于西部是民族多样化、文化风俗多样化、人文景观多样化、生态资源多样化最为聚集的地区，带有历史文化地域特色的服务业正逐步向特色产业群发展。西部特色服务业产业群主要有：一是西部特色旅游业。西部旅游资源产业非常丰富，不仅有观赏性旅游和休闲性旅游，而且还有大量的风情性旅游、探险性旅游等极有特色的旅游。二是西部特色的餐饮业。西部地区有着丰富多彩的饮食文化，形成了许多享誉国内外的餐饮技艺与美酒佳肴。三是西部特色的娱乐业。西部文化体育产业近年来飞速发展，具有代表性的四川、重庆足球等多种形式的文化产业发展前景可观。发挥西部地区自然风光、民俗风情、历史文化等资源优势，把旅游业做大做强，重点开发长征之旅红色旅游区、香格里拉民俗风情–高原风光旅游区、长江三峡高峡平湖旅游区、丝绸之路旅游区、黔东南–湘鄂西民族风情与生态旅游区、川渝黔“金三角”生态旅游区、珠三角–桂东–桂北黄金旅游区、澜沧江–大湄公河次区域民族风情热带风光跨国旅游区、西北大漠草原旅游区和青藏高原生态旅游区。在继续发展观光旅游的基础上，加快开发休闲度假旅游、生态旅游、探险旅游、边境旅游、科普旅游、农业旅游和工业旅游等专题旅游，形成协调配套、特色鲜明的旅游产品体系。重视发展红色旅游。大力开发有西部特色的文化旅游，通过影视作品、媒体宣传、文艺演出等方式，充分挖掘和展示西部地区特有的文化内涵和多民族特色文化，开发系列特色文化旅游产品，促进旅游业加快发展。

第二十七章

论港产城融合发展

当今世界正处于百年未有之大变局的深度演变期，国际产业链供应链加速重构，全球贸易、物流和海运格局更加复杂和多元化，世界主要大港口和城市正向全球资源配置中心、全产业链加速扩张目标转型升级。同时，随着新一轮科技革命和产业变革加速兴起，智能化、便利化和无人化成为世界港口的发展趋势，为向第三、四代港口迈进提供了强有力的产业支撑和技术支持，并推动智慧港口、智慧城市和基础设施建设不断提速。美国东北部大西洋沿岸城市群、英伦城市群、欧洲西北部城市群、日本太平洋沿岸城市群等大都依托大港口，并通过港产城融合，加快构建国际竞争优势的重要平台。[①] 当前和未来一个时期，港口城市等特定优势区域产业集聚趋势将进一步增强，加快推动占全球经济总量60%的港口海湾地带及其直接腹地发展，走港产城融合发展之路已成为世界主要港口国家的重要推进方向。

一、国外港产城融合发展情况及经验

港口是沿海区域的战略核心资源，以港口为纽带，带动产业与城市发

① 张文尝、金凤君、樊杰：《交通经济带》，科学出版社，2002年，第30—32页。

展，形成港口航运、临港产业、港口城市三者良性互动发展，是国内外各发达港口城市发展的普遍经验。汉堡、鹿特丹、安特卫普、新加坡、东京湾、纽约等许多世界著名港口城市都积累了丰富的港产城融合发展经验。我们要借鉴先进港口城市的成功经验，促进“港产城”融合发展，完善国际航运枢纽和集疏运体系，强化与区域协调发展，促进国际航运合作网络建设，构建国际港口城市开放型经济体系，提升城市服务功能，强化国际港口城市资源配置能力。

（一）基本情况

汉堡作为中欧、东欧以及整个波罗的海地区的重要门户，是欧洲的货物集散中心，是德国最大的港口城市和第二大工业中心。汉堡港位于汉堡市内，易北河右岸，被喻为德国“通往世界的大门”，是德国最重要的海港和最大的外贸过境地。汉堡港口的集装箱转运量仅次于鹿特丹，是欧洲第二大集装箱港。港口的发展拉动了整个城市经济的发展，为城市注入了生机和活力，这主要体现在：一是港口的发展直接带动了航运业的发展。汉堡有近 300 条航线连接世界 1.1 万个主要港口，每年进出港口的船只达 1.8 万艘以上。德国 60% 的出口物资由此出港，运往世界各地。二是港口良好条件和区位优势有效地拉动了临港工业的发展。汉堡的临港工业区既包括传统造船业、冶炼业和原料精加工业，也包括航空工业、电子工业、精密机械与光学仪器制造、机器制造和化工等新型高科技产业。临港工业利用港口在运输、成本、劳动力、物流和信息等方面的优势充分发展，同时工业也为港口提供了充分的货源。汉堡已发展成为德国第二大工业基地，欧洲著名的民用航空制造中心，大量的跨国公司和企业落户于此，为城市的发展带来契机。三是港航业和工业的需求带动了相关产业发展。如货运、仓储、集疏运的发展，同时带动了有关港口的金融、通信、保险、维修、旅游、服务等第三产业的发展，使产业重心转移，加速了产业结构的升级。

鹿特丹位于荷兰西南部莱茵河支流新、老马斯河交汇入海口处，素有

“欧洲门户”之称，兼有海港和河港的特点，是一个典型的综合性国际大港，是世界知名大港和荷兰第二大城市。鹿特丹市市区人口约 60 万，连同郊区城镇在内共计 105 万，仅占荷兰的 6%，但全市年产值约占荷兰国民收入的 13%。鹿特丹聚集了国际航运业的各种要素，如拥有完善的港口设施、发达的转运网络、健全的服务体系和生机勃勃的临港产业。主要体现在：一是鹿特丹港口运输网络的建立带动了港口的发展，鹿特丹港是西欧货物集散中心之一，同时也是国际航运枢纽和国际贸易中心。二是广阔的经济腹地支撑起了鹿特丹港航产业的快速发展。德国、比利时等西欧国家的货源不断通过鹿特丹港运往世界各地，它们经济发展所需的资源也通过深入腹地的发达的集疏运体系出入欧洲各地，已形成了涵盖 21 个“无水港”码头的集装箱内陆服务网络。三是临港工业高度发达。鹿特丹是欧洲最大的炼油基地和世界第三大炼油中心，鹿特丹市炼油、化工、造船等工业主要是依托鹿特丹港发展起来的，主要分布于新水道沿岸，有一条以炼油、石油化工、船舶修造、港口机械、食品等工业为主的临海沿河工业带。各种物流的交汇使鹿特丹港成为储、运、销一体化的海港集合体，实现了较高程度的“港产城”联动发展，港口供应链整合能力强。

安特卫普港位于比利时西北部的斯凯尔德河下游，距北海 89 千米，城市横跨斯凯尔德河两岸，港区面积 130 平方千米，可靠泊码头岸线总长度达 160 千米，是比利时第一大港口和欧洲第二大港。安特卫普港以港区工业高度集中著称，毗邻欧洲主要工业区和消费市场，港口腹地广阔。除了比利时以外，安特卫普的腹地还包括法国北部、阿尔萨斯地区、洛林地区、卢森堡、莱茵河-美茵河流域、鲁尔地区、荷兰、意大利北部等。安特卫普港区内建有工业开发区，大力发展临港工业，不仅增加了港口的吞吐量，也降低了工业企业的成本，提升了港口功能。得天独厚的地理优势为港口的发展带来了机遇，吸引了大量工厂在其附近投产，为港口的发展提供了产业基础。

新加坡港一直是东西方贸易的中心，位于马六甲海峡这条全世界最繁忙的海运线的咽喉位置，是亚太地区最大的转口港，处理了大约世界 1/5

的货柜转运吞吐量，以及全球 6% 的货柜吞吐量。每年近 10 万艘船只穿梭于马六甲海峡，运送近一半的全球商品货物。2019 年，新加坡港完成货物吞吐量 6.26 亿吨，集装箱吞吐量 3720 万标准箱，位居全球集装箱港口排名第二位，也是全球第一大集装箱中转枢纽港。新加坡实行自由港政策，充分发挥其中转功能，带动了集装箱国际中转业务的发展，成为国际航运网络的重要一环，由此也提升了新加坡在国际航运、贸易和金融业务的国际竞争力。新加坡港通过建立工业区发展工业体系，在电子电器、炼油、船舶修造等方面形成产业优势。以新加坡裕廊岛为代表的临港化工园区已发展成为全球石化工业的主要生产基地和企业集群地，新加坡虽然“不产一滴油”，却集散大量货物（例如石油），也由此成为世界第三大炼油及交易中心。新加坡的工业和贸易的发展吸引了各类要素在港区的集聚，从而推动了金融、第三方物流等服务业的快速发展。这一发展路径符合新加坡一直以来“以港兴市、以港兴国”的理念，通过港口的发展带动整个新加坡的发展。随着环保意识的提升以及城市整体规划的注重，新加坡致力于向知识经济转型，重点发展资本密集型和技术密集型的高科技产业，并积极发展与港口相关的服务产业，例如国际旅游业和会展业。新加坡港产业集群的分布已经沿着港区不断向外延伸，产业链多集中在航运产业上游，形成了以发展国际高端航运业为主的知识驱动型的航运发展模式。

日本东京湾沿岸形成由横滨港、东京港、千叶港、川崎港、木更津港、横须贺港六个港口首尾相连的马蹄形港口群，职能分工体系鲜明。在庞大港口群的带动下，东京湾地区逐步形成了京滨、京叶两大工业地带，钢铁、石油化工、现代物流、装备制造和高新技术等产业十分发达。专业分工、错位发展是东京湾产业空间分布的明显特征。扬长避短、合理分工是湾区产业空间分布的显著特征。东京湾区经济带在产业空间分布上表现为集群发展模式。京滨、京叶工业区的形成与发展，实际上也是东京作为一个大都市，其功能演变及产业不断向外扩散的过程。

纽约港又叫“纽约和新泽西港”，位于美国东北部哈得孙河河口，东临大西洋，是美国最大的海港，是北美洲最繁忙的港口之一，亦为世界天然深水港之一。由于纽约位居的大西洋东北岸为全美人口最密集、工商业最发达的区域，又邻近全球最繁忙的大西洋航线，在位置上与欧洲接近，加之港口条件优越，又以伊利运河连接五大湖区，使得纽约港成为美国最重要的产品集散地，也因此奠定了其成为全球重要航运交通枢纽及欧美交通中心的地位。纽约借助港口条件，积极发展临港产业，制造业和金融、保险等日益成为纽约重要的产业，特别是新兴产业和生产性服务业发展迅速，金融、商贸等服务业在曼哈顿日益集聚。

（二）发展经验

从国际上看，20 世纪 70 年代以来，世界许多国家为摆脱港口单一运输功能外延式扩展的困境，普遍采取了多功能性、综合性的港城经济发展模式，大都将港口与相关工业联合开发，将直接依赖水运的工业靠近港口，大力发展港口工业与贸易，把港口经营范围由起初单一运输功能扩大到炼油、化工、造船、石化、钢铁、电力、电子等许多领域。如鹿特丹港、汉堡、横滨港、新加坡等，纽约、旧金山、东京等世界级城市群都是因港而兴，并在城市与港口的交互融合中激起发展的“涟漪圈”。素有“欧洲门户”之称的荷兰鹿特丹港不仅是知名的转运港口，更是一个巨大的工业综合体，大批跨国公司依托港口组建了它们重要的或是在欧洲唯一的工业联合体，为整个欧洲乃至全球进行工业生产，是重要的国际贸易中心和工业制造基地，其中约有 3500 家国际贸易公司形成了一条包括炼油、石油化工、船舶制造、港口机械等的临海沿河工业带，每年可为鹿特丹市带来 18 亿英镑的利润。港口产业集群的发展存在路径依赖，基本遵循着产业演变的方向，从制造业向服务业，特别是高端服务业转型升级。鹿特丹因其地理位置特别，城市发展伊始就以服务内陆腹地为导向，形成了以物流业和临港工业产业集群发展为主的发展模式。而新加坡利用其便利的交通优势，充分发挥港口中转功能，新加坡一直致力于港口与城市和国家的协调发展，产业的聚集也主要集中在绿色和高新技术产业。由此可见，港口产业集群的发展体现了产业发展的一般规律，但又受到各国经济发展水平、文化背景、历史机遇等各种因素的影响。因此，适合各个港口产业发展的路径不一而足，在吸收先进港口成功经验的基础上，更要结合自身状况综合考量。

二、国内港产城融合发展情况及经验

（一）基本情况

国内上海、深圳、厦门等很多港口城市围绕“以城定港、港城融合、产城共兴”，推动港口转型升级、临港产业聚集和港城建设，推动港产城融合高质量发展。

上海港实力强大，从2019年起，上海港口吞吐量已跃居世界第一位，并在腹地、航运物流服务、临港工业等方面处于国际领先地位。在空间辐射能力方面，上海港依托长江水道，对内陆腹地辐射范围广、辐射能力强。上海港地处长江东西运输通道与海上南北运输通道的交汇点，拥有长三角及长江经济带广阔的经济腹地，全国31个省市都有货物经过上海港装卸或换装转口。加之上海自由贸易试验区建设加速、与周边港口合作力度加大，上海港正积极通过江海联运、水水中转等措施不断拓展内陆货源，扩大腹地辐射范围。在航运服务业集群方面，已经发展相对较为成熟的集群，包括上海黄浦区、陆家嘴金融服务区、航运服务业聚集的虹口北外滩地区、物流企业集聚的外高桥保税区、洋山港的临港新城。上海临港工业发展采用的是大型综合化发展模式。上海拥有金山、宝山和浦东等大型临港工业基地。中国第一个临港工业基地就是上海金山临港工业基地，上海奉贤化学工业区是继金山之后兴建的以石油化工为主的综合性化学工业区，上海浦东新区东的外高桥保税区、金桥出口加工区、张江高科技园区、陆家嘴金融贸易区构成了一个产业与空间结构较为复杂的轻加工型的临港工业基地。上海的临港工业集中发展石化、汽车、造船等重工业，同时也注重发展高新技术、轻加工等轻工业，以及物流、金融服务业等。

深圳“蛇口模式”是比较成熟的港产城融合发展模式。“蛇口模式”是指“前港、中区、后城”的港口发展模式，即以港口先行、产业园区跟进、配套城市新区开发为基本内容，实现港口、产业、城市联动发展，并将政府、企业和其他各类社会资源协调起来，进而实现城市成片区域的整体发展，打造一个港口产业区。深圳临港工业是典型的两头在外并以轻工业为主导的发展模式，依托港口建设和海运物流，大力发展两头在外、具有一定规模效应的临港工业。深圳模式的特点依靠外资借力发展，主要靠引进外资兴办的临港工业滚动发展，建成了颇具规模的深水海港和海洋石油工程设备开发生产基地，形成了港口工业区。工业企业的产权结构以外商直接投资的独资企业为主。深圳以及其所属的粤港澳大湾区已成为我国最典型而且规模最大的轻加工型临港工业基地，临港工业的各类产品特别是电子产品、电脑外围配件在国内和国际市场都占有较大份额。

根据交通运输部相关数据资料介绍，厦门港有东渡、海沧、刘五店、石码、招银、后石、古雷、东山、云霄、诏安 10 个港区，拥有生产性泊位 159 个，年综合通过能力 1.66 亿吨。2019 年，全球首个第四代全自动化码头——远海集装箱码头投入试运营，货物吞吐量长期快速增长，货类构成调整较大，集装箱吞吐量持续增长，远洋直航能力明显增强。对台运输不断创新，增长平稳，内支线发展迅速，腹地拓展逐步显出效果。厦门临港产业是“依托港口、以交通为先导”模式，发展化工、汽车制造、机械、能源等产业集群。厦门围绕港口和城市，形成了电子、机械、化工、航运物流、旅游会展、金融与商务、软件与信息服务业等产业。近年来又提出构建十大现代产业体系，即大力培育旅游会展、平板显示、计算机与通信设备、机械设备、生物医药、新材料、航运物流、软件和信息服务、金融、文化创意十大产业链（群）。

（二）经验启示

坚持港产城融合发展，按照适度超前的理念，快速启动港口码头建设，完善港口功能，放大一类开放口岸优势。依托区位优势、港口优势形成的产业优势，在重特大项目建设上实现更大突破。借助港口发展产业，加大招商引资力度，通过改革创新，优化招商机制，探索市场化招商模式，招引一批符合产业规划，单位面积投资率、产出率高的大项目、好项目。不断完善城市功能，加快生活、文化、教育、医疗等配套设施建设，补齐城市功能短板。坚持港口绿色发展，注重环境综合整治、散乱污企业整治，牢牢守住生态底线。不断细化服务措施，提高城市服务质量和效率，为港口和产业发展提供保障。

国内外港口城市港产城一体化经验表明，以港口为中枢，推进临港大物流、大产业发展，已成为世界港口城市快速发展的“核心动力”。各港口城市虽然在区位优势、资源条件等方面各具差别，但无一不是以港兴城，从而实现临港产业跨越式发展，充分体现了“港兴城兴”这种城市与港口之间互动的发展关系。一方面城市作为港口设施的载体，成为港口产业发展的依托。另一方面，城市利用港口的区位优势提高城市的外向性，积极发展航运业和临港工业，继而带动货运、仓储、金融、保险等相关产业，促进整个城市的经济繁荣。

实践证明，坚持以港口为纽带，带动产业与城市发展，形成港口航运、临港产业、港口城市三者良性互动发展，是国内外发达港口城市发展的普遍经验。全球港口发展、港口与航运共同发展、港口与产业互动发展、港口与城市联动发展，已经成为综合运输、产业集聚和城市发展的支撑载体和驱动引擎，成为港口、产业与城市发展的重要途径。港口是国家重要基础设施和综合交通运输体系的重要枢纽，是沿海城市“最核心的战略资源、最重要的发展平台、最亮丽的城市名片”，也是经济社会发展的重要支撑。“产业兴则港口兴、港口兴则城市兴”，港城发展的根本出路在于港城一体化，港口与产业紧密结合，依靠港口优势带动城市、产业的发展。

三、防城港市港产城融合发展探索

近年来，防城港市港口快速发展对促进临港产业集聚、城市化发展作出了巨大贡献，但也应当清醒地看到，目前港口、产业、城市三者联动发展还处于低水平阶段，尚未真正达到深度融合和一体化。随着“一带一路”倡议、新一轮西部大开发战略实施、中国—东盟自由贸易区和泛珠三角经济圈以及北部湾经济区建设的加快，防城港以其优越的区位、发达的港口和巨大的开发潜力引起国内外广泛的关注，并日益在北部湾经济区发展与布局中凸显其重要地位与作用。未来，防城港经开区如何充分发挥港口优势，加快发展临港产业集群，推动中心城市不断发展壮大，形成现代港口带动和辐射效应，促进港口城市产业融合乃至一体化发展，已成为值得关注的重大问题。

（一）矛盾和问题

虽然防城港经开区港产城融合发展具有明显的战略优势，但从整体上看，港口、产业、城市发展融合度并不高，港口规划、产业规划和城市规划缺乏有效衔接，仍存在不少矛盾和问题。

1. 城市功能难以支撑港口建设和产业发展

目前防城港区域内缺乏辐射带动作用强的特大城市，中心城还未形成规模，城市对临港工业园的服务支撑不足，中心城市集聚和辐射效应不足，对高端生产要素吸引力不强，创新创业不够活跃，宜居水平有待提高，中心城市功能亟待加强，对外开放的枢纽作用尚待增强，城市综合竞争力仍需提升。港口与母城联动少，港城综合竞争力有待提升。与国际著名港口城市相比，防城港口城市的功能仍显不足，经济实力、人口规模还有待提高，临港工业区块间的生产力布局及产业衔接的有机联系不强，临港工业与腹地经济互动不紧密，影响了港城一体化综合竞争力的提高。港口发展缺少城市功能依托，对城市经济促进作用有限，尚处于港城联动的初始阶段。土地和产业集聚化速度较快，但人口和综合服务功能的城市化进程相对较慢。目前，经开区生产功能配套相对完备，包括港口码头、产业落地、园区建设、服务管理等，但生活配套相对滞后，包括食宿、餐饮、娱乐、教育、医疗、交通等城市服务功能，但在数量、品质、结构等方面无法满足居民和员工多样化的需求，存在上学难、看病难、购物难、吃饭难等问题。可以说，基础公建配套设施不足、城市服务功能不健全，致使经开区缺乏吸引人口集聚和促进多元产业发展的有力支撑。从用地规划来看，经开区建设用地以工业和仓储用地为主，居住和商业用地布局较少。

2. 产业发展对城市建设的拉动效应不突出

经开区现有产业以重化工产业和低端产业为主。主要产业包括钢铁、有色、化工、建材、电力等传统高耗能行业和仓储物流等低端服务业，主要是资源型加工业，产品附加值低，产业链条短，以钢铁、有色金属、能源、港口衍生的上下游产业链还未建立，缺乏上下游产业的相互衔接与延伸，工业整体竞争力不强，严重影响了工业区的发展。这些产业能耗和污染排放量大，结构性污染突出，给资源环境带来了一定破坏，不利于新城区的建设。经开区总体上土地利用率和开发强度较低，现有企业布局较为分散，相互间的距离偏远，有的企业甚至孤立分布，在区域上的集中程度较低，不利于集中高效地提供基础设施和公共服务。开发区以重化工原材料产业和低端服务业为主，多为产能过剩领域，整体盈利水平偏低。企业盈利水平低导致就业者和居民收入不高、购买力不足，进而致使消费市场规模小、层次低，难以达到高品质服务业发展的门槛要求。对外来务工人员来说，往往会尽量压缩生活成本，租住在附近镇上房租低廉的农户家里，消费需求被严重压制。另一方面，较低的收入水平对当地户籍劳动力缺乏吸引力，难以促进农业户籍人口的就业转移和城市化。而经济条件较好的企业高管和技术骨干具备足够的经济实力和相对自由的工作时间来克服较远的物理距离，多选择在市区居住而并不愿意在开发区周边居住，这也不利于高品质住宅和高端生活服务设施建设。

3. 港口优势在产城发展中未能充分发挥

深水良港的巨大优势尚未充分发挥。一是部分码头泊位等级偏低，大泊位码头偏少，难以适应远洋运输船舶大型化发展的要求。二是开展集疏运的条件和能力不足，港区铁路集疏运设施布局不合理，点线能力不协调，不能完全满足防城港疏港运输需求，难以适应高效集疏运体系的要求。在铁路方面，企沙工业区专线铁路网尚未形成，铁路中转站规模小，难以满足港口、临港工业、边境物流的运输需求，对物流需求大的临港产业发展存在一定制约。

城市功能规划不完善，组团布局不合理。从城市建设来看，防城港提出建设美丽海湾城市，充分挖掘海洋文化内涵，打造“海在城中，城在海中”的全生态海景特色精品城市。企沙组团是城市重点建设的五大组团之一，东部主要布局居住、商业、教育等用地，并建设市级副中心——企沙商业贸易中心。目前来看，城市功能规划不完善，组团布局不合理，环保设施建设滞后，清洁生产和循环经济尚未广泛开展。如何围绕海洋文化推进城市组团建设是经开区产城融合的重要主题，下一步仍需要在开发布局、统筹规划、落地实施等方面破题解答。

4. 综合交通运输水平较低且不完善

虽然近年来防城港交通运输条件有了很大的改善，但从宏观全局和长远角度来看，仍不能满足经济日益增长的需求。随着港口大规模开发、城市化水平提高与产业的快速发展，运量可达到几亿吨，运力严重不足，交通运输问题将更加突出。首先，现有交通运输还处于低水平的不完善状态。目前只有一条铁路干线且等级不高，只能适应港口与港城发展的初级阶段。南防铁路目前技术标准较低，通过能力小，铁路干线几乎全部处于饱和状态，线路上限制卡口较多，运输能力很难提高。且受到现行铁路运输管理体制的制约，导致港口集疏运系统费用偏高、运输量有限，港口的吸引力下降。第二、在对外公路运输主通道系统中，公路密度较低且等级不高。除钦防高速公路和防东一级公路外，其他出口公路等级都比较低（大多数为三级），通行能力不高，出海公路通道配套系统还不完善，横贯东西向的高速公路（防城—东兴、防城—钦州）主骨架没有形成，严重影响城市与外省市物资的交流和人员往来，制约了防城港对外运输的发展。第三，尚未形成现代化交通运输体系，不利于港城发展和对外经济联系。目前交通运输最为薄弱也最需加强的是铁路与航空，尚未形成现代综合运输网，难以发挥交通运输在港产城融合发展中的先导作用。

5. 港口开发建设与邻港发展不够协调

港口竞争不仅是自身条件、吞吐能力、运营效率的竞争，也是支撑港口经济的自然条件、集疏条件，尤其是腹地经济的竞争。防城港邻近钦州港与北海铁山港，不仅距离近，而且后方集疏运系统也大致类似，腹地重叠，导致了“港口之间争腹地，腹地争港口”的问题。这既严重地阻碍了港口的发展，也使地方产业发展失去了重要的依托。另一方面，受条块分割和传统管理体制的影响，现有港口呈现出“大而全”的高度全能模式，长期以来仅以散杂货为主体，未能发挥港口的多种功能进而促进城市的发展，表现为“先进的港口–落后的城市”的特点。这主要因为，尽管北部湾港务集团将防城港、北海铁山港和钦州港进行了分工，但在临港产业以及港口基础设施建设方面，港口同质化竞争严重，三港彼此合力不足，模式重复且单一，物资的分流、截流现象严重，竞争相当激烈。

6. 港口与城市发展的各种矛盾凸显

防城港港口隶属省级管理，协调工作难度大，受到条块分割的严重制约，人为地割裂了港口与城市之间的内在联系。要解决这一突出矛盾，必须在管理体制上有所突破，建立起港产城融合发展相适应的组织管理体制。同时，港口所依托的城市规模较小、功能单一。防城港港口发展迅速，成为全国 12 大主枢纽港口之一，而所依托的城市还处于发展的阶段（城市人口仅 80 多万），城市发展滞后严重制约港口功能发挥，进而影响港口与城市的共同繁荣，严重制约了港产城融合发展的进程。

（二）发展思路

从港口发展趋势看，利用深水港口建立工业区是当今世界的普遍趋势。防城港港口应向现代化综合性多功能方向发展，加快深水泊位、集装箱泊位的建设及相关产业的发展，就有可能改变防城港市的地位，发展成为北部湾地区的中心城市。从腹地经济来看，港口要适应其腹地的经济发展，适应北部湾经济区发展开放经济的需要，港口开发应以地区开发为主，进一步完善港口功能。充分利用广阔腹地、丰富的资源与货流，着重发展临港产业，带动腹地的经济发展。港口与工业结合，有计划地布置建设与深水航道相配套的临海工业区，充分发挥船舶大型化所带来的运输费用的节约，发展大运量工业（钢铁、有色、化工等）、港口工业、港口物流和外贸及出口加工业。从港口与城市关系看，“港城结合、港城一体，共同繁荣”是港口城市发展的基本规律。由于防城港市原有经济基础薄弱，城市规模小，功能不完善，难以成为港口的有利依托。因此，从港口对城市的要求看，港城工业化已是必然的趋势，应充分利用港口优势与腹地的丰富资源，发展与港口相关的产业。从城市发展对港口的具体要求看，港口产业的发展，港口所依托的城市规模必将扩大并向港口城市发展，对外经济联系更加频繁，会进一步促进港口的发展，因此港口又应向大型多功能综合方向发展。

综上所述，防城港经开区港产城融合发展要从国家发展战略需求出发，适应产业转型升级和区域协调发展战略重点的变化需求，遵循港口经济、产业经济、城市经济、区域经济等发展规律，按照现代龙头枢纽港、产业高地、宜商宜居城市的发展定位，着眼“率先构筑沿海发展新高地，倾力打造中国东盟合作第一城”目标，积极融入“一带一路”、中国—东盟自由贸易区、西部大开发、泛珠三角经济圈以及北部湾经济区的规划建设，坚持以港口为引擎、产业为支撑、城市为依托，通过深化港口价值链，拓展港口服务产业链的纵深，培育港航新业态，从规模扩张型的运输枢纽向具有高附加值增值服务的港口综合经济新业态转型。以产业价值链延伸深化为导向，依托港口大力发展临港产业，再向供应链的上游、下游及横向延伸发展，构建港 - 产互融（“1 ＞ 1”）、港 - 城联动（“1+1 ＞ 2”）和港 - 产 - 城共生（“1+1+1 ＞ 3”）的协同发展战略体系，高效推动产业转型升级、经济深度融合和区域协调发展。港产城联动，以港聚产、以产兴城、以城育港，实现核心集聚、组团联动、错位发展，打造港 - 产 - 城 - 区域的互动共生的新生态，促进港产城互动深度融合发展。

（三）对策措施

防城港作为综合性港口城市，重点利用其既沿边又沿海的地理优势，以港口建设为中心，大力发展港口产业、边境贸易，要实现港产城深度融合发展，必须将城市管理、产业发展、港口运营同北部湾经济区协同发展相结合，全力推进港口、城市和产业的相互融合与和谐共存，共同规划、共同发展。

1. 大力推动港口转型升级

港口是防城港最大的竞争优势和最具核心竞争力的战略资源，是防城港的立市之基、兴市之本。要适应港口业发展趋势的需要，加快港口向第四代港口转变。从世界港口发展历程来看，港口发展大体经历了四个阶段：第一代港口，其功能定位为纯粹的“运输中心”；第二代港口，其功能定位为“运输中心＋服务中心”模式；第三代港口，其功能定位还具有集有形商品、技术、资本、信息于一体的物流功能，使港口成为贸易的物流中心；第四代港口的产生和发展理念使港口成为全球生产、销售等供应链中重要的节点，成为全球资源的枢纽。这时港口的生产经营从追求规模化转向满足个性化、全程化、全方位服务，强调可持续发展。港口与所在城市、所服务区域的发展更为紧密，与社会更加协调，从而形成区域经济、技术、文化、利益共同体。防城港要按照“大型化、专业化、现代化、国际化”的要求，围绕打造区域性国际枢纽门户目标，打好基础设施建设攻坚战，增强发展综合承载能力，努力建成在环北部湾经济区、中国—东盟自由贸易区乃至整个亚太地区具有重要影响的超10亿吨现代化国际枢纽大港。完善港口功能体系，加强港口与区域内产业互动，积极发展临港工业服务功能，注重港口与保税、临港物流园区经济融合，加快发展港口物流服务功能。按照功能定位和实际条件积极提升港口服务功能，发挥特色优势，构建定位明确、层次分明、布局合理、配套协调的服务体系。

创新拓展港口经济，打造港口－产业－城市－区域共生发展的新型港口综合体。以海陆统筹为原则，以港－产－城－区域共生协调发展为方向，强化港产互动、港区互动、港城互动，打造协同发展的港口综合经济和资源配置平台，提升港口引领带动产业发展的功能。要依托便捷的港口集疏运网络、完善的市场拓展体系和临港工业，加快推动先进临港制造业、现代物流、航运金融保险和信息服务等现代化、国际化高端服务业集聚，形成具有竞争力的产业集群，营造港口经济发展新格局。要依托保税港区、保税区、保税物流园区、出口加工区、综合保税区等特殊开放窗口，实行港区联动全面转型升级。要建立国际化、世界级、创新型的现代航运服务集聚区，重点发展航运金融、航运交易、航运仲裁、航运保险、航运咨询等高端航运服务业，建设由大宗商品交易交流中心平台、港口多式联运集疏运支撑系统平台和金融信息服务支撑系统平台组成的“三位一体”服务系统，提升港口及物流的综合竞争力。依托航运服务集聚区，按照点轴开发模式，开发港口新城，支撑、带动和引领产业升级和经济转型，开辟全新的产业空间。积极引入战略投资者，实现投融资主体多元化。加快港口产权制度改革步伐，通过出让原有码头部分经营权、合作建设码头等多种形式，吸引国际著名港口企业、航运企业和大货主合作投资或经营，实现港口投资经营主体多元化，拓宽码头泊位建设项目融资渠道，创新经营机制，加快提升港口等级水平。

2. 加快内外交通运输系统建设

要实现防城港港产城融合发展，必须把它作为北部湾经济区乃至全国的一个重要组成部分来对待，其前提和关键是要尽快建立起四通八达的现代化立体交通运输系统，纳入全国大交通网络中。

要全面构建连接多区域的国际大通道，打造江海联动、水陆并进、空港衔接、铁海联运四位一体的现代化立体交通新格局。围绕服务共建“一带一路”倡议，积极抢抓广西打造北部湾国际航运中心机遇，以交通为突破口，加快推进与东盟国家和周边地区的互联互通，主动对接共建“一带一路”倡议，完善以港口、铁路、公路为主骨架的综合交通运输体系，构建面向东盟国际通道的重要枢纽，打造“港铁公机”立体交通枢纽，着力构建面向东盟、辐射西南中南东南的现代化交通大通道。以打造世界强港为目标，加强港口在综合规划、基础设施建设、重点港区开发、海事航运服务、口岸监管等领域深度整合，提升港口品牌国际知名度；推动港口经济圈与北部湾城市群互动发展。加快构建内畅外联大交通网络。加强港口集疏运体系建设，加强规划协调，推进各种运输方式与港口有效衔接，完善港口专用公路和铁路专用线，加快建设大型集装箱港区和大宗干散货港区的铁路集疏运通道，推动内陆“无水港”建设，充分发挥港口衔接各种运输方式的优势，积极发展铁水联运、江海联运、水水中转、甩挂运输，加快推进集装箱多式联运，不断提升港口对区域经济的辐射带动作用。

3. 促进港口与城市协同发展

港口是防城港市的有机组成部分，其开发建设要与所在城市发展相结合起来才有广阔的发展前景。探索创新“港城”空间有序开放、高效管理模式，依托于全球产业链条，组织以港口为代表的全球运输网络、全价值链的产业分工网络、城市群的空间网络，形成港城集聚效应，实现临港产业用地与城市宜居空间和谐发展。利用港口带动城市发展，提高城市吸引力，促进人才集聚，服务港口及临港产业发展，参与全球航运竞争。一是要充分利用港口优势，加强港口多功能建设。进一步扩大深水泊位，逐步扩大港口规模，除保障散杂货运输的主要运输功能外，还应根据港口条件和相邻港口之间分工的要求，积极发展大运量港口工业、出口加工业和为港口配套的服务业，使港口向多功能综合性方向发展，带动城市与产业的发展。二是加强港城合作。采取联营、集资、合股、混合所有制等多种方式，加强港口与城市之间的合作，实现技术、产品扩散、人才等交流，促进本地产业发展。三是加强港口与其腹地经济联系。要全方位开发多元化、多层次的经济腹地，加强港口与其腹地经济联系，以国际市场为导向，以国内市场为依托，利用腹地资源发展工业。同时在经济腹地有重叠或竞争状况下，应巩固港口的直接腹地，以提供长期稳定的货源。四是要把港口的总体规划纳入城市总体规划。合理解决港口与城市在经济利益上的矛盾，城市应通过多种经济手段来获取港口的部分级差收益。这样，港口就能使其生产要素纳入到城市系统，使双方获得长足的发展。

4. 切实搞好港口与邻港的合理分工

港口的兴起与发展及其性质与规模，往往受到相邻港口的牵制，邻近港口之间相互制约、相互影响、彼此消长。目前，“港口之间争腹地，腹地之间争港口”的问题比较突出。如我国的营口港与青岛港、烟台港与青岛港，以及国外的阿姆斯特丹港、安特卫普港与鹿特丹港，新泽西港与纽约港等邻港之间存在过度竞争，而带来的许多危害。因此，要针对不同港口的区位优势、自然条件、投资成本等差别，发挥其各具特色的不同优势，科学界定各港域功能，建立统筹高效的管理运营机制，突破瓶颈，完善集疏运体系，创新港口合作开发模式，合理控制与划分港口的经济腹地，应对防城港及邻港的功能进行明确的合理分工，避免恶性竞争和重复建设。在泛北部湾港口群中要突出海口港和北海港的客运功能，突出湛江港、钦防港群的货运枢纽港和临海工业港功能，突出茂名港和洋浦港的货运功能，加快深水泊位、专业码头和深水航道等配套设施建设。

5. 全力促进临港产业优化升级

要采取“用大港口和大通道带动大工业，用大工业带动大经济”的战略思想。随着海运技术进步与海运成本的降低，大型工业向沿海地区尤其是邻近港口布局已成为世界工业布局的基本趋势。防城港作为沿海对外开放城市，港口条件优越，水深港阔，陆域广阔，腹地资源丰富，适宜建设大型临海工业区。

要坚持“大项目－产业链－集群化”的发展方向，依托港口优势和区位优势，以企沙工业区、大西南临港工业园为基地，围绕钢铁、石化、有色等重化工业，以龙头企业带动产业链延伸，着力培育产业核心价值链和核心竞争力，要依靠科技创新的手段，用循环经济的理念延伸产业链，优化临港工业结构，提升产业层次。要充分发挥产业政策的导向作用，注重通过产业链招商等方式，引进规模大、附加值高、对优势产业带动大的项目，打造和延长产业链，提高区域产业竞争力。吸引外商投资改造和提升传统产业的技术水平和产品质量，加快发展新材料等高端产业，推动重大产业升级发展，形成竞争优势明显的现代临港工业体系，建立世界级临港产业集聚区，加快临港工业的转型和结构提升，走出一条污染少、效益好的新型工业化道路，并引领港口城市和带动区域协调发展。

要加快推动制造业与服务业融合发展，促进生产型制造向生产服务型制造转变。重点发展临港工业和配套的生产性、生活性服务业，打造现代物流集聚区和新型特色专业市场，加快形成循环经济产业集群，建成西南地区最大的开放性、综合性港口产业集群。大力发展港航服务业，培育壮大信息、咨询、金融、保险、电子口岸等港口生产服务业，打造区域性国际航运中心和大宗商品集散地。加快港口物流向综合物流、向供应链系统全面拓展，将运输、仓储、装卸搬运、代理、包装加工、配送、信息处理等有机结合，形成完整的供应链，为用户提供多功能和一体化的综合物流增值服务，打造区域性国际物流枢纽，大力发展平台型区域商贸物流、大宗商品交易中心、公路港、公海铁联运、物流总部经济、第三方制造业物流等现代物流业态，规划建设一批功能定位明确、产业及产业链特色突出的现代化物流园区，构建辐射西南、中南地区和东南亚的区域性物流中心，建成东湾全国示范物流园区。

6. 进一步强化中心城市建设

顺应现代城市发展新理念新趋势，有机融入北部湾地区特色，推动城市绿色智能发展，增强历史文化魅力，突出“滨海、门户和生态”三大特色，全方位提升城市品质，按照推进新型城镇化建设的要求，以加强城市规划、改进城市管理、完善基础设施、建设文明城市为抓手，做大城市规模，完善城市功能，提升城市品质，不断优化营商环境，加快将防城港市建设成为北部湾经济区最具特色的宜商宜居城市，成为一座“山海相连，港城相依，绿廊相间”的现代化滨海门户生态型国际港口城市，增强对人才的吸引力，对产业的涵养力。

推动产城深度融合发展，同步规划产业发展和城镇建设。坚持产业强市、产城一体，以产业发展为支撑，以城镇建设为依托，科学选择产业和城镇的空间组合方式，构建产城融合发展的新格局。以混合功能、职住平衡为导向，完善城市功能分区，大力发展集生产、服务和消费于一体的工业综合体和产业新城，建设一批具有城市综合服务功能的产业新城，促进商贸、居住和交通系统的有序衔接。高耗能、高污染等项目独立选址或入园区集中布局；高新技术产业、文化创意产业、现代服务业等主要布局在城市市区；城市新区突出产业、人居、生态等复合功能，促进功能现代化、产业高端化，建设产城融合发展的示范区。

第二十八章

关于低碳经济发展问题

世界许多国家为实现碳中和目标，纷纷进入到发展低碳经济的快车道，以低碳经济为核心的产业革命正在全球加速兴起。2020 年 9 月 22 日，习近平总书记在第七十五届联合国大会上郑重宣布："中国将提高国家自主贡献力度，采取更加有力的政策和措施，二氧化碳排放力争 2030 年前达到峰值，努力争取 2060 年前实现碳中和。"这一重要宣示为我国应对气候变化和发展低碳经济提供了方向指引、擘画了宏伟蓝图。推动低碳经济发展是一场广泛而深刻的经济社会系统性变革，是有效解决资源环境约束问题、实现高质量发展的必然选择。

一、国际背景

2003 年，英国最早提出"低碳经济"这一概念，已被世界许多国家采纳，成为一种新型的可持续发展模式。低碳经济特征是以减少温室气体排放为目标，构筑低能耗、低污染为基础的经济发展体系，包括低碳能源系统、低碳技术和低碳产业体系。低碳能源系统是指通过发展清洁能源替代煤、石油等化石能源，以减少二氧化碳排放；低碳技术包括清洁煤技术和二氧化碳捕捉及储存技术（CCS）等；低碳产业体系包括火电减排、新能源汽车、节能建筑、工业节能与减排、循环经济、资源回收、环保设备、节能材料等。低碳经济是碳排放量、生态环境代价及社会经济成本最低的经济，是一种能够改善自然生态系统自我调节能力的可持续性很强的经济，实质上是能源资源高效利用、清洁能源开发和追求绿色 GDP 的问题，核心是能源技术和减排技术创新、产业结构和制度创新以及人类生存发展观念的根本性转变。

近年来，不少国家已经宣布碳中和目标，纷纷提出碳达峰、碳中和时间表。到 2021 年底，全球共有 130 多个国家和经济体正式宣布了碳中和目标。2020 年排名前 15 位的碳排放国家中，美国、俄罗斯、日本、巴西、印度尼西亚、德国、加拿大、韩国、英国和法国已经实现碳排放达峰。中国、马绍尔群岛、墨西哥、新加坡等国家承诺在 2030 年以前实现碳达峰。同时，大部分国家计划在 2050 年实现碳中和，包括美国、英国、德国、法国、加拿大、新西兰、南非、智利、丹麦等；部分国家计划更早实现“双碳”目标，如乌拉圭 2030 年、芬兰 2035 年、冰岛和奥地利 2040 年、瑞典 2045 年。

（一）全球积极应对气候变化

应对气候变化是当今世界面临的重大挑战。全球气候变暖对全球许多地区的自然生态系统和社会经济发展都已经产生巨大影响，积极应对气候变化，减少温室气体排放，增强适应气候变化能力，已成为各国推进可持续发展的重要共识。特别是国际金融危机爆发以来，世界各国积极探索低碳经济发展。2020 年 12 月 12 日，为纪念《巴黎协定》5 周年并进一步动员国际社会加强气候行动和推进国际合作，联合国及有关国家倡议举办了 2020 气候雄心峰会。发达国家相继推出多种低碳发展计划，积极寻求低碳发展先机。低碳绿色发展成为世界发展潮流，引领未来世界经济发展方向，将成为全球经济增长的新动力。

（二）全球能源资源版图正在发生重大变化

长期以来，以化石能源为基础的工业社会已悄然把人类带入了“高碳经济”体系。但随着经济快速发展，全球对化石能源的需求大幅增长，迅速增长的需求和有限的能源供给之间的矛盾逐步加深，未来各国的能源危机将越来越严重，这也是人类现代工业文明必须从高碳经济向低碳经济转变的原因之一。正是出于对能源资源可持续利用的考虑，发达国家把应对气候变化的重点放在节能、开发利用可再生能源、电动汽车等领域的技术开发上。必须提高现有能源利用效率，开发更清洁的新能源，大力发展低碳经济。

（三）“碳关税”等绿色壁垒将对全球经贸产生深远影响

在发达国家进入“后工业化”时代，气候问题的国际关注度不断提高的背景下，低碳经济已经渗透到诸多领域，再加上贸易保护主义的影响，一场重塑低碳经济规则的国际竞争已开始，低碳经济已成为发达国家制造国际贸易壁垒的新借口，如“碳关税”。一些发达国家已经开始征收碳关税，对全球环保产业产生了深远的影响。美国众议院于 2000 年 6 月 22 日通过的《限量及交易法案》和 6 月 26 日通过的《清洁能源安全法案》，均授权美国政府可以对包括中国在内的不实施碳减排限额国家的进口产品征收碳关税。

（四）发达国家大力推动低碳经济发展

许多国家为实现碳中和的目标，纷纷进入到发展低碳经济的快车道。欧盟践行低碳发展 30 余年，在目标制定与顶层框架设计方面走在全球前沿。欧盟碳排放权交易体系（EU-ETS）起源于 2005 年，是世界上参与国最多、规模最大、最成熟的碳排放权交易市场。早在 2007 年，欧盟便提出2020年“20-20-20”目标（较1990年，2020年能源使用效率上升20%、二氧化碳排放降低20%、新能源占比达20%）。2011年，欧盟制定了2050能源路线图与2050低碳经济路线图，2019年12月出台《欧洲绿色协议》，宣布在2050年前实现欧洲地区碳中和。2021年5月，欧洲议会环境委员会通过《欧洲气候法》草案，提出到2030年温室气体排放量至少减少55%（与1990年水平相比），采用2030—2050年欧盟范围内的温室气体减排轨迹来衡量碳中和进展情况，从2023年9月开始，每5年评估欧盟和各成员国采取的措施是否与气候中性目标和2030—2050年行动路线保持一致。草案要求欧盟各成员国制定和实施适应战略，增强气候防御能力，降低气候变化带来的影响。《欧洲气候法》草案正式生效后将具备法律效力，确保欧洲2050年实现碳中和。

英国2008年颁布《气候变化法》，成为世界上首个以法律形式明确中长期减排目标的国家，是世界上最早开始碳中和实践的国家。2009年7月15日，英国能源和气候变化部发布《英国低碳转换计划》国家战略白皮书，首次提出大力发展低碳经济，并把低碳经济及能源的发展提升到国家战略高度加以规划和实施，运用多种政策手段进行扶持，到2020年和2050年英国将碳排放量在1990年基础上分别减少34%和80%。2019年6月，英国新修订的《气候变化法》正式确立到2050年实现温室气体“净零排放”，即实现碳中和的目标。2020年11月18日，英国政府发布《绿色工业革命十点计划》，提出了包括发展海上风电、推动低碳氢能发展、提供先进核能、加速向零排放汽车过渡等在内的十个计划要点，为未来10年内英国在工业、运输和建筑行业减少2.3亿吨碳排放的目标制定行动规划。2020年12月，英国政府发布《能源白皮书：为零碳未来提供动力》，对能源系统转型路径作出规划，明确力争2050年能源系统实现碳净零排放目标。为此，英国积极推动清洁能源技术的开发和应用。2021年，英国商业、能源和工业政策部联合成立1750万英镑的市场竞争基金，用于支持海上风电和大型核电项目。在传统能源方面，英国宣布到2024年10月逐步淘汰现有的煤炭发电厂。2021年1月1日，英国启动了《碳排放交易计划》，为工业企业规定温室气体排放总量上限，并在2023年1月或最迟到2024年1月将排放上限对表2050年净零排放目标路径。2021年3月，英国在七国集团国家中率先推出《工业脱碳战略》，支持低碳技术的发展，减少重工业和能源密集型行业的碳排放，并大力开发碳捕获利用和储存、氢燃料转换技术。英国计划到2030年大幅减少制造业二氧化碳排放，到2040年打造全球首个净零排放工业区。

德国于2002年开始着手排放权交易工作，设立专门的排放交易处，形成了比较完善的法律体系和管理制度。2007年，德国政府提出实施气候保护高技术战略，先后出台五期能源研究计划，以能源效率和可再生能源为重点，为高技术战略提供资金支持。德国联邦教育与研究部又在“高技术战略”框架下制定了气候保护技术战略，同时通过立法和约束性较强的执行机制制定气候保护与节能减排的具体目标和时间表。2009年6月，德国公布了《推动经济现代化战略》文件，强调生态工业政策应成为经济的指导方针。2019年10月，德国通过一项法律草案，对建筑业和交通业的碳排放定价作出规定。2019年11月通过《气候保护法》，首次以法律形式确定德国中长期温室气体减排目标，明确了能源、工业、建筑、交通、农林等不同经济部门所允许的碳排放量，并规定联邦政府部门有义务监督相关领域遵守每年的减排目标，提出到2030年实现温室气体排放总量较1990年至少减少55%，到2050年实现碳中和。2021年5月，德国政府宣布将加快完成减排目标，提出2030年温室气体排放将比1990年减少65%，碳中和目标的实现也提前至2045年。

日本早在1980年就制定了《石油替代能源开发及引进促进法》，并提出了替代能源的发展目标、优惠政策和促进新能源技术开发及推广普及的具体措施。为保证替代能源发展目标的实现，1997年，日本作为《京都议定书》的发起和倡导国，制定了《新能源利用促进特别措施法》，投入巨资开发利用太阳能、风能、氢能、燃料电池等替代能源和可再生能源，并积极开发潮汐能、水能、地热能等。2006年5月，日本出台以保障能源安全为核心的《新国家能源战略》，其要点包括：到2030年，将石油对外依存度从目前的50%减少到40%及以下；推广核能；通过扶持实力较为雄厚的能源公司来确保海外的能源供应。2004年，日本环境省发起“面向2050年的日本低碳社会情景”研究计划，其目标是为2050年实现低碳社会目标而提出具体的对策。2008年5月发布《面向低碳社会的12大行动》，对住宅、工业、交通、能源转换、交叉部门等都提出了预期减排目标，并提出相应的技术与制度支撑。2009年4月，日本政府公布《绿色经济与社会变革》的政策草案，目的是通过实行削减温室气体排放等措施，强化日本的绿色经济。2009年5月，日本正式启动支援节能家电的环保点数制度，通过日常的消费行为固定为社会主流意识，集中展示绿色经济的社会影响力。2020年12月，日本发布《绿色增长战略》，明确2050年实现碳中和目标，针对14个产业提出了具体目标和重点任务，鼓励包括海上风电、氢氨燃料、核能、汽车、海运、农业等14个行业的技术创新发展，并提出构建“零碳社会”。2021年7月，日本将上述战略更新为《2050碳中和绿色增长战略》，将原本的海上风电产业扩展为海上风电、太阳能、地热等产业，将氨燃料产业和氢能产业合并，增加了新一代热能产业，进一步凸显了日本2050年实现碳中和的决心。

美国从20世纪70年代起，多次出台能源与减排相关法案，逐渐形成完整的碳减排政策体系。奥巴马政府期间，美国更加重视低碳发展，通过了《低碳经济法案》，强调发展新能源、减少温室气体的排放和减少对海外石油的依赖。颁布《应对气候变化国家行动计划》，明确减排的优先领域，推动政策体系不断完备。通过《美国清洁能源与安全法案》，对提高能源效率进行规划，确定了温室气体减排途径，建立了碳交易市场机制，提出了发展可再生能源、清洁电动汽车和智能电网的方案等。2014年推出“清洁电力计划”，确立2030年之前将发电厂的二氧化碳排放量在2005年水平上削减至少30%的目标。美国拜登政府高度关注碳中和。2021年1月，拜登宣布重返《巴黎协定》，提出美国将通过发展可再生能源，到2035年实现无碳发电、2050年实现碳中和，并计划投资2万亿美元，用于基础设施、清洁能源等重点领域。美国制定的《零碳排放行动计划》

（ZCAP），主要从推广零碳排放技术、建立弹性清洁能源经济、促进高科技产业和高新技术以及积极开展气候外交等方面，助推美国2050年实现碳中和目标。

二、国内双碳目标对产业发展提出新要求

2020年12月12日，我国政府进一步宣布，到2030年，中国单位GDP二氧化碳排放将比2005年下降65%以上，非化石能源占一次能源消费比重将达到25%左右，森林蓄积量将比2005年增加60亿立方米，风电、太阳能发电总装机容量将达到12亿千瓦以上。2021年2月，《国务院关于加快建立健全绿色低碳循环发展经济体系的指导意见》（国发〔2021〕4号）明确提出，建立健全绿色低碳循环发展经济体系，促进经济社会发展全面绿色转型。国家发展改革委、生态环境部、工信部、央行、能源局等多部委多领域均为实现碳达峰碳中和目标制定行动方案。生态环境部提出，要鼓励推动能源、工业、交通、建筑等重点领域以及钢铁、建材、有色、化工、石化、电力、煤炭等重点行业制定相关目标及行动方案。工信部提出将压缩粗钢产量，确保粗钢产量同比下降；研究水泥行业碳排放现状与问题，分阶段提出相应技术及政策措施。国家能源局则提出加快风电光伏发展，稳步推进水电核电建设，大力提升新能源消纳和储存能力等。2021年3月，国务院《政府工作报告》提出，扎实做好碳达峰碳中和各项工作，制定2030年前碳排放达峰行动方案。2021年10月，中共中央、国务院颁布《关于完整准确全面贯彻新发展理念做好碳达峰碳中和工作的意见》，明确提出，把碳达峰碳中和纳入经济社会发展全局，以经济社会发展全面绿色转型为引领，以能源绿色低碳发展为关键，加快形成节约资源和保护环境的产业结构、生产方式、生活方式、空间格局，坚定不移走生态优先、绿色低碳的高质量发展道路，确保如期实现碳达峰碳中和。2021年10月，国务院印发《2030年前碳达峰行动方案》提出，将碳达峰贯穿

于经济社会发展全过程和各方面，重点实施“碳达峰十大行动”，分别为能源绿色低碳转型行动、节能降碳增效行动、工业领域碳达峰行动、城乡建设碳达峰行动、交通运输绿色低碳行动、循环经济助力降碳行动、绿色低碳科技创新行动、碳汇能力巩固提升行动、绿色低碳全民行动、各地区梯次有序碳达峰行动等。

实现碳达峰碳中和目标为我国产业设定了清晰的方向和目标，必须有效降低碳排放强度、减少化石能源使用、提高能源效率。此举将倒逼钢铁、水泥、石化、有色等高碳排放行业改造装备、提升技术水平，推动电池、风电、光电、氢能、电网传输、智能电网、储能等能源技术的开发与应用，形成绿色经济增长新引擎，推动产业绿色低碳化发展。

三、我国减污降碳的行业和地区集中、时间紧迫

我国正处在工业化快速发展过程中，对钢铁、水泥、大宗工业品的需求依旧旺盛，决定了我国经济的高碳特征。“富煤、贫油、少气”的基本国情决定了我国当前能源消费结构的基本特征。从能源消费结构看，2021年，我国煤炭和石油在能源消费总量中所占比重高达 70% 以上，清洁能源消费占比仅为 25.5%。这种以化石能源消费为主的结构，是导致我国当前碳排放总量和碳排放强度偏高的主要根源。从产业结构看，能源产业、工业制造业、交通运输业和建筑业是碳排放最高的四大行业领域，其产生的碳排放在碳排放总量中占比高达 92%。从地区分布来看，传统工业区和能源重点产区是减污降碳压力较大的重点地区。

从行业看，产业减污降碳行业重点在重化工业和部分劳动密集型产业。统计数据表明，工业是最主要碳排放领域。2020 年，我国来自能源领域的碳排放占全国排放总量的 77%，工业过程碳排放量占 14%，农业及废弃物碳排放占比分别为 7% 和 2%，而工业领域碳排放超过万吨的行业分别是电力、钢铁、石化、化工、建材、有色、煤炭、纺织、金属制品 9 个

行业，以上行业占全部工业碳排放总量近70%。这些行业除纺织和金属制品两个属于劳动密集型外，其他均为重化工业。

从区域看，北方和西部地区是产业减污降碳重点地区。由于我国地区间经济发展阶段、资源禀赋等差异性较大，有些省市已经达峰，有些却尚未设定达峰时间和峰值。① 山西、内蒙古等北方省份，化石能源生产较为集中或自身产业结构偏重化，碳排放量居高不下。另外，省际存在频繁贸易往来，让部分地区成为"隐含碳"净转入地区，无形中为外省承担了部分碳排放，进而在碳排放空间分配及经济效益上均处于劣势地位。目前，隐含碳转入总量最高的是内蒙古、山西及河北，前两个省区为煤炭主产地，而河北重化工业较为集中。

从时间进程看，时间节点集中在未来5年内。"十四五"是实现我国碳排放达峰的关键期，未来5年，我国工业化、城镇化仍然在快速发展，重化工业和部分劳动密集产业还是我国产业发展的支撑力量，工业品生产仍然需要以化石能源为主。这就决定了我国不可能沿袭发达国家达峰和减排的模式，面临着比发达国家时间更紧、难度更大的减排要求。

四、减污降碳对我国产业链发展的影响

我国仍处于工业化发展阶段，是世界第一大碳排放国家，工业化和城市化持续推进，二氧化碳排放量在一定时间里还会有所增加。我国是全球最大工业国家、第二大经济体，二氧化碳排放量占全球的比重接近1/3，远超出经济规模占全球的比重。美国是全球最大经济体、工业强国，二氧化碳排放量占全球比重在15%左右。中美两国二氧化碳排放量占全球比重高达40%以上。此外，欧盟、印度、俄罗斯、日本也是全球主要碳排放国家，占全球的比重在3%—8%不等。在以产业结构调整、行业节能和

① 范恒山：《正确认识南北发展差距》，《经济日报》，2021年2月3日。

非化石能源发展为主要减排手段的前提下，短期内碳减排对产业链供应链带来某些压力和挑战。

（一）电力（能源）产业链环节能源供给可能出现“接续断档”

以煤炭火力发电为主的电力能源产业链碳排放高，我国正在大力发展水能、风能、太阳能、生物质能等可再生新能源，推动电力产业链降碳。由于新能源供给不足，而煤炭供给由于降碳需求造成供给紧张，从而引发能源供给“接续断档”风险：一是可再生能源发展、特高压等电力输送通道建设、电化学储能等技术进步等都需要一定时间，短时间内新能源消纳能力是否能够成倍提升，存在一定变数。二是风、光等新能源刚刚进入平价时代，在大部分地区具有与燃煤基准价相当的平价上网条件，但受电力体制机制影响，目前新能源项目直接进入电网的要求尚不清晰，进入尚在探索和调整的电力产业链，收益具有极大不确定性和投资风险，投资者十分谨慎。三是如果发生大面积、长时间的阴雨天、静风天，光伏、风电为主体的发电环节将造成重大电力断供风险。虽是小概率事件，但一旦发生破坏性很大，将会对电力产业链供应链稳定性带来灾难性风险。

（二）原材料大量进口导致产业链部分重要产品供给受制于人

我国许多重化工业产业链的重要原材料，由于基础原料、技术限制等原因还不能满足国内产业发展需要，如乙烯当量自给率不足 50%，高端聚烯烃自给率仅为 45% 左右，高温耐蚀合金、高纯金属靶材、碳纤维聚酰亚胺 PI、聚醚醚酮 PEEK 等高端原材料需要大量进口。重化工业资产专用性强，服役时限长，一旦投资则会长期出现高碳排放“锁定”效应，提前关停则会造成巨大投资浪费。为了减污降碳，重化工业产业链需要对产能扩张有所限制，但会进一步造成加重进口依赖。另外，还有部分战略性新兴产业链环节的化工原材料如光刻胶、高纯化学试剂、碳素等，虽然目前国内能够基本满足，但在减污降碳政策下，发展也将会受到限制，可能需要通过进口来弥补国内庞大需求，在国际环境恶化情况下，也会造成受制于人的风险。

（三）内资企业大量退出导致外资企业控制国内产业链

改革开放以来，我国大多数国内产业链供应链各环节由国资、民营、外资等各类经济成分的市场主体参与竞争。长期以来，由于环保意识、技术水平、资金实力等多个方面差异，民营企业与外资企业相比，污染排放和碳排放量相对更高。减污降碳压力下，民营企业首当其冲，一些企业可能会甚至倒闭，外资企业反而会因为市场份额提升不断壮大，对产业链控制力不断提高。最可能发生这一情况的为高外资占比和高排放行业，即化工行业（2018 年外资占比超过 23.59%，碳排放量在制造业中排在第 2 位）。

（四）劳动密集型产业链环节加速外迁导致产业链“碎片化”

近年来，由于国内劳动力成本快速上升等原因，纺织服装业等劳动密集型产业外迁趋势显现，甚至出现了大型劳动密集型企业外迁现象，而且带动了一批上下游关联企业跟随转移。在减污降碳政策导向下，未来一段时期，这些行业企业节能环保成本可能急剧提升，叠加国内劳动力成本上升，挤压企业生存空间，将加快推动这些产业产能向东南亚、印度等并未设立碳中和政策路线和目标的国家和地区转移，这将导致我国本来相对完整的劳动密集型产业链加速“碎片化”，破坏我国作为“世界工厂”的基础。

（五）重化工集中地区塌陷容易导致全国重点产业链断裂

内蒙古、山西、河北等省（自治区）所辖许多地市，以煤炭、钢铁建材、化工等高碳高污行业作为支柱产业。在减污降碳政策下，将给相关地区产业链带来冲击，面临着产业链重构困境，甚至有些地市可能会有大量企业倒闭，导致这些地区经济加速出现坍陷，甚至可能出现类似于美国的“铁锈地带”，从而对国内钢铁、化工、建材等产业链完整性产生冲击。

五、对策措施

针对我国实现碳达峰碳中和可能引发的产业链供应链安全风险，要坚定不移贯彻新发展理念，全方位全过程推行绿色规划、绿色设计、绿色投资、绿色建设、绿色生产、绿色流通、绿色生活、绿色消费，使发展建立在高效利用资源、严格保护生态环境、有效控制温室气体排放的基础上，统筹推进高质量发展和高水平保护，建立健全绿色低碳循环发展的经济体系，确保实现碳达峰碳中和目标，推动我国低碳经济发展迈上新台阶。

（一）加快推进产业绿色低碳化转型

推动产业结构优化升级。加快推进农业绿色发展，促进农业固碳增效。大力发展绿色低碳循环农业，推进农光互补、“光伏＋设施农业”、“海上风电＋海洋牧场”等低碳农业模式。研发应用增汇型农业技术，建设绿色制造体系。推动互联网、大数据、人工智能、第五代移动通信（5G）等新兴技术与绿色低碳产业深度融合。制定能源、钢铁、有色金属、石化化工、建材、交通、建筑等行业和领域碳达峰实施方案。坚决遏制高耗能高排放项目盲目发展。新建、扩建钢铁、水泥、平板玻璃、电解铝等高耗能高排放项目严格落实产能等量或减量置换。加快推进工业领域低碳工艺革新和数字化转型。开展碳达峰试点园区建设，科学编制新建产业园区开发建设规划，依法依规开展规划环境影响评价，严格准入标准，完善循环产业链条，推动形成产业循环耦合。推进既有产业园区和产业集群循环化改造，推动公共设施共建共享、能源梯级利用、资源循环利用和污染物集中安全处置等。鼓励建设电、热、冷、气等多种能源协同互济的综合能源项目。鼓励化工等产业园区配套建设危险废物集中贮存、预处理和处置设施。构建绿色供应链，鼓励企业开展绿色设计、选择绿色材料、实施绿色采购、打造绿色制造工艺、推行绿色包装、开展绿色运输、做好废弃产品回收处理，实现产品全周期的绿色环保。

（二）深入推进能源革命

完善能源消耗总量和强度调控，重点控制化石能源消费，逐步转向碳排放总量和强度“双控”制度。深入推进能源革命，大力实施可再生能源替代，优化能源结构，构建清洁低碳安全高效的能源体系，在保障供应的前提下，努力控制化石能源总量，推动煤炭消费尽早达峰；合理发展天然气，安全发展核电，大力发展水电、风电、太阳能、生物质能等非化石能源，实施可再生能源替代行动，努力以非化石能源满足新增能源需求、替代存量化石能源消费量；改善能源供给、转化和利用方式，形成少排碳、不排碳的新模式；深化电力体制改革，构建以新能源为主体的新型电力系统，积极发展“新能源＋储能”、源网荷储一体化和多能互补，实现能源管理数字化、智能化。要逐步提升非化石能源消费比重，坚持安全降碳和节能优先，降低二氧化碳等温室气体排放强度，实现能源的安全、高效、清洁、低碳、可持续发展。建立新能源发电可持续增长机制，完善清洁能源消纳长效机制。[①] 加快电力市场化改革步伐，进一步推进电力、天然气、热力价格形成机制改革，构建与高比例可再生能源生产使用相匹配的现代能源体系。打通能源产供储销体系堵点，增强电力能源产业链供应链的弹性和韧性，推动可再生能源与化石能源互补互济、融合发展，防范低碳能源替代高碳能源过程中在个别地区、个别能源品种、个别时间段出现断供风险。

---

① 周天勇：《发展生物质氢能前景广阔》，《经济日报》，2022 年 6 月 22 日。

（三）构建绿色低碳技术创新体系

深入推动技术创新、模式创新、管理创新，加快构建市场导向的绿色技术创新体系。一是强化低碳科技研发和推广，设立低碳科技重点专项，开展重点地区和重点行业碳排放科技攻坚，针对低碳能源、低碳产品、低碳技术、前沿性适应气候变化技术、碳排放控制管理等开展科技创新。针对规模化储能、氢能炼钢、燃料电池、二氧化碳捕获与封存、二氧化碳化工等深度减碳基础理论和关键技术，组织国家级重大专项开展攻关。加快推广近零能耗建筑、电动汽车、热泵供暖、工业余热供暖等节能低碳新技术，推行可再生能源建筑一体化、共享交通、产城融合等节能低碳新模式。探索大数据、云计算、区块链、数字孪生体等信息技术在碳排放源锁定、碳排放数据分析、碳排放监管、碳排放预测预警等场景应用，提高数字化减碳能力和产业链供应链安全预警水平。二是实施绿色技术创新攻关行动，围绕节能环保、清洁生产、清洁能源等领域布局一批前瞻性、战略性、颠覆性科技攻关项目。培育建设一批绿色技术国家技术创新中心、国家科技资源共享服务平台等创新基地平台。强化企业创新主体地位，支持企业整合高校、科研院所、产业园区等力量，建立市场化运行的绿色技术创新联合体，鼓励企业牵头或参与财政资金支持的绿色技术研发项目、市场导向明确的绿色技术创新项目。三是加速科技成果转化。积极利用首台（套）重大技术装备政策支持绿色技术应用。充分发挥国家科技成果转化引导基金作用，强化创业投资等各类基金引导，支持绿色技术创新成果转化应用。支持企业、高校、科研机构等建立绿色技术创新项目孵化器、创新创业基地。及时发布绿色技术推广目录，加快先进成熟技术推广应用。深入推进绿色技术交易中心建设。

（四）加大政策支持力度

完善有利于低碳经济发展的价格、财税、金融等政策。一是健全绿色收费价格机制。完善污水处理收费政策，按照覆盖污水处理设施运营和污泥处理处置成本并合理盈利的原则，合理制定污水处理收费标准，健全标准动态调整机制。按照产生者付费原则，建立健全生活垃圾处理收费制度，各地区可根据本地实际情况，实行分类计价、计量收费等差别化管理。完善节能环保电价政策，推进农业水价综合改革，继续落实好居民阶梯电价、气价、水价制度。二是强化财政资金引导作用。继续利用财政资金和预算内投资支持环境基础设施补短板强弱项、绿色环保产业发展、能源高效利用、资源循环利用等。继续落实节能节水环保、资源综合利用以及合同能源管理、环境污染第三方治理等方面的所得税、增值税等优惠政策。做好资源税征收和水资源费改税试点工作。改革环境保护税，研究制定碳税融入环境保护税方案。建立投资项目“碳评”制度，推动合同能源管理、环境污染第三方治理、环境托管等服务模式创新发展。三是大力发展绿色金融。发展绿色信贷和绿色直接融资，加大对金融机构绿色金融业绩评价考核力度。统一绿色债券标准，建立绿色债券评级标准。发展绿色保险，发挥保险费率调节机制作用。支持符合条件的绿色产业企业上市融资，支持金融机构和相关企业在国际市场开展绿色融资。推动国际绿色金融标准趋同，有序推进绿色金融市场双向开放，推动气候投融资工作。四是培育绿色交易市场机制。进一步健全排污权、用能权、用水权、碳排放权等交易机制，降低交易成本，提高运转效率。加快建立初始分配、有偿使用、市场交易、纠纷解决、配套服务等制度，做好绿色权属交易与相关目标指标的对接协调。五是完善绿色标准、绿色认证体系和统计监测制度。开展绿色标准体系顶层设计和系统规划，形成全面系统的绿色标准体系。加快标准化支撑机构建设。加快绿色产品认证制度建设，培育一批专业绿色认证机构。加强节能环保、清洁生产、清洁能源等领域统计监测，完善碳排放统计核算制度，强化统计信息共享。

参考文献

1. 习近平：《习近平谈治国理政（第四卷）》，外文出版社，2020 年。

2. 本书编写组：《党的十九大报告辅导读本》，人民出版社，2017 年。

3. 何立峰：《深入学习党的十九届五中全会精神 坚定扎实推动我国经济高质量发展》，《学习时报》，2020 年 12 月 5 日。

4. 中共中央宣传部、国家发展和改革委员会编：《习近平经济思想学习纲要》，人民出版社、学习出版社联合出版，2022 年。

5. 习近平：《高举中国特色社会主义伟大旗帜 为全面建设社会主义现代化国家而团结奋斗》，人民出版社，2022 年。

6. 习近平：《论把握新发展阶段、贯彻新发展理念、构建新发展格局》，中央文献出版社，2021 年。

7. 国家发展和改革委员会编：《〈中华人民共和国国民经济和社会发展第十四个五年规划和 2035 年远景目标纲要〉辅导读本》，人民出版社，2021 年。

8. 中共中央宣传部编：《科学发展观学习读本》，学习出版社，2008 年。

9. 中共中央党校教务部编：《十一届三中全会以来党和国家重要文献选编》，中共中央党校出版社，1981 年。

10. 本书编写组：《十六大报告辅导读本》，人民出版社，2002 年。

11. 本书编写组：《十七大报告辅导读本》，人民出版社，2007 年。

12. 本书编写组：《十八大报告辅导读本》，人民出版社，2012 年。

13. 《党的二十大报告辅导读本》，人民出版社，2022 年。

14. 朱之鑫：《以更大的政治勇气和智慧不失时机深化重要领域改革》，《人民日报》，2012年11月28日。

15. 何立峰：《加快构建支撑高质量发展的现代产业体系》，《人民日报》，2018年8月8日。

16. 金碚：《夯实发展基础 赢得竞争主动——做好振兴实体经济的事》，《经济日报》，2019年8月13日。

17. 刘鹤：《必须实现高质量发展》，《人民日报》，2021年11月24日。

18. 高尚全：《改革开放40年的重要成就和基本经验》，《学习时报》，2018年8月8日。

19. 娄攴手居：《第四产业》，中信出版集团，2022年。

20. 林兆木：《我国经济转型升级势在必行》，《人民日报》，2013年8月29日。

21. 高培勇：《经济高质量发展理论大纲》，人民出版社，2020年。

22. 余斌：《需求侧阶段性变革严重冲击实体经济》，《中国经济时报》，2017年2月20日。

23. 张军扩：《贯彻新发展理念 推动高质量发展》，《经济日报》，2020年2月19日。

24. 江小涓：《经济转轨时期的产业政策—对中国经验的实证分析与前景展望》，上海三联出版社、上海人民出版社，2014年。

25. 汪洋：《推动形成全面开放新格局》，《人民日报》，2017年11月10日。

26. 何立峰：《促进形成强大国内市场大力推动经济高质量发展》，《宏观经济管理》，2019年第2期。

27. 王一鸣：《百年大变局、高质量发展与构建新发展格局》，《管理世界》，2020年第12期。

28. 苗圩：《提升产业链供应链现代化水平》，《经济日报》，2020年12月9日。

29. 费洪平、戴公兴：《经济开发区产业规划与管理》，科学出版社，2000年。

30. 费洪平：《促进实体经济与虚拟经济协调发展》，《人民日报》，2017年2月16日。

31. ［美］钱纳里：《工业化和经济增长的比较研究》，吴奇、王松宝等译，上海三联书店，1996年。

32. 张培刚：《发展经济学通论第一卷》，湖南人民出版社，1991年。

33. 刘世锦：《正确理解“新型工业化”》，《中国工业经济》，2005年第11期。

34. 费洪平、滕飞：《以六个“结合”推进新型工业化》，《人民日报》，2017年11月26日。

35. 费洪平：《中国区域经济发展》，科学出版社，1998年。

36. 黄奇帆：《分析与思考》，上海人民出版社，2020 年。

37. 白和金：《21 世纪初期中国经济发展的基本战略》，《天津经济》，2000 年第 3 期。

38. [美] 迈克尔・波特著：《竞争优势》，陈小悦译，华夏出版社，1997 年。

39. 费洪平：《实体经济发展困境解析及对策》，《经济日报》，2017 年 2 月 27 日。

40. 费洪平等：《振兴实体经济与制造业发展对策》，中国计划出版社，2019 年。

41. 苗圩：《加强核心技术攻关推动制造业高质量发展》，《现代企业》，2018 年第 7 期。

42. 费洪平：《中国企业组织战略行为》，经济管理出版社，1998 年。

43. 宁吉喆：《建设现代化经济体系 实现新时代高质量发展》，《经济日报》，2017 年 11 月 30 日。

44. 马凯：《构建产业新体系》，《人民日报》，2015 年 11 月 10 日。

45. 费洪平：《当前我国产业转型升级的方向及路径》，《宏观经济研究》，2017 年第 2 期。

46. 费洪平：《企业组织类型与区域经济发展》，《经济研究》，1994 年第 3 期。

47. 毕吉耀、张哲人：《推动建设开放型世界经济》，《人民日报》，2019 年 11 月 15 日。

48. 李文彦：《地区开发与工业布局》，科学出版社，1999 年。

49. 费洪平：《工业化地域类型划分及其协调发展：以山东省为例》，《国土经济》，1997 年第 7 期。

50. 范恒山：《正确认识南北发展差距》，《经济日报》，2021 年 2 月 3 日。

51. 肖金成：《依托增长极战略打造雄安新区新产业》，《证券日报》，2019 年 10 月 28 日。

52. 费洪平：《新时代如何振兴实体经济切实筑牢发展根基》，《北京交通大学学报》（社科版），2019 年第 3 期。

53. 王缉慈：《关于中国产业集群研究的若干概念辨析》，《地理学报》，2004 年第 59 卷增刊。

54. 石忆邵：《城乡一体化理论与实践：回眸与评析》，《城市规划汇刊》，2003 年第 1 期。

55. 宋金平：《区域经济学》，科学出版社，2009 年。

56. 王岳平：《中国产业结构调整和转型升级研究》，安徽人民出版社，2013 年。

57. 张文尝、金凤君、樊杰：《交通经济带》，科学出版社，2002 年。

58. 周天勇：《发展生物质氢能前景广阔》，《经济日报》，2022 年 6 月 22 日。